PUBLICIDADE E PROTEÇÃO DA INFÂNCIA

— Volume 2 —

Conselho Editorial
André Luís Callegari
Carlos Alberto Molinaro
César Landa Arroyo
Daniel Francisco Mitidiero
Darci Guimarães Ribeiro
Draiton Gonzaga de Souza
Elaine Harzheim Macedo
Eugênio Facchini Neto
Gabrielle Bezerra Sales Sarlet
Giovani Agostini Saavedra
Ingo Wolfgang Sarlet
José Antonio Montilla Martos
Jose Luiz Bolzan de Morais
José Maria Porras Ramirez
José Maria Rosa Tesheiner
Leandro Paulsen
Lenio Luiz Streck
Miguel Àngel Presno Linera
Paulo Antônio Caliendo Velloso da Silveira
Paulo Mota Pinto

Dados Internacionais de Catalogação na Publicação (CIP)

P976 Publicidade e proteção da infância : volume 2 / Claudia Lima Marques ... [et al.] ; Adalberto Pasqualotto (organizador). – Porto Alegre : Livraria do Advogado, 2018.
236 p.; 25 cm.
ISBN 978-85-9590-049-3

1. Publicidade – Desenvolvimento infantil. 2. Publicidade – Aspectos jurídicos. 3. Crianças – Consumo. 4. Assistência a menores. 5. Crianças – Direitos fundamentais. 6. Publicidade – Liberdade de expressão. I. Pasqualotto, Adalberto. II. Marques, Claudia Lima.

CDU 659.1:342.726-053.2
CDD 343.082

Índice para catálogo sistemático:
1. Publicidade: Direito das crianças   659.1:342.726-053.2

(Bibliotecária responsável: Sabrina Leal Araujo – CRB 8/10213)

Adalberto Pasqualotto
(Organizador)

PUBLICIDADE E PROTEÇÃO DA INFÂNCIA
— Volume 2 —

Claudia Lima Marques
Ekaterine Karageorgiadis
Fernando Rodrigues Martins
Gianella Severini
Guilherme Damasio Goulart
Joseane Suzart
Juan Carballo
Keila Pacheco Ferreira
Liane Tabarelli
Livia Cattaruzzi Gerasimczuk
Marcia Lunardi Flores
Maria Regina Fay de Azambuja
Mariana Menna Barreto Azambuja
Renata Pozzi Kretzmann
Thierry Bourgoignie
Yasmine Uequed Pitol

livraria
DO ADVOGADO
editora

Porto Alegre, 2018

© dos autores, 2018

Financiado com recursos provenientes do Procon-RS

Capa, projeto gráfico e diagramação
Livraria do Advogado Editora

Revisão
Rosane Marques Borba

Direitos desta edição reservados por
Livraria do Advogado Editora Ltda.
Rua Riachuelo, 1300
90010-273 Porto Alegre RS
Fone/fax: 0800-51-7522
editora@livrariadoadvogado.com.br
www.doadvogado.com.br

Impresso no Brasil / Printed in Brazil

— Sumário —

Apresentação – *Adalberto Pasqualotto (org,)* 7

Parte 1 – DOUTRINA DE PROTEÇÃO À INFÂNCIA FRENTE À PUBLICIDADE 13

  I – Nota sobre a vulnerabilidade das crianças e a publicidade infantil
    Claudia Lima Marques..15

  II – Publicidade infantil: a família como elemento primário para concretização da doutrina da proteção integral
    Liane Tabarelli e Maria Regina Fay de Azambuja..31

  III – A publicidade abusiva infantil no Brasil: violação às normas e diretrizes principiológicas da Lei nº 8.078/90
    Joseane Suzart...51

Parte 2 – A CRIANÇA EXPOSTA NA ERA DIGITAL 77

  IV – Da idade média à idade mídia: a publicidade persuasiva digital na virada linguística do Direito
    Fernando Rodrigues Martins e Keila Pacheco Ferreira...............................79

  V – A publicidade e a criança frente aos avanços tecnológicos: o caso dos *Youtubers Mirins*
    Guilherme Damasio Goulart e Mariana Menna Barreto Azambuja..........107

  VI – O princípio da identificação da publicidade e a abusividade da publicidade dirigida às crianças no Youtube
    Renata Pozzi Kretzmann..125

Parte 3 – REGULAÇÃO DA PUBLICIDADE INFANTIL 145

  VII – Breve reflexão sobre a publicidade infantil e a necessária efetividade da proteção da criança no mercado de consumo
    Yasmine Uequed Pitol..147

  VIII – A regulamentação da publicidade comercial destinada às crianças no direito quebequense
    Thierry Bourgoignie...167

  IX – A corregulação como limite razoável à veiculação da publicidade direcionada às crianças
    Marcia Lunardi Flores...181

Parte 4 – A PUBLICIDADE NAS ESCOLAS E A PUBLICIDADE DE ALIMENTOS DIRIGIDA ÀS CRIANÇAS 203

  X – A publicidade direcionada à criança nas escolas: o discurso do consumo sustentável *versus* o estímulo ao consumismo infantil
    Livia Cattaruzzi Gerasimczuk e Ekaterine Karageorgiadis........................205

  XI – Publicidad de alimentos dirigida a niños y niñas en Argentina: protección de consumidores e implicancias de las obligaciones de derechos humanos
    Juan Carballo e Gianella Severini...221

— Apresentação —

Está em suas mãos o segundo volume de "Publicidade e Proteção da Infância", quatro anos após o lançamento do primeiro volume. Nesse interregno, o Grupo de Pesquisa em Direito do Consumidor, da Escola de Direito da Pontifícia Universidade Católica do Rio Grande do Sul, promoveu mais dois eventos sobre o mesmo tema. Da mais recente edição, o quarto evento da série, recolhemos a maioria das contribuições deste volume.

No mesmo lapso de tempo de quatro anos, o debate sobre a publicidade em face das crianças evoluiu. A sociedade vem tomando consciência de que a criança precisa ser protegida dos efeitos sedutores da publicidade. O consumismo voluptuário que marca a nossa época não deve ser introjetado em quem ainda não desenvolveu a capacidade crítica necessária para tomar decisões. Por outro lado, verificou-se uma mudança de conceito na publicidade. As mensagens comerciais são menos interruptivas; agora é a vez do chamado *marketing* de conteúdo. Com isso, a publicidade se tornou mais sutil e mais convincente. Multiplicam-se as *storytelling* e os influenciadores, ao mesmo tempo em que se apagam as diferenças entre publicidade propriamente dita e programação. Pode-se falar, sem dúvida, em uma crise do princípio da identificação, o que potencializa o risco comunicacional das crianças. O meio também mudou. Já não se vê tanta televisão. Os canais no *Youtube* e as redes sociais atraem fortemente a audiência, e a publicidade, disfarçada de conteúdo, acompanha a migração. As crianças acessam esses meios com o beneplácito dos pais, que colocam em mãos dos filhos *tablets* e *smartphones* como forma de distraí-los.

Ainda em outra frente, o risco aumentou. As empresas passaram a buscar as crianças onde elas se encontram: nas escolas.

No debate jurídico, essas transformações no cenário social produziram dois efeitos visíveis. O primeiro é uma maior sensibilidade para o tema. Prova disso é que o Conselho Federal da Ordem dos Advogados do Brasil, através da sua Comissão Especial de Defesa do Consumidor, lançou em 2017 o "Manifesto OAB por uma Infância Livre da Publicidade Comercial". Outra evidência são as diretrizes da Associação Brasileira das Indústrias de Refrigerantes e de Bebidas Não Alcoólicas – ABIR –, de 2016, recomendando que seus associados não realizem comunicações de *marketing* sobre refrigerantes, bebidas esportivas, energéticos, águas saborizadas, chás e cafés prontos para beber em televisão aberta, rádio, jornal, cinema, *sites* de empresas e mídias sociais. A recomendação abrange também a divulgação dos referidos produtos em escolas para crianças abaixo de 12 anos. Ainda que não estejam incluídos nas restrições, os sucos naturais (com excesso de açúcar) produzidos pelas mesmas empresas e que a recomendação tenha limites objetivos de audiência na mídia e de idade nas escolas, trata-se de um passo importante, na medida em que parte da própria indústria. De resto, no exterior também se verificam iniciativas semelhantes, como é o caso, por exemplo, das novas regras sobre publicidade de produtos alimentícios ou bebidas com altos teores de gordura, sal ou açúcar, quando dirigida a crianças, adotadas pelo CAP (*Committee of Advertising Practice*), órgão do sistema de autorregulamentação da publicidade na Grã-Bretanha. Na França, além das restrições impostas pelo sistema da *Autorité de Régulation Professionel de la Publicité*, lei de 2016 proibiu a publicidade nos programas destinados às crianças veiculados nos canais públicos.

O segundo efeito visível é o convencimento de que não se pode esperar do Estado uma regulamentação eficiente e suficiente para proteger as crianças frente à publicidade. Os melhores exemplos verificados no exterior apontam para um sistema evoluído e aperfeiçoado de autorregulamentação com a participação indireta do Estado. Este, habitualmente, se reserva uma posição de vigilância, resguardando-se para eventuais intervenções pontuais, quando necessárias. No Brasil, a ineficiência da administração pública, infelizmente, generalizou-se, e não é diferente no Sistema Nacional de Relações de Consumo.

A alternativa é um sistema de autorregulamentação que não exclua os setores econômicos interessados na indústria da publicidade, mas que necessariamente inclua uma adequada e ampla representação social. Ao Estado deve ser reservado o papel de facilitador do sistema, além de lhe ser preservado o imprescindível poder de polícia administrativa, caracterizando-se um sistema de corregulação.

A adesão a favor de um sistema dessa natureza parece aumentar. Recentemente, o Instituto Alana, que desenvolve há muitos anos o seu vitorioso projeto "Criança e Consumo", publicou, em parceria com a ANDI – Comunicação e Direitos, o livro "Autorregulamentação da Publicidade Infantil no Brasil e no Mundo", organizado pelos líderes dessas organizações, Isabella Henriques e Veet Vivarta.

O presente volume trata do tema da publicidade dirigida às crianças a partir de quatro abordagens, correspondentes às partes em que o livro foi dividido.

A primeira abordagem cuida de aspectos teóricos da proteção da infância frente à publicidade.

A sempre festejada Professora Claudia Lima Marques abre este primeiro capítulo, afirmando que, no domínio da publicidade infantil, a vulnerabilidade da criança deve pesar como risco profissional do fornecedor, e citando exemplos da jurisprudência para confirmação da sua tese: a publicidade que atingiu crianças, colocadas na posição de consumidores futuros de tabaco (REsp 1101949/DF); a que considerou abusiva a publicidade de alimentos dirigida à criança (REsp 1558086/SP) e uma decisão mais antiga, de primeiro grau e da qual não houve apelação, comentada por Erik Jaime como reação do direito brasileiro em favor da dignidade dos pobres. Recorde-se que, naquele caso, crianças bem nutridas furtavam alimentos de um supermercado como pilhéria, e o juiz reconheceu a abusividade do filme publicitário porque no Brasil crianças passam fome, mas não se lhes autoriza furtar. A Professora Claudia

Lima Marques aduz ainda que a publicidade dirigida às crianças pode ser reconhecida como forma de assédio para consumo, haja vista o elenco aberto de práticas abusivas do art. 39 do CDC.

Na sequência, Maria Regina Fay de Azambuja, que tem um histórico de engajamento em favor da infância e da adolescência como Promotora de Justiça, em parceria com Liane Tabarelli, ambas colegas da Escola de Direito da PUCRS, preocupadas com a efetividade da proteção integral da criança, fazem um histórico da proteção da infância a partir da Declaração de Genebra, de 1924, passando pela Convenção das Nações Unidas sobre os Direitos da Criança, de 1989, que criou o princípio do "melhor interesse da criança" como balizador das decisões que a envolvem. Fazem-nos lembrar, porém, que à família cabe o papel de primeira educadora, nada obstante as mudanças que a entidade familiar vem sofrendo ao longo dos anos mais recentes.

Fechando esse primeiro ciclo de contribuições, recebemos da Bahia o texto de Joseane Suzart, Promotora de Justiça e professora da Universidade Federal da Bahia, que desenvolve um trabalho exemplar com o seu grupo de alunos, transformados em membros de uma associação de defesa de consumidores para a propositura de ações coletivas de consumo. Ela analisa, com propriedade técnica e profissional, os principais princípios da publicidade e os contrasta com as violações caracterizadas pela publicidade infantil.

O segundo bloco de artigos cuida de um tema atualíssimo: a exposição da criança na era digital. Esse bloco inicia com a acurada análise feita por Fernando Rodrigues Martins e Keila Pacheco Ferreira, da Universidade Federal de Uberlândia, que promovem um cotejo entre o discurso e a linguagem na publicidade e no direito. Após brilhante análise de fundamentos teóricos, os autores aplicam os pressupostos apurados à comunicação publicitária digital, especialmente a que envolve crianças.

Guilherme Damasio Goulart e Mariana Menna Barreto Azambuja dedicaram-se a um fenômeno da comunicação atual: os *youtubers* mirins. Os autores apresentam o conceito de "prosumers", ou seja, a publicidade feita por usuários, contexto em que a criança acaba instrumentalizada como agente de publicidade na Internet.

O mesmo fenômeno chamou a atenção de Renata Pozzi Kretzmann, que o analisou sob o ângulo do princípio da identificação, ao levar em conta a perspectiva a da criança que assiste à programação. As crianças acreditam no que outras crianças dizem. Renata faz uma leitura conjunta dos artigos 36 e 37, § 2º, do CDC, ou seja, a abusividade advém da falta de capacidade da criança em identificar o que é publicidade. Ela cita como exemplo o *unboxing*, que se transformou em uma nova modalidade de publicidade, e canais como Youtube Kids.

A terceira parte do livro aborda questões referentes à regulação da publicidade infantil. Inicia-se com as muito pertinentes reflexões da jovem Yasmine Uequed Pitol, que defendeu brilhante dissertação de mestrado no Unilasalle em 2017 sob a direção do Professor Marcos Catalan. Ela analisa os discursos publicitários, aderentes à lógica do mercado, eivados de magia e sedução, que se prevalecem da maior fragilidade das crianças sob do pretexto do seu "empoderamento" e maior autonomia. Enquanto isso, normas tendentes à proteção das crianças, como a Resolução do CONANDA, são tratadas com desprezo e indiferença.

O bloco tem sequência com a valiosa contribuição de Thierry Bourgoignie, versando sobre a lei da província canadense do Quebec, conhecida pelo fato de estipular a proibição da publicidade para crianças ou com crianças com menos de 13 anos de idade. O Professor Bourgoignie, belga trabalhando há vários anos na *Université de Québec à Montreal* – UQAM –, que esteve presente ao IV Seminário "Publicidade e Proteção da Infância", explica como opera o Regulamento de Aplicação da lei.

Fechando essa sequência, Márcia Lunardi Flores, que recentemente obteve o título de Mestre na PUCRS falando sobre o tema, aponta para a corregulação como uma forma adequada de regular a publicidade infantil, especialmente um modelo que serve de alternativa à pura e simples proibição, ensejando-se como uma possibilidade de diálogo entre o mercado e o Estado.

O último capítulo reúne duas contribuições com temas particulares.

Livia Cattaruzzi Gerasimczuk e Ekaterine Karageorgiadis, integrantes do Instituto Alana, contribuíram com um texto versando sobre a publicidade dirigida a crianças nas escolas, fato que agrava a natural vulnerabilidade infantil. As autoras situam a criança como público-alvo das estratégias de *marketing* e a apropriação do discurso do consumo sustentável pelas empresas, em contraste com o estímulo ao consumismo infantil. Constatam, portanto, a abusividade e a ilegalidade do direcionamento de publicidade à criança dentro do ambiente escolar.

Por fim, chega da Argentina o texto assinado por Juan Carballo e Gianella Severin.[1] Eles trataram da publicidade de alimentos dirigida a crianças e do seu regramento na Argentina, a partir de uma perspectiva de direitos humanos. Na Argentina, as convenções internacionais têm hierarquia constitucional, vigorando com cogência, portanto, documentos como o Pacto Internacional sobre Direitos Econômicos, Sociais e Culturais. De outra parte, os autores revelam que a legislação ordinária do país estabelece um horário de proteção às crianças para efeitos de publicidade na televisão, entre 6 e 22 horas. No pertinente especificamente à publicidade de alimentos com elevado conteúdo calórico e pobre em nutrientes essenciais, obrigatoriamente, deve ser acompanhada da advertência sanitária de que o consumo excessivo é prejudicial à saúde. A publicidade de alimentos representa uma terça parte de toda a publicidade veiculada na Argentina, e 73% apelam diretamente às crianças.

Cabe-me, ao final desta breve apresentação, agradecer ao Procon do Estado Rio Grande do Sul pelo apoio material à publicação deste livro, numa época de dificuldade econômica que não poupa a educação e a cultura. Atento à sua missão de também educar para o consumo e de proteger os consumidores de modo geral, o Procon-RS viabilizou o empreendimento.

---

[1] O texto, escrito em espanhol, foi conservado no original, em virtude da similaridade com a língua portuguesa, ao contrário do trabalho de Thierry Bourgoignie, escrito em francês, que foi traduzido para o nosso idioma.

Agradeço também aos autores que, com a alta qualidade dos seus textos e altruistamente, permitiram que tivéssemos em mãos uma valiosa contribuição para os estudos dessa importante matéria.

Agradeço, por fim, aos integrantes do Grupo de Pesquisa em Direito do Consumidor, pelo permanente trabalho que desenvolvem; e, na reta final de preparo da edição, não posso deixar de mencionar com ênfase o importante trabalho de revisão dos textos, de que se encarregaram com a habitual dedicação e competência as bolsistas do Programa de Pós-Graduação em Direito da PUCRS, Melina Endres, Tomylta Velasquez e Victória Duarte.

Boa leitura.

Adalberto Pasqualotto
Organizador

— **Parte 1** —

DOUTRINA DE PROTEÇÃO À INFÂNCIA FRENTE À PUBLICIDADE

Parte I

— I —

Nota sobre a vulnerabilidade das crianças e a publicidade infantil[1]

CLAUDIA LIMA MARQUES

Professora Titular de Direito Internacional Privado da Universidade Federal do Rio Grande do Sul, Porto Alegre, Brasil. Doutora em Direito pela Universidade de Heidelberg, Mestre em Direito pela Universidade de Tübingen, Alemanha. Presidente do Comitê de Proteção Internacional dos consumidores, da *International Law Association*, Londres, Ex-Presidente do Brasilcon (Brasília). Professora Permanente e Coordenadora do Programa de Pós-Graduação em Direito da UFRGS, Pesquisadora PQ 1 A.

Sumário: Introdução; 1. A vulnerabilidade especial das crianças e seu reconhecimento nas relações de consumo; 2. A publicidade infantil e o reconhecimento legal da vulnerabilidade agravada do consumidor-criança; Considerações finais; Referências.

INTRODUÇÃO

Continuando a reflexão que realizei no Seminário Conjunto "Direito da Criança e da Mulher" entre a Universidade Eduardo Mondlane, Moçambique e a Universidade de Macau, na China, em 2016, gostaria de agora, a convite de nosso – sempre – Presidente do Brasilcon, Prof. Dr. Adalberto Pasqualotto focar na vulnerabilidade da criança no mercado e na publicidade infantil.[2]

No primeiro artigo sobre o tema, além do necessário diálogo de fontes,[3] analisei a criança no mercado de consumo em geral, e identifiquei uma vulnerabilidade especial das crianças nas relações de consumo, o que gostaria agora de retomar e aprofundar sob o aspecto da necessária regulamentação da publicidade infantil no Brasil.

---

[1] Texto livre da palestra ministrada no Congresso "Infância e Publicidade", na PUCRS, em 2017, que foi baseada em texto publicado em Macau, na China e na Revista de Direito Civil Contemporâneo, da RT, com o título: Criança e consumo: contribuição ao estudo da vulnerabilidade das crianças no mercado de consumo brasileiro. O texto a seguir utiliza parte da pesquisa realizada para este primeiro artigo e o complementa e atualiza.

[2] Veja, por todos, sobre o tema D'AQUINO, Lúcia Souza. *Criança e Publicidade-hipervulnerabilidade?* Rio de Janeiro: Lumen Juris: 2017, p. 11 e seg. E, na Europa, FROTA, Mário. *A publicidade infanto-juvenil*. Curitiba: Juruá, 2006.

[3] Veja sobre o diálogo das fontes para a proteção contra a publicidade abusiva, SILVA, Joseane Suzart Lopes da. Apresentação, in SILVA, Joseane Suzart Lopes da; MELO, Ravena Seida Tavares de (Coords.). *Publicidade dos bens de consumo*. Salvador: Paginae, 2015, p. 24.

Inicialmente, penso ser necessário definir quem é criança, foco da publicidade denominada "infantil". Como já escrevi, criança segundo o Estatuto da Criança e do Adolescente (Lei 8.069, 1990) é a pessoa do nascimento até os 12 anos,[4] sendo que a Lei 13.257, de 8 de março de 2016, ainda protege de forma especial a primeira infância, como período que abrange os primeiros 6 anos, considerando o Código Civil de 2002 absolutamente incapazes os menores de 16 anos (art. 3º, I, da Lei 10.406, 2002).[5] Já a Convenção dos Direitos das Crianças da ONU de 1989, promulgada no Brasil pelo Decreto 99.710, de 21 de novembro de 1990, define criança como a pessoa até sua maioridade civil, qual seja, aos 18 anos.[6]

Neste texto, vamos utilizar a definição do direito brasileiro, que prefere a denominação "adolescentes" para as pessoas entre 12 e 18 anos, também em virtude de o Título do Capítulo da Constituição Federal impor distinção entre estes sujeitos a proteger.[7] Nossa fonte maior de proteção da criança no direito brasileiro é o Artigo 227 da Constituição Federal de 1988.[8] É esta norma que traz o mandamento constitucional de "prioridade absoluta" aos direitos da criança,[9] implicando assim o dever do Estado de estabelecer políticas, planos, programas e serviços, que atendam às especificidades dessa faixa etária, visando a garantir o desenvolvimento integral e o bem-estar das crianças, também no mercado de consumo.[10]

O fato de a criança não ser capaz de contratar não afeta seu *status* de consumidor. A definição de consumidor do art. 2º do CDC[11] é clara que não só o contratante é considerado consumidor, mas qualquer pessoa "destinatária final", como as crianças, de produtos (de roupas a videogames) ou serviços (como escolas, creches, serviços turísticos e de entretenimento a planos de saúde).[12] O CDC brasileiro também traz equiparações a consumidor, seja aquele

---

[4] O Estatuto da Criança e do Adolescente (Lei 8.069, 1990) prevê: "Art. 2º Considera-se criança, para os efeitos desta Lei, a pessoa até doze anos de idade incompletos, e adolescente aquela entre doze e dezoito anos de idade."

[5] Veja sobre a criança no Código Civil de 2002, AZAMBUJA, Maria Regina Fay. A criança no novo direito de família. In: WELTER, Belmiro. *Direitos fundamentais do direito de família*. Porto Alegre: Livraria do Advogado, 2004. p. 279 e ss.

[6] No original: "Artigo 1. Para efeitos da presente Convenção considera-se como criança todo ser humano com menos de dezoito anos de idade, a não ser que, em conformidade com a lei aplicável à criança, a maioridade seja alcançada antes." Assim também MIRAGEM, Bruno. *Curso de direito do consumidor*. 5. ed. São Paulo: RT, 2016, p. 131.

[7] A Constituição Federal de 1988 tem como Capítulo VII do Título VIII: "Da Família, da Criança, do Adolescente, do Jovem e do Idoso". Sobre a discussão dos termos 'criança', em comparação com o termo 'menor', incapaz e outros, veja MARX NETO, Edgard A. Exercício dos direitos da personalidade por crianças e adolescentes: entre o exercício exclusivo e regime de incapacidade, in *Revista Jurídica da Presidência*, Brasília, vol. 13, nr. 100, (343-373) Jul./Set. 2011, p. 350 e seg.

[8] NETTO LÔBO, Paulo Luiz. A repersonalização das relações de família. In: Bittar, Carlos Alberto (org.). *Direito de família na Constituição de 1988*. São Paulo: Saraiva, 1989. p. 67 e ss.

[9] Assim também o artigo primeiro da Lei 8.069, de 1990, o Estatuto da Criança e do Adolescente: "Art. 1º Esta Lei dispõe sobre a proteção integral à criança e ao adolescente."

[10] MIRAGEM, Bruno. *Curso de direito do consumidor*. 5. ed. São Paulo: Ed. RT, 2016. p. 131 e ss.

[11] O texto do CDC é: "Art. 2º Consumidor é toda pessoa física ou jurídica que adquire ou utiliza produto ou serviço como destinatário final." Veja MIRAGEM, Bruno. *Curso de direito do consumidor*. 5. ed. São Paulo: Ed. RT, 2016, p. 131.

[12] Veja, por exemplo, a interessante abordagem, in PEREIRA JÚNIOR, Antonio Jorge. *Direitos da criança e do adolescente em face da TV*, São Paulo: Saraiva, 2012, p. 19 e seg.

que participa de uma coletividade (família) e intervém na relação de consumo como *bystander* (Parágrafo único do art. 2º do CDC),[13] seja o que está "exposto" a uma prática comercial, como contrato de adesão, venda casada ou publicidades (art. 29 do CDC),[14] além do consumidor vítima do fato do produto e do serviço (art. 17 do CDC).[15] Neste segundo artigo, meu foco será a publicidade infantil. Vejamos.

1. A vulnerabilidade especial das crianças e seu reconhecimento nas relações de consumo

Como ensina von Hippel, a criança é um exemplo de vulnerável, desde o seu nascimento até mesmo durante o seu desenvolvimento necessita de ajuda e cuidados para sobreviver.[16] No caso da criança,[17] a vulnerabilidade é um estado *a priori*, considerando que vulnerabilidade é justamente o estado daquele que pode ter um ponto fraco, uma ferida (*vulnus*),[18] aquele que pode ser "ferido" (*vulnerare*) ou é vítima facilmente.[19] Esta vulnerabilidade é reconhecida nacional e internacionalmente (A) e é especial em relação ao *marketing* (B).

A) O reconhecimento da vulnerabilidade da criança no cenário internacional e nacional.

Desde 1924, as organizações internacionais (Liga das Nações e depois a ONU) já proclamavam a necessidade de assegurar "à criança uma proteção especial"[20] e a Declaração dos Direitos da Criança, adotada em 20 de novembro de 1959 pela Assembleia-Geral das Nações Unidas, esclarece que : "a criança, por motivo da sua falta de maturidade física e intelectual, tem necessidade de uma protecção e cuidados especiais, nomeadamente de protecção jurídica adequada, tanto antes como depois do nascimento".[21] A Convenção dos Direitos das Crianças da ONU de 1989 consolidou este entendimento, assegurando

---

[13] O texto do CDC é: "Art. 2º [...] Parágrafo único. Equipara-se a consumidor a coletividade de pessoas, ainda que indetermináveis, que haja intervindo nas relações de consumo.". Veja detalhes in MARQUES, Claudia Lima. O direito do Consumidor no Brasil e os Projetos de Lei de Actualização do Código de Defesa do Consumidor, in *Boletim da Faculdade de Direito*. Universidade de Macau, ano XVIII, n. 35 (p.55-71), 2014, p. 61 e seg.

[14] Assim MARQUES, Claudia Lima. *Contratos no Código de Defesa do Consumidor*. 8. ed. São Paulo: RT, 2016, p. 323. O texto do Art. 29 do CDC é: "Art. 29. Para os fins deste Capítulo e do seguinte, equiparam-se aos consumidores todas as pessoas determináveis ou não, expostas às práticas nele previstas."

[15] O texto do CDC, na Seção intitulada "Responsabilidade pelo Fato do Produto e Serviço" é: "Art. 17. Para os efeitos desta Seção, equiparam-se aos consumidores todas as vítimas do evento.". Veja MARQUES, Claudia Lima. *Contratos no Código de Defesa do Consumidor*. 8. ed. São Paulo: RT, 2016, p. 389 e seg.

[16] HIPPEL, Eike von. Der Schutz des Schwächeren. Tübingen: Mohr, 1982. p. 55 e ss.

[17] Assim MARQUES, Claudia Lima; MIRAGEM, Bruno. *O novo Direito Privado e a proteção dos vulneráveis*. 2. ed. São Paulo: RT, 2014, p. 131.

[18] LACOUR, Clémence. *Vieillesse et vulnérabilité*. Marseilles: Presses Universitaires d'Aix Marseille, 2007, p. 28.

[19] Veja, por todos: FIECHTER-BOULVARD, Frédérique. La notion de vulnérabilité et sa consécration par le droit. In: COHET-CORDEY, Frédérique (org.). *Vulnérabilité et droit*: le développement de la vulnérabilité et ses enjeux en droit. Grenoble: Presses Universitaires de Grenoble, 2000. p. 16 e ss.

[20] Veja sobre a chamada "Carta da Liga sobre a Criança", DOLINGER, Jacob. *Direito internacional privado*: a criança no direito internacional. Rio de Janeiro: Renovar, 2003, p. 81.

[21] MIRAGEM, Bruno. *Curso de direito do consumidor*. 5. ed. São Paulo: RT, 2016, p. 131.

que todas as ações relativas às crianças "devem considerar, primordialmente, o interesse maior da criança".[22] Conclui-se, pois, que há uma situação privilegiada das crianças frente ao direito, que é consolidada no princípio do melhor interesse da criança.[23] A criança é um sujeito a proteger, seja no direito internacional,[24] seja no direito interno.[25]

Se há uma vulnerabilidade da criança reconhecida universalmente,[26] deve, portanto, o Estado dar absoluta prioridade para o interesse da criança de forma que possam se desenvolver com plenos direitos fundamentais, como qualquer outra pessoa, ou como conclui, no primeiro artigo, se a criança é um sujeito de direitos plenos (art. 3° do Estatuto da Criança e do Adolescente, Lei 8.069, 1990),[27] o mercado e as relações de consumo não podem continuar a identificar as crianças como "atores secundários", e sim como sujeitos a proteger, que merecem cuidados especiais e prioritários frente aos quais responsabilidade dos fornecedores de produtos e serviços aparece e é qualificada. Em outras palavras, este dever de proteção prioritária das crianças faz elas passarem de "ator secundário" a "consumidor" a proteger de forma qualificada no mercado, um destinatário final mais vulnerável que o fornecedor de produtos e serviços deve conhecer, respeitar e cuidar, principalmente no que se refere às suas práticas comerciais e de *marketing*.[28] E, pesquisas empíricas comprovam que as crianças não estão alheias ao *marketing* de consumo a que são expostas e muitas vezes tornam-se sujeitos "ativos" do consumo, pois sua "vontade" passa a ser decisiva para as decisões de consumo das famílias.[29]

---

[22] Artigo 3,1 da Convenção, veja detalhes in DOLINGER, Jacob. *Direito internacional privado*: a criança no direito internacional. Rio de Janeiro: Renovar, 2003, p. 89 e seg.

[23] NERY, Rosa Maria de Andrade. *Manual de Direito Civil - Família*, São Paulo: RT, 2013, p. 101.

[24] Assim no Direito Internacional Público, veja VEERMAN, Philip e. *The rights of the child and the changing image of childhood*. Dordrecht, 1992. p. 10 e seg.; como em Direito Internacional Privado, veja para a OEA, TELLECHEA, Eduardo Bergman. *El nuevo derecho internacional privado interamericano sobre familia y proteccion internacional de menores*. Montevideo: FCU, 1991. p. 71 e segs., e, em geral, JAYME, Erik. Kulturelle Identität und das Kindeswohl im internationalen Kindschaftsrecht, Vortrag in der Tagung "Kinder im Recht" – Kindschaft und Völkerrecht im europäischen Kontext. *Evangelische Akademie Tutzing*, 20. Januar 1996 e do mesmo autor, Kulturelle Identität und Internationales Privatrecht. In: JAYME, Erik (coord.). *Kulturelle Identität und internationales Privatrecht*. Heidelberg: C. F. Müller, 2003. p. 7-8.

[25] Veja, por todos, PEREIRA, Tânia da Silva; OLIVEIRA, Guilherme. *Cuidado e vulnerabilidade*. São Paulo: Atlas, 2009.

[26] A necessidade de garantir uma proteção especial à criança foi enunciada por vários instrumentos internacionais, com a Declaração de Genebra de 1924 sobre os Direitos da Criança, a Declaração dos Direitos da Criança adotada pelas Nações Unidas em 1959, a Convenção dos Direitos da Criança de 1989 também da ONU, e também foi reconhecida pela Declaração Universal dos Direitos do Homem, pelo Pacto Internacional sobre os Direitos Civis e Políticos (nos arts. 23 e 24.), pelo Pacto Internacional sobre os Direitos Econômicos, Sociais e Culturais (no art. 10.) e por vários estatutos e instrumentos pertinentes das agências especializadas e organizações internacionais que se dedicam ao bem-estar da criança, como a Unicef e a OEA, por exemplo. Veja detalhes in MARQUES, Claudia Lima; MIRAGEM, Bruno. *O novo Direito Privado e a proteção dos vulneráveis*, 2. ed. São Paulo: RT, 2014, p. 132 a 146.

[27] O texto original é: "Art. 3° A criança e o adolescente gozam de todos os direitos fundamentais inerentes à pessoa humana, sem prejuízo da proteção integral de que trata esta Lei, assegurando-se-lhes, por lei ou por outros meios, todas as oportunidades e facilidades, a fim de lhes facultar o desenvolvimento físico, mental, moral, espiritual e social, em condições de liberdade e de dignidade."

[28] Veja DIAS, Lucia Ancona Magalhães. *Publicidade e direito*. 2. ed, São Paulo: RT, 2013, p. 24.

[29] Sobre o tema veja o livro de FONTENELLE, Lais. *Criança e Consumo*. São Paulo: Alana: 2016, p. 24, que informa que no Brasil, em 2006, o valor gasto com publicidade dirigida ao público infantil foi de R$ 210 milhões, segundo dados do IBOPE.

Neste texto, interessa-me o reconhecimento legal e jurisprudencial da vulnerabilidade da criança no mercado de consumo brasileiro, tratando a criança de forma diferente (tratamento desigual a favor de mais fraco – *favor debilis*),[30] compensando assim o direito do consumidor à "fragilidade"/"fraqueza" de um com as normas "protetivas",[31] controladoras da atividade do outro mais forte (fornecedor de produtos e serviços), e resultando no reequilíbrio da situação fática e jurídica.[32]

Como escrevi,[33] a vulnerabilidade é multiforme,[34] conceito legal indeterminado, um estado de fraqueza sem definição precisa, mas com muitos efeitos na prática, em especial, pois presumida e alçada, a vulnerabilidade, a princípio de proteção dos consumidores (art. 4º, I, do CDC).[35] No caso das crianças, minha hipótese de trabalho neste texto é que como "destinatários finais de produtos e serviços", logo, consumidores (art. 2º do CDC), as suas vulnerabilidades e fraquezas típicas (art. 4º, I, do CDC)[36] pesam totalmente como risco profissional daquele fornecedor que dirigir seus produtos e serviços para este público-alvo. Como defendi, "não pode haver dúvida que a criança é um consumidor e deve ter todos os direitos de consumidor em pé de igualdade com aquele outro consumidor, que 'adquire' o produto ou contrata com plena capacidade o serviço". Casos envolvendo consumidores crianças devem, necessariamente, utilizar as leis protetivas da criança, no caso, o Estatuto da Criança e do Adolescente (Lei 8.069/1990), a Lei da Primeira Infância (Lei 13.257/2016), o Código Civil[37] e o CDC alinhados no sentido de proteção da criança, em um diálogo das fontes, na expressão de meu mestre Erik Jayme.[38]

B) A vulnerabilidade da criança frente ao *marketing* em geral.

Em pesquisa jurisprudencial realizada para o primeiro artigo sobre o tema, observei que as crianças no mercado de consumo hoje são consideradas

---

[30] Veja, o princípio como princípio de aceitação universal, LORENZETTI, *Teoria da decisão judicial*. 2. ed. São Paulo: RT, 2010 e CAHZAL, Jean-Pascal. Vulnerabilité et droit de la consommation. In: COHET-CORDEY, Frédérique (org.). *Vulnerabilité et droit – Le développement de la vulnerabilité et ses enjeux en droit*. Grenoble: Presses Universitaires de Grenoble, 2000. O princípio é citado no Brasil no REsp 303240/SP, rel. Min. Fátima Nancy Andrighi, j. 02.08.2001, como *favor debitoris*.

[31] MARQUES, Claudia Lima. *Contratos no Código de Defesa do Consumidor*. 8. ed. São Paulo: RT, 2016, p. 324.

[32] Veja FIECHTER-BOULVARD, Frédérique. La notion de vulnerabilité et sa consécration par le droit. In: COHET-CORDEY, Frédérique (org.). *Vulnerabilité et droit – Le développement de la vulnerabilité et ses enjeux en droit*. Grenoble: Presses Universitaires de Grenoble, 2000, p. 323.

[33] MARQUES, Claudia Lima. *Contratos no Código de Defesa do Consumidor*. 8. ed. São Paulo: RT, 2016, p. 324.

[34] Assim afirma POTENTIER, Philippe, Introduction Generale, in NOTAIRES DE FRANCE. Les personnes vulnerables. *102ᵉ Congrès des Notaires de France*. Strassbourg: Notaires de France, 2006, p. X.

[35] Assim Relatório Geral dos Notaires de France, in NOTAIRES DE FRANCE. Les personnes vulnerables. *102ᵉ Congrès des Notaires de France*. Strassbourg: Notaires de France, 2006, p. 24-25.

[36] Sobre o tema da exclusão dos vulneráveis para a sua proteção e a tendência atual de sua 'inclusão' com ações afirmativa para alcançar a igualdade de chances, escrevi em MARQUES, Claudia Lima; MIRAGEM, Bruno. *O novo Direito Privado e a proteção dos vulneráveis*. 2. ed. São Paulo: RT, 2014, p. 111 e seg..

[37] Como ensina Antonio Junqueira de Azevedo: "É o direito civil que, atualmente, por ter como objeto a *vida* e, em especial, a *vida* e a *dignidade da pessoa humana*, dá sentido e conteúdo ao sistema", AZEVEDO, Antônio Junqueira de. O direito pós-moderno e a codificação. *Revista de Direito do Consumidor* 33, p. 123-129, jan.-mar. 2000, p. 127.

[38] Veja sobre diálogo das fontes, meu artigo, in MARQUES, Claudia Lima. (Org.). *Diálogo das fontes. Do conflito à coordenação das normas do direito brasileiro*. São Paulo: RT, 2012, p. 18 e seg.

como "público-alvo" de comunicações mercadológicas e publicidades e *marketing*.[39]

As crianças são consideradas o público mais vulnerável e suscetível aos efeitos persuasivos da publicidade,[40] devendo o diálogo das fontes protetivas (seja como consumidor, seja como criança, seja como sujeito de direitos recebendo ofertas) assegurar a sua proteção integral (art. 227 da CF/1988).[41] Note-se que as crianças, especialmente as menores, têm dificuldades de discernir a realidade da fantasia,[42] a mensagem publicitária da mensagem desinteressada.

Em rumoroso caso, uma publicidade de tabaco, antes da Lei de 2000, que as proibiram no Brasil, foi julgada justamente pelo horário de sua divulgação e a possibilidade de afetar crianças.[43] A ementa do caso merece destaque:

> Recurso Especial – Ação Civil Pública – Dano Moral Coletivo – Divulgação de Publicidade Ilícita – Indenização – Sentença que acolheu o pedido inicial do MPDFT fixando a reparação em R$ 14.000.000,00 (quatorze milhões de reais) e determinou a elaboração de contrapropaganda, sob pena de multa diária – inconformismos das rés – Apelação parcialmente provida para reduzir o quantum indenizatório e excluir da condenação obrigação de fazer contrapropaganda, bem como a multa monitória para a hipótese de descumprimento. Irresignação das rés – Ogilvy Brasil Comunicação Ltda. e da Souza Cruz S/A – e do Ministério Público do Distrito Federal e Territórios. 1. Do Recurso Especial da Ogilvy Brasil Comunicação Ltda. 1.1. Violação ao artigo 535 do Código de Processo Civil. Inocorrência. Acórdão de origem clara e suficientemente fundamentado, tendo a Corte local analisado todas as questões essenciais ao deslinde da controvérsia, ainda que de forma contrária aos interesses das partes. 1.2. Julgamento antecipado da lide. Possibilidade. Inexistência de cerceamento do direito de defesa. Produção de prova documental suficiente. Impossibilidade de revisão. Incidência da Súmula 7/STJ. Livre convencimento motivado na apreciação das provas. Regra basilar do processo civil brasileiro. Precedentes do STJ. 1.3. Irrefutável a legitimidade do Ministério Público para promover a presente demanda. A veiculação, em caráter nacional, de propaganda/publicidade atinge número infindável de pessoas, de forma indistinta, nos mais diversos pontos deste país de projeção continental, sobretudo quando divulgada por meio da televisão – dos mais populares meios de comunicação de massa – gera, portanto, indiscutivelmente, interesse de natureza difusa, e não individual e disponível. Precedentes do STJ: AgRg no AREsp 681111/MS, Rel. Min. Maria Isabel Gallotti, Dje de 13/08/2013; AgRg no REsp 1038389/MS, Rel. Min. Antonio

---

[39] Veja levantamento de casos de auto-regulamentação no CONAR e de jurisprudência in CARVALHO, Tainá Cosme de. Publicidade dos bens de consumo para o público infantil, in SILVA, Joseane Suzart Lopes da; MELO, Ravena Seida Tavares de. *Publicidade dos bens de consumo*, Salvador: Paginae, 2015, p. 567 e seg.

[40] Assim DIAS, Lucia Ancona Magalhães. *Publicidade e direito*. 2. ed. São Paulo: RT, 2013, p. 193ss.

[41] Veja DIAS, Lucia Ancona Magalhães, Publicidade e hipervulneráveis: limitar, proibir ou regular? *Revista de Direito do Consumidor* 99, p. 285 e seg. Neste sentido noticia DIAS, Lucia Ancona Magalhães. *Publicidade e direito*. 2. ed. São Paulo: RT, 2013, p. 203, que, no dia 25.08.2009, 23 empresas do setor de bebidas e alimentícios firmaram um "compromisso público" no que tange à publicidade de alimentos e bebidas para crianças, enfrentando o problema da nutrição saudável e obesidade infantil. Veja D'AQUINO, Lúcia. A publicidade infantil ditigida ao público infantil, in *Revista de direito do Consumidor*, v. 25, n. 106, p. 89 e seg.

[42] Veja caso trágico, em que criança ateia fogo no irmão menor, após ver na televisão número de mágica com fogo, in REsp 1067332/RJ, Rel. Ministro Marco Buzzi, Quarta Turma, julgado em 05/11/2013, DJe 05/05/2014.

[43] Assim ensina a ementa da decisão: 'Os fatos que ensejaram a presente demanda ocorreram anteriormente à edição e vigência da Lei n° 10.167/2000 que proibiu, de forma definitiva, propaganda de cigarro por rádio e televisão. Com efeito, quando da veiculação da propaganda vigorava a Lei n° 9.294/96, cuja redação original restringia entre 21h00 e 06h00 a publicidade do produto. O texto legal prescrevia, ainda, que a publicidade deveria ser ajustada a princípios básicos, não podendo, portanto, ser dirigida a crianças ou adolescentes nem conter a informação ou sugestão de que o produto pudesse trazer bem-estar ou benefício à saúde dos seus consumidores. Isso consta dos incisos II e VI do § 1°, art. 3° da referida lei." (STJ, REsp 1101949/DF, Rel. Ministro Marco Buzzi, Quarta Turma, julgado em 10/05/2016, DJe 30/05/2016).

Carlos Ferreira. 1.4. Os fatos que ensejaram a presente demanda ocorreram anteriormente à edição e vigência da Lei nº 10.167/2000 que proibiu, de forma definitiva, propaganda de cigarro por rádio e televisão. Com efeito, quando da veiculação da propaganda vigorava a Lei nº 9.294/96, cuja redação original restringia entre 21h00 e 06h00 a publicidade do produto. O texto legal prescrevia, ainda, que a publicidade deveria ser ajustada a princípios básicos, não podendo, portanto, ser dirigida a crianças ou adolescentes nem conter a informação ou sugestão de que o produto pudesse trazer bem-estar ou benefício à saúde dos seus consumidores. Isso consta dos incisos II e VI do § 1º, art. 3º da referida lei. 1.5. O direito de informação está fundamentado em outros dois direitos, um de natureza fundamental, qual seja, a dignidade da pessoa humana, e outro, de cunho consumerista, que é o direito de escolha consciente. Dessa forma, a teor dos artigos 9º e 31 do CDC, todo consumidor deve ser informado de forma "ostensiva e adequadamente a respeito da nocividade ou periculosidade do produto". 1.5.1. A teor dos artigos 36 e 37, do CDC, nítida a ilicitude da propaganda veiculada. A uma, porque feriu o princípio da identificação da publicidade. A duas, porque revelou-se enganosa, induzindo o consumidor a erro porquanto se adotasse a conduta indicada pela publicidade, independente das consequências, teria condições de obter sucesso em sua vida. 1.5.2. Além disso, a modificação do entendimento lançado no v. acórdão recorrido, o qual concluiu, após realização de contundente laudo pericial, pela caracterização de publicidade enganosa e, por conseguinte, identificou a responsabilidade da ora recorrente pelos danos suportados pela coletividade, sem dúvida demandaria a exegese do acervo fático-probatório dos autos, o que é vedado pelas Súmulas 5 e 7 do STJ. 1.5.3. Em razão da inexistência de uma mensagem clara, direta que pudesse conferir ao consumidor a sua identificação imediata (no momento da exposição) e fácil (sem esforço ou capacitação técnica), reputa-se que a publicidade ora em debate, de fato, malferiu a redação do art. 36, do CDC e, portanto, cabível e devida a reparação dos danos morais coletivos. 1.6. Quanto ao montante da indenização arbitrada pelas instâncias ordinárias a título de dano moral, não obstante o grau de subjetivismo que envolve o tema, uma vez que não existem critérios predeterminados para a quantificação do dano moral, firmou-se jurisprudência na Corte no sentido de que a intervenção deste STJ ficaria limitada aos casos em que o valor da indenização fosse arbitrado em patamar irrisório ou excessivo. Precedentes do STJ. 1.6.1. Atentando-se para as peculiaridades do caso concreto, deve-se tanto quanto possível, procurar recompor o dano efetivo provocado pela ação ilícita, sem desprezar a capacidade econômica do pagador e as necessidades do seu destinatário, que, no caso, é toda sociedade, faz-se mister, portanto, a redução da indenização por danos morais coletivos ao valor de R$ 1.000.000,00 (hum milhão de reais), devidamente corrigidos. 2. Do Recurso Especial da Souza Cruz S/A: 2.1. O conteúdo normativo dos dispositivos legais tidos por violados – artigos 282, 283, 284, "caput", 295, I, 400 e 515, do CPC, 8º da Lei de Ação Civil Pública – não foram objeto de exame pelo v. acórdão recorrido, a despeito da oposição dos embargos de declaração, razão pela qual incide, no ponto específico, o enunciado da Súmula 211 desta Corte, de seguinte teor: "Inadmissível recurso especial quanto à questão que, a despeito da oposição de embargos declaratórios, não foi apreciada pelo Tribunal a quo". 2.1.2. Do dano moral coletivo. Cabimento. Jurisprudência do STJ. Inegável a incidência da tese concernente à possibilidade de condenação por dano moral coletivo, mormente tratando-se, como se trata, de ação civil pública. Precedentes: EDcl no AgRg no REsp 1526946/RN, Rel. Min. Humberto Martins, DJe de 13/11/2015; Rel. Min. Ricardo Villas Bôas Cueva, DJe de 16/03/2015; REsp 1291213/SC, Rel. Min. Sidnei Beneti, DJe de 25/09/2012; REsp 1221756/R J, Rel. Ministro Massami Uyeda, Terceira Turma, julgado em 02/02/2012, DJe 10/02/2012. 2.1.3. Ação Civil Pública. Inquérito civil. Peça facultativa. Precedentes do STJ. O inquérito civil, promovido para apurar indícios que passam dar sustentação a uma eventual ação civil pública, funciona como espécie de produção antecipada de prova, a fim de que não ingresse o autor da ação civil em demanda por denúncia infundada, o que levaria ao manejo de lides com caráter temerário. Assim tem ele por escopo viabilizar o ajuizamento da ação civil pública. Escólio jurisprudencial: REsp 448023/SP, Rel. Min. Eliana Calmon, DJe de 09/06/2003; REsp 644994/MG, Rel. Min. João Otávio de Noronha, DJe de 21/03/2005. 3. Do Recurso Especial do Ministério Público do Distrito Federal e Territórios: 3.1. A contrapropaganda constitui-se sanção prevista nos arts. 56, inciso XII e 60 do CDC e aplicável quando caracterizada a prática de publicidade enganosa ou abusiva, e o seu objetivo é desfazer os malefícios sociais por ela causados ao mercado consumidor. 3.1.2. A razão hermenêutica dessa penalidade decorre, sem dúvida, para conferir proteção aos consumidores, tendo em conta que o substrato motivador do CDC, inegavelmente, é dar ampla tutela para a garantia de seus direitos, porquanto o art. 83, por exemplo, determina: "(...) Para a defesa dos direitos e interesses protegidos por este Código são admissíveis todas as espécies de ações capazes de propiciar sua adequada e efetiva tutela." 3.1.3. A divulgação da contrapropaganda se tornaria ilógica em razão do advento da Lei 10.167/00, a qual proibiu propaganda sobre o produto em questão. Sendo assim, é importante destacar que a suspensão da contrapropaganda – confirmando-se a compreensão do v. acórdão recorrido – decorre das circunstâncias do caso concreto, em virtude do decurso do tempo e da mudança do marco legal a incidir sobre a matéria, revelando-se inoportuna a veiculação da contrapropaganda nesse momento processual. 4. Recurso especial da OGILVY Brasil Comunicação Ltda e da Souza Cruz S/A parcialmente providos e desprovido o recurso especial do Ministério Público do Distrito Federal e Territórios. (STJ, REsp 1101949/DF, Rel. Ministro Marco Buzzi, Quarta Turma, julgado em 10/05/2016, DJe 30/05/2016)

Como se observa, a sanção de contrapropaganda foi retirada, mas não a multa, justamente pela publicidade ter atingido crianças, colocados então na posição de "consumidores futuros de tabaco", expostos à prática claramente abusiva de publicidade de tabaco em horário infantil. Como ensina a jurisprudência há dano moral (individual e coletivo) por conduta ilícita dos fornecedores frente às crianças: "Ainda que tenha uma percepção diferente do mundo e uma maneira peculiar de se expressar, a criança não permanece alheia à realidade que a cerca, estando igualmente sujeita a sentimentos como o medo, a aflição e a angústia".[44]

O *marketing* que "utiliza o universo lúdico infantil" e a publicidade dirigida ao público infantil têm sido alvo de muitas críticas no Brasil e trataremos deste tema na segunda parte deste trabalho, mas mister considerar que a criança como consumidora é também utilizada como parâmetro para saber se determinada informação de *marketing*, nome ou embalagem levará a erro os consumidores, em geral. Assim em caso de propriedade industrial, a criança consumidora foi o parâmetro para considerar o nome semelhante de produto alimentício infantil, como podendo induzir em erros estes consumidores denominados pela jurisprudência de "hipervulneráveis",[45] daí o dano moral: "As crianças, mesmo da mais tenra idade, fazem jus à proteção irrestrita dos direitos da personalidade, assegurada a indenização pelo dano moral decorrente de sua violação, nos termos dos arts. 5º, X, *in fine*, da CF e 12, *caput*, do CC/02".[46]

No direito brasileiro, a lista do art. 39 do CDC de práticas comerciais abusivas é um elenco exemplificativo,[47] logo, pode já conter a figura do assé-

---

[44] Assim STJ, REsp 1037759/RJ, Rel. Ministra Nancy Andrighi, Terceira Turma, julgado em 23/02/2010, DJe 05/03/2010.

[45] A ementa ensina: '5. A possibilidade de confusão ou associação entre as marcas fica nítida no caso, pois, como é notório e as próprias embalagens dos produtos da marca "CHEE.TOS" e "CHEESE.KI.TOS" reproduzidas no corpo do acórdão recorrido demonstram, o público consumidor alvo do produto assinalado pelas marcas titularizadas pelas sociedades empresárias em litígio são as crianças, que têm inegável maior vulnerabilidade, por isso denominadas pela doutrina – o que encontra supedâneo na inteligência do 37, § 2º, do Código de Defesa do Consumidor – como consumidores hipervulneráveis." (STJ, REsp 1188105/RJ, Rel. Ministro Luis Felipe Salomão, Quarta Turma, julgado em 05/03/2013, DJe 12/04/2013).

[46] Assim STJ, REsp 1642318/MS, Rel. Ministra Nancy Andrighi, Terceira Turma, julgado em 07/02/2017, DJe 13/02/2017.

[47] Veja a jurisprudência sobre o art. 39 do CDC, in MARQUES; BENJAMIN; MIRAGEM, p. 891.

dio de consumo. Segundo ensina Antônio Herman Benjamin, são abusivas as práticas comerciais que "violem padrões ético-constitucionais de convivência no mercado de consumo, ou ainda, contrariem o próprio sistema difuso de normas, legais e regulamentares, de proteção ao consumidor".[48] O autor ainda esclarece: "O CDC regra as chamadas *práticas abusivas*, sem se preocupar em defini-las. São comportamentos empresariais que afetam, diretamente, o consumidor, aproveitando-se de sua vulnerabilidade ou tornando-o mais vulnerável. Todas as hipóteses listadas têm em comum o fato de representarem um comportamento do fornecedor incompatível com um mercado transparente e justo".[49]

Concluindo, se o *marketing* é toda a atividade ou plano para atrair os consumidores para a venda de produtos e serviços,[50] mister considerar que muitas vezes o *marketing* foca no público infantil,[51] assim como as promoções de venda.[52] No mercado de consumo, as crianças devem receber proteção e priorização especial, utilizando-se em diálogo, sob a luz do art. 227 da Constituição Federal de 1988, a legislação protetiva do ECA, da Lei da Primeira Infância, do Código Civil e do Código de Defesa do Consumidor para a sua proteção e reparação integral de todos os danos, materiais e morais, por elas sofridos no mercado de consumo, por práticas abusivas. A principal delas é a publicidade, tema de nossa segunda parte.

2. A publicidade infantil e o reconhecimento legal da vulnerabilidade agravada do consumidor-criança

Como ensina Antônio Herman Benjamin, crianças são "a faixa de público mais expostas à publicidade", daí a publicidade dirigida "merecer atenção

---

[48] BENJAMIN, Antônio Herman. *Código Brasileiro de Defesa do Consumidor comentado pelos autores do anteprojeto*. 9. ed. São Paulo: Forense Universitária, 2007, p. 380.
[49] BENJAMIN, Antônio Herman. O Código Brasileiro de Proteção do Consumidor, in *Revista de Direito do Consumidor*. 7, p. 269ss.
[50] DIAS, Lucia Ancona Magalhães. *Publicidade e direito*. 2. ed., São Paulo: RT, 2013, p. 24.
[51] Veja ementa de decisão do eg. STJ sobre a morte de criança atraída por circo no estacionamento de *Shopping Center*: "*Responsabilidade civil e direito do consumidor. Recurso especial. Alegação de omissão do julgado. Art. 535 do CPC. Inexistência. Espetáculo circense. Morte de criança em decorrência de ataque de leões. Circo instalado em área utilizada como estacionamento de shopping center. Legitimidade passiva das locadoras. Desenvolvimento de atividade de entretenimento com o fim de atrair um maior número de consumidores. Responsabilidade. Defeito do serviço (vício de qualidade por insegurança). Dano moral. Valor exorbitante. Redução. Multa. Art. 538 do CPC. Afastamento*. 1- [...] 2- Está presente a legitimidade passiva das litisconsortes, pois o acórdão recorrido afirmou que o circo foi apenas mais um serviço que o condomínio do *shopping*, juntamente com as sociedades empresárias rés, integrantes de um mesmo grupo societário, colocaram à disposição daqueles que frequentam o local, com o único objetivo de angariar clientes potencialmente consumidores e elevar os lucros. Incidência da Súmula 7/STJ. 3- No caso em julgamento – trágico acidente ocorrido durante apresentação do Circo VostoK, instalado em estacionamento de *Shopping Center*, quando menor de idade foi morto após ataque por leões –, o art. 17 do Código de Defesa do Consumidor estende o conceito de consumidor àqueles que sofrem a consequência de acidente de consumo. Houve vício de qualidade na prestação do serviço, por insegurança, conforme asseverado pelo acórdão recorrido. ... 7- Provimento parcial do recurso especial." (STJ, REsp 1100571/PE, Rel. Ministro Luis Felipe Salomão, Quarta Turma, julgado em 07/04/2011, DJe 18/08/2011).
[52] DIAS, Lucia Ancona Magalhães. *Publicidade e direito*. 2. ed. São Paulo: Ed. RT, 2013, p. 25 e sobre *merchandising* infantil, p. 244 e seg..

especial" do CDC.⁵³ A jurisprudência afirma: "as crianças, que têm inegável maior vulnerabilidade, por isso denominadas pela doutrina – o que encontra supedâneo na inteligência do art. 37, § 2º, do Código de Defesa do Consumidor – como consumidores hipervulneráveis".⁵⁴

Como já escrevemos,⁵⁵ legalmente a condição peculiar de pessoas em desenvolvimento é reconhecida nos arts. 19, 69 e 71 do ECA (Lei 8.069/1990),⁵⁶ e o Código de Defesa do Consumidor reconheceu a vulnerabilidade especial das crianças, quando menciona expressamente a "idade, saúde, conhecimento ou condição social" do consumidor (art. 39, IV) e, especificamente, as crianças (art. 37, § 2º), impondo que a publicidade respeite sua "dignidade, ingenuidade, credulidade, inexperiência e o sentimento de lealdade das crianças".⁵⁷ Se o reconhecimento da vulnerabilidade especial das crianças-consumidoras inicia no próprio CDC e continua em sua atualização (PL 3515,2015),⁵⁸ mister analisar estas normas do CDC e seu impacto, tanto no que tange a publicidade abusiva, como outras práticas comerciais abusivas em geral. Vejamos.

A) Publicidade abusiva.

A *publicidade abusiva* é, em resumo, a publicidade antiética,⁵⁹ que fere a vulnerabilidade do consumidor, que fere valores sociais básicos, que fere a própria sociedade como um todo.⁶⁰ A pergunta se toda a publicidade dirigida às crianças é abusiva está na doutrina brasileira, com muita força.⁶¹ O Instituto Alana defende a proibição de toda a publicidade infantil no mercado brasileiro.⁶²

A doutrina define publicidade como "qualquer forma de oferta, comercial e massificada, tendo um patrocinador identificado e objetivando, direta ou indiretamente, a promoção de produtos ou serviços, com utilização de informa-

---

⁵³ BENJAMIN, Antônio Herman. Apresentação, in D´AQUINO, Lúcia Souza. *Criança e Publicidade-hipervulnerabilidade?* Lumen Juris: Rio de Janeiro, 2017, p. 1.

⁵⁴ Assim a ementa já citada do REsp 1188105/RJ, Rel. Ministro Luis Felipe Salomão, Quarta Turma, julgado em 05/03/2013, DJe 12/04/2013.

⁵⁵ Esta segunda parte é baseada na segunda parte do artigo, antes mencionado e contem extratos deste texto, já publicado na China e no Brasil, na Revista de Direito Civil Contemporâneo.

⁵⁶ MARQUES, Claudia Lima. *Contratos no Código de Defesa do Consumidor.* 8. ed. São Paulo: RT, 2016, p. 376-377.

⁵⁷ DIAS, Lucia Ancona Magalhães. *Publicidade e direito.* 2. ed., São Paulo: Ed. RT, 2013, p. 183ss.

⁵⁸ Veja sobre o tema meu artigo publicado na China, MARQUES, Claudia Lima. O direito do Consumidor no Brasil e os Projetos de Lei de Actualização do Código de Defesa do Consumidor, in *Boletim da Faculdade de Direito.* Universidade de Macau, ano XVIII, nr. 35 (p.55-71), 2014, p. 66ss.

⁵⁹ Veja, nesse sentido, a sentença proibindo publicidade ofensiva à dignidade dos portadores do vírus da Aids, com fortes contornos constitucionais – *Revista de Direito do Consumidor* vol. 4, p. 261 ss Veja, nesse sentido, a sentença proibindo publicidade ofensiva à dignidade dos portadores do vírus da Aids, com fortes contornos constitucionais – *Revista de Direito do Consumidor* vol. 4, p. 261 ss.

⁶⁰ Veja as observações precisas sobre publicidade discriminatória in PASQUALOTTO, Adalberto, *Os efeitos obrigacionais da publicidade,* RT: São Paulo, 1997, p. 128 ss.

⁶¹ Veja D'AQUINO, Lúcia Souza. A publicidade abusiva dirigida ao público infantil. *Revista de Direito do Consumidor.* v. 106, p. 89-131, jul./ago. 2016 e PASQUALOTTO, Adalberto; ALVAREZ, Ana Maria Blanco Montiel (orgs.). *Publicidade e proteção da infância.* Porto Alegre: Livraria do Advogado, 2014.

⁶² Assim SODRÉ, Marcelo. Duas palavras: uma ausente outra presente, in FONTENELLE, Lais. *Criança e Consumo,* ALANA: São Paulo, 2016, p. 301ss.

ção e/ou persuasão".[63] E destaca seus efeitos persuasórios, daí a necessidade de ser identificada como mensagem destinada a vender ou promover algum produto ou serviço.[64] A autorregulamentação, no CONAR, Conselho de Autorregulamentação da Publicidade no Brasil, também tem lista de regras especiais para a publicidade infantil. Sobre a publicidade infantil, o Ministério da Justiça emitiu nota técnica sobre publicidade infantil.[65] Em 2014, o CONANDA (Conselho Nacional da Criança e do Adolescente)[66] editou a Resolução n. 163, que considerou abusiva a publicidade direcionada à criança,[67] abrindo um grande debate jurídico.[68]

A regra atual é a do art. 37 do CDC, que dispõe: "Art. 37. É proibida toda publicidade enganosa ou abusiva. [...] § 2º É abusiva, dentre outras a publicidade discriminatória de qualquer natureza, a que incite à violência, explore o medo ou a superstição, se aproveite da deficiência de julgamento e experiência da criança, desrespeita valores ambientais, ou que seja capaz de induzir o consumidor a se comportar de forma prejudicial ou perigosa à sua saúde ou segurança".

Crianças são consumidores "mais frágeis" e afetáveis pela publicidade, daí que o Superior Tribunal de Justiça em decisão histórica considerou a publicidade de alimentos dirigida à criança como abusiva.[69] Tratava-se de caso de venda

---

[63] BENJAMIN, Antonio Herman V. O controle jurídico da publicidade. *Revista de Direito do Consumidor*, São Paulo, v. 9, p. 25-27, jan. 1994, p. 50

[64] DIAS, Lucia Ancona Lopez de Magalhães. *Publicidade e Direito*. 2. ed. São Paulo: RT, 2013. p. 65.

[65] Nota Técnica nº 3/2016/CGEMM/DPDC/SENACON. Ementa: Publicidade Infantil. Publicidade e Prática Abusiva. Publicidade dirigida às crianças em ambientes escolares. Publicidade de alimentos direcionada ao público infantil. Disponível em: <http://www.justica.gov.br/seus-direitos/consumidor/notas-tecnicas/anexos/nt-003-2016.pdf>. Acesso em: 09 set. 2016.

[66] Veja em: <http://www.sdh.gov.br/sobre/participacao-social/conselho-nacional-dos-direitos-da-crianca-e-do-adolescente-conanda>.

[67] Veja a regra, reproduzida por D´AQUINO, Lúcia Souza. *Criança e Publicidade-hipervulnerabilidade?* Rio de Janeiro: Lumen Juris, 2017, p. 94: "Art. 2º Considera-se abusiva, em razão da política nacional de atendimento da criança e do adolescente, a prática do direcionamento de publicidade e de comunicação mercadológica à criança, com a intenção de persuadi-la para o consumo de qualquer produto ou serviço e utilizando-se, dentre outros, dos seguintes aspectos: I – linguagem infantil, efeitos especiais e excesso de cores; II – trilhas sonoras de músicas infantis ou cantadas por vozes de criança; III – representação de criança; IV – pessoas ou celebridades com apelo ao público infantil; V – personagens ou apresentadores infantis; VI – desenho animado ou de animação; VII – bonecos ou similares; VIII – promoção com distribuição de prêmios ou de brindes colecionáveis ou com apelos ao público infantil; e IX – promoção com competições ou jogos com apelo ao público infantil. § 1º O disposto no caput se aplica à publicidade e à comunicação mercadológica realizada, dentre outros meios e lugares, em eventos, espaços públicos, páginas de internet, canais televisivos, em qualquer horário, por meio de qualquer suporte ou mídia, seja de produtos ou serviços relacionados à infância ou relacionados ao público adolescente e adulto. § 2º Considera-se abusiva a publicidade e comunicação mercadológica no interior de creches e das instituições escolares da educação infantil e fundamental, inclusive em seus uniformes escolares ou materiais didáticos. § 3º As disposições neste artigo não se aplicam às campanhas de utilidade pública que não configurem estratégia publicitária referente a informações sobre boa alimentação, segurança, educação, saúde, entre outros itens relativos ao melhor desenvolvimento da criança no meio social."

[68] Veja MIRAGEM, Bruno. Proteção da criança e do adolescente consumidores. Possibilidade de explicitação de critérios de interpretação do conceito legal de publicidade abusiva e prática abusiva em razão de ofensa a direitos da criança e do adolescente por resolução do Conselho Nacional da Criança e do Adolescente – Conanda. Parecer, in *Revista de Direito do Consumidor*, vol. 95/2014, p. 459 – 495. E também MARTINS, Guilherme M. A regulamentação da publicidade infantil no Brasil. A proteção do consumidor e da infância, in *Revista de Direito do Consumidor*, vol. 102/2015, p. 297 – 320.

[69] BENJAMIN, Antônio Herman. Apresentação, in D'AQUINO, Lúcia Souza. *Criança e Publicidade-hipervulnerabilidade?*, Rio de Janeiro: Lumen Juris, 2017, p. 3.

de biscoitos infantis em que, se a criança comprovasse a compra de 5 pacotes, podia, com mais 5 reais, "ganhar" um relógio do personagem infantil "Shrek", induzindo as crianças a consumir em grande número os referidos biscoitos.

A decisão foi assim ementada: "Processual civil. Direito do consumidor. Ação civil pública. Violação do art. 535 do CPC. Fundamentação deficiente. Súmula 284/STF. Publicidade de alimentos dirigida à criança. Abusividade. Venda casada caracterizada. Arts. 37, § 2º, e 39, I, do Código de Defesa do Consumidor. 1. [...] 2. A hipótese dos autos caracteriza publicidade duplamente abusiva. Primeiro, por se tratar de anúncio ou promoção de venda de alimentos direcionada, direta ou indiretamente, às crianças. Segundo, pela evidente 'venda casada', ilícita em negócio jurídico entre adultos e, com maior razão, em contexto de *marketing* que utiliza ou manipula o universo lúdico infantil (art. 39, I, do CDC). 3. *In casu*, está configurada a venda casada, uma vez que, para adquirir/comprar o relógio, seria necessário que o consumidor comprasse também 5 (cinco) produtos da linha 'Gulosos'. Recurso especial improvido." (STJ, REsp 1558086/SP, Rel. Ministro Humberto Martins, Segunda Turma, julgado em 10/03/2016, DJe 15/04/2016).[70]

A defesa do consumidor contra a publicidade abusiva é também coletiva no Brasil. Os Ministérios Públicos Estadual e Federal e as Associações de Defesa dos Consumidores estão fazendo uso constante de ações civis públicas para evitar este tipo de publicidade no mercado brasileiro.[71]

Destaque-se, também, que, no sistema de nosso CDC, com sua *ratio legis* de inclusão e tutela dos vulneráveis, não há diferença na intensidade dos "deveres" dos fornecedores perante os consumidores (terceiros beneficiários) "intencionais" ou "incidentais" (arts. 17 e 29 do CDC).[72] Todos receberam, sem distinção, o *status* de consumidor, e quanto a eles todos os fornecedores devem se conduzir com boa-fé e evitar danos, inclusive em relação à publicidade.

Esta linha de pensamento tem prevalecido na jurisprudência brasileira, em especial no caso da publicidade abusiva, como demonstrou o *leading case* "Nestlé e APC",[73] em que foram considerados consumidores crianças pobres, que não "contratavam" ou "consumiam" tais produtos. Sobre o tema escreveu Erik Jayme: "No Brasil, a visão [de consumidor] também é diferente. O direito brasileiro de proteção ao consumidor distingue entre crianças e adultos. Abusivas são as publicidades que usam ou abusam da pobreza das crianças

---

[70] Superior Tribunal de Justiça. Recurso Especial nº 1.558.086-SP. Segunda Turma. Rel. Min. Humberto Martins. Julgado em 10/3/2016. Disponível em: <www.stj.jus.br>, acesso em 26/06/2017.

[71] Veja o já citado caso, REsp 1101949/DF, Rel. Ministro Marco Buzzi, Quarta Turma, julgado em 10/05/2016, DJe 30/05/2016.

[72] A pioneira Associação de Proteção ao Consumidor – APC, de Porto Alegre, moveu uma ação civil pública contra publicidade veiculada pela televisão, que incitava crianças à prática de delitos (invasão de supermercados etc.) para poder consumir produtos alimentícios do fornecedor. A ação é verdadeiro *leading case* no direito brasileiro, pelo menos no campo civil – *Revista de Direito do Consumidor* 4, p. 200-234. Mencione-se, igualmente, a atuação dos Procons – por exemplo, a ação do Procon-PGE/SP contra a publicidade do "Tênis da Xuxa", que incentivava a destruição de sapatos velhos pelas crianças de forma a receber os novos tênis.

[73] Veja caso na *Revista de Direito do Consumidor* vol. 4, p. 200-234, iniciais na *Revista de Direito do Consumidor* 4, p. 222-228 e comentários de CHAISE, Valéria Falcão. *A publicidade em face do Código de Defesa do Consumidor*. São Paulo: Saraiva, 2001, p. 40 e 41, e de RODYCZ, Wilson Carlos. O controle da publicidade, *Revista de Direito do Consumidor* 8, p. 58 ss.

(art. 37, § 2º, do CDC). Em um caso célebre, tratava-se de uma publicidade de chocolates, que animava as crianças a arrombar um supermercado. A reação do direito brasileiro colocou em primeiro plano a dignidade dos pobres (*Würde der Armen*). A concepção de consumidor (*Verbraucherleitbild*) no Brasil ficava assim impregnada da necessidade material de setores da sociedade, cujo respeito não podia ser esquecido".[74]

Em resumo, o consumidor na atividade publicitária não é apenas aquele consumidor potencial, mas todos os expostos (Art. 29 do CDC),[75] logo, toda a população, mesmo os excluídos do consumo, mas atingidos pelas práticas, especialmente as práticas abusivas.

B) A publicidade infantil na atualização do CDC.

O art. 39, inc. IV, do CDC, inclui na lista de práticas abusivas "prevalecer-se da fraqueza ou ignorância do consumidor, tendo em vista, entre outras circunstâncias, a sua idade", como no caso das crianças. O texto é o seguinte: "Art. 39. É vedado ao fornecedor de produtos ou serviços, dentre outras práticas abusivas: [...] IV – prevalecer-se da fraqueza ou ignorância do consumidor, tendo em vista sua idade, saúde, conhecimento ou condição social, para impingir-lhe seus produtos ou serviços;".

Logo, são práticas abusivas e proibidas pelo art. 39 aquelas que se prevalecem da vulnerabilidade social ou cultural do consumidor.[76] Segundo o inciso IV, é vedado ao fornecedor "prevalecer-se da fraqueza ou ignorância do consumidor, tendo em vista sua idade, saúde, conhecimento ou condição social, para impingir-lhe seus produtos ou serviços". Muitas das chamadas técnicas de venda sob impulso confiam em seu sucesso devido, justamente, à vulnerabilidade a que reduzem o consumidor. Aqui a reforma do CDC (PL 3515/2105) tenta reforçar a lista do art. 39 protegendo em especial as crianças e os idosos e as pessoas portadoras de deficiência.[77]

A atualização do CDC (PL 3514/2015 e PL 3515/2015) tenta também regular melhor a publicidade infantil, as relações gratuitas *online* e proteger de forma especial, do "assédio de consumo", os consumidores idosos, analfabetos e crianças.[78] Há mesmo uma regra sobre publicidade infantil incluída pelo Senado Federal em 2013, nos projetos originais. O eminente Senador Ricardo Ferraço, relator da Comissão Especial, decidiu incorporar 4 (quatro) temas ao

---

[74] Assim ensina o mestre de Heidelberg, JAYME, Erik. Visões para uma teoria pós-moderna do direito comparado, *RT* 759, p. 34, comentando a decisão de Porto Alegre publicada na *Revista de Direito do Consumidor* 4, p. 221 ss

[75] Esta é a lógica da decisão do STJ: "Televisão – 'Show do Milhão' – Código de Defesa do Consumidor – Prática abusiva. A emissora de televisão presta um serviço e como tal se subordina às regras do Código de Defesa do Consumidor. Divulgação de concurso com promessa de recompensa segundo critérios que podem prejudicar o participante. Manutenção da liminar para suspender a prática. Recurso não conhecido" (STJ, 4ª T., REsp 436.135/SP, rel. Min. Ruy Rosado de Aguiar, j. 17.06.2003).

[76] Veja MONTEIRO, António Pinto. The impact of the directive on unfair terms in consumer contracts on Portuguese law. *European Review of Private Law* 3, p. 231-240, 1995, p. 231 e seg.

[77] Veja detalhes em MARQUES, Claudia Lima. A vulnerabilidade dos analfabetos e dos idosos na sociedade de consumo brasileira: primeiros estudos sobre a figura do assédio de consumo, in MARQUES, Claudia Lima; GSELL, Beate. *Novas Tendências do Direito do Consumidor – Rede Alemanha-Brasil de Pesquisas em Direito do Consumidor*, São Paulo: RT, 2015, p. 65ss.

[78] Veja sobre a vulnerabilidade dos analfabetos, Idem, p. 46 e seg.

substitutivo: consumo sustentável, publicidade infantil, contratos de locação com imobiliárias e a proteção internacional dos consumidores. Assim, foi realizada uma audiência pública sobre publicidade infantil, mas na Câmara dos Deputados, na Comissão de Defesa do Consumidor, tal norma sobre publicidade infantil foi inicialmente recusada, mas continua a ser analisada em Comissão Especial.

A regra incluída pelo Senado Federal é a seguinte: "Art. 37 (...) § 2° É abusiva: I – a publicidade discriminatória de qualquer natureza, a que incite à violência, explore o medo ou a superstição, desrespeite valores ambientais, ou que seja capaz de induzir o consumidor a se comportar de forma prejudicial ou perigosa à sua saúde ou segurança; II – A publicidade dirigida à criança que se aproveite da sua deficiência de julgamento e experiência, promova discriminação em relação a quem não seja consumidor do bem ou serviço anunciado, contenha apelo imperativo ao consumo, estimule comportamento socialmente condenável ou, ainda, empregue criança ou adolescente na condição de porta-voz de apelo ao consumo. (...)".

Esta regra foi bastante criticada, por indiretamente autorizar a publicidade infantil, ficando em aberto se a atualização do CDC deve ou não conter norma sobre o tema ou deixar que a jurisprudência o decida.[79] A tendência atual é considerar que pela atual legislação a publicidade dirigida diretamente a crianças seria abusiva.[80] Na versão atual do PL 3515/2015 esta norma foi retirada.

As práticas abusivas frentes às crianças são duplamente agressivas,[81] pois já por sua vulnerabilidade não entendem a diferença entre a fantasia e a realidade e a vontade de vender da própria mensagem publicitária. Importante notar que este cuidado com as crianças consumidoras parece ser mundial, pois, também na Europa, a Diretiva 2005/29, se utiliza a figura do consumidor médio para estabelecer o grau de abusividade da prática, também possui norma para proteger grupos especiais de consumidores, idosos e crianças, doentes (art. 5.°, n. 3).[82] E a Diretiva sobre Serviços de Comunicação Social Audiovisual, desde 1989, visa a proteger as crianças, afirmando a versão de 2010 (Directiva 2010/13/EU): "Art. 9°... g) As comunicações comerciais audiovisuais não devem prejudicar física ou moralmente os menores. Por conseguinte, não devem

---

[79] Esta parece ser a posição defendida por D'AQUINO, Lúcia Souza. *Criança e Publicidade-Hipervulnerabilidade?* Rio de Janeiro: Lumen Juris, 2017, p. 123.

[80] Veja, por todos, Idem, p. 122.

[81] Como ensina a jurisprudência: "Se todos os consumidores, por conceito, são vulneráveis em algum aspecto (econômico, social, técnico, jurídico...), não se pode deixar de reconhecer que alguns grupos apresentam uma fragilidade ainda maior, como as crianças, os idosos, os portadores de necessidades especiais e os analfabetos". (TJRS, ApCiv 70051906105, 20ª Câm. Civ., j. 27.11.2013, rel. Des. Carlos Cini Marchionatti, DJ 04.12.2013).

[82] Veja o Preâmbulo da Diretiva 2005/29: "(19) Nos casos em que certas características como a idade, doença física ou mental, ou a credulidade, tornam os consumidores particularmente vulneráveis a uma prática comercial ou ao produto subjacente, e o comportamento económico apenas desses consumidores é susceptível de ser distorcido pela prática de uma forma que se considera que o profissional pode razoavelmente prever, é adequado prever que eles são devidamente protegidos mediante a avaliação da prática na perspectiva do membro médio desse grupo.". E, sobre a figura do "average consumer", MICKLITZ, in REICH; MICKLITZ; ROTT; TONNER, op. cit., 94 e seg.

exortar directamente os menores a comprarem ou alugarem um produto ou serviço aproveitando-se da sua inexperiência ou credulidade, não devem encorajá-los directamente a persuadirem os pais ou outras pessoas a adquirirem os produtos ou serviços que estejam a ser publicitados, não devem aproveitar-se da confiança especial que os menores depositam nos pais, professores ou outras pessoas, nem devem mostrar sem motivo justificado menores em situações perigosas".[83]

Considerações finais

Proteger as crianças no mercado de consumo é parte importante do direito do consumidor. Como ensina a jurisprudência, as crianças são hipervulneráveis no mercado de consumo e merecem a proteção do Estado em toda a sua dignidade, inclusive como consumidores: "A expressão 'necessitados' (art. 134, *caput*, da Constituição), que qualifica, orienta e enobrece a atuação da Defensoria Pública, deve ser entendida, no campo da Ação Civil Pública, em sentido amplo, de modo a incluir, ao lado dos estritamente carentes de recursos financeiros – os miseráveis e pobres –, os hipervulneráveis (isto é, os socialmente estigmatizados ou excluídos, as crianças, os idosos, as gerações futuras), enfim todos aqueles que, como indivíduo ou classe, por conta de sua real debilidade perante abusos ou arbítrio dos detentores de poder econômico ou político, 'necessitem' da mão benevolente e solidarista do Estado para sua proteção, mesmo que contra o próprio Estado. Vê-se, então, que a partir da ideia tradicional da instituição forma-se, no *Welfare State*, um novo e mais abrangente círculo de sujeitos salvaguardados processualmente, isto é, adota-se uma compreensão de *minus habentes* impregnada de significado social, organizacional e de dignificação da pessoa humana".[84] A criança como pessoa em desenvolvimento deve ser especialmente protegida. O tema da publicidade infantil ainda não está consolidado no Brasil, certamente novas regulamentações virão e esperamos do legislador sabedoria e espírito protetivo.

Referências

AZAMBUJA, Maria Regina Fay. A criança no novo direito de família. In: WELTER, Belmiro. *Direitos fundamentais do direito de família*. Porto Alegre: Livraria do Advogado, 2004.

AZEVEDO, Antônio Junqueira de. O direito pós-moderno e a codificação. *Revista de Direito do Consumidor* 33, p. 123-129, jan.-mar. 2000.

BENJAMIN, Antônio Herman. *Código Brasileiro de Defesa do Consumidor comentado pelos autores do anteprojeto*. 9. ed. São Paulo: Forense Universitária, 2007, p. 380.

———. O controle jurídico da publicidade. *Revista de Direito do Consumidor*, São Paulo, v. 9, p. 25-27, jan. 1994.

———. O Código Brasileiro de Proteção do Consumidor, in *Revista de Direito do Consumidor*. 7.

———. Apresentação, in D´AQUINO, Lúcia Souza. *Criança e Publicidade-hipervulnerabilidade?*, Rio de Janeiro: Lumen Juris, 2017.

---

[83] Veja detalhes in D'AQUINO, Lúcia Souza. *Criança e Publicidade-Hipervulnerabilidade?* Rio de Janeiro: Lumen Juris, 2017, p. 102 e seg.

[84] Ementa da decisão do STJ, REsp 1.264.116/RS, Rel. Ministro Herman Benjamin, Segunda Turma, julgado em 18/10/2011, DJe 13/04/2012.

ALVAREZ, Ana Maria Blanco Montiel. Publicidade dirigida à criança e regulação de mercado. In: PASQUALOTTO, Adalberto; —— (orgs.). *Publicidade e proteção da infância*. Porto Alegre: Livraria do Advogado, 2014.

CAHZAL, Jean-Pascal. Vulnerabilité et droit de la consommation. In: COHET-CORDEY, Frédérique (org.). *Vulnerabilité et droit – Le développement de la vulnerabilité et ses enjeux en droit*. Grenoble: Presses Universitaires de Grenoble, 2000.

CARVALHO, Tainá Cosme de. Publicidade dos bens de consumo para o público infantil. In: SILVA, Joseane Suzart Lopes da; MELO, Ravena Seida Tavares de. *Publicidade dos bens de consumo*. Salvador: Paginae, 2015.

D´AQUINO, Lúcia Souza. *Criança e Publicidade-hipervulnerabilidade?* Rio de Janeiro: Lumen Juris, 2017.

——. A publicidade infantil dirigida ao público infantil, in *Revista de direito do Consumidor*, v. 25, n. 106.

DIAS, Lucia Ancona Magalhães. Publicidade e hipervulneráveis: limitar, proibir ou regular? *Revista de Direito do Consumidor* 99.

——. *Publicidade e direito*. 2. ed., São Paulo: RT, 2013.

DOLINGER, Jacob. *Direito internacional privado*: a criança no direito internacional. Rio de Janeiro: Renovar, 2003.

FIECHTER-BOULVARD, Frédérique. La notion de vulnerabilité et sa consécration par le droit. In: COHET-CORDEY, Frédérique (org.). *Vulnerabilité et droit – Le développement de la vulnerabilité et ses enjeux en droit*. Grenoble: Presses Universitaires de Grenoble, 2000.

FONTENELLE, Lais. *Criança e Consumo*. São Paulo: Alana, 2016.

FROTA, Mário. *A publicidade infanto-juvenil*. Curitiba: Juruá, 2006.

JAYME, Erik. Visões para uma teoria pós-moderna do direito comparado, *RT* 759.

——. Kulturelle Identität und das Kindeswohl im internationalen Kindschaftsrecht, Vortrag in der Tagung "Kinder im Recht" – Kindschaft und Völkerrecht im europäischen Kontext. *Evangelische Akademie Tutzing*, 20. Januar 1996.

——. Kulturelle Identität und Internationales Privatrecht. In: JAYME, Erik (coord.). *Kulturelle Identität und internationales Privatrecht*. Heidelberg: C. F. Müller, 2003.

HIPPEL, Eike von. *Der Schutz des Schwächeren*. Tübingen: Mohr, 1982.

LACOUR, Clémence. *Vieillesse et vulnerabilité*. Marseilles: Presses Universitaires d`Aix Marseille, 2007.

LORENZETTI, *Teoria da decisão judicial*. 2. ed. São Paulo: RT, 2010.

MARQUES, Claudia Lima. A vulnerabilidade dos analfabetos e dos idosos na sociedade de consumo brasileira: primeiros estudos sobre a figura do assédio de consumo. In: MARQUES, Claudia Lima; GSELL, Beate. *Novas Tendências do Direito do Consumidor – Rede Alemanha-Brasil de Pesquisas em Direito do Consumidor*. São Paulo: RT, 2015.

——. *Contratos no Código de Defesa do Consumidor*. 8. ed. São Paulo: RT, 2016, p. 323.

——; MIRAGEM, Bruno. *O novo Direito Privado e a proteção dos vulneráveis*, 2. ed. , São Paulo: RT, 2014.

——. O direito do Consumidor no Brasil e os Projetos de Lei de Actualização do Código de Defesa do Consumidor. In: *Boletim da Faculdade de Direito* -Universidade de Macau, ano XVIII, nr. 35 (p.55-71), 2014.

MARTINS, Guilherme M. A regulamentação da publicidade infantil no Brasil. A proteção do consumidor e da infância. In: *Revista de Direito do Consumidor*, vol. 102/2015.

MARX NETO, Edgard A. Exercício dos direitos da personalidade por crianças e adolescentes: entre o exercício exclusivo e regime de incapacidade. In: *Revista Jurídica da Presidência*, Brasília, vol. 13, nr. 100, (343-373) Jul./Set. 2011.

MIRAGEM, Bruno. *Curso de direito do consumidor*. 5. ed. São Paulo: RT, 2016.

——. Proteção da criança e do adolescente consumidores. Possibilidade de explicitação de critérios de interpretação do conceito legal de publicidade abusiva e prática abusiva em razão de ofensa a direitos da criança e do adolescente por resolução do Conselho Nacional da Criança e do Adolescente – Conanda. Parecer. In: *Revista de Direito do Consumidor*, vol. 95/2014.

MONTEIRO, António Pinto.The impact of the directive on unfair terms in consumer contracts on Portuguese law. *European Review of Private Law* 3, p. 231-240, 1995.

NERY, Rosa Maria de Andrade. *Manual de Direito Civil – Família*, São Paulo: RT, 2013.

NETTO LÔBO, Paulo Luiz. A repersonalização das relações de família. In: Bittar, Carlos Alberto (org.). *Direito de família na Constituição de 1988*. São Paulo: Saraiva, 1989.

PASQUALOTTO, Adalberto. *Os efeitos obrigacionais da publicidade*, RT: São Paulo, 1997.

PEREIRA, Tânia da Silva; OLIVEIRA, Guilherme. *Cuidado e vulnerabilidade*. São Paulo: Atlas, 2009.

PEREIRA JÚNIOR, Antonio Jorge. *Direitos da criança e do adolescente em face da TV*. São Paulo: saraiva, 2012.

POTENTIER, Philippe, Introduction Generale. In: Notaires de France. Les personnes vulnerables. 102ᵉ Congrès des Notaires de France. Strassbourg: Notaires de France, 2006.

SILVA, Joseane Suzart Lopes da. Apresentação. In: SILVA, Joseane Suzart Lopes da; MELO, Ravena Seida Tavares de (Coord.). *Publicidade dos bens de consumo*, Salvador: Paginae, 2015.

SODRÉ, Marcelo. Duas palavras: uma ausente outra presente. In: FONTENELLE, Lais. *Criança e Consumo*. São Paulo: Alana, 2016.

TELLECHEA, Eduardo Bergman. *El nuevo derecho internacional privado interamericano sobre familia y proteccion internacional de menores*. Montevideo: FCU, 1991.

VEERMAN, Philip e. *The rights of the child and the changing image of childhood*. Dordrecht, 1992.

— II —

Publicidade infantil: a família como elemento primário para concretização da doutrina da proteção integral

LIANE TABARELLI

Advogada e parecerista. Professora adjunta da Escola de Direito da Pontifícia Universidade Católica do Rio Grande do Sul (PUCRS). Docente de cursos de pós-graduação e preparatórios para concursos públicos. Doutora em Direito pela PUCRS. Ex-bolsista da CAPES de Estágio Doutoral (Doutorado Sanduíche) na Faculdade de Direito da Universidade de Coimbra – Portugal. Autora de obras e de diversos capítulos de livros e artigos jurídicos. Endereço eletrônico: liane.tabarelli@pucrs.br.

MARIA REGINA FAY DE AZAMBUJA

Procuradora de Justiça do Ministério Público do Rio Grande do Sul; Especialista em Violência Doméstica pela USP; Mestre em Direito pela UNISINOS; Doutora em Serviço Social pela PUCRS; Professora de Direito da Criança e do Adolescente e Direito de Família na Escola de Direito da PUCRS; professora convidada da Universidade do Amazonas, UNAMA; Voluntária no Programa de Proteção à Criança do Hospital de Clínicas de Porto Alegre; Sócia do IARGS, IBDFAM/RS, SORBI e ABMCJ. Endereço eletrônico: regina@mp.rs.gov.br

Sumário: Introdução; 1. A posição da criança na legislação brasileira: da doutrina penal do menor à proteção integral; 2. A proteção integral à criança e as relações de consumo; 3. Publicidade infantil: a família como elemento primário para concretização da doutrina da proteção integral; Conclusão; Referências.

Introdução

O final do século XX foi cenário de profunda mudança no significado da infância. Estudos produzidos em diversos países chamaram a atenção para a relevância dos primeiros anos de vida e para formas diferentes de cuidar daqueles que se encontram nessa etapa da vida, caracterizada como fase especial de desenvolvimento.

Em que pese os conhecimentos produzidos, a situação da infância não se alterou com a rapidez que os achados científicos estavam a exigir. Segundo a UNICEF e outras organizações internacionais, cerca de 51 milhões de nascimentos não são registrados a cada ano nos países em desenvolvimento; aproximadamente 218 milhões de crianças entre os cinco e 14 anos estão envolvidos no trabalho infantil; calcula-se que 1,2 milhões de crianças são vítimas, a cada ano, do tráfico de pessoas; mais de 300.000 crianças são soldados e explorados em conflitos armados que se desenvolvem em mais de 30 países. Estima-se que cerca de 143 milhões de crianças são órfãs de um ou ambos os progenitores;[1] as lesões corporais são a maior causa de morte em crianças de um a quatro anos[2] e, ainda, a América Latina e o Caribe têm 228 meninas e meninos sendo abusados a cada hora por alguém em torno da sua família.[3]

No Brasil, o cenário não é diferente. No período de 2008 e 2011, aproximadamente três milhões e setecentos mil crianças e adolescentes, com idade entre cinco e dezessete anos, estavam trabalhando.[4] Na área da educação, uma em cada quatro crianças de 4 a 6 anos estão fora da escola, sendo que 64% das crianças pobres não vão à escola durante a primeira infância. Por outro lado, embora a desnutrição entre crianças menores de um ano tenha diminuído em mais de 60% nos últimos cinco anos, cerca de sessenta mil crianças com menos de um ano são desnutridas. Na saúde, a cada dia, cento e vinte e nove casos de violência psicológica, física, sexual e negligência contra crianças e adolescentes são notificados através do DISQUE 100.[5]

As novas descobertas científicas, advindas especialmente das áreas da saúde e educação, ao lado do reconhecimento dos direitos humanos, influenciaram condutas nos âmbitos público e privado, refletindo-se nos documentos internacionais e nas legislações produzidas em diversos países, em especial, no Brasil.

Em nosso país, a Constituição Federal de 1988, ao reconhecer a criança e o adolescente como sujeito de direitos, abriu caminho à edição de legislações que passaram a trabalhar com a nova concepção atribuída à infância e adolescência, merecendo destaque o Estatuto da Criança e do Adolescente e o Código de Defesa do Consumidor.

Nessa linha, estando a criança em condição de vulnerabilidade frente a várias situações, mas, em especial, tendo em vista o objeto de pesquisa deste ensaio, sua vulnerabilidade diante de publicidades sedutoras e abusivas a ela direcionadas, procurar-se-á, neste trabalho, instar o leitor a refletir sobre o fundamental papel da família a ser exercido a fim de contribuir nessa seara para a proteção dos infantes.

---

[1] LONGO, Victor; Carlos Wilson. *UNICEF*: direitos das crianças são violados de forma massiva. Disponível em: <http://www.redandi.org//verPublicacao.php5?id=7828#122344>. Acesso em: 21 nov. 2008.

[2] AMERICAN COLLEGE OF SURGEONS. ATLS: Advanced Trauma Life Support. Program for physicians. Committee on trauma. Instructor Manual. Chicago: American College of Surgeons, 1993, p. 11/12. In: ZAVASCHI, Maria Lucrecia Scherer e Colaboradores. *Crianças e adolescentes vulneráveis*: o atendimento interdisciplinar nos Centros de Atenção Psicossocial. Porto Alegre: ARTMED, 2009, p. 31.

[3] JUNGMANN, Mariana. *Agência Brasil*: para diretor do Unicef, raiz da exploração sexual de crianças é social e não econômica. Disponível em: <http://www.agenciabrasil.gov.br/noticias/2008/11/27/materia.2008-11-27.1860634807/view>. Acesso em: 1º dez. 2008.

[4] ANDI. *Trabalho infantil doméstico*: números alarmantes. Disponível em <http://www.andi.org.br/infancia-e-juventude/pauta/trabalho-infantil-domestico-numeros-alarmantes.> Acesso em: 13 jun. 2013.

[5] UNICEF. *Infância e adolescência no Brasil*. Disponível em: <http:www.unicef.org/brazil/pt/activities.html>. Acesso em: 13 jun. 2013.

1. A posição da criança na legislação brasileira: da doutrina penal do menor à proteção integral

Voltar o olhar para o passado, ainda que recente, nos permite avaliar a dificuldade que envolve a proteção da criança e o longo caminho percorrido até a conquista da condição de sujeito de direitos.

Dentro desta perspectiva de maior atenção à infância, documentos internacionais são editados trazendo o alerta para a vulnerabilidade desta parcela da população. A Declaração de Genebra, em 1924, afirmou "a necessidade de proclamar à criança uma proteção especial", abrindo caminho para conquistas importantes que foram galgadas nas décadas seguintes. Em 1948, as Nações Unidas proclamaram o direito a cuidados e à assistência especial à infância, através da Declaração Universal dos Direitos Humanos, considerada a maior prova histórica do *consensus omnium gentium* sobre um determinado sistema de valores.[6] Os Pactos Internacionais de Direitos Humanos, indiscutivelmente, proporcionaram a mudança de paradigmas experimentada no final da década de oitenta e início dos anos noventa na área da proteção à infância.

Seguindo a trilha da Declaração dos Direitos Humanos, em 1959, tem-se a Declaração dos Direitos da Criança,[7] e, em 20/11/89, a Assembleia Geral das Nações Unidas proclama a Convenção das Nações Unidas sobre os Direitos da Criança, mais importante marco na garantia dos direitos daqueles que ainda não atingiram os dezoito anos.[8] Antes mesmo da aprovação da mencionada Convenção pela Assembleia Geral das Nações Unidas, com texto original redigido em árabe, chinês, espanhol, francês, inglês e russo, o Brasil já havia incorporado em seu texto constitucional (art. 227)[9] as novas diretrizes.

A Convenção das Nações Unidas sobre os Direitos da Criança[10] afirma o direito de a criança conhecer e conviver com seus pais, a não ser quando incompatível com seu melhor interesse; o direito de manter contato com ambos os genitores, caso seja separada de um ou de ambos; as obrigações do Estado, nos casos em que as separações resultarem de ação do Poder Judiciário, as-

---

[6] BOBBIO, Norberto. *A Era dos Direitos*. 2. tiragem. Rio de Janeiro: Elsevier, 2004, p. 47.

[7] PEREIRA, Tânia Maria da Silva; MELO, Carolina de Campos. Infância e Juventude: os direitos fundamentais e os princípios consolidados na Constituição de 1988. *Revista Trimestral de Direito Civil*, Rio de Janeiro: PADMA, v. 3, p. 89-109, jul./set. 2000. "A criança gozará de proteção especial e disporá de oportunidades e serviços a serem estabelecidos em lei ou por outros meios de modo que possa desenvolver-se física, mental, espiritual e socialmente de forma saudável e normal, assim como em condições de liberdade e dignidade. Ao promulgar lei com este fim, a consideração fundamental a que se atenderá será o interesse superior da criança".

[8] TEJADAS, Sílvia da Silva. *Juventude e Ato Infracional:* as múltiplas determinações da reincidência. Porto Alegre: EDIPUCRS, 2008, p. 41. "A proposta da Convenção das Nações Unidas sobre os Direitos da Criança traz consigo outra dimensão ética, pois se reconhece que ao Estado não cabe tutelar pessoas, mas tutelar o direito que é reconhecido às crianças e aos adolescentes, como sujeitos e cidadãos".

[9] Art. 227. É dever da família, da sociedade e do Estado assegurar à criança, ao adolescente e ao jovem, com absoluta prioridade, o direito à vida, à saúde, à alimentação, à educação, ao lazer, à profissionalização, à cultura, à dignidade, ao respeito, à liberdade e à convivência familiar e comunitária, além de colocá-los a salvo de toda forma de negligência, discriminação, exploração, violência, crueldade e opressão.

[10] A Convenção das Nações Unidas sobre os Direitos da Criança, adotada pela Assembléia Geral das Nações Unidas, em 20.11.89, foi ratificada pelo Brasil em 26.01.90, aprovada pelo Decreto Legislativo n. 28, de 14.9.90, vindo a ser promulgada pelo Decreto Presidencial n. 99.710, de 21.11.90.

sim como a obrigação de promover proteção especial às crianças, assegurando ambiente familiar alternativo apropriado ou colocação em instituição, considerando sempre o ambiente cultural da criança. Ao debruçar-se sobre a Convenção, menciona Bruñol:

> A Convenção representa uma oportunidade, certamente privilegiada, para desenvolver um novo esquema de compreensão da relação da criança com o Estado e com as políticas sociais, e um desafio permanente para se conseguir uma verdadeira inserção das crianças e seus interesses nas estruturas e procedimentos dos assuntos públicos.[11]

A Convenção das Nações Unidas sobre os Direitos da Criança, em que pese sua relevância no âmbito nacional e internacional, é ainda pouco manuseada e assimilada pelos diversos segmentos sociais, vindo a comprometer sua aplicação em maior escala e seriedade pelos povos firmatários. Para exemplificar, o artigo 3, n. 1. determina que todas as ações relativas às crianças, levadas a efeito por instituições públicas ou privadas de bem-estar social, tribunais, autoridades administrativas ou órgãos legislativos, devem considerar, primordialmente, o melhor interesse da criança.[12]

O que vem a ser o melhor interesse da criança (*the best interest*), mencionado na normativa internacional?

Na atualidade, a aplicação do princípio *the best interest* permanece como padrão. O novo paradigma considera, sobretudo, "as necessidades da criança em detrimento dos interesses dos pais, devendo realizar-se sempre uma análise do caso concreto".[13] Não se trata de conceito fechado, definido e acabado. Relaciona-se diretamente com os direitos humanos e com a dignidade da pessoa humana, fundamento da República e "alicerce da ordem jurídica democrática".[14] Nas palavras de Morais, "é na dignidade humana que a ordem jurídica (democrática) se apóia e constitui-se". Não há como pensar em dignidade da pessoa sem considerar as vulnerabilidades humanas, passando a nova ordem constitucional a dar precedência aos direitos e às prerrogativas "de determinados grupos considerados, de uma maneira ou de outra, frágeis e que estão a exigir, por conseguinte, a especial proteção da lei".[15] No que tange à infância, o estabelecimento de um sistema especial de proteção por parte do ordenamento jurídico funda-se nas diferenças que esta parcela da população apresenta frente a outros grupos de seres humanos, autorizando a aparente quebra do

---

[11] BRUÑOL, Miguel Cillero. O interesse superior da criança no marco da Convenção Internacional sobre os Direitos da Criança. In: MENDEZ, Emílio García; BELOFF, Mary (orgs.). *Infância, Lei e Democracia na América Latina*. v. 1. Blumenau: FURB, 2001, p. 92.

[12] Ver acórdãos que versam sobre o Superior Interesse as Criança: STJ, Recurso Ordinário em Mandado de Segurança nº 19103/RJ; STJ, Recurso Ordinário em Mandado de Segurança nº 11064/MG; TJRGS, Agravo de Instrumento nº 70015391758; TJRGS, Agravo de Instrumento nº 70016798654; TJRGS, Agravo de Instrumento nº 70015902729; TJRGS, Agravo de Instrumento nº 70014814479; TJRGS, Apelação Cível nº 70014552947.

[13] PEREIRA, Tânia da Silva. *O melhor interesse da criança:* um debate interdisciplinar. Rio de Janeiro: Renovar, 1999, p. 3.

[14] MORAIS, Maria Celina Bodin de. O conceito de dignidade humana: substrato axiológico e conteúdo normativo. *In:* SARLET, Ingo W. (org.). *Constituição, Direitos Fundamentais e Direito Privado*. Porto Alegre: Livraria do Advogado, 2006, p. 117.

[15] MORAIS, Maria Celina Bodin de. O conceito de dignidade humana: substrato axiológico e conteúdo normativo. In: SARLET, Ingo W. (org.). *Constituição, Direitos Fundamentais e Direito Privado*. Porto Alegre: Livraria do Advogado, 2006, p. 118.

princípio da igualdade por serem "portadoras de uma desigualdade inerente, intrínseca", recebendo "tratamento mais abrangente como forma de equilibrar a desigualdade de fato e atingir a igualdade jurídica material e não meramente formal".[16]

Para Machado, a "Constituição de 1988 criou um sistema especial de proteção dos direitos fundamentais de crianças e adolescentes", "nitidamente inspirado na chamada Doutrina da Proteção Integral".[17] Cabe lembrar Bobbio, quando ressalta que:

> [...] uma coisa é ter um direito que é, enquanto reconhecido e protegido; outra é ter um direito que deve ser, mas que, para ser, ou para que passe do dever-ser ao ser, precisa transformar-se, de objeto de discussão de uma assembléia de especialistas, em objeto de decisão de um órgão legislativo dotado de poder de coerção.[18]

No Brasil, a legislação atual, na área da infância, refletindo a cultura dominante, foi antecedida de dois momentos principais, assim nominados: a) Doutrina Penal do Menor e b) Doutrina da Situação Irregular.

A Doutrina Penal do Menor caracterizou-se pela forte influência do direito penal no tratamento destinado à população infanto-juvenil, à época denominada de *menores*. Ao tempo do Código Penal do Império (1830) e do Código Penal de 1890, dispúnhamos de:

> Medidas especiais prescritas para aqueles que, apesar de não terem atingido a maioridade, tivessem praticados atos que fossem considerados criminais; [...] o que organizava estes Códigos era a teoria da ação com discernimento que imputava responsabilidade penal ao *menor* em função de uma pesquisa da sua consciência em relação à prática criminosa.[19]

Com a edição do segundo Código de Menores, em 1979 (Lei nº 6.697, 10/10/79), é inaugurada a Doutrina da Situação Irregular, marcada pelo assistencialismo, abrangendo "os casos de abandono, a prática de infração penal, o desvio de conduta, a falta de assistência ou representação legal, enfim, a lei de *menores* era instrumento de controle social da criança e do adolescente, vítimas de omissões da família, da sociedade e do estado em seus direitos básicos".[20] Embora tenha a lei disciplinado a situação de *menores* abandonados e delinquentes, não se ocupou o Código de Menores com o reconhecimento dos seus direitos. Nos ensinamentos de Rizzini, "o que impulsionava era resolver o problema dos *menores*, prevendo todos os possíveis detalhes e exercendo firme controle, por mecanismos de tutela, guarda, vigilância, reeducação, reabilitação, preservação, reforma e educação".[21]

O aumento da delinquência juvenil, o fracasso das políticas até então adotadas para atender os *menores* desvalidos e infratores, o clamor público com os

---

[16] MACHADO, Martha de Toledo. *A proteção Constitucional de Crianças e Adolescentes e os Direitos Humanos*. Baruere: Manole, 2003, p. 123.

[17] Ibidem, 108.

[18] BOBBIO, Norberto. *A Era dos Direitos*. 2. tiragem. Rio de Janeiro: Elsevier, 2004, p. 97.

[19] PEREIRA, Tânia da Silva. *Direito da Criança e do Adolescente:* uma proposta interdisciplinar. 2. ed. Rio de Janeiro: Renovar, 2008, p. 101.

[20] Ibidem, p. 108.

[21] RIZZINI, Irene. *A Criança e a Lei no Brasil – Revisitando a História* (1822-2000). Brasília, DF: NICEF; Rio de Janeiro: USU Ed. Universitária, 2000, p. 28.

problemas da infância, bem como a influência que o texto veio a originar na Convenção das Nações Unidas (1989), contribuíram significativamente para a mudança de paradigma que ocorreu em 1988.

Com o advento da Constituição Federal de 1988, a Doutrina da Situação Irregular cede lugar à Doutrina da Proteção Integral, alicerçada em três pilares: a) a criança adquire a condição de sujeito de direitos; b) a infância é reconhecida como fase especial do processo de desenvolvimento; c) a prioridade absoluta a esta parcela da população passa a ser princípio constitucional (art. 227). Segundo Munir Cury:

> Deve-se entender a proteção integral como o conjunto de direitos que são próprios apenas aos cidadãos imaturos; estes direitos, diferentemente daqueles fundamentais reconhecidos a todos os cidadãos, concretizam-se em pretensões nem tanto em relação a um comportamento negativo (abster-se da violação daqueles direitos) quanto a um comportamento positivo por parte da autoridade pública e dos outros cidadãos, de regra adultos encarregados de assegurar esta proteção especial. Por força da proteção integral, crianças e adolescentes têm o direito de que os adultos façam coisas em favor deles.[22]

O princípio do melhor interesse da criança encontra seu fundamento no reconhecimento da peculiar condição de pessoa humana em desenvolvimento atribuída à infância e à juventude. Em 1988, "o ordenamento jurídico brasileiro acolheu crianças e adolescentes para o mundo dos direitos e dos deveres: o mundo da cidadania".[23] Nas palavras de Gama, o princípio do melhor interesse da criança:

> Representa importante mudança de eixo nas relações paterno-materno-filiais em que o filho deixa de ser considerado objeto para ser alçado – com absoluta justiça, ainda que tardiamente – a sujeito de direito, ou seja, à pessoa merecedora de tutela do ordenamento jurídico, mas com absoluta prioridade comparativamente aos demais integrantes da família que ele participa.[24]

Não há como deixar de ressaltar a postura de vanguarda do Brasil, ao assumir, em 1988, o compromisso com a Doutrina da Proteção Integral, antes mesmo da aprovação da Convenção das Nações Unidas sobre os Direitos da Criança, representando "um norteador importante para a modificação das legislações internas no que concerne à proteção da infância em nosso continente".[25] Entre os direitos fundamentais assegurados à criança, encontramos, ao lado do direito à vida, os direitos à saúde, à educação, à liberdade, ao respeito, à dignidade e o direito à convivência familiar, este por vezes seriamente comprometido quando os pais não conseguem exercer as responsabilidades impostas pelo poder familiar (artigo 1.634 Código Civil), valendo lembrar que "as relações estáveis, protetoras, respeitosas e amorosas dentro da família re-

---

[22] CURY, Munir. *Estatuto da Criança e do Adolescente Comentado, Comentários Jurídicos e Sociais*. 12. ed. São Paulo: Malheiros, 2013, p. 33.

[23] SÊDA, Edson. *Construir o passado ou como mudar hábitos, usos e costumes tendo como instrumento o Estatuto da Criança e do Adolescente*. São Paulo: Malheiros, 1993, p. 25.

[24] GAMA, Guilherme Calmon Nogueira da. *A nova filiação: o biodireito e as relações parentais*. Rio de Janeiro: Renovar, 2003, p. 456-467.

[25] PEREIRA, Tânia da Silva. *Direito da Criança e do Adolescente:* uma proposta interdisciplinar. 2. ed. Rio de Janeiro: Renovar, 2008, p. 7.

presentam um importante fator protetor para o desenvolvimento saudável da criança".[26]

Um simples olhar sobre o cotidiano urbano nos sinaliza que nem todas as crianças e os adolescentes se incluem na população que efetivamente é contemplada com a garantia dos direitos fundamentais arrolados em lei, embora o legislador tenha afirmado, com clareza, que "nenhuma criança ou adolescente será objeto de qualquer forma de negligência, discriminação, exploração, violência, crueldade e opressão, punido na forma da lei qualquer atentado, por ação ou omissão aos seus direitos fundamentais" (art. 5º ECA).

Em que pese a resiliência de muitas crianças, no mundo atual, estima-se que 200 milhões de crianças com menos de cinco anos apresentam dificuldade para estarem desenvolvendo seu pleno potencial. Como consequência, "essas crianças terão menor sucesso escolar, vêm de famílias com renda mais baixa, com fertilidade mais alta e em piores condições de educar sua prole, contribuindo para a transmissão intergeracional da pobreza".[27]

Diversos fatores que vão desde a negligência familiar, social e omissão das políticas públicas, bem como interesses econômicos que se sobrepõem à proteção da criança, interferem no destino de nossos jovens, com sequelas que podem se estender ao longo da vida, não raras vezes com reflexos nas gerações seguintes, elevando o valor da dívida da nação brasileira para com aqueles a quem elegemos como prioridade absoluta.

Após tais ponderações, no item a seguir, a proteção integral à criança será apreciada no contexto das relações de consumo.

2. A proteção integral à criança e as relações de consumo

A Doutrina da Proteção Integral, inserta na Constituição Federal e no Estatuto da Criança e do Adolescente, como analisada acima, atribui à criança e ao adolescente a condição de sujeito de direitos, passando a exigir modificações nas relações da família, da sociedade e do Poder Público com esta parcela da população.

O Estatuto da Criança e do Adolescente e o Código de Defesa do Consumidor, ambos em vigor desde 1990, convergem no sentido do reconhecimento e proteção das populações vulneráveis, merecendo destaque, para este estudo, a população de crianças e adolescentes quando envolvidas, ainda que indiretamente, nas relações de consumo.

O Código de Defesa do Consumidor (CDC) encontra fundamento na desigualdade oriunda do mercado "onde um fator estrutural de desequilíbrio exige

---

[26] ZAVASCHI, Maria Lucrecia Scherer. Crianças Vulneráveis. In: ZAVASCHI, Maria Lucrecia Scherer e Colaboradores. *Crianças e adolescentes vulneráveis:* o atendimento interdisciplinar nos Centros de Atenção Psicossocial. Porto Alegre: ARTMED, 2009, p. 26.

[27] BASSOLS, Ana Margareth Siqueira; DIEDER, Ana Lúcia; CZEKSTER, Michele Valent; *et al.* A criança pré-escolar. In: EIZIRIK, Cláudio; BASSOLS, Ana Margareth Siqueira (org.). *O Ciclo da Vida Humana:* uma perspectiva psicodinâmica. 2ª ed. Porto Alegre: Artmed, 2013, p.139.

proteção à parte fraca".[28] Segundo Adalberto Pasqualotto, as normas do direito do consumidor "são favorecedoras da retomada do equilíbrio comprometido pela massificação da produção, determinadora da concentração de forças nas mãos das empresas e de uma desigualdade que se tornou estrutural".[29]

Nesse sentido, o artigo 37, § 2º, assinala, *in verbis*:

> É abusiva, dentre outras, a publicidade discriminatória de qualquer natureza, a que incite a violência, explore o medo ou a superstição, **se aproveite da deficiência de julgamento e experiência da criança**, desrespeite valores ambientais, ou que seja capaz de induzir o consumidor a se comportar de forma prejudicial ou perigosa à sua saúde ou segurança. [grifo nosso].

A Lei nº 8.090/1990, por sua vez, ao reconhecer a criança e o adolescente como pessoas em fase especial de desenvolvimento, acerta o passo com os conhecimentos advindos de outras ciências, em especial, com a saúde e a educação, que há muito trabalham com esta compreensão sobre as particularidades de cada etapa da vida humana. A legislação não detalha as etapas do desenvolvimento, tampouco nos dá elementos suficientes para que o profissional que atua no sistema de Justiça possa entender e discernir os prejuízos que podem advir de uma conduta inadequada para as diferentes faixas etárias. Na atualidade, autores convergem no sentido de que "a pessoa evolui durante toda a vida, interagindo constantemente com o meio ambiente".[30] Para Erik H. Erikson, oito estágios do desenvolvimento acompanham a vida humana: bebê, primeira infância, infância intermediária, idade escolar, adolescência, adulto jovem, adulto e idoso, sendo que cada estágio apresenta aspectos positivos e negativos, marcados por crises emocionais que decorrem da cultura particular do indivíduo e das interações que faz com a sociedade em que vive.[31] Em que pesem as particularidades que caracterizam cada etapa, as crianças, desde muito cedo, são expostas a inúmeros fatores externos, como a publicidade que as atinge através dos meios de comunicação de massa, a qualquer hora do dia, sem que grande parte dos pais e cuidadores atentem para os prejuízos que podem advir no desenvolvimento de seus filhos. Dispomos de conhecimentos que até pouco tempo eram desconhecidos, mas que, na atualidade, estão cientificamente comprovados e que podem auxiliar nas relações entre as crianças e a publicidade.

Por outro lado, estudos vindos da área da neurociência advertem que "o desenvolvimento do cérebro humano, desde o período embrionário até a idade adulta, ocorre de forma progressiva em complexidade, envolvendo processos como proliferação e migração neuronal, arborização sináptica, entre outros".[32] Especialistas advertem que "a magnitude do efeito das experiências precoces

---

[28] PASQUALOTTO, Adalberto. O Código de Defesa do Consumidor em face do novo Código Civil. *Caderno Jurídico*. Escola Superior do Ministério Público de São Paulo, São Paulo, a. 3, v. 2, n. 6, p. 49, jan. 2004.

[29] PASQUALOTTO, Adalberto. O destinatário final e o "consumidor intermediário". *Revista de Direito do Consumidor*, São Paulo, v. 19, n. 74, p.8, abr./jun.2010.

[30] EIZIRIK, Cláudio; BASSOLS, Ana Margareth Siqueira; GASTAUD, Marina Bento; *et al*. Noções básicas sobre o funcionamento psíquico. In: EIZIRIK, Cláudio; BASSOLS, Ana Margareth Siqueira (org.). *O Ciclo da Vida Humana*: uma perspectiva psicodinâmica. 2ª ed. Porto Alegre: Artmed, 2013, p.25.

[31] Idem.

[32] POLANCZYK, Guilherme Vanoni; ROHDE, Luis Augusto. Psiquiatria do desenvolvimento. In: EIZIRIK, Cláudio; BASSOLS, Ana Margareth Siqueira (org.). *O Ciclo da Vida Humana*: uma perspectiva psicodinâmica. 2ª ed. Porto Alegre: Artmed, 2013, p. 54.

deve-se à grande plasticidade que o cérebro apresenta no início da vida, ou seja, à capacidade de responder a estímulos ambientais e se adaptar a eles.[33]

A publicidade, movida por questões econômicas, ciente dessas assertivas, não poupa esforços para atingir aqueles que se encontram em fase especial de desenvolvimento, sem levar em consideração que:

> As experiências que caracterizam estresse tóxico influenciam de modo negativo o desenvolvimento cerebral, colocando o indivíduo em uma posição de vulnerabilidade a experiências ambientais subsequentes, com o comprometimento da saúde física e mental ao longo da vida.[34]

Para exemplificar, as crianças e jovens brasileiros, de até 17 anos, assistiam em média a três horas e meia de televisão por dia, ficando expostos a cerca de quarenta mil propagandas em um ano, segundo dados do IBOPE (2006). GROSSI e SANTOS assinalam uma média de dez propagandas durante o intervalo de programação de TV aberta. Advertem, ainda, as autoras:

> Pesquisa desenvolvida pela Unifesp avaliou o conteúdo das propagandas veiculadas nos intervalos de alguns programas infantis de televisão (nas duas principais emissoras de TV) e constatou que, para cada dez minutos de propaganda, um minuto tem objetivo de promover o consumo de produtos alimentícios, contribuindo para gerar hábitos nem sempre saudáveis.[35]

O consumidor, em qualquer etapa do desenvolvimento, sabidamente, é a parte mais fraca, mais frágil nas relações de consumo. Segundo Rizzatto Nunes, "essa fraqueza, essa fragilidade, é real, concreta, e decorre de dois aspectos: um de ordem técnica e outro de cunho econômico".[36] Para o autor, o primeiro aspecto decorre do fato de estar o consumidor "à mercê daquilo que é produzido", sendo que é do fornecedor a escolha do que irá produzir, quando e de que maneira irá produzir. O segundo aspecto, por sua vez, "diz respeito à capacidade econômica que, via de regra, o fornecedor tem em relação ao consumidor".[37]

No mesmo sentido, José Geraldo Filomeno assinala que:

> No âmbito da tutela especial do consumidor, efetivamente, é ele sem dúvida a parte mais fraca, vulnerável, se se tiver em conta que os detentores dos meios de produção é que detêm todo o controle do mercado, ou seja, sobre o que produzir, como produzir e para quem produzir, sem falar-se na fixação de sua margem de lucro.[38]

Para Marques, Benjamin e Miragem:

> A vulnerabilidade é mais um estado da pessoa, um estado inerente de risco ou um sinal de confrontação excessiva de interesses identificado no mercado (assim Rippert, *La règle morale*, p. 153),

---

[33] POLANCZYK, Guilherme Vanoni; ROHDE, Luis Augusto. Psiquiatria do desenvolvimento. In: EIZIRIK, Cláudio; BASSOLS, Ana Margareth Siqueira (org.). *O Ciclo da Vida Humana:* uma perspectiva psicodinâmica. 2ª ed. Porto Alegre: Artmed, 2013, p.54.

[34] Idem.

[35] GROSSI, P. K.; SANTOS, Andréia Mendes dos. Infância comprada: hábitos de consumo na sociedade contemporânea. *Textos e Contextos* (online), v. 8, p. 1-15, 2007. Disponível em: <http://revistaseletronicas.pucrs.br/ojs/index.php/fass/article/viewFile/2327/3257.> Acesso em 13 jun. 2013.

[36] NUNES, Rizzatto. *Comentários ao Código de Defesa do Consumidor.* 5ª ed. rev., atual. e ampl. São Paulo: Saraiva, 2010, p. 194.

[37] Idem.

[38] FILOMENO, José Geraldo Brito. Da política Nacional de Relações de Consumo. *In*: GRINOVER, Ada Pellegrini; BENJAMIN, Antônio Herman de Vasconcellos e; FINK, Daniel Roberto; *et al.* (org.). *Código Brasileiro de defesa do Consumidor.* 10ª ed., rev., atual.e ref. Rio de Janeiro: Forense, 2011, p. 73-74.

é uma situação permanente ou provisória, individual ou coletiva (Fiechter-Boulvard, Rapport, p. 324), que fragiliza, enfraquece o sujeito de direitos, desequilibrando a relação.[39]

Os mesmos autores, com propriedade, chamam a atenção para a hipervulnerabilidade decorrente de doença, em razão da idade e das necessidades especiais que algumas pessoas portam:

> Produtos e serviços destinados a estes consumidores, assim como a publicidade a eles destinada deve guardar parâmetros mais qualificados (art. 37, & 2º e art. 39, IV), ou além do abuso de poder dar azo a danos morais (REsp 980860-SP).[40]

Assim, se o consumidor é reconhecido como vulnerável nas relações de consumo, as crianças, como vêm sendo afirmado, são consideradas hipervulneráveis, merecendo maior proteção, em especial, na publicidade a elas dirigidas.

Referindo-se ao período de 6 (seis) a 12 (doze) anos, Ferreira e Araújo assinalam a dificuldade apresentada por essa faixa etária, no que diz respeito à capacidade de discriminar o real da fantasia. Para as autoras, "nos jogos virtuais, os valores do bem e do mal, da defesa da justiça ficam secundários, e o que vale é o desenrolar indiscriminado de poderes crescentes, não importando de quem seja". Como consequência, "o pensar das emoções dá lugar ao descarregar as emoções".[41]

Nesse contexto, Adalberto Pasqualotto adverte que "a publicidade também produz efeitos perversos: além de promover produtos nocivos, como o fumo[42] e as bebidas alcoólicas,[43] vende-os indistintamente, inclusive para quem não poderia comprá-los".[44]

Fundado nesses achados é que o Código de Defesa do Consumidor considera abusiva a publicidade que, aproveitando-se da deficiência de julgamento e experiência da criança, desrespeite valores ambientais, ou que seja capaz de induzir o consumidor a se comportar de forma prejudicial ou perigosa à sua saúde ou segurança.

Em 1982, a Câmara Internacional de Comércio, organização privada, já havia promulgado normas de orientação ao comportamento publicitário voltado à criança, alertando que:

> A publicidade dirigida a crianças deve ser veraz e claramente identificável como tal; não deve aprovar a violência ou aceitar comportamentos que contrariem as regras gerais de comportamento social; não se pode criar situações que passem a impressão de que alguém pode ganhar prestí-

---

[39] MARQUES, Claudia Lima; BENJAMIN, Antônio Herman V.; MIRAGEM, Bruno. *Comentários ao Código de Defesa do Consumidor*. 3ª ed. rev., atual. e ampl. São Paulo: Revista dos Tribunais, 2010, p. 197.

[40] Ibidem, p. 199.

[41] FERREIRA, Maria Helena Mariante; ARAÚJO, Marlene Silveira. Idade escolar: latência (6 a 12 anos) In: EIZIRIK, Cláudio; BASSOLS, Ana Margareth Siqueira (org.). *O Ciclo da Vida Humana*: uma perspectiva psicodinâmica. 2ª ed. Porto Alegre: Artmed, 2013, p. 146.

[42] A Lei nº 9.294/1996 dispõe sobre as restrições ao uso e à propaganda de produtos fumígeros, bebidas alcoólicas, medicamentos, terapias e defensivos agrícolas, nos termos do § 4º do art. 220 da Constituição Federal.

[43] A Lei nº 9.294/1996 não traz restrição à propaganda de bebidas alcoólicas com teor inferior a 13 Gay-Lussac (GL). A cerveja, utilizada em grande escala pelos adolescentes, não encontra restrição à propaganda.

[44] PASQUALOTTO, Adalberto. *Os efeitos obrigacionais da publicidade no Código de Defesa do Consumidor*. São Paulo: Revista dos Tribunais, 1997, p. 33.

gio com a posse de bens de consumo, que enfraqueçam a autoridade dos pais, contribuam para situações perigosas para a criança, ou que incentivem as crianças a pressionarem outras pessoas a adquirirem bens.[45]

Importante ressaltar que "o caráter de abusividade não tem necessariamente relação direta com o produto ou serviço oferecido, mas sim com os efeitos da propaganda que possam causar algum mal ou constrangimento ao consumidor".[46] Em outras palavras, "basta que haja perigo; que exista a possibilidade de ocorrer o dano, uma violação ou uma ofensa".[47]

Segundo lição de Antônio Herman de Vasconcellos e Benjamin, a publicidade não pode "exortar diretamente a criança a comprar um produto ou serviço; não deve encorajar a criança a persuadir seus pais ou qualquer outro adulto a adquirir produtos ou serviços; não pode explorar a confiança especial que a criança tem em seus pais, professores, etc.", salientando, ainda, que as diversas formas de publicidade abusiva não têm, necessariamente, o condão de causar prejuízo econômico ao consumidor, como ocorre com a publicidade enganosa.[48]

O mundo publicitário, movido por interesses econômicos advindos das empresas que fabricam os produtos que precisam ser consumidos, têm-se utilizado de inúmeras estratégias voltadas ao público infantil: "a cada nova aquisição de consumo pela criança, por exemplo, um novo lançamento de um boneco, já na embalagem é incutida, de forma subliminar, a ideia de que essa compra está incompleta. Na caixa já vêm assinalados todos os acessórios necessários para que então ela se complete".[49]

A publicidade, tal qual acima relatado, ativa novos desejos nas crianças que não se voltam ao brincar, ao criar ou compartilhar, reforçam o poder e despertam inveja; valorizam o ter em detrimento do ser.[50] Como ensinam Ferreira e Araújo, na ausência de uma vida e uma linguagem interior, instala-se um *vazio interno* e "a predominância de uma crescente e veloz estimulação externa; a cada momento se apresenta algo *novo*, externo, aumentando o vazio interno".[51]

Adalberto Pasqualotto, ao referir a exposição da criança aos efeitos da publicidade, alerta para a exploração da vulnerabilidade dessa parcela da população bem como:

---

[45] BENJAMIN, Antônio Herman de Vasconcellos e. Das práticas comerciais. *In*: GRINOVER, Ada Pellegrini; BENJAMIN, Antônio Herman de Vasconcellos e; FINK, Daniel Roberto; *et al*. *Código Brasileiro de defesa do Consumidor*. 10ª ed., rev., atual.e ref. Rio de Janeiro: Forense, 2011, p. 359.

[46] NUNES, Rizzato. *Comentários ao Código de Defesa do Consumidor*. 5ª ed. rev., atual. e ampl. São Paulo: Saraiva, 2010, p. 548.

[47] Ibidem, p. 549.

[48] BENJAMIN, Antônio Herman de Vasconcellos e. Das práticas comerciais. *In*: GRINOVER, Ada Pellegrini; BENJAMIN, Antônio Herman de Vasconcellos e; FINK, Daniel Roberto; *et al*. *Código Brasileiro de defesa do Consumidor*. 10ª ed., rev., atual.e ref. Rio de Janeiro: Forense, 2011, p. 354 e 358.

[49] FERREIRA, Maria Helena Mariante; ARAÚJO, Marlene Silveira. Idade escolar: latência (6 a 12 anos) In: EIZIRIK, Cláudio; BASSOLS, Ana Margareth Siqueira (org.). *O Ciclo da Vida Humana*: uma perspectiva psicodinâmica. 2ª ed. Porto Alegre: Artmed, 2013, p. 146.

[50] Idem.

[51] Idem.

Os conflitos familiares que daí podem decorrer, pela frustração dos desejos fomentados, particularmente nas famílias pobres; a consequência futura do tratamento de pequenos consumidores; os efeitos nocivos que alguns comestíveis industrializados, sucedâneos de produtos naturais, podem produzir sobre a saúde infantil; a confusão intencional entre programação e publicidade, entre outros.[52]

No momento em que os conhecimentos de outras ciências voltadas à infância se tornam disponíveis, perguntas precisam de respostas. Como conciliar as práticas produzidas pelo mercado de consumo com a proteção integral assegurada na legislação? Como fica nosso dever de velar pela dignidade da criança e do adolescente, pondo-os a salvo de qualquer tratamento violento? Como prevenir a ocorrência de ameaça ou violação dos direitos assegurados à criança e ao adolescente? Como mudar a realidade da publicidade que atinge a criança brasileira?

As respostas passam, necessariamente, pela participação da família e da escola, não podendo a sociedade e o Poder Público se eximirem de sua responsabilidade. Exatamente nesse sentido é que o próximo tópico do trabalho vai procurar refletir, em especial, sobre o fundamental papel a ser exercido pela família na tutela das crianças frente aos desmandos da publicidade infantil.

3. Publicidade infantil: a família como elemento primário para concretização da doutrina da proteção integral

De início, destaque-se que a família é o primeiro agente socializador na vida da criança. Nas relações estabelecidas com os pais ou cuidadores é que se imprimem os primeiros padrões éticos que estarão presentes nas etapas seguintes do seu desenvolvimento. Quando esse primeiro agente socializador desempenha seu papel com responsabilidade, muito se está investindo em prevenção à saúde física, social e emocional da criança e do adolescente. O desenvolvimento da autoestima, assim como a capacidade de cooperar com os outros e lidar com as frustrações ou decepções ocasionais, é facilitado com "uma atitude de confiança básica em relação ao mundo".[53]

A própria Constituição Federal reconhece o importante papel a ser desempenhado pela família na tutela dos seus membros, em especial os mais vulneráveis como as crianças, ao determinar, em seu art. 227, *caput*, que:

> É dever da família, da sociedade e do Estado assegurar à criança, ao adolescente e ao jovem, com absoluta prioridade, o direito à vida, à saúde, à alimentação, à educação, ao lazer, à profissionalização, à cultura, à dignidade, ao respeito, à liberdade e à convivência familiar e comunitária, além de colocá-los a salvo de toda forma de negligência, discriminação, exploração, violência, crueldade e opressão.

A família é o principal núcleo da sociedade e o que antecede a todos os demais. E é precisamente nessa linha que ela merece compreensão alargada no

---

[52] PASQUALOTTO, Adalberto. *Os efeitos obrigacionais da publicidade no Código de Defesa do Consumidor*. São Paulo: Revista dos Tribunais, 1997, p. 133.

[53] LEACH, Penelope. Começando com o pé direito. *In*: CAVOUKIAN, Raffi; OLFMAN, Sharna (org.). *Honrar a Criança: como transformar este mundo*. Tradução Alyne Azuma. São Paulo: Instituto Alana, 2009, p. 57.

cenário jurídico, em especial no contexto constitucional contemporâneo. Nesse sentido, Maria Berenice Dias adverte que a Carta Magna de 1988:

> Instaurou a igualdade entre o homem e a mulher e esgarçou o conceito de família, passando a proteger de forma igualitária todos os seus membros. Estendeu igual proteção à família constituída pelo casamento, bem como à união estável entre o homem e a mulher e à comunidade formada por qualquer dos pais e seus descendentes, que recebeu o nome de família monoparental. Consagrou a igualdade dos filhos, havidos ou não do casamento, ou por adoção, garantindo-lhes os mesmos direitos e qualificações.[54]

Por outro lado, constata-se que é na família que se refletem os impactos sociais e econômicos que se fazem presentes no mundo globalizado em que vivemos, recaindo sobre os filhos os benefícios e também os prejuízos advindos dessa conjuntura a qual todos estamos inseridos.

Assim, a família é o núcleo central e primário para a proteção dos infantes, não obstante não seja ela imune a todas as intempéries econômico-sociais que acometem a sociedade como um todo e que, invariavelmente, acabam por acometê-la também. Desse modo, interessante lembrar que as mudanças decorrentes da emancipação feminina, em especial na segunda parte do século XX, influenciaram na configuração da família, na tarefa do cuidado aos filhos, fazendo com que o grupo familiar de hoje não apresente um único modelo, como ocorria em tempos passados. Vários arranjos são buscados para dar conta do cuidado dos filhos e da busca da felicidade que acompanha o ser humano. Nem sempre se torna fácil conciliar estes dois objetivos, uma vez que o cuidado e a proteção à criança é tarefa permanente e desafiadora que precisa ser conciliada com a busca da subsistência, hoje não é mais tarefa exclusiva do homem. Paralelamente, a ânsia pela felicidade, estampada com frequência na mídia, contribui para elevar as dificuldades dos pais para voltarem o olhar aos filhos, deixando-os muitas vezes sem receber a atenção de que necessitam. Nesse sentido, Falceto e Waldemar[55] nos advertem: "já dispomos de dados sobre o que é essencial para um bom desenvolvimento psicológico; o principal ingrediente são adultos que se responsabilizem pelas demandas básicas dos filhos de cuidados, amor e limites, sem deixar de lado suas próprias necessidades".

Além da família, "nossas escolas, faculdades e outras instituições têm o dever de incentivar, na mente das crianças e dos jovens, padrões básicos de comportamento, como altruísmo e honestidade, desde as primeiras etapas da escola até a universidade",[56] dotando-os de recursos capazes de fazer frente aos incentivos, cada vez mais sofisticados, dos meios de publicidade que bombardeiam diariamente a todos nós. Estudos já demonstraram que:

---

[54] DIAS, Maria Berenice. *Manual de Direito das Famílias*. 8. ed. rev. e atual. São Paulo: Revista dos Tribunais, 2011, p. 31.
[55] FALCETO, Olga Garcia; WALDEMAR, José Ovídio Copstein. O ciclo vital da família. In: EIZIRIK, Cláudio; BASSOLS, Ana Margareth Siqueira (org.). *O Ciclo da Vida Humana*: uma perspectiva psicodinâmica. 2ª ed. Porto Alegre: Artmed, 2013, p.100.
[56] LAMA, Dalai. Apresentação. *In*: CAVOUKIAN, Raffi; OLFMAN, Sharna (org.). *Honrar a Criança*: como transformar este mundo. Tradução Alyne Azuma. São Paulo: Instituto Alana, 2009, p.17.

Do ponto de vista operativo, as estratégias de propaganda são bem sucedidas não apenas por associarem de forma direta o consumo de seu produto com uma série de imagens agradáveis, tornando a mensagem alegre, bonita, erótica ou engraçada, mas porque esta correlação está voltada à criação de memórias afetivas positivas, ou âncoras, fundamentais em qualquer processo de tomada de decisões.[57]

É na escola que a educação para o consumo deve ser complementada, como já vem ocorrendo em diversos estabelecimentos, a começar pela educação infantil, voltada às necessidades dos pequenos, prosseguindo no ensino fundamental, através de atividades curriculares, até atingir o ensino médio. Aspectos ligados à qualidade dos alimentos que consomem, "sua condição de exposição à venda, componentes artificiais, etc., bem como quanto a preços das mercadorias e outros aspectos de cunho econômico",[58] são temas importantes de serem discutidos desde cedo com as crianças, que, em breve, vão se constituir na população jovem e consumidora ativa.

Sublinhe-se, porém, que, não obstante a escola exerça um papel fundamental na educação para o consumo, a família atua como um elemento antecedente para tentar blindar a criança para que a mesma não sucumba diante de publicidades flagrantemente sedutoras mas perversas ao infante. Fato é que à família cabe o papel de primeira educadora, instruindo a criança, em particular, sobre o consumo responsável, sobre os efeitos nefastos do consumo excessivo de açúcar e alimentos industrializados, sobre a nocividade do consumo desmedido de equipamentos tecnológicos, etc. Importante destacar que a família é a referência principal para a criança. Desse modo, cabe a ela a pedagogia de revelar à criança os danos à saúde física e mental, às finanças, ao convívio familiar e social, ao seu rendimento escolar, entre outros aspectos, do consumo exacerbado e irresponsável. Em última instância, ademais, registre-se que à família cabe, num primeiro momento, instruir a criança acerca da importância das informações que irá obter na escola, inclusive no que tange à educação para o consumo.

Veja-se que fato inexorável é que a publicidade é claramente comercial, voltada à captação e adesão de novos consumidores.[59] Destarte, a publicidade integra um processo mais abrangente de estudo de mercado, qual seja, o *marketing*, cujo objetivo, por sua vez, é debruçar-se sobre as demandas do consumidor, de molde a prover o mercado de produtos e serviços que atendam a elas.[60]

---

[57] JUNDI, Sami A. R. J. El; PINSKY, Ilana. O impacto da publicidade de bebidas alcoólicas sobre o consumo entre jovens: revisão da literatura internacional. *Revista Brasileira de Psiquiatria*, 2008: 30(4): 362-74, p.363.

[58] FILOMENO, José Geraldo Brito. Da política Nacional de Relações de Consumo. *In*: GRINOVER, Ada Pellegrini; BENJAMIN, Antônio Herman de Vasconcellos e; FINK, Daniel Roberto; *et al.* (org.). *Código Brasileiro de defesa do Consumidor*. 10ª ed., rev., atual.e ref. Rio de Janeiro: Forense, 2011, p. 86.

[59] CLÈVE, Clèmerson Merlin. *Liberdade de expressão, de informação e propaganda comercial*. Revista Crítica Jurídica, México, Instituto de Investigaciones Jurídicas de la UNAM, n. 24, dez.-jan. 2005. Disponível em: <http://www.juridicas.unam.mx/publica/librev/rev/critica/cont/24/pr/pr18.pdf>. Acesso em: 04 jul. 2017.

[60] LOPES, Maria Elizabete Vilaça. O consumidor e a publicidade. *Revista de Direito do Consumidor*, São Paulo: Editora Revista dos Tribunais, n. 1, mar. 1992, p. 150.

Nessa conjuntura, a proteção legal à eventual nocividade da publicidade dirigida a grupo de pessoas mais suscetíveis e frágeis, tais como crianças, adolescentes e idosos – em cumprimento ao mandamento constitucional insculpido no art. 22, XXIX – deriva da previsão do legislador consumerista no art. 37 da Lei nº 8.078/1990 no sentido de que é proibida toda publicidade enganosa ou abusiva. Nesse contexto, para fins legais, nos §§ 1º e 2º do dispositivo legal em comento, tem-se, respectivamente, que:

> É enganosa qualquer modalidade de informação ou comunicação de caráter publicitário, inteira ou parcialmente falsa, ou, por qualquer outro modo, mesmo por omissão, capaz de induzir em erro o consumidor a respeito da natureza, características, qualidade, quantidade, propriedades, origem, preço e quaisquer outros dados sobre produtos e serviços.
> É abusiva, dentre outras a publicidade discriminatória de qualquer natureza, a que incite à violência, explore o medo ou a superstição, se aproveite da deficiência de julgamento e experiência da criança, desrespeita valores ambientais, ou que seja capaz de induzir o consumidor a se comportar de forma prejudicial ou perigosa à sua saúde ou segurança.

Corroborando isso, o Código de Defesa do Consumidor, em seu art. 39, IV, disciplina que é vedado ao fornecedor de produtos ou serviços, dentre outras práticas abusivas, prevalecer-se da fraqueza ou ignorância do consumidor, tendo em vista sua idade, saúde, conhecimento ou condição social, para impingir-lhe seus produtos ou serviços.

Especificamente no que se refere à publicidade infantil, veja-se que é considerada abusiva a publicidade que "se aproveite da deficiência de julgamento e experiência da criança". Nesse cenário, o Judiciário tem-se manifestado incisivamente a fim de implementar a tutela legal do infante contra a publicidade abusiva. Cita-se, por exemplo, o Recurso Especial nº 1558086/SP, no qual houve debate acerca de publicidade infantil para aquisição de relógios condicionada à compra de 5 produtos da linha "Gulosos". Na ementa do acórdão do Recurso Especial em apreço, sublinhou-se que a hipótese dos autos caracterizava "publicidade duplamente abusiva. Primeiro, por se tratar de anúncio ou promoção de venda de alimentos direcionada, direta ou indiretamente, às crianças. Segundo, pela evidente 'venda casada', ilícita em negócio jurídico entre adultos e, com maior razão, em contexto de *marketing* que utiliza ou manipula o universo lúdico infantil (art. 39, I, do CDC)". Advertiu-se na decisão judicial ser "prática comum, que deve ser repudiada".[61]

De igual forma, pode-se lembrar também de recente decisão no âmbito do Recurso Especial nº 1.613.561/SP, onde a 2ª Turma do Superior Tribunal de Justiça manteve, no dia 25 de maio de 2017, multa aplicada pelo Procon contra a Sadia devido à campanha publicitária "Mascotes". Veiculada durante os Jogos Pan Americanos no Rio, a campanha oferecia bichos de pelúcia a serem comprados por R$ 3,00 e selos encontrados em produtos. O Colegiado reco-

---

[61] Disponível em <https://ww2.stj.jus.br/processo/revista/documento/mediado/?componente=ATC&sequencial=58199082&num_registro=201500615780&data=20160415&tipo=91&formato=PDF.> Acesso em: 04 jul. 2017.

nheceu a abusividade direta às crianças, considerando ilegal a comercialização e venda casada dos produtos e dos brindes.[62]

De qualquer modo, não obstante tenhamos a tutela estatal (legal, administrativa – pelos Procons, por exemplo – e judicial) da criança, em especial, para fins deste artigo, contra a publicidade abusiva, reitera-se que à família cabe atuação antecedente e primordial. Esse entendimento, inclusive, encontra-se em relevo em trecho do voto do Ministro Humberto Martins no Recurso Especial n° 1558086/SP já referido ao pontuar que:

> É abusivo o *marketing* (publicidade ou promoção de venda) de alimentos dirigido, direta ou indiretamente, às crianças. **A decisão de compra e consumo de gêneros alimentícios, sobretudo em época de crise de obesidade, deve residir com os pais.** Daí a ilegalidade, por abusivas, de campanhas publicitárias de fundo comercial que utilizem ou manipulem o universo lúdico infantil (art. 37, § 2º, do Código de Defesa do Consumidor).[63] [grifo nosso].

Isso porque coaduna-se com a visão de que

> [...] a família cumpre modernamente um papel funcionalizado, devendo, efetivamente, servir como ambiente propício para a promoção da dignidade e a realização da personalidade de seus membros, integrando sentimentos, esperanças e valores, servido como alicerce fundamental para o alcance da felicidade.[64]

Assim é que se endossa a compreensão exarada neste ensaio de que a família, atualmente percebida pelos laços de afetividade muito além dos vínculos estritamente biológicos, é a responsável primária – mas não única e exclusiva – pela tutela infantil contra os desmandos da publicidade para fins da efetiva concretização da proteção integral do infante. Não se olvida, por outro lado, do fundamental papel da escola. Mas a família é a primeira educadora. Assim, percebe-se que a atuação da célula familiar é antecedente e também concomitante com a atuação da escola. De qualquer modo, para finalizar, sublinhe-se que, para que a família exerça com profundidade e de modo satisfatório seu papel de instrutora, ela também precisa ser instruída. Daí a interconexão indissociável entre família e escola como educadoras.

Conclusão

Como amplamente abordado, a infância, historicamente, foi desrespeitada e pouco valorizada. É recente a garantia de direitos à população que ainda não atingiu os dezoito anos, o que somente veio a ocorrer, no Brasil, após a vigência da Constituição Federal de 1988.

Em 1990, o Estatuto da Criança e do Adolescente e o Código de Defesa do Consumidor aliam-se na árdua tarefa de proteger a infância. Sabe-se, no entanto, que a lei, por si só, não muda a realidade. É preciso o envolvimento de todos

---

[62] Disponível em: <http://www.migalhas.com.br/Quentes/17,MI257821,31047STJ+reitera+proibida+a+publicidade+dirigida+as+criancas.> Acesso em: 03 maio 2017.

[63] Disponível em: <https://ww2.stj.jus.br/processo/revista/documento/mediado/?componente=ATC&sequencial=58199082&num_registro=201500615780&data=20160415&tipo=91&formato=PDF.> Acesso em: 04 jul. 2017.

[64] FARIAS, Cristiano Chaves de; ROSENVALD, Nelson. *Direito das Famílias*. 3. ed. rev., ampl. e atual. Rio de Janeiro: Lumen Juris, 2011, p. 11.

os segmentos da sociedade para transformar as situações vivenciadas por essa camada da população, marcada por repetidas situações de negligência, abandono e violência, que são transmitidas através das gerações.

A publicidade, em que pesem os dispositivos legais trazidos com o Estatuto da Criança e do Adolescente, o Código de Defesa do Consumidor, o Código Brasileiro de Autorregulamentação Publicitária, bem como a atuação do Ministério Público e o controle realizado pelo Conselho Nacional de Autorregulamentação Publicitária – CONAR –, tem como alvo estimular o consumo e movimentar grandes cifras, desconsiderando, na maior parte das vezes, a hipervulnerabilidade de seus destinatários diretos ou indiretos.

Muito já se avançou no campo da educação para o consumo. Contudo, muito ainda há que ser feito no âmbito da família, da escola e das universidades. Não faltam aliados, em especial, o Estatuto da Criança e do Adolescente e o Código de Defesa do Consumidor. A mudança por todos desejada só será possível quando as novas gerações, através da informação e do conhecimento dos dispositivos legais, passarem a exigir seus direitos, tornando-se cidadãos conscientes e participativos.

Logo, reconhecer a vulnerabilidade da infância e, ao mesmo tempo, o seu grande potencial humano, pode servir de estímulo a ações educativas que venham ao encontro do desenvolvimento saudável dessa parcela da população. A participação responsável da família – como elemento primário e antecedente – e da escola são indispensáveis, assim como a presença do Poder Público, para construir uma sociedade mais justa, solidária e fraterna, caminho inexorável para uma vida mais digna e saudável.

Referências

AMERICAN COLLEGE OF SURGEONS. ATLS: Advanced Trauma Life Support. Program for physicians. Committee on trauma. Instructor Manual. Chicago: American College of Surgeons, 1993, p. 11/12. In: ZAVASCHI, Maria Lucrecia Scherer e Colaboradores. *Crianças e adolescentes vulneráveis*: o atendimento interdisciplinar nos Centros de Atenção Psicossocial. Porto Alegre: Artmed, 2009.

AMIN, Andréa Rodrigues. *Curso de Direito da Criança e do Adolescente*. 2. ed. Rio de Janeiro: Lúmen Júris, 2007.

ANDI. *Trabalho infantil doméstico*: números alarmantes. Disponível em <http://www.andi.org.br/infancia-e-juventude/pauta/trabalho-infantil-domestico-numeros-alarmantes.> Acesso em: 13 jun. 2013.

BASSOLS, Ana Margareth Siqueira; DIEDER, Ana Lúcia; CZEKSTER, Michele Valent; et al. A criança pré-escolar. *In*: EIZIRIK, Cláudio; BASSOLS, Ana Margareth Siqueira (org.). *O Ciclo da Vida Humana*: uma perspectiva psicodinâmica. 2ª ed. Porto Alegre: Artmed, 2013, p.127-141.

BENJAMIN, Antônio Herman de Vasconcellos e. Das práticas comerciais. *In*: GRINOVER, Ada Pellegrini; BENJAMIN, Antônio Herman de Vasconcellos e; FINK, Daniel Roberto; et al. *Código Brasileiro de defesa do Consumidor*. 10ª ed., rev., atual.e ref. Rio de Janeiro: Forense, 2011, p. 259-510.

BOBBIO, Norberto. *A Era dos Direitos*. 2. tiragem. Rio de Janeiro: Elsevier, 2004.

BRUÑOL, Miguel Cillero. O interesse superior da criança no marco da Convenção Internacional sobre os Direitos da Criança. *In*: MENDEZ, Emílio García; BELOFF, Mary (orgs.). *Infância, Lei e Democracia na América Latina*. v. 1. Blumenau: FURB, 2001.

CLÈVE, Clèmerson Merlin. *Liberdade de expressão, de informação e propaganda comercial*. Revista Crítica Jurídica, México, Instituto de Investigaciones Jurídicas de la UNAM, n. 24, dez.-jan. 2005. Disponível em: <http://www.juridicas.unam.mx/publica/librev/rev/critica/cont/24/pr/pr18.pdf>. Acesso em: 04 jul. 2017.

CURY, Munir. Estatuto da Criança e do Adolescente Comentado, Comentários Jurídicos e Sociais. 12. ed. São Paulo: Malheiros, 2013.

DIAS, Maria Berenice. *Manual de Direito das Famílias*. 8. ed. rev. e atual. São Paulo: Revista dos Tribunais, 2011.

EIZIRIK, Cláudio; BASSOLS, Ana Margareth Siqueira; GASTAUD, Marina Bento; et al. Noções básicas sobre o funcionamento psíquico. In: EIZIRIK, Cláudio; BASSOLS, Ana Margareth Siqueira (org.). O Ciclo da Vida Humana: uma perspectiva psicodinâmica. 2ª ed. Porto Alegre: Artmed, 2013, p.15-30.

FALCETO, Olga Garcia; WALDEMAR, José Ovídio Copstein. O ciclo vital da família. In: EIZIRIK, Cláudio; BASSOLS, Ana Margareth Siqueira (org.). O Ciclo da Vida Humana: uma perspectiva psicodinâmica. 2ª ed. Porto Alegre: Artmed, 2013, p.95-109.

FERREIRA, Lúcia Maria Teixeira. Tutela da Filiação. In: PEREIRA, Tânia da Silva. O Melhor Interesse da Criança: um debate interdisciplinar. Rio de Janeiro: Renovar, 1999.

FERREIRA, Maria Helena Mariante; ARAÚJO, Marlene Silveira. Idade escolar: latência (6 a 12 anos) In: EIZIRIK, Cláudio; BASSOLS, Ana Margareth Siqueira (org.). O Ciclo da Vida Humana: uma perspectiva psicodinâmica. 2ª ed. Porto Alegre: Artmed, 2013, p.143-153.

FILOMENO, José Geraldo Brito. Da política Nacional de Relações de Consumo. In: GRINOVER, Ada Pellegrini; BENJAMIN, Antônio Herman de Vasconcellos e; FINK, Daniel Roberto; et al. (org.). Código Brasileiro de defesa do Consumidor. 10ª ed., rev., atual.e ref. Rio de Janeiro: Forense, 2011, p. 71-143.

——. Dos direitos básicos do consumidor. In: GRINOVER, Ada Pellegrini; BENJAMIN, Antônio Herman de Vasconcellos e; FINK, Daniel Roberto; et al. (org.). Código Brasileiro de defesa do Consumidor. 10ª ed., rev., atual.e ref. Rio de Janeiro: Forense, 2011, p. 145-177.

GAMA, Guilherme Calmon Nogueira da. A nova filiação: o biodireito e as relações parentais. Rio de Janeiro: Renovar, 2003.

GROSSI, P. K.; SANTOS, Andréia Mendes dos. Infância comprada: hábitos de consumo na sociedade contemporânea. Textos e Contextos (online), v. 8, p. 1-15, 2007. Disponível em: <http://revistaseletronicas.pucrs.br/ojs/index.php/fass/article/viewFile/2327/3257.> Acesso em 13 jun. 2013.

JUNDI, Sami A. R. J. El; PINSKY, Ilana. O impacto da publicidade de bebidas alcoólicas sobre o consumo entre jovens: revisão da literatura internacional. Revista Brasileira de Psiquiatria, 2008: 30(4): 362-74, p.363.

JUNGMANN, Mariana. AGÊNCIA BRASIL: para diretor do Unicef, raiz da exploração sexual de crianças é social e não econômica. Disponível em: <http://www.agenciabrasil.gov.br/noticias/2008/11/27/materia.2008-11-27.1860634807/view>. Acesso em: 1º dez. 2008.

LEACH, Penelope. Começando com o pé direito. In: CAVOUKIAN, Raffi; OLFMAN, Sharna (org.). Honrar a Criança: como transformar este mundo. Tradução Alyne Azuma. São Paulo: Instituto Alana, 2009, p.53-66.

LAMA, Dalai. Apresentação. In: CAVOUKIAN, Raffi; OLFMAN, Sharna (org.). Honrar a Criança: como transformar este mundo. Tradução Alyne Azuma. São Paulo: Instituto Alana, 2009, p.17-18.

LONGO, Victor; Carlos Wilson. UNICEF: direitos das crianças são violados de forma massiva. Disponível em: <http://www.redandi.org/verPublicacao.php5?id=7828#122344>. Acesso em: 21 nov. 2008.

LOPES, Maria Elizabete Vilaça. O consumidor e a publicidade. Revista de Direito do Consumidor, São Paulo, Editora Revista dos Tribunais, n. 1, mar. 1992.

MACHADO, Martha de Toledo. A proteção Constitucional de Crianças e Adolescentes e os Direitos Humanos. Baruere: Manole, 2003.

MARQUES, Claudia Lima; BENJAMIN, Antônio Herman V.; MIRAGEM, Bruno. Comentários ao Código de Defesa do Consumidor. 3ª ed. rev., atual. e ampl. São Paulo: Revista dos Tribunais, 2010.

MORAIS, Maria Celina Bodin de. O conceito de dignidade humana: substrato axiológico e conteúdo normativo. In: SARLET, Ingo W. (org.). Constituição, Direitos Fundamentais e Direito Privado. Porto Alegre: Livraria do Advogado, 2006.

NUNES, Rizzato. Comentários ao Código de Defesa do Consumidor. 5ª ed. rev., atual. e ampl. São Paulo: Saraiva, 2010.

PASQUALOTTO, Adalberto. O Código de Defesa do Consumidor em face do novo Código Civil. Caderno Jurídico. Escola Superior do Ministério Público de São Paulo, São Paulo, a. 3, v. 2, n. 6, p. 37-53, jan. 2004.

——. O destinatário final e o "consumidor intermediário". Revista de Direito do Consumidor, São Paulo, v. 19, n. 74, p.7-69, abr./jun.2010.

——. Os efeitos obrigacionais da publicidade no Código de Defesa do Consumidor. São Paulo: Revista dos Tribunais, 1997.

PEREIRA, Tânia da Silva. Direito da Criança e do Adolescente: uma proposta interdisciplinar. 2. ed. Rio de Janeiro: Renovar, 2008.

——. Infância e adolescência: uma visão histórica de sua proteção social e jurídica no Brasil. Revista de Direito Civil Imobiliário, Agrário e Empresarial, São Paulo, v.16, n.62, out./dez., 1992.

——. O melhor interesse da criança: um debate interdisciplinar. Rio de Janeiro: Renovar, 1999.

PEREIRA, Tânia Maria da Silva; MELO, Carolina de Campos. Infância e Juventude: os direitos fundamentais e os princípios consolidados na Constituição de 1988. Revista Trimestral de Direito Civil, Rio de Janeiro: PADMA, v. 3, p. 89-109, jul./set. 2000.

POLANCZYK, Guilherme Vanoni; ROHDE, Luis Augusto. Psiquiatria do desenvolvimento. In: EIZIRIK, Cláudio; BASSOLS, Ana Margareth Siqueira (org.). O Ciclo da Vida Humana: uma perspectiva psicodinâmica. 2ª ed. Porto Alegre: Artmed, 2013, p.53-62.

RIZZINI, Irene. A Criança e a Lei no Brasil – Revisitando a História (1822-2000). Brasília, DF: NICEF; Rio de Janeiro: USU Ed. Universitária, 2000.

SARAIVA, João Batista Costa. Adolescente em conflito com a lei: da indiferença à proteção integral. Porto Alegre: Livraria do Advogado, 2003.

SÊDA, Edson. *Construir o passado ou como mudar hábitos, usos e costumes tendo como instrumento o Estatuto da Criança e do Adolescente.* São Paulo: Malheiros, 1993.

TEJADAS, Sílvia da Silva. *Juventude e Ato Infracional:* as múltiplas determinações da reincidência. Porto Alegre: EDIPUCRS, 2008.

UNICEF. *Infância e adolescência no Brasil.* Disponível em: <http:www.unicef.org/brazil/pt/activities.html>. Acesso em: 13 jun. 2013.

ZAVASCHI, Maria Lucrecia Scherer. Crianças Vulneráveis. In: ZAVASCHI, Maria Lucrecia Scherer e Colaboradores. *Crianças e adolescentes vulneráveis*: o atendimento interdisciplinar nos Centros de Atenção Psicossocial. Porto Alegre: ARTMED, 2009.

— III —

A publicidade abusiva infantil no Brasil: violação às normas e diretrizes principiológicas da Lei nº 8.078/90

JOSEANE SUZART

Promotora de Justiça do Consumidor do Ministério Público da Bahia. Professora Adjunta da Faculdade de Direito da Universidade Federal da Bahia. Coordenadora do Projeto de Extensão ABDECON (Associação Baiana de Defesa do Consumidor), da FDUFBA. Diretora do Instituto Brasileiro de Política e Direito do Consumidor – BRASILCON – para a Região Nordeste.

Sumário: Introdução; 1. A relevância da publicidade na sociedade de consumo massificada; 2. A publicidade abusiva infantil e o desrespeito ao Código de Proteção e Defesa do Consumidor; 3. Violação aos princípios regentes da atividade publicitária; 3.1. Princípio da identificação; 3.2. Publicidades dissimulada e subliminar; 3.3. Publicidade clandestina, *teaser* e *puffing*; 3.3. Princípios da transparência, da fundamentação e vinculação; 3.4. Princípios da não abusividade e enganosidade e da correção do desvio publicitário; 4. Os responsáveis pela oferta e publicidade abusiva infantil; Conclusão; Referências bibliográficas.

Introdução

A existência e o funcionamento do mercado de produtos e serviços se encontram diretamente interligados com a oferta e a publicidade dos bens, sem as quais não seria possível divulgá-los e torná-los conhecidos pelos sujeitos. A partir do momento em que os indivíduos se interam da existência de determinado produto e/ou serviço, seus sentidos são aguçados para adquiri-los por necessidade ou para a mera satisfação dos seus desejos. Assim sendo, a oferta e a publicidade dos múltiplos itens de consumo são instrumentos essenciais para o nascedouro das relações jurídicas estabelecidas entre fornecedores e utentes de produtos e serviços.

A publicidade desempenha um relevante papel para que o mercado continue prosperando, podendo os indivíduos tomarem conhecimento, de modo mais facilitado e veloz, dos inúmeros produtos e serviços disponibilizados. Não obstante a inquestionável relevância do ato publicitário para as atividades mercadológicas, quando direcionado para o público infantil, suscita um acompanhamento e fiscalização mais rigorosos, uma vez que atinge seres mais frágeis, tanto sob a ótica física, quanto no que concerne à estrutura psíquica. Trata-se, pois, de consumidores hipervulneráveis, ou seja, cuja compleição denota-se muito mais influenciável pelos apelos da mídia voltada para a alienação de bens de consumo.

Toda e qualquer publicidade deverá respeitar as normas jurídicas vigentes e trilhar os meandros da probidade e da eticidade, independentemente do público para o qual se direciona. No entanto, quando os espectadores são os infantes, urge que sejam observados, com maior rigor e intensidade, o conteúdo e a forma da mensagem publicitária, para fins de averiguação se atende aos padrões normativos vigentes, eis que a fragilidade dos atingidos exige tal providência. Nessa senda, destina-se o presente artigo a tratar da publicidade abusiva infantil em cotejo com as normas previstas na Lei Federal n. 8.078/90 – que instituíra o Código de Proteção e Defesa do Consumidor (CDC) –, bem como com esteio nos princípios vetores da atividade publicitária.

Destinar-se-á o primeiro tópico do artigo à exposição de aspectos que demonstram a relevância da publicidade para o mercado de consumo, porém, desde que atenda às determinações emanadas da Constituição Federal, do microssistema consumerista e demais vetores normativos aplicáveis à matéria. Em seguida, examina-se o conceito e as características da publicidade direcionada para as crianças com esteio no art. 37, § 2º, daquele *Codex,* e na Resolução n. 163/14 do Conselho Nacional da Criança e do Adolescente (CONANDA). Transpõe-se, após, a abordagem para os princípios que arregimentam o ato de divulgação dos bens de consumo para o mercado. O princípio da identificação da mensagem publicitária é objeto de análise diante da publicidade infantil, observando-se constantes violações por parte dos fornecedores. *A posteriori*, são apresentados os princípios da transparência, fundamentação e vinculação, finalizando-se a temática com as diretrizes que visam a combater a abusividade e a enganosidade, promovendo-se a correção do desvio praticado.

Na conclusão, demonstrar-se-á que o problema tratado no artigo tem, realmente, existência no plano concreto e serão apresentadas possíveis soluções para a sua prevenção e combate, não obstante não se tenha, ainda, no Brasil uma lei específica acerca da matéria. Para a redação do artigo, foram utilizados os métodos argumentativo, hermenêutico e dialético, realizando-se uma interpretação das regras jurídicas aplicáveis, manejando-se a linha crítica e sociológica e as vertentes projetiva e prospectiva. Concretizou-se também a pesquisa exploratória através do manuseio de obras, artigos, legislação e jurisprudência, incidindo, dessa forma, apenas a técnica da documentação indireta.

1. A relevância da publicidade na sociedade de consumo massificada

Na segunda metade do século XX, após o segundo grande conflito mundial, a produção em escala intensificou-se, e o consumo de bens a acelerou, impulsionado pela evolução das técnicas de *marketing* e de publicidade, exercendo forte influência nas decisões dos indivíduos.[1] Aduz Lipovetsky que, a partir de

---

[1] Afirma Alterini que "Tradicionalmente, la demanda de cierto producto o servicio antecedia a la oferta, y ésta atendia las necesidades insatisfechas. Ahora, enn cambio, el productor procura crear las necesidades enn el público, orientándolo para que adquiera productos o servicios que, unilateralmente, há decidido poner en el mercado". ALTERINI, Atilio Aníbal. *Contratos Civiles-Comerciales-de Consumo*. Teoría General. Buenos Aires: Abeledo-Perrot, 2005, p. 141.

1960, a famosa "'maldição da abundância' e a 'mecânica infernal' das necessidades condenam o consumidor a viver num estado de carência perpétua e insatisfação crônica".[2] A necessidade de escoar a alta produção conduziu empresas a se especializarem na identificação de instrumentos que despertassem o desejo de maior consumo e que gerassem a rápida obsolescência dos bens[3] – a moda tornou-se um importante mecanismo para auxiliar tal estratégia.[4]

Disseminaram-se as lojas de departamento e o uso do crediário, houve o aperfeiçoamento do *merchandising* varejista com vistas à atração e à persuasão de um público cada vez maior. Ao examinar a realidade vivenciada neste período histórico, John Kenneth Galbraith a denominou de sociedade afluente, caracterizada por uma quantidade razoável de indivíduos que tinham as suas necessidades básicas satisfeitas e que eram estimulados pela mídia para o atendimento de desejos outros.[5] Nesse contexto, os fornecedores de produtos e de serviços começaram a ampliar os horizontes mercadológicos, visando a atingir não somente os consumidores adultos, mas, também, as crianças e os adolescentes. Surge, assim, uma vertente publicitária destinada, especificamente, a cativar os indivíduos que ainda se encontravam em fase de desenvolvimento físico e cognitivo.

Qualquer empresário que esteja disposto a fortalecer o seu negócio, aduz Robert Leduc, "sabe da necessidade da criação de signos cujo significado mais geral será sempre o da 'liberdade do desejo'.[6] A publicidade é, ao mesmo tempo, arte e negócio, técnica e ciência – aduz Giacomini Filho, mas, destacadamente, "uma prestação de serviços ao consumidor que envolve elementos simbólicos e se materializa por meio de um contrato denominado 'anúncio publicitário'".[7] Para a sua concretização, diversos símbolos, promessas, marcas, imagens e informações são manipulados com o objetivo de induzir o consumidor à compra do bem divulgado. Para atrair a atenção e o interesse dos consumidores mirins e jovens, os publicitários passaram a estudar técnicas peculiares que tivessem o condão de cumprir tais objetivos com o máximo de perspicácia possível.

Numa economia de produção em série e distribuição em cadeia, assinala Carlos Ferreira de Almeida, a publicidade funciona "como impulso para a aquisição de bens de consumo e marca o horizonte da esperança dos compradores, sendo difícil separar nas mensagens publicitárias os elementos informativos dos persuasivos".[8] Jean Calais-Auloy e Frank Steinmetz afirmam que a

---

[2] LIPOVETSKY, Gilles. *A era do vazio*: ensaio sobre o individualismo contemporâneo. Trad. Miguel Serras Pereira e Ana Luísa Faria. Lisboa: Antropos, 1983, p. 184.

[3] Ibidem, p. 41.

[4] Cf.: SILVA, Joseane Suzart Lopes da Silva. Oferta e publicidade dos bens de consumo: uma análise crítica da realidade jurídica brasileira. In: SILVA, Joseane Suzart Lopes; MELO, Ravena Seida Tavares de. *Publicidade dos bens de consumo*. Salvador: Paginae, 2015, p. 309 a 390.

[5] GALBRAITH, John Kenneth. *Uma viagem pelo tempo econômico*. São Paulo: Pioneira, 1994.

[6] LEDUC, Robert. *Propaganda: uma força a serviço da empresa*. Trad. Silvia de Lima Bezerra Câmara. São Paulo: Atlas, 1977, p. 30.

[7] GIACOMINI FILHO, Gino. *Consumidor versus propaganda*. 5. ed. rev. e atual. São Paulo: Summus Editorial, 2008, p. 49.

[8] ALMEIDA, Carlos Ferreira de. *Direito do Consumo*. Coimbra: Almedina, 2005, p. 141. O mesmo autor define a publicidade como "a informação dirigida ao público com o objetivo de promover directa ou indirectamente uma atividade econômica". FERREIRA DE ALMEIDA, Carlos. Conceito de publicidade. *Boletim do Ministério da Justiça*, 349, outubro de 1985.

publicidade "não tem como objetivo essencial informar", sendo feita para "incitar para criar a moda, ela apresenta certo perigo para os consumidores, pois a vontade de seduzir é dificilmente compatível com uma informação completa e objetiva".[9] Dessa forma, a publicidade de produtos e serviços destinados ao público infantil e jovial tem por escopo não somente a venda de itens necessários, mas, principalmente, de bens supérfluos que são incutidos na mente daqueles como se fossem verdadeiramente importantes para que sejam felizes e aceitos pela sociedade,[10] por estarem em conformidade com os padrões impostos pela cultura vigente.

A publicidade, segundo Mcarthy e Perreault, vem a ser qualquer tipo de informação não pessoal, isto é, realizada através de um meio de comunicação de massa destinada a apresentar ao público produtos, ideias ou serviços de um fornecedor, identificado ou não, estimulando a demanda do(s) produto(s).[11] O Código Brasileiro de Autorregulamentação Publicitária define a publicidade comercial como toda atividade destinada a estimular o consumo de bens e serviços, bem como promover instituições, conceitos ou ideias. A publicidade é o instrumento através do qual fornecedores divulgam produtos e serviços, destacando as suas qualidades e funcionalidade, com a intenção de despertar a vontade dos consumidores para adquiri-los.[12]

A publicidade de determinando produto ou serviço pressupõe um estudo prévio sobre o mercado e o próprio bem em si a fim de que os seus resultados sejam produtivos. O *marketing* exerce exatamente essa função,[13] pois, segundo Kotler, é o conjunto de estratégias e ações que proveem o desenvolvimento, o lançamento e a sustentação de um produto ou serviço no mercado de consumo.[14] Define-se o *marketing* como um conglomerado que congrega o planejamento sobre como o bem de consumo será apresentado ao mercado para que o público seja incentivado a adquiri-lo, bem como as ações necessárias para tal mister. É um processo de gestão, responsável pela identificação, previsão e satisfação das necessidades do consumidor. O *marketing mix*, ou composto do *marketing*, é constituído pela análise do produto, seu preço, o ponto para a

---

[9] CALAIS-AULOY, Jean; STEINMETZ, Frank Steinmetz. *Droit de la consommation*. 7. ed. Paris: Dalloz, 2006, p. 140.

[10] Destaca Giacomini Filho que, com a evolução dos mercados, "o consumo funcional (utilitário) deixa de ser a referência mais relevante, ganhando importância o consumo que proporciona aceitação social".GIACOMINI FILHO, Gino. *Consumidor versus propaganda*. 5. ed. rev. e atual. São Paulo: Summus Editorial, 2008, p. 55.

[11] MCARTHY, Jerome; PERREAULT, William. *Marketing essencial*: uma abordagem gerencial e global. São Paulo: Atlas, 1997, p. 299.

[12] Afirma Paulo Vasconcelos Jacobina que a publicidade é "a arte de criar, no público, a necessidade de consumidor". JACOBINA, Paulo Vasconcelos. *A publicidade no direito do consumidor*. Rio de Janeiro: Forense, 1996, p. 15.

[13] Mcarthy e Perreault assinalam que quando o consumidor adquire um produto está o fazendo em razão do benefício indicando pelo marketing. MCARTHY, Jerome; PERREAULT, William. *Marketing essencial*: uma abordagem gerencial e global. São Paulo: Atlas, 1997, p. 192.

[14] KOTLER, Philip. *Administração de marketing*: análise, planejamento e controle. São Paulo: Atlas, 1975; KOTLER, Philip; KELLER, Kevin Lane. *Administração de Marketing: A Bíblia do Marketing*. 12. ed. Prentice Hall Brasil, 2006; KOTLER, Philip; ARMSTRONG, Gary. *Princípios de Marketing*. 12. ed. Prentice Hall Brasil, 2007; KOTLER, Philip. *Marketing de A a Z: 80 Conceitos que Todo Profissional Deve Saber*. 3. ed. São Paulo: Campus, 2003; KOTLER, Philip. *Marketing Essencial: Conceitos Estratégias e Casos*. 2. ed. Prentice Hall Brasil, 2004.

sua venda e a forma de promovê-lo,¹⁵ buscando, no caso de bens destinados às crianças e adolescentes, aspectos específicos destes indivíduos em desenvolvimento para que sejam cativados e induzidos ao consumo frequente.

Nesse cenário, a publicidade ganha mais força e importância, conduzindo a Constituição Federal de 1988, no art. 220, a reconhecer a comunicação social como forma a garantir o direito à liberdade de expressão estipulado no seu art. 5º, incisos IV, V, IX, X, XIII e XIV.¹⁶ O art. 220, § 3º, da CF/88 previu que lei federal estabeleceria os meios legais para as pessoas se protegerem de programas ou programações de rádio e televisão que contrariem os princípios da boa qualidade cultural e educativa e os valores éticos e sociais da pessoa e da família dispostos no art. 221, bem como da propaganda de produtos, práticas e serviços que possam ser nocivos à saúde e ao meio ambiente.¹⁷

A publicidade infantil, consoante será analisado no próximo tópico, para que não se configure como abusiva, terá que se conformar com a proteção do infante e do consumidor, assegurada em sede constitucional e pelas demais normas que arregimentam os direitos destes, quais sejam: o Estatuto da Criança e do Adolescente e o Código de Proteção e Defesa do Consumidor, instituídos, respectivamente, pelas Leis Federais nᵒˢ 8.069/90 e 8.078/90.

2. A publicidade abusiva infantil e o desrespeito ao Código de Proteção e Defesa do Consumidor

O § 2º do art. 37 define como abusiva, dentre outras hipóteses, a publicidade que se aproveite da deficiência de julgamento e experiência da criança. Atente-se que o legislador infraconstitucional não esgotou todas as possibilidades de caracterização da publicidade abusiva naquelas hipóteses, uma vez que utilizou a expressão "dentre outras", demonstrando que a abusividade pode verificar-se em outras situações. Abusiva será toda e qualquer publicidade que afete valores essenciais em determinada sociedade e que termine por causar um impacto negativo para a coletividade de consumidores como um todo.¹⁸

Aduz Giacomini Filho que a publicidade abusiva tem sido "polemizada por afetar valores sociais relevantes, que são diferentes entre grupos e mudam de acordo com processos de aculturação e ao longo do tempo".¹⁹ Os valores vão se modificando, e a publicidade acompanha os avanços existentes, porém,

---

¹⁵ SANTOS, Fernando Gherardini. *Direito do Marketing.* São Paulo: RT. 2000, p. 17.

¹⁶ O desenvolvimento técnico-industrial- capitalista, afirma Edgar Morin, "encarrega-se do individualismo burguês. Integra-o transformando-o.Transforma-o generalizando a partir de padrões de consumo". MORIN, Edgar. *Cultura de massas no século XX o espírito do tempo* – I neurose. 4. ed. Rio de Janeiro Forense, 1977, p. 173-174.

¹⁷ TSEN, Chen Mei. *Publicidade*: controle ético desenvolvido pelo CONAR e o seu convívio com o Código de Defesa do Consumidor. São Paulo: ECA-USP, 1991.

¹⁸ Acerca da situação dos hipervulneráveis, dentre os quais a criança, consultar os seguintes Recursos Especiais: REsp 1.558.086/SP (2017); REsp 1.300.418/SC (2013); REsp 1.221.756/RJ (2012); REsp. 1.113.069/SP (2012); REsp 1.113.069/SP (2011); REsp. 325.593/RJ (2010); REsp. 1.037.759/RJ (2010); e REsp. 931.513/RJ (2009).

¹⁹ GIACOMINI FILHO, Gino. *Consumidor versus propaganda.* 5. ed. rev. e atual. São Paulo: Summus Editorial, 2008, p. 196.

terá que respeitá-los de acordo com o período socioeconômico e cultural vivenciado. No Brasil, a publicidade pode ser direcionada para o público infantil, não tendo sido vedada, mas se exige que não explore a fragilidade física e psíquica desses seres em desenvolvimento. A publicidade infantil e juvenil tem que ser acompanhada e fiscalizada com muito cuidado e zelo, pois se trata de ferramenta que atinge, como dito acima, pessoas em estágio de desenvolvimento e que não possuem uma concepção constituída firmemente da realidade que as cerca.[20]

Na Europa, como descreve Mário Frota, se impõe aos Estados-Membros que "não incluam programas susceptíveis de prejudicar gravemente os desenvolvimentos físico, mental ou moral dos menores, nomeadamente pela revelação de cenas de pornografia ou de violência gratuita".[21] A Diretiva 89/552, do Conselho Europeu, datada de 03.10.1989, versa sobre o desenvolvimento físico, mental e moral dos menores no que concerne aos programas televisivos.[22] A Diretiva 97/36/CE do Parlamento Europeu e do Conselho, de 30 de junho, introduziu alterações mais protetivas para os consumidores mirins. O Conselho da União Europeia, em 24.9.1998, adotou a Recomendação 98/560/CE que versa sobre os serviços audiovisuais e de informações com vistas à eficaz proteção dos menores. O Parlamento e o Conselho Europeu, em 11.05.2005, adotaram a Diretiva 2005/29/CE que também disciplina a matéria, conforme informam Ana Luísa Geraldes,[23] Pedro Simão José e Margarida Bittencourt.[24]

Atualmente, as crianças influenciam as compras e, respectivamente, os orçamentos domésticos das famílias brasileiras e de outros países. Alerta Giacomini Filho que o patrimônio de algumas crianças chega "a ser invejados por muitos adultos, pois têm desde bicicleta e videogame até telefone celular e contas bancárias".[25] Informa que o telefone celular "tem sido especialmente formatado para que os consumidores de 3 anos ou menos possam utilizá-lo: além de *design* e estética planejados para atrair o público mirim, são disponibilizados serviços e recursos para qualquer criança saber operar o aparelho".[26] Além disso, afirma que as crianças podem ser "vítimas de caprichos e desejos dos próprios pais", principalmente, "quando projetam nela ideias de *status*, reconhecimento social, notoriedade, sem muitas vezes medir as consequências sobre os desdobramentos que isso possa acarretar aos seus filhos".[27]

---

[20] Sobre o assunto, examinar: MOMBERGER, Noemi Friske. *A publicidade dirigida às crianças e aos adolescentes*: regulamentações e restrições. Porto Alegre: Memória Jurídica, 2002; HENRIQUES, Isabella Vieira Machado. Publicidade Abusiva dirigida à criança. Curitiba: Juruá, 2008.

[21] FROTA, Mário. *A Publicidade Infanto-Juvenil*. Perversões e Perspectivas. 2. ed. Rev. e atual. Curitiba, 2007, p. 25.

[22] FROTA, Mário. *A Publicidade em Portugal*. Coimbra: CEDC, 2001.

[23] GERALDES, Ana Luísa. *O Direito da Publicidade*. Lisboa: I.C., 1999.

[24] JOSÉ, Pedro Quartin Graça Simão; BETTENCOURT, Margarida. *O Regime Jurídico da Publicidade nos Estados-membros da União Europeia*. Lisboa: I.C., 2003.

[25] GIACOMINI FILHO, Gino. *Consumidor versus propaganda*. 5. ed. rev. e atual. São Paulo: Summus Editorial, 2008, p. 89.

[26] Idem.

[27] Ibidem, p. 94.

Realmente, as crianças têm interferido na decisão de grande parte daquilo que é consumido pelas famílias, e a publicidade influencia diretamente as escolhas, quando não as determina de forma absoluta. Foi-se o tempo em que "crianças eram tratadas a puxões de orelha e chinelas no bumbum, e não ousam abrir a boca em conversas de adultos" – verbera Giacomini Filho – "Criança hoje em dia é alvo de peso no mercado de consumo, é tratada a mel e pão-de-ló e seus desejos comandam multimilionários negócios".[28] O público infantil tem sido alvo de inúmeros expedientes publicitários que visam a captá-lo para o consumo de produtos e de serviços e isso precisa ser examinado com bastante rigor pelos órgãos e entes que participam do Sistema Nacional de Proteção e Defesa do Consumidor (SNDC).[29]

A fiscalização e o controle da publicidade destinada às crianças e aos jovens são atividades essenciais que não podem ser transferidas para um plano de menor importância, porém, é preciso que a educação seja vista como um instrumento que poderá contribuir para a melhoria do cenário vivenciado na sociedade pós-moderna. Tanto a publicidade quanto o *marketing* e o consumerismo voltados para as crianças devem considerar os novos paradigmas "sustentados pela sociedade afluente e pela sociedade da informação, que mostram uma criança mais incluída socialmente, porém mais fragilizada perante a sofisticação dos sistemas sociais: família, tecnologia e mercado de consumo".[30]

Preconiza Giacomini Filho ações conjuntas, envolvendo governo, família e empresas, que possam "oferecer às crianças mais um ponto de apoio no seu desenvolvimento humano, concomitantemente com um padrão de qualidade de vida e consumo sustentável".[31] Esse padrão "somente será atingido com a educação consumerista" – prenuncia Giacomini Filho. É importante fornecer aos estudantes "uma visão do consumerismo, por exemplo, por meio de analise de anúncios publicitários e comerciais de TV em que, ao lado dos elementos estéticos e de consumo, sejam discutidos os elementos consumeristas, éticos e legais".[32]

Em 16 de março de 2014, o Conselho Nacional da Criança e do Adolescente (CONANDA), vinculado à Secretaria de Direitos Humanos, editou a Resolução n. 163, dispondo sobre a abusividade do direcionamento de publicidade

---

[28] GIACOMINI FILHO, Gino. *Consumidor versus propaganda*. 5. ed. rev. e atual. São Paulo: Summus Editorial, 2008, p. 94.

[29] Assevera Giacomini Filho que a Agência Nacional de Vigilância Sanitária (Anvisa) e outros segmentos sociais, "têm feito esforços e empreendido medidas, inclusive na forma de leis, para coibir o consumismo, caso da restrição de propaganda de alimentos que possam causar risco à saúde das crianças (obesidade, diabetes, doenças cardíacas)", op. cit., p. 94. A Resolução RDC nº 222/2002 da Anvisa disciplinou a promoção do alimentos para lactentes e crianças, visto que "algumas fábricas chegavam a insinuar que o produto industrializado fosse um substituto do leite materno ou contivesse propriedades a ponto de desencorajar a amamentação natural". Ibidem, idem. Há uma tendência de essas normas "serem, a cada tempo, mais específicas e exigentes, como a que recentemente restringiu a promoção de chupetas e mamadeiras (Resolução nº 221 do Ministério da Saúde, de 6/8/2002)", op. cit., p. 97.

[30] Na página 62 daquela mesma obra, o autor alerta para "os apelos sedutores para o fast-food, guloseimas e refrigerantes, contribuindo para os índices de obesidade, tanto em adultos quanto em crianças, trazendo grande preocupações aos médicos.

[31] Idem.

[32] FLORI, Joyce. Strategies for reaching advertising consumerism. *Communication Education*, v. 27, p. 32-6, jan. 1978.

e de comunicação mercadológica à criança e ao adolescente. Dispõe o art. 2º, incisos I a IX, que se considera abusiva, em razão da Política Nacional de Atendimento da Criança e do Adolescente, a prática com a intenção de persuadi-los para o consumo de qualquer produto ou serviço utilizando-se de aspectos que podem ser agregados em três grupos. O primeiro deles concerne aos recursos visuais; o segundo engloba fatores auditivos; o terceiro diz respeito ao local onde o ato publicitário é concretizado; e o derradeiro encontra-se vinculado à atividade desenvolvida.

Quanto ao primeiro grupo, a mencionada Resolução do CONANDA determina que a publicidade infantil não se utilize de efeitos especiais, excesso de cores, desenho animado ou de animação e bonecos ou similares. Ademais, restou vedada a representação de criança e a utilização de pessoas ou celebridades com apelo ao público infantil, bem como de personagens ou apresentadores infantis. No que se refere aos recursos auditivos, não deverão ser utilizadas trilhas sonoras de músicas infantis ou cantadas por vozes de criança, para se evitar que o anúncio publicitário atraia, indevidamente, a atenção da criança. De acordo com o § 2º do art. 2º da Resolução em análise, qualificou-se como abusiva a publicidade e comunicação mercadológica no interior de creches e das instituições escolares da educação infantil e fundamental, inclusive em seus uniformes escolares ou materiais didáticos.[33]

Considerando-se a atividade desenvolvida, a Resolução proibiu a promoção com distribuição de prêmios ou de brindes colecionáveis ou com apelos ao público infantil, bem como a sua realização em competições ou jogos com o intuito de estimular as crianças a desejar certo bem de consumo. Contudo, o § 3º do aludido art. 2º estabelece que as disposições daquele artigo não se aplicam às campanhas de utilidade pública que não configurem estratégia publicitária referente a informações sobre boa alimentação, segurança, educação, saúde, entre outros itens relativos ao melhor desenvolvimento da criança no meio social.

Todas as aludidas exigências estão interligadas com o dever de informar dos fornecedores de produtos e de serviços que, como aduz Cláudia Lima Marques, foi "sendo desenvolvido na teoria contratual através da doutrina alemã do *Nebenpflicht*" que estruturou os deveres acessórios, anexos, secundários ou instrumentais ao da prestação contratual principal, oriundos da cláusula geral da boa-fé.[34] O dever de informar passa a "ser natural na atividade de fomento ao consumo, na atividade de toda a cadeia de fornecedores, é verdadeiro ônus atribuído aos fornecedores, parceiros contratuais ou não do consumidor".[35] Na publicidade direcionada para o público infantil, o dever de informar por parte

---

[33] Aduz Herman Benjamin: "Direito do consumidor ou Direito do Consumo? A preocupação deste direito não está focada no objeto de alguma relação jurídica (enfoque objetivo) mas em um sujeito (enfoque subjetivo)". No vertente caso, a criança deve ser o sujeito protegido em face da publicidade abusiva. BENJAMIN, Antônio Herman V. O direito do consumidor, *Revista dos Tribunais*, n. 670. p. 50).
[34] MARQUES, Cláudia Lima; MIRAGEM, Bruno; BENJAMIN, Antônio Herman. *Comentários ao Código de Defesa do Consumidor*. 3. ed. rev. ampl. e atual. São Paulo: Revista dos Tribunais, 2010, p. 482.
[35] Idem.

dos fornecedores deverá ser muito mais preciso, visto que se trata de seres em evolução e que são facilmente influenciáveis pela mídia.

Para Bruno Miragem, são requisitos da oferta de consumo: a) informações suficientemente precisas; b) vinculação por qualquer forma ou meio de comunicação (o próprio fornecedor ou por meio de publicidade); c) conhecimento ao público – não constituindo em mero documento ou informações de "domínio exclusivo do fornecedor".[36] Antônio Herman Vasconcellos e Benjamin assevera que os requisitos da publicidade são os seguintes: a) difusão: referindo-se ao caráter finalístico da publicidade somente poderá ser assim considerada se atingir seu público-alvo (não existe publicidade secreta); b) informação ou o conteúdo material; c) incitamento ao consumo (aspecto referente ao convencimento); e d) difusão de uma atividade econômica com o objetivo de gerar lucro ao patrocinador.[37]

A tendência atual é de examinar "a 'qualidade' da vontade manifestada pelo contratante mais fraco, mais do que a sua simples manifestação" – leciona Cláudia Lima Marques.[38] Somente a vontade racional – argumenta a doutrinadora – "a vontade realmente livre (autônoma) e informada, legitima, isto é, tem o poder ditar a formação e, por consequência, os efeitos dos contratos entre consumidor e fornecedor".[39] Nicole Chardin acentua que foi ultrapassada a época em que qualquer vontade do consumidor era presumida como "racional" para a etapa atual, onde ou se exige, através de técnicas legislativas dirigidas de intervenção jurídica, que "o consumidor mantenha sua razão e autonomia de decisão", ou se educa "o consumidor para decidir de forma racional e informada", sendo, respectivamente, denominadas de "autonomia de vontade criada" e "autonomia de vontade educada".[40]

Ora, dúvidas não pairam que a publicidade abusiva infantil desrespeita o direito à informação da criança, não lhe permitindo escolher o bem de consumo (produto e/ou serviço) de modo natural, uma vez que são utilizados diversos artifícios para incitá-la. Como assevera Adalberto Pasqualotto, no campo da publicidade infantil, incidem também as normas constitucionais acerca da matéria e os ditames constantes nas Leis Federais nºs 8.069/90 e 8.078/90.[41] Os arts. 227 a 230 da Constituição Federal de 1988 tratam dos direitos da criança e do adolescente, prevendo que o Poder Público, a família e a sociedade em geral zelem pelos mesmos. O Estatuto da Criança e do Adolescente, nos arts. 7º

---

[36] MIRAGEM, Bruno. *Direito do Consumidor*. 3. ed. rev. atual. e ampl. São Paulo: Revista dos Tribunais, 2012, p. 157.

[37] BENJAMIN, Antônio Herman Vasconcellos e.; GRINOVER, Ada Pellegrini. *et al*. *Código Brasileiro de Defesa do Consumidor*. 10. ed. rev. atual. e reform. Rio de Janeiro: Forense, 2011, volume I, p. 197.

[38] MARQUES, Cláudia Lima. *Contratos no Código de Defesa do Consumidor*, 6. ed. rev. atual. e ampl. São Paulo: Revista dos Tribunais, 2011, p. 462. Consultar também: MARQUES, Cláudia Lima; MIRAGEM, Bruno. *O Novo Direito Privado e a Proteção dos Vulneráveis*. São Paulo: Revista dos Tribunais, 2012.

[39] Idem.

[40] CHARDIN, Nicole. *Le contrat de consommation de crédit et l'autonomie de la volonté*. Paris: LGDJ, 1988, p. 205 e 206.

[41] Sobre o assunto, examinar: PASQUALOTTO, Adalberto. *Os efeitos obrigacionais da publicidade no Código de Defesa do Consumidor*. São Paulo: Revista dos Tribunais, 1997. ——. Oferta e publicidade no Código de Defesa do Consumidor. In: AGUIAR, Ruy Rosado de; LOPEZ, Teresa Ancona (coords.). *Contratos empresariais*: Contratos de Consumo e Atividade Econômica. São Paulo: Saraiva, 2009.

a 24, elenca o rol de direitos dos infantes, que não devem ser atingidos por atos publicitários abusivos, encontrando-se esta coibição reiterada no art. 37, § 2º, do Código de Proteção e Defesa do Consumidor.

3. Violação aos princípios regentes da atividade publicitária

O Brasil consagrou a livre iniciativa e a concorrência como pilares da Ordem Econômica e, como é cediço, a publicidade foi reconhecida como um instrumento legítimo para a difusão e propagação de produtos e serviços no sistema capitalista reinante. Não obstante a liberdade de expressão e de manifestação do pensamento ter sido reconhecida em sede constitucional como direito de matriz fundamental, a atividade publicitária deve atender a pressupostos ou requisitos expostos nos tópicos anteriores e não pode se afastar dos princípios que a regem. Isso porque a oferta e a publicidade dos bens de consumo não são simples expressão de ideias, mas, sim, possuem o deliberado propósito de apresentá-los e de vendê-los para a população. Tratando-se da publicidade direcionada para o público infantil, urge que seja acompanhada e fiscalizada com maior rigor devido ao fato da inquestionável fragilidade destes consumidores, que ainda estão em evolução.

Interpretando-se os arts. 30 a 38, que disciplinam a oferta e a publicidade dos bens de consumo, observa-se a existência de sete princípios regentes, embora alguns doutrinadores enumerem outros.[42] Considera-se que os seguintes princípios são os fundamentais para a compreensão dos limites e controles legalmente impostos para que a oferta e a publicidade não ofendam os interesses e os direitos dos consumidores: a) princípio da identificação; b) princípio da transparência e da fundamentação; c) princípio da veracidade; d) princípio da não abusividade; e) princípio da correção do desvio publicitário; e f) princípio da vinculação. Nos próximos itens e parágrafos, serão examinados tais princípios considerando-se as publicidades infantis abusivas, veiculadas no Brasil ao alvedrio das normas que asseguram os interesses e direitos das crianças.

3.1. Princípio da identificação

O princípio da identificação encontra-se sediado no art. 36 do CDC, segundo o qual a publicidade "deve ser veiculada de tal forma que o consumidor, fácil e imediatamente, a identifique como tal". Exige-se que a estrutura do ato publicitário seja clara, precisa e ostensiva, possibilitando ao consumidor a compreensão do seu conteúdo de modo facilitado e rápido, não sendo neces-

---

[42] Todos os manuais, comentários e cursos sobre o Direito das Relações de Consumo abordam a atividade publicitária e os respectivos princípios. Acerca do assunto, examinar: BENJAMIN, Antônio Herman V.; MARQUES, Claudia Lima; BESSA, Leonardo Roscoe Bessa. *Manual de Direito do Consumidor*. 5. ed. rev. atual. e ampl. São Paulo: Revista dos Tribunais, 2012. GRINOVER, Ada Pellegrini. *et al*. *Código Brasileiro de Defesa do Consumidor*. 10. ed. rev. atual. e reform. Rio de Janeiro: Forense, 2011, volume I. BENJAMIN, Antônio Herman V.; MIRAGEM, Bruno; MARQUES, Cláudia Lima. *Comentários ao Código de Defesa do Consumidor*. 3. ed. rev. ampl. e atual. São Paulo: Revista dos Tribunais, 2010. GARCIA, Leonardo Medeiros. *Direito do Consumidor*. 8. ed. rev. ampl. e atual. Rio de Janeiro: Impetus, 2012. MIRAGEM, Bruno. *Direito do Consumidor*. 3. ed. rev. atual. e ampl. São Paulo: Revista dos Tribunais, 2012.

sárias interpretações complexas, realização de cálculos e auxílio de terceiros.[43] Honório-Carlos Casado, ao examinar o tema, aduz que os bens de consumo devem ser apresentados ao mercado de modo muito claro, a fim de que os consumidores e usuários não enfrentem dificuldades para a identificação do seu conteúdo.[44] A publicidade abusiva infantil viola o princípio da identificação quando utiliza recursos visuais e/ou auditivos que incitam, de modo indevido e arbitrário, as crianças a desejarem produtos e/ou serviços em decorrência de apelos exacerbados.

Como aduzem Adorno e Horkheimer, os meios de comunicação de massa podem funcionar como criadores industriais de qualquer coisa e de todos eles somos apenas sujeitos passivos, manipulados, sendo que "O fornecimento ao público de uma hierarquia de qualidades serve apenas para uma quantificação ainda mais completa".[45] Complementam os filósofos que cada qual deve se comportar, "como que espontaneamente, em conformidade com seu *level*, previamente caracterizado por certos sinais, e escolher a categoria dos produtos de massa fabricada para o seu tipo".[46] Terminam os consumidores sendo reduzidos "a um simples material estatístico", são distribuídos "nos mapas dos institutos de pesquisa (que não se distinguem mais dos de propaganda)".[47]

É o que se verifica com a publicidade infantil quando concretizada de modo vexatório em busca do incitamento do menor para que almeje toda e qualquer espécie de bem, que não lhe traga benefícios razoáveis. Ignácio Ramonet refere-se às denominadas "propagandas silenciosas", afirmando que os meios de comunicação de massa estão tão sutis e sofisticados que aspiram a venda já não de uma marca, "mas uma identidade, já não um signo social mas uma personalidade. Segundo o velho princípio do individualismo que poderia ser formulado deste modo: ter é ser".[48]

3.2. *Publicidades dissimulada e subliminar*

A publicidade dissimulada é aquela que ocorre através de um anúncio introduzido em um conjunto editorial de forma disfarçada, sem que haja qualquer referência expressa ou advertência nesse sentido. Nessa hipótese, afirma Lampreia, o anúncio adota "a mesma tipologia dos demais elementos editoriais para que se fazer passar por matéria jornalística, apropriando-se da credibilidade de imprensa".[49] Pode-se afirmar que a publicidade dissimulada é "a notícia travestida de caráter aparentemente imparcial, tais como reportagens,

---

[43] Sobre o assunto, consultar também: GOMES, Neusa Demartini. *Publicidade*: Comunicação Persuasiva. Porto Alegre: Sulina, 2003.

[44] CASADO, Honorio-Carlos Bando. *La publicidade y la protección jurídica de los consumidores y usuários*. 3.ed. Madrid: Instituto Nacional del Consumo, 1991.

[45] ADORNO, Theodor W.; HORKHEIMER, Max. *Dialética do esclarecimento*: fragmentos filosóficos. Trad. Guido Antonio de Almeida. Rio de Janeiro: Jorge Zahar, 1985, p. 116.

[46] Idem.

[47] Idem.

[48] RAMONET, Ignácio. *Propagandas silenciosas*. Massas, televisão, cinema. São Paulo: Vozes, 2002, p. 33.

[49] LAMPREIA, J. Martins. *A publicidade moderna*. Lisboa: Presença, 1983, p. 27-34.

relatos científicos, informes econômicos, mas, na verdade, carrega alguma espécie de publicidade".[50]

Denomina-se a dissimulação, segundo Giacomini Filho, de "persuação editorial", "*merchandising* publicitário", "*tie-in*", ou *product placement*, podendo ser interpretada "como uma manipulação da crença do consumidor da informação.[51] Caso o *merchandising* publicitário seja institucionalizado, além de regulamentação mais específica, afirma o autor, "torna-se necessário enquadrar os filmes, as novelas, os telejornais e os demais formatos que o ambientam dentro dos mesmos princípios legais que norteiam as ofertas comerciais, como a propaganda".[52] Revela Giacomini Filho que o assédio que os anunciantes praticam no conteúdo editorial e programático dos veículos de comunicação "tem se tornado mais um procedimento predatório do que algo contextualizado numa gestão responsável".[53]

Existem situações em que os anúncios possuem a mesma tipologia gráfica dos demais elementos editoriais com o objetivo de conduzir o leitor a crer que são matérias jornalísticas normais. No entanto, a dissimulação transgride o princípio da identificação e deve ser coibida através da inserção de detalhes isoladores para o anúncio, utilizando-se também a tarja de destaque publicitário. Na seara dos anúncios de bens para o público infantil, a utilização da publicidade dissimulada denota-se extremamente gravosa, posto que são sujeitos que não conseguem identificar tal expediente arbitrário com facilidade. Se os adultos não conseguem verificar a ocorrência da dissimulação, tanto que é qualificada como transgressora ao princípio da identificação, *a fortiori*, as crianças, cuja intelectualidade e maturidade estão em fase de evolução.

O setor publicitário não pode se esquecer, acrescenta Giacomini Filho, que "a publicidade é uma prestação de serviço em que a base contratual é o anuncio e as promessas e informações que contém".[54] O anúncio apresenta "valor jurídico como um contrato, ou seja, a peça publicitária não é apenas algo lúdico, artístico e informal, como alguns agentes poderiam pensar".[55] Dessa forma, inadmissível que os órgãos de proteção e defesa dos consumidores não atuem de modo preventivo e corretivo no que tange à publicidade infantil dissimulada. Imperioso será que os instrumentos que compõem a Política Nacional das Relações de Consumo desenvolvam um trabalho conjunto e sério para que expedientes dessa natureza possam ser debelados.

Existem divulgações publicitárias que são veiculadas com uma intensidade tão reduzida que não conseguem ser captadas pelo consciente dos con-

---

[50] LAMPREIA, J. Martins. *A publicidade moderna*. Lisboa: Presença, 1983, p. 27-34.

[51] GIACOMINI FILHO, Gino. *Consumidor versus propaganda*. 5. ed. rev. e atual. São Paulo: Summus Editorial, 2008, p. 201.

[52] Idem.

[53] Ibidem, p. 202.

[54] Ibidem, p. 228,

[55] Destaca Giacomini Filho que a comunicação de massa é heterogênea (envolve uma multiplicidade de segmentos e perfis demográficos), anônima (não se sabe ao certo quem está recebendo a comunicação) e numerosa (grande contingente atingido), por isso há a transferência de uma atividade tipicamente privada em algo da esfera pública. O setor publicitário deverá "colher os ônus e bônus". GIACOMINI FILHO, op. cit., p. 17.

sumidores na condição de receptores, configurando-se o que se intitula de publicidade subliminar. Segundo Lampreia, a publicidade subliminar consiste no anúncio que contém "informação emitida fora do limiar de percepção humana, como a presença de uma marca ou frase em menos de 16 fotogramas de um filme, cuja velocidade de projeção não permite uma visualização consciente".[56] A informação subliminar é registrada no subconsciente, não conseguindo ser captada pelo ser humano cuja "banda visível da cor" é de "aproximadamente 390 nm a 780 nm" e "entre 15 a 20 mil hertz" para a recepção do som.[57]

Na metade da década de 50, publicitários norte-americanos fizeram uso de recursos de projeção de mensagens através de velocidades subliminares em telas de cinema. Em 1957, James Vicary inseriu frases "Coca-Cola" e "Coma pipocas" na tela de um cinema de New Jersey na velocidade de tempo de 1 por 3000 de segundos, durante o filme Pic-nic, conduzindo milhares de consumidores a terem vontade de consumir tais produtos.[58] O objetivo da publicidade subliminar é "burlar a racionalidade", realizando-se uma amostragem "indireta ou camuflada que se capta de maneira inconsciente porque não é percebida como tal", constituindo um "estímulo que não é percebido de maneira consciente" porque foi "mascarado ou camuflado pelo emissor" – afirma Ferres.[59]

Embora os estímulos sejam captados de forma consciente, "a intencionalidade publicitária não é percebida conscientemente", argumenta Calazans.[60] Nos estudos sobre a publicidade subliminar, tem sido mencionada a experiência de Ivan Pavlov com o cão que ganhava comida todas as vezes que a campainha tocava, levando o animal a ficar condicionado a tal situação, como demonstradora que o anúncio persistente e imperceptível pode despertar a vontade pelo consumo.[61]

A publicidade subliminar, quando utilizada para atingir crianças, é ainda muito mais prejudicial, pois, como é cediço, são sujeitos em fase de desenvolvimento, altamente influenciáveis por instrumentos e recursos manejados pelo mercado. Torna-se, pois, fundamental que os órgãos e entidades legitimados para a proteção dos consumidores atuem proficuamente na prevenção e no combate de tal espécie ilícita de publicidade. É crucial que as crianças não sejam objeto de manipulação ardilosa pelos agentes publicitários que, para atenderem às determinações dos fornecedores, lançam mão de expedientes que não detectáveis nem mesmo pelos adultos.

---

[56] LAMPREIA, J. Martins. *A publicidade moderna*. Lisboa: Presença, 1983, p. 27-34.

[57] Merton e Lazarsfeld afirmam que o objetivo das técnicas para manipular o público é de conduzi-lo ao estímulo de mero mimetismo e da compulsão. MERTON, Robert K. LAZARSFELD, Paul F. *Comunicação de massa, gosto popular e organização da ação social*. In: LIMA, Luiz Costa (coletânea), Teoria da Comunicação de massa. Rio de Janeiro: Paz e Terra, 2002.

[58] HOCKENBURY, D.; HOCKENBURY, S.E. *Descobrindo a psicologia*. São Paulo: Manole, 2003, p. 192-3.

[59] FERRÉS, Joan. *Televisão subliminar*: socializando através de comunicações despercebidas. Porto Alegre: Artmed, 1998, p. 245.

[60] CALAZANS, Flávio. *Propaganda subliminar multimidia*. São Paulo: Summus, 1992.

[61] Sobre o tema, consultar: CAMPOS, Maria Luiza de Saboia. *Publicidade*: responsabilidade civil perante o consumidor. São Paulo Cultural Paulista, 1996. WILLIAM, Roy. *Fórmulas secretas do mago da publicidade*. São Paulo: Futura, 2000, p. 23. KARSAKLIAN, Eliane. *Comportamento do consumidor*. São Paulo: Atlas, 2000, p. 12.

3.3. Publicidade clandestina, "teaser" e "puffing"

A publicidade clandestina,[62] oculta, indireta ou *merchandising* corresponde a um conjunto de operações táticas destinadas a fazer com que ocorra a aparição de produtos e marcas no contexto de programas dos veículos de comunicação; como em cenas de filmes, de novelas, etc. É um tipo ilícito de publicidade não transparente e sem identificação – argumenta Federico Unnia.[63] Menciona J. Martins Lampreia que, frequentemente, nomes de empresas ficam explícitos em determinados capítulos de novelas, observando-se também a degustação de produtos em programas infantis.[64]

O objetivo primordial da comunicação persuasiva, esclarece Ferrés, é "transmitir informações motivadoras capazes de mobilizar as condutas e as crenças numa direção", atingindo, prioritariamente, "as emoções ou incidindo de maneira prioritária sobre os raciocínios".[65] No caso das imagens televisivas, a "eficácia mobilizadora" e, consequentemente, "socializadora" é potenciada, segundo o autor, "por sua contundência e por sua presença reiterada".[66] O publicitário se faz passar por um simples agente informativo e dissimula o fato de estar trabalhando para o anunciante – verbera Durandin.[67]

O *merchandising* não foi vedado no Brasil, podendo ser utilizado desde que o consumidor seja comunicado com clareza da sua ocorrência antes do início do programa. Antonio Herman Vasconcellos e Benjamin afirma que se deve esclarecer o consumidor-espectador no inicio do espetáculo, inserindo-se nos créditos de apresentação do filme ou da novela informações sobre os produtos ou serviços que "aparecerão por simples acaso, mas que se trata de uma forma de mensagem publicitária, se possível até citando as marcas dos produtos, o que seria uma 'dupla-publicidade'".[68] Considera-se que, no campo da publicidade infantil, o *merchandising* deveria ser coibido em razão do fato de que, mesmo havendo informações sobre a sua realização ao final de certo programa, a criança não consegue compreender a sistemática concretizada. O ser mirim estará sendo afetado pela mensagem publicitária mesclada com a programação sem conseguir diferenciá-las, suscitando, pois, a vedação de expedientes deste jaez.

Além dos tipos publicitários ilícitos vistos nas linhas anteriores, existe ainda o que se intitula de "teaser" que também viola o princípio da identidade. Essa modalidade ilegal de divulgação de bens de consumo vincula-se com

---

[62] Sobre o assunto, consultar também: SANTOS, Gherardini. *Direito de Marketing* – uma abordagem jurídica do *marketing* empresarial. São Paulo: Revista dos Tribunais, 2000, p. 31.

[63] UNNIA, Federico. *La pubblicità clandestina*: il camuffamento della pubblicità nei contesti informativi. Milano: Giuffrè, 1997, p. 61-62.

[64] LAMPREIA, J. Martins. *A publicidade moderna*. Lisboa: Presença, 1983, p. 27-34.

[65] FERRÉS, Joan. *Televisão subliminar*: socializando através de comunicações despercebidas. Trad. Ernani Rosa e Beatriz A Neves. Porto Alegre: Artmed, 1998, p. 40.

[66] Idem.

[67] DURANDIN, Guy. *As mentiras na propaganda e na publicidade*. Trad. Antonio Carlos Bastos de Mattos. São Paulo: JSN, 1997, p. 61-62.

[68] BENJAMIN, Antônio Herman Vasconcellos e.; GRINOVER, Ada Pellegrini. *et al. Código Brasileiro de Defesa do Consumidor*. 10. ed. rev. atual. e reform. Rio de Janeiro: Forense, 2011, volume I, p. 182-183.

o ímpeto severo do mercado de buscar captar cada vez mais consumidores, visto que, pondera Durandin, a sobrevivência da sociedade "depende diretamente da publicidade; o hábito de consumir é orientado pela comunicação entre o empresário e o consumidor".[69] Nessa senda, "consomem-se símbolos que se materializam em necessidades, muitas vezes fruto de desejos imaginários e inconscientes".

O termo "teaser" advém do verbo inglês "to tease" que significa "incitar", "atrair" ou "instigar", não havendo, contudo, nenhuma identificação do produto ou do serviço que se objetiva anunciar nem tampouco do fornecedor responsável pelo bem.[70] A intenção é atiçar a curiosidade do público, criando uma expectativa e motivando-o para conhecer a campanha que será realizada posteriormente.[71] Todo anúncio, relembra Giacomini Filho, deve fazer menção "ao anunciante ou deixar claro o responsável pelo conteúdo". Em geral, a identificação ou assinatura do anúncio "é feita com a marca do anunciante ou com a própria estampa do produto; em muitos casos, porém, aparece somente o nome do fabricante, do fornecedor, do distribuidor, ou apenas o crédito da agência". Sem a identificação da marca, verifica-se a campanha tipificada por *teaser*.[72]

Quando as informações apresentadas inicialmente no *teaser* são complementadas em seguida de forma satisfatória, viabilizando que os consumidores compreendam o seu conteúdo e sentido, não haverá qualquer tipo de problema, porém, ocorrendo falhas na apresentação dos dados a serem acrescidos, a publicidade desrespeitará a regra da identificação facilitada e imediata e poderá configurar enganosidade. Não existe um prazo específico para que as informações sejam complementadas, porém, considera-se que o anunciante não poderá demorar muito tempo para fazer com que as ideias inicialmente transmitidas não se percam.

A publicidade "chama a atenção sobre as vantagens do produto, seu preço, a novidade que pode representar, mas não pretende ser uma informação completa", aduz Durandini. "Frequentemente ela incita o comprador potencial a solicitar mais informações complementares, dirigindo-se ao próprio fabricante".[73] No que concerne à publicidade infantil, a utilização do *teaser* há que ser verificada com bastante cautela, visto que, como já asseverado acima, o princípio da identificação deve ser cuidadosamente respeitado. Deve-se evitar que mensagens iniciais sejam apresentadas para as crianças sem que haja uma complementação adequada e satisfatória, seduzindo-as para o consumo indevido.[74]

---

[69] DEL MASSO, Fabiano. *Direito do Consumidor e Publicidade Clandestina*. Uma análise jurídica da linguagem publicitária. Rio de Janeiro: Elsevier, 2008, p. 44:

[70] SANTOS, Gherardini. *Direito de Marketing* – uma abordagem jurídica do marketing empresarial. São Paulo: Revista dos Tribunais, 2000, p. 31 e ss.

[71] Idem.

[72] São campanhas que visam a criar expectativa sobre algo a ser lançado, precisando, por vezes, omitir dados da marca e do anunciante.

[73] DURANDIN, Guy. *As mentiras na propaganda e na publicidade*. Trad. Antônio Carlos Bastos de Mattos. São Paulo: JSN, 1997, p. 88.

[74] BAUDRILLARD, Jean. *Da Sedução*. 2. ed. Trad. Tânia Pellegrini. Campinas: Papirus, 1992, p. 61.

Em determinadas publicidades, o anunciante faz uso de exageros denominados pelos norte-americanos de *puffing*, quer seja através de imagens, expressões, etc., objetivando despertar a curiosidade e a animação do público consumidor. Afirma Bruno Miragem que, nesse sentido, "parece estar afastada do conceito de oferta de consumo a promessa exagerada ou hiperbólica, feita com a exclusiva finalidade de chamar a atenção do público, mas que é facilmente identificada por uma pessoa razoável".[75]

Quatro espécies de *puffing* são identificadas por Ivan L. Preston, quais sejam: a) o que utiliza opiniões subjetivas ou afirmações exageradas sobre características do produto ou serviço, como, v.g., expressões "o melhor", "perfeito"; b) as mensagens que invocam deturpações de valores sociopsicológicos, "prometendo algo que o produto não pode cumprir", associando, de forma figurada, "o produto a benefícios irreais como: liberdade, juventude, prática de esportes radicais", etc.; c) as mensagens "que utilizam certos nomes para caracterizar o produto, os quais, se tomados em sua literalidade, revelar-se-iam falsos"; e d) as maquetes (*mock-ups*), ou seja, "a utilização de outros materiais para a ilustração de produtos por meio da mídia visual".[76]

O consumidor adulto consegue identificar o *puffing* sem maiores dificuldades; o que não se constata com as crianças. Dessa forma, com base na Resolução n. 163/14, expedida pelo Conselho Nacional da Criança e do Adolescente (CONANDA), considera-se que este instrumento deverá ser analisado com base nas coibições impostas, e as impropriedades verificadas exigirão providências adequadas e eficazes com esteio no princípio da identificação. Isso porque os exageros podem infringir aquele ato normativo e induzir, de modo arbitrário, as crianças a desejarem produtos e serviços.

3.3. Princípios da transparência, da fundamentação e vinculação

Com relação à publicidade de qualquer produto ou serviço, determina o parágrafo único do art. 36 do CDC que o fornecedor manterá, em seu poder, os dados fáticos, técnicos e científicos que dão sustentação à mensagem, para informação dos legítimos interessados. Os princípios da transparência e da fundamentação estão interligados com o conteúdo daquele dispositivo normativo, visto que o fornecedor somente poderá afirmar algo que esteja lastreado nos dados reais sobre o bem de consumo, deixando-os à disposição do público que tenha interesse em consultá-los.[77]

Na mensagem publicitária, não poderá o fornecedor valer-se de alegações infundadas para a apresentação dos seus produtos e serviços, impondo-se respeito à transparência e à fundamentação. Lipovetsky aduz que a publicidade termina adestrando massas "'alfabetizadas' na linguagem dos bens mercantis,

---

[75] MIRAGEM, Bruno. *Direito do Consumidor*. 3. ed. rev. atual. e ampl. São Paulo: Revista dos Tribunais, 2012, p. 157.

[76] PRESTON, Ivan L. *The Tangled Web They Weave*. Truth, Falsity, & Advertisers. Wisconsin: University of Wisconsin Press, July 15, 1994.

[77] TOMASETTI JÚNIOR, Alcides. O objetivo da transparência e o regime jurídico dos deveres e riscos. *Revista de Direito do Consumidor*, São Paulo, n. 4, p. 241-254.

alimentadas com o leite da mercadoria-espetáculo, as massas são de imediato consumistas, espontaneamente sedentas de compras e de evasões, de novidades e de maior bem-estar".[78] Ora, se a publicidade é um instrumento que exerce tamanha força no mercado, é preciso que reflita dados fáticos, técnicos e científicos de forma séria e que atenda aos padrões éticos, sendo transparente e fundamentada.

O princípio da veracidade se entrelaça com a transparência e a fundamentação, acima tratadas, e está corporificado no art. 38 do CDC que os dispõe o seguinte: "O ônus da prova da veracidade e correção da informação ou comunicação publicitária cabe a quem as patrocina". O Código de Defesa do Consumidor, leciona Cláudia Lima Marques, ao regular os arts. 30 e seguintes, abarca "aquelas manifestações do fornecedor tentando atrair o consumidor para a relação contratual, tentando motivá-lo a adquirir seus produtos e usar os serviços que oferece".[79] Restou regulada "a oferta feita pelo fornecedor, incluindo aqui também a publicidade veiculada por ele. O fim destas normas protetoras é assegurar a seriedade e a veracidade destas manifestações, criando uma nova noção de 'oferta contratual'".[80]

A atribuição da produção probatória acerca da veracidade da publicidade para o fornecedor se justifica em razão de o CDC exigir que ele mantenha em seu poder os fundamentos fáticos, técnicos e científicos que dão suporte à mensagem divulgada.[81] Nesse sentido, trata-se de inversão *ope legis*, ou seja, prevista em lei e que não depende do arbítrio judicial, pois, como verbera Giacomini: "Toda comunicação publicitária é intencionalmente parcial, porém a defesa de uma ideia favorável ao anunciante deve ater-se aos limites legais e da responsabilidade".[82] Para Philippe Breton: "Ora, a primeira etapa de toda manipulação consiste justamente em fazer o interlocutor crer que é livre" e é exatamente tal situação que se verifica com o ato publicitário, pois se não contiver a verdade dos fatos, faz com que o consumidor, crendo ter liberdade para interpretá-lo, termine sendo ludibriado.[83]

Apesar de todo o poder do *marketing*, os consumidores muito frequentemente "são objetos de manipulação voluntários", afirma Benjamin Barber, questionando que "É menos a eficiência da propaganda do que a fragilidade dos compradores que representa uma resistência tão problemática", visto que "na ausência de vontades verdadeiras e necessidades genuínas, os consumi-

---

[78] LIPOVETSKY, Gilles. *A Felicidade Paradoxal*. Ensaio sobre a Sociedade de Hiperconsumo. Trad. Maria Lucia Machado. São Paulo: Companhia das Letras, 2007, p. 180.

[79] MARQUES, Cláudia Lima. Comentário ao art. 38 do CDC. In: MARQUES, Cláudia Lima; BENJAMIN, Antonio Herman V.; MIRAGEM, Bruno. *Comentários ao Código de Defesa do Consumidor*. 4. ed. rev. atual. e ampl. São Paulo: Revista dos Tribunais, 2013, p. 881.

[80] Idem.

[81] Sobre a temática, examinar também: GOVATTO, Ana Cláudia Marques. *Propaganda Responsável*: é o que todo anunciante deve fazer. São Paulo: Senac, 2007, p. 70.

[82] GIACOMINI FILHO, Gino. *Consumidor versus propaganda*. 5. ed. rev. e atual. São Paulo: Summus Editorial, 2008, p. 15.

[83] BRETON, Philippe. *A manipulação da palavra*. Trad. Maria Stela Gonçalves. São Paulo: Loyola, 1999, p. 17.

dores frequentemente parecem convidar o produtor de bens e serviços a lhes dizer o que eles precisam".[84]

De fato, os consumidores precisam ficar atentos com relação às mensagens publicitárias para que não sofram os efeitos dos engodos praticados. Quando o consumidor é uma criança, dificilmente conseguirá discernir o que é verdadeiro daquilo que é enganoso, razão pela qual devem ser efetivamente protegidas. Diante do ato publicitário, é preciso ter uma visão crítica para interpretar a mensagem, bem como para identificar se realmente o sujeito necessita ou não do produto que procura o fornecedor impingir-lhe. A criança é um ser em desenvolvimento e que merece respeito, não devendo ser um objeto manipulável alvo de investidas enganosas por parte dos fornecedores.[85]

3.4. Princípios da não abusividade e enganosidade e da correção do desvio publicitário

O princípio da não abusividade significa que o fornecedor não pode realizar ofertas e veicular publicidades que violem os valores vigentes em determinado meio jurídico. Carlos Ferreira de Almeida afirma que tal princípio também é denominado de princípio da ordem pública ou da legalidade e tem como força motriz "resguardar direitos considerados axiologicamente maiores pela ordem jurídica".[86] Além de não apresentar informações parcialmente ou integralmente falsas, o fornecedor não poderá afetar os valores reinantes, razão pela qual o microssistema consumerista traz normas acerca da publicidade dos bens – o que não se verifica com o direito civil clássico, por isso Nathalie Souphanor aduz que o direito do consumidor "assumiu papel primordial na renovação do direito privado brasileiro".[87] O abuso no ato publicitário deve ser evitado e coibido, como pondera Stoffel-Munck, exercendo o princípio da correção importante papel.[88]

Concretizada uma publicidade enganosa ou abusiva, exsurge o princípio da correção do desvio publicitário que está corporificado no art. 60 do CDC que disciplina a imposição de contrapropaganda. O § 1º desse dispositivo estatui que a contrapropaganda será "divulgada pelo responsável da mesma forma, frequência e dimensão e, preferencialmente no mesmo veículo, local, espaço e horário, de forma a desfazer o malefício da publicidade enganosa ou abusiva". Para Iain Ramsay, ao discorrer sobre o controle da publicidade, "necessário certificar-se de que existe uma representação adequada dos interesses do consumidor neste processo". Daí resulta a importância da contrapropaganda

---

[84] BARBER, Benjamin R. *Consumido*. Como o mercado corrompe crianças, infantiliza adultos e engole cidadãos. Trad. Bruno Casotti. Rio de Janeiro/São Paulo: Editora Record, 2009, p. 345.

[85] J. Martins Lampreia classifica a publicidade enganosa da seguinte forma: a) dissimulada; b) oculta, clandestina ou indireta; c) subliminar; d) a totalmente falsa; e) totalmente verdadeira que possa induzir o consumidor em erro; f) parcialmente verdadeira (falsidade parcial). LAMPREIA, J. Martins. *A publicidade moderna*. Lisboa: Presença, 1983, p. 27-34.

[86] ALMEIDA, Carlos Ferreira de. *Os direitos dos consumidores*. Coimbra: Almedina, 1982, p. 82.

[87] SOUPHANOR, Nathalie. *L'influence du droit de la consommation sur le système juridique*. Paris: LGDJ, 2000, p. 30.

[88] STOFFEL-MUNCK. *L'abus dans le contrat*. Essai d'une théorie. Paris: LGDJ, 2000, p. 314.

para fazer com que os fornecedores sejam obrigados a lidar com os malefícios da informação enganosa ou abusiva, pois, no Conselho Nacional de Autorregulamentação Publicitária, não existe representantes dos consumidores, mas apenas dos meios de comunicação de massa.[89]

O Direito passa a instrumentalizar políticas públicas e a definir a política econômica do país em um determinado momento histórico, assevera Norbert Reich, e isso apresenta um caráter dúplice voltado para a organização legislativa dos processos típicos do capitalismo, "garantindo os direitos básicos do sistema de produção (em especial a propriedade e o contrato)", mas também criando "meios para intervir nessas mesmas relações de mercado".[90] O princípio da correção do desvio publicitário denota a presença da intervenção estatal na seara mercadológica em busca da efetiva proteção dos interesses e dos direitos dos consumidores.

O art. 35, incisos I a III, do CDC consagra o princípio da vinculação da oferta e da publicidade ao estabelecer que se o fornecedor de produtos ou serviços recusar cumprimento à oferta, apresentação ou publicidade, o consumidor poderá, alternativamente e à sua livre escolha: a) exigir o cumprimento forçado da obrigação, nos termos da oferta, apresentação ou publicidade; b) aceitar outro produto ou prestação de serviço equivalente; ou c) rescindir o contrato, com direito à restituição de quantia eventualmente antecipada, monetariamente atualizada, e a perdas e danos.[91]

A vinculação nasce da confiança depositada pelo consumidor na oferta feita pelo fornecedor e essa crença é de grande relevância, como ensina Karl Larenz ao tratar da *Vertrauenstheorie* ou *affidamento* ou princípio da probidade.[92] Aquilo que é disponibilizado pelo fornecedor ingressa na esfera de conhecimento dos consumidores e é visto como algo verídico que, sendo desrespeitado, é passível de exigência judicial.[93] A confiança "exprime situação em que uma pessoa adere, em termo de atividade ou de crença, a certas representações passadas, presentes ou futuras que tenha por efetiva", verbera Menezes e Cordeiro, o que justifica a existência do princípio da vinculação.[94]

---

[89] Guilherme Fernandes Neto afirma que nas corporações transnacionais, verifica-se o "aniquilamento das oposições" e a criação ou manutenção de um aparelho publicitário "baseado no controle de informações e da comunicação de massa". FERNANDES NETO, Guilherme. *Direito da Comunicação Social*. São Paulo: RT, 2004, p. 78.

[90] REICH, Norbert. *Mercado y derecho*. Trad. Barcelona: Ariel, 1985, p. 60-61.

[91] Bruno Miragem afirma que o art. 30 do CDC não somente obriga o fornecedor a contratar, mas também que o faça nos moldes divulgados, advindo dois deveres jurídicos fundamentais: a) o dever de contratar; e b) o dever de contratar nos termos da oferta – "evitar a dissociação entre o prometido e o efetivamente contratado". MIRAGEM, Bruno. *Direito do Consumidor*. 3. ed. rev. atual. e ampl. São Paulo: Revista dos Tribunais, 2012, p. 157.

[92] LARENZ, Karl. *Derecho Civil* – parte general. Trad. Jaime Santos Briz. Madrid: Editorial Revista de Derecho Privado, 1958, p. 518.

[93] Fábio Konder Comparato denuncia a complexidade da dialética entre consumidor versus fornecedor, sendo aquele o que se submete ao poder de controle dos titulares de bens de produção. COMPARATO, Fábio Konder. A proteção do consumidor: importante capítulo do direito econômico. *Revista da Consultoria Geral do Estado do RS*, n. 6, Porto Alegre, 1976, p. 85-105.

[94] MENEZES CORDEIRO, Antônio Manuel da Rocha e. *Da boa-fé no direito civil*. Coleção Teses, Coimbra: Almedina, 1997, p. 1.234.

A proteção da confiança abrange necessariamente as expectativas de cumprimento de determinados deveres de comportamento, pontua Carneiro de Frada,[95] o que significa que se o fornecedor garante algo, terá que cumpri-lo. O art. 35 é expresso "ao especificar que, se o empresário *recusar* dar cumprimento à sua oferta, o consumidor poderá exigir o cumprimento forçado da obrigação".[96] Nota-se aqui, complementa Cláudia Lima Marques, que "o CDC pressupõe o fechamento do contrato, em virtude da simples manifestação do consumidor aceitando a oferta".[97] No inciso III do referido artigo, "fica ainda mais clara a suposição, no sistema do CDC, da conclusão do contrato entre fornecedor-ofertante e consumidor", restando ao fornecedor brasileiro "limitar a sua oferta ao estoque, ao que ele pode efetivamente cumprir, ao preço que pretende, cuidando para veicular somente informações corretas e que possa adimplir".[98] Compete ao consumidor, verificado o descumprimento da oferta ou da publicidade, optar por um dos três caminhos projetados pelo legislador em seu favor.

As crianças devem ser protegidas contra toda forma publicitária abusiva e enganosa por parte dos instrumentos da Política Nacional das Relações de Consumo. Para o cumprimento deste mister, fundamental será uma atuação coesa, coordenada e organizada, dando-se cumprimento ao princípio da efetividade das normas consumeristas inseridas no Código de Proteção e Defesa do Consumidor (CDC). Em seguida, apresentar-se-á uma breve abordagem sobre os responsáveis pela publicidade abusiva infantil.

4. Os responsáveis pela oferta e publicidade abusiva infantil

Quando uma oferta ou publicidade desrespeita os ditames legais vigentes, deve-se analisar a participação daqueles sujeitos para a consecução do ato à luz da responsabilidade solidária e objetiva[99] consagrada pelo Código de Proteção e Defesa do Consumidor. O parágrafo único do art. 7º do CDC contempla a regra geral sobre a solidariedade da cadeia de fornecedores de produtos e serviços. O art. 34 reitera a concepção que norteia o microssistema consumerista quando reza que "o fornecedor do produto ou serviço é solidariamente responsável pelos atos de seus prepostos ou representantes autônomos". Jorge Mosset de Iturraspe rememora que a responsabilidade na seara consumerista

---

[95] CARNEIRO DE FRADA, Manuel António de Castro Portugal. *Teoria da Confiança e Responsabilidade Civil*. Coimbra: Almedina, 2007, p. 79.

[96] MARQUES, Cláudia Lima. Comentário ao art. 38 do CDC. In: MARQUES, Cláudia Lima; BENJAMIN, Antonio Herman V.; MIRAGEM, Bruno. *Comentários ao Código de Defesa do Consumidor*. 4. ed. rev. atual. e ampl. São Paulo: Revista dos Tribunais, 2013, p. 884.

[97] Idem.

[98] Idem.

[99] Jorge Pulido afirma que "La anterior regla de la subjetividad rompe para implantar de nuevo el marco objetivo de imputación de responsabilidad, en el caso del correcto uso de los servicios, cuando por su propia naturaleza, o por estar así reglamentariamente establecido, incluyan necesariamente la garantía de niveles determinados de eficacia o seguridad, em condiciones objetivas de determinación, y supongan controles técnicos, profesionales o sistemáticos de calidad, hasta llegar em debidas condiciones al consumidor y usuario". PULIDO, Jorge Guillermo Pipaón. *Derechos de los Consumidores y Usuarios*. Valladolid: Lex Nova, 2010, p. 221.

"Alcanza a todos los que han intervenido en la cadena de comercialización (productor, fabricante, titular de la marca, importador, distribuidor, vendedor) y se funda en un factor objectivo de atribución".[100]

Todos que tenham intervindo no ato publicitário serão responsabilizados caso haja enganosidade ou abusividade. Nessa linha de pensamento, Farina registra que "entendiendo por tal la responsabilidad que la ley, independientemente de lo pactado, pone a cargo de todos los quienes intervienen en la cadena de comercialización".[101] Nesse mesmo sentido, posiciona-se Martínez-Calcerrada acerca da responsabilidade solidária dos envolvidos nas atividades de produção, divulgação e consumo.[102] Afora a prova das condições negativas da responsabilidade, resumidas por Marc Fallon como "La preuve de l'absence de fait générateur",[103] anunciante, publicitário e veículo de comunicação de massa serão responsabilizados objetivamente e de modo solidário.[104]

A unificação da responsabilidade civil[105] com base na lei, e não na ultrapassada dicotomia de outrora obriga a todos os participantes da estruturação e divulgação da atividade publicitária a assumirem o ônus da atividade, caso seja enganosa ou abusiva.[106] Para G. Viney, a responsabilidade estará "lineada por la existencia de un régimen unitario de indemnización que convivirá conn estatutos particulares de resarcimiento, propios de ciertas actividades".[107] Dentro deste raciocínio, Paulo Scartezzini afirma que "se a Mônica ou Cebolinha participarem de um anúncio publicitário de um produto ou serviço ou se a boneca vendida for da Xuxa, e se os produtos apresentarem qualquer vício, terá o Maurício de Souza Produções Artísticas e a Xuxa a responsabilidade civil, devendo indenizar os consumidores lesados".[108] Aplicando-se as normas constantes na Lei n. 8.078/90, é possível inserir no polo passivo da demanda consumerista a celebridade que tenha participado do ato publicitário, devendo essa, se condenada for, propor ação regressiva contra os reais responsáveis.

A solidariedade na cadeia de fornecimento prevista no CDC é um instrumento normativo de grande valia para a proteção dos interesses e direitos dos consumidores em face das práticas abusivas que permeiam o mercado, pois requer do anunciante, do publicitário e do veículo de comunicação de massa que ajam com extrema cautela, somente evitando-se publicidades enganosas ou abusivas. Ocorrendo divulgações que transgridam as normas jurídicas

---

[100] ITURRASPE, Jorge Mosset. *Defensa del Consumidor*. 2. ed. atual. Buenos Aires: Rubinzal-Culzoni Editores, 2003, p. 45.
[101] FARINA, Juan M. *Defensa del Consumidor y del Usuario*. 3. ed. act. y ampl. Buenos Aires: Astrea, 2004, p. 237.
[102] MARTÍNEZ-CALCERRADA, Luis. *La Responsabilidad Civil*. 3. ed. Madrid: Editorial Colex, 2004, p. 379.
[103] FALLON, Marc. *Les accidents de la consommation et le droit*. Bruxelas: Bruylant, 1982, p. 103.
[104] María Teresa Alonso. *El Problema de la Concurrencia de Responsabilidades*. 2. ed. Santiago: LexisNexis, 2007, p. 251.
[105] Consultar: TUNC. *La responsabilité civile*. Economica: Paris, 1981, p. 44. O autor da eliminação dos absurdos e injustiças da existência da summa divisio da responsabilidade civil.
[106] DIEZ-PICAZO. *Derecho de daños*. Madrid: Civitas, p. 250 e seg.
[107] VINEY, G. *Traité de Droit Civil*. Introduction à la responsabilité. 2. ed. Paris: L.G.D.J., 1995, p. 452.
[108] GUIMARAES, Paulo Jorge Scartezzini. *A Publicidade Ilícita e a Responsabilidade Civil das Celebridades*. 2. ed. rev. atual. e ampl. Sao Paulo: RT, 2007, p. 207.

vigentes, todos serão responsabilizados, somente restando-lhes a ação regressiva. Diante do exposto, todas as pessoas físicas e/ou jurídicas que, de alguma forma, contribuam para a consecução de publicidades abusivas infantis devem ser responsabilizadas objetivamente e com esteio na solidariedade.

Conclusão

A oferta e a publicidade dos bens de consumo são os instrumentos *par excellance* para que o mercado continue desempenhando as suas funções primordiais: escoar a produção e captar clientes. Sem elas, não se leva até o consumidor a comunicação sobre os produtos e os serviços existentes, nem é possível atender às demandas da população, pois se o fornecedor não apresenta o que tem para comercializar, os indivíduos também não conseguem satisfazer as suas necessidades e anseios.

Contudo, a publicidade abusiva voltada para o público infantil viola o quanto previsto no § 2º do art. 37 da Lei n. 8.078/90, visto que desrespeita os padrões normativos e éticos vigentes. Observa-se que, constantemente, os anúncios constantes nas mídias, eletrônicas, televisivas, de radiodifusão, ou de qualquer outra natureza, aproveitam-se da inexperiência e da deficiência de julgamento das crianças. Terminam esses expedientes atiçando o desejo descomedido dos infantes para que roguem aos seus genitores que adquiram certo produto ou contratem determinado serviço.

Ademais, o princípio da identificação do ato publicitário tem sido, frequentemente, transgredido quando são veiculados anúncios direcionados para os infantes, conforme analisado em tópico específico deste artigo. O conteúdo das mensagens publicitárias dirigidas para as crianças destina-se a seduzi-las mediante a utilização de diversos artifícios que nem sempre se coadunam com a verdadeira essência do bem que será comercializado. As publicidades dissimuladas e subliminares afetam, frontalmente, tal vetor principiológico e devem ser combatidas. Situação similar constata-se com as publicidades clandestinas, o *teaser* e o *puffing*, uma vez que as crianças não possuem o discernimento necessário para compreendê-los.

Os princípios da transparência, da fundamentação e veracidade também são objeto de constantes problemas nesta seara, de acordo com o quanto examinado nesta abordagem. Ora, não conseguido os menores compreender devidamente o teor da mensagem publicitária devido à utilização de artifícios que a tornem obscura, não revelando os verdadeiros propósitos, há que ser questionada no plano administrativo e/ou judicial. Os engodos, artifícios e instrumentos ardilosos devem também ser objeto de apuração por parte dos instrumentos que compõem a Política Nacional das Relações de Consumo.

Embora o Brasil não disponha de uma lei específica que discipline a publicidade infantil, a Resolução n. 163/14, editada pelo Conselho Nacional da Criança e do Adolescente (CONANDA), estabelece diretrizes para a prevenção e o combate da comunicação mercadológica arbitrária voltada para a criança e o adolescente. Vislumbra-se que o art. 2º, incisos I a IX, bem como os §§ 2º e 3º, do referido ato normativo, estatuem vedações de natureza sonora, visual, local e com base na atividade empreendida. Nessa senda, a proteção da criança, prevista na Constituição Federal, na Lei Federal n. 8.069/90 (Estatuto da Criança e do Adolescente) e no Código de Proteção e Defesa do Consumidor (art. 37, § 2º), foi intensificada e reforçada pela aludida Resolução.

Observa-se que, sob o aspecto sonoro, a Resolução procura coibir a utilização de trilhas contendo músicas infantis ou cantadas por vozes de criança, a fim de amenizar a persuasão bastante frequente para induzi-las ao consumo de produto ou serviço. Quanto ao fator visual, tencionou-se evitar os efeitos especiais, o excesso de cores, as animações e os bonecos ou similares. Outrossim, procurou-se vedar a representação de criança, a presença de pessoas, celebridades, personagens e apresentadores com apelo ao público infantil, com vistas a evitar que tais figuras venham a atiçar o desejo descomedido dos infantes pelos bens de consumo divulgados.

Restou também configurada como abusiva, de acordo com o § 2º do art. 2º, a publicidade e a comunicação mercadológica realizadas no interior de creches e das instituições escolares, onde se execute a educação infantil e fundamental, inclusive em seus uniformes escolares ou materiais didáticos. A promoção de produtos e/ou serviços com a distribuição de prêmios ou de brindes colecionáveis ou com apelos ao público infantil também foi considerada abusiva pela Resolução n. 163/14 do CONANDA. Nesse mesmo sentido, vedou-se a promoção de itens de consumo em competições ou jogos nas quais se concite o público infantil, objetivando, assim, evitar a associação de tais atividades com bens que sejam incutidos na mentalidade dos infantes como objetos de desejo de aquisição e uso. Não se deve olvidar que não foram vetadas as campanhas de utilidade pública que não configurem estratégia publicitária referente a informações sobre boa alimentação, segurança, educação, saúde, entre outros itens relativos ao melhor desenvolvimento da criança no meio social.

Conclui-se no sentido de que o Brasil dispõe de aparato legal destinado à proteção e à defesa dos interesses e direitos das crianças no âmbito da publicidade de produtos e serviços ofertados pelo mercado. Conquanto ainda não tenha sido editada lei que trate da matéria de modo específico, as normas presentes na Constituição Federal e na esfera infraconstitucional podem ser, de logo, manejadas para que o público infantil seja resguardado em face dos apelos publicitários abusivos. Os instrumentos que integram a Política Nacional das Relações de Consumo devem empreender esforços conjuntos e coordenados para o cumprimento de tal mister, responsabilizando-se todos os envolvidos com as publicidades abusivas infantis.

Referências bibliográficas

ADORNO, Theodor W.; HORKHEIMER, Max. *Dialética do esclarecimento*: fragmentos filosóficos. Trad. Guido Antonio de Almeida. Rio de Janeiro: Jorge Zahar, 1985.

ALMEIDA, Carlos Ferreira de. *Direito do Consumo*. Coimbra: Almedina, 2005.

——. Conceito de publicidade. *Boletim do Ministério da Justiça*, 349, outubro de 1985.

ALTERINI, Atílio Aníbal. Control de la publicidad y comercialización. *Revista de Direito do Consumidor*, RT, n. 12, 1994.

——. *Contratos Civiles-Comerciales-de Consumo*. Teoría General. Buenos Aires: Abeledo-Perrot, 2005.

BARBER, Benjamin R. *Consumido. Como o mercado corrompe crianças, infantiliza adultos e engole cidadãos*. Trad. Bruno Casotti. Rio de Janeiro/São Paulo: Editora Record, 2009.

BAUDRILLARD, Jean. *A Sociedade de Consumo*. Trad. Artur Morão. Lisboa: Edições 70, LDA, 2010.

——. *Da Sedução*. 2. ed. Trad. Tânia Pellegrini. Campinas: Papirus, 1992.

BENJAMIN, Antônio Herman V. O direito do consumidor, *Revista dos Tribunais*, n. 670. p. 50.

——; GRINOVER, Ada Pellegrini et al. *Código Brasileiro de Defesa do Consumidor*. 10. ed. rev. atual. e reform. Rio de Janeiro: Forense, 2011, volume I.

——; MARQUES, Cláudia Lima; BESSA, Leonardo Roscoe Bessa. *Manual de Direito do Consumidor*. 5. ed. rev. atual. e ampl. São Paulo: Revista dos Tribunais, 2012.

——; MIRAGEM, Bruno; MARQUES, Cláudia Lima. *Comentários ao Código de Defesa do Consumidor*. 3. ed. rev. ampl. e atual. São Paulo: Revista dos Tribunais, 2010.

BRETON, Philippe. *A manipulação da palavra*. Trad. Maria Stela Gonçalves. São Paulo: Loyola, 1999.

CALAIS-AULOY, Jean. Le contröle de la publicité déloyale en France. In: *Unfair Advertising and Comparative Advertising*. Publicité Déloyale et Publicité Comparative. Bruxelas Story Scientia, 1988, p. 83-92.

——; STEINMETZ, Frank Steinmetz. *Droit de la consommation*. 7. ed. Paris: Dalloz, 2006.

CALAZANS, Flávio. *Propaganda subliminar multimidia*. São Paulo: Summus, 1992.

CAMPOS, Maria Luiza de Saboia. *Publicidade*: responsabilidade civil perante o consumidor. São Paulo Cultural Paulista, 1996.

CARNEIRO DE FRADA, Manuel António de Castro Portugal. *Teoria da Confiança e Responsabilidade Civil*. Coimbra: Almedina, 2007.

CARVALHO, Luis Gustavo G. Castanho de. *Liberdade de informação e o direito difuso à informação verdadeira*. Rio de Janeiro Renovar, 1994.

CASADO, Honorio-Carlos Bando. *La publicidade y la protección jurídica de los consumidores y usuários*. 3. ed. Madrid: Instituto Nacional del Consumo, 1991.

CHARDIN, Nicole. *Le contrat de consommation de crédit et l'autonomie de la volonté*. Paris: LGDJ, 1988.

COBRA, Marcos. *Marketing básico* – uma perspectiva brasileira. São Paulo: Atlas, 1989.

COELHO, Fábio Ulhoa. A publicidade enganosa no Código de Defesa do Consumidor. *Revista de Direito do Consumidor*. São Paulo, v. 8.

COMPARATO, Fábio Konder. A proteção do consumidor: importante capítulo do direito econômico. *Revista da Consultoria Geral do Estado do RS*, n. 6, Porto Alegre, 1976.

CROSS, Gary. Valves of adult desire: the regulation and incitement of children's consumption. *Childhood and consumer culture*. New York: Palgrave Macmillan, 2010.

DEL MASSO, Fabiano. *Direito do Consumidor e Publicidade Clandestina*. Uma análise jurídica da linguagem publicitária. Rio de Janeiro: Elsevier, 2008.

DIEZ-PICAZO. *Derecho de daños*. Madrid: Civitas, 250 e seg.

DURANDIN, Guy. *As mentiras na propaganda e na publicidade*. Trad. Antonio Carlos Bastos de Mattos. São Paulo: JSN, 1997.

FARINA, Juan M. *Defensa del Consumidor y del Usuario*. 3. ed. act. y ampl. Buenos Aires: Astrea, 2004.

FALLON, Marc. *Les accidents de la consommation et le droit*. Bruxelas: Bruylant, 1982.

FERNANDES NETO, Guilherme. *Direito da Comunicação Social*. São Paulo: RT, 2004.

FERRÉS, Joan. *Televisão subliminar*: socializando através de comunicações despercebidas.Trad. Ernani Rosa e Beatriz A Neves. Porto Alegre: Artmed, 1998.

FLORI, Joyce. Strategies for reaching advertising consumerism. *Communication Education*, v. 27, p. 32-6, jan. 1978.

FRADERA, Vera M. Jacob. A interpretação da proibição de publicidade enganosa ou abusiva à luz do princípio da boa-fé: o dever de informar no Código de Defesa do Consumidor. *Revista de Direito do Consumidor*. São Paulo, RT, vol. 4, p. 173-191.

FROTA, Mário. *A Publicidade Infanto-Juvenil*. Perversões e Perspectivas. 2. ed. rev. e atual. Curitiba, 2007.

——. *A Publicidade em Portugal*. Coimbra: CEDC, 2001.

FURLAN, Valéria C. P. Princípio da Veracidade nas Mensagens Publicitárias. *Revista de Direito do Consumidor*, São Paulo, n. 10, abr./jun. 1994.

GALBRAITH, John Kenneth. *Uma viagem pelo tempo econômico*. São Paulo: Pioneira, 1994.

GARCIA, Leonardo Medeiros. *Direito do Consumidor*. 8. ed. rev. ampl. e atual. Rio de Janeiro: Impetus, 2012.

GERALDES, Ana Luísa. *O Direito da Publicidade*. Lisboa: I.C., 1999.

GIACOMINI FILHO, Gino. *Consumidor versus propaganda*. 5. ed. rev. e atual. São Paulo: Summus Editorial, 2008.

GOMES, Neusa Demartini. *Publicidade*: Comunicação Persuasiva. Porto Alegre: Sulina, 2003.

GOVATTO, Ana Cláudia Marques. *Propaganda Responsável*: é o que todo anunciante deve fazer. São Paulo: Senac, 2007.

GRINOVER, Ada Pellegrini et al. *Código Brasileiro de Defesa do Consumidor*. 10. ed. rev. atual. e reform. Rio de Janeiro: Forense, 2011, volume I.

GUARESCHI, Pedrinho A. *Comunicação e poder* – A presença e o papel dos meios de comunicação de massa estrangeiros na América Latina. 12. ed. Petrópolis: Vozes, 1999.

GUIMARÃES, Paulo Jorge Scartezzini. *A Publicidade Ilícita e a Responsabilidade Civil das Celebridades*. 2. ed. rev. atual. e ampl. Sao Paulo: RT, 2007.

HOCKENBURY, D.; HOCKENBURY, S.E. *Descobrindo a psicologia*. São Paulo: Manole, 2003.

HENRIQUES, Isabella Vieira Machado. Publicidade Abusiva dirigida à criança. Curitiba: Juruá, 2008.

ITURRASPE, Jorge Mosset. *Defensa del Consumidor*. 2. ed. atual. Buenos Aires: Rubinzal-Culzoni Editores, 2003.

JACOBINA, Paulo Vasconcelos. *A publicidade no direito do consumidor*. Rio de Janeiro: Forense, 1996.

KARSAKLIAN, Eliane. *Comportamento do consumidor*. São Paulo: Atlas, 2000.

KOTLER, Philip. *Administração de marketing*: análise, planejamento e controle. São Paulo: Atlas, 1975.

——. *Marketing de A a Z*: 80 Conceitos que Todo Profissional Deve Saber. 3. ed. São Paulo: Campus, 2003;

——. *Marketing Essencial*: Conceitos Estratégias e Casos. 2. ed. Prentice Hall Brasil, 2004.

——; KELLER, Kevin Lane. *Administração de Marketing: A Bíblia do Marketing*. 12. ed. Prentice Hall Brasil, 2006.

——; ARMSTRONG, Gary. *Princípios de Marketing*. 12. ed. Prentice Hall Brasil, 2007.

JOSÉ, Pedro Quartin Graça Simão; BETTENCOURT, Margarida. *O Regime Jurídico da Publicidade nos Estados-membros da União Europeia*. Lisboa: I.C., 2003.

LAMPREIA, J. Martins. *A publicidade moderna*. Lisboa: Presença, 1983.

LARENZ, Karl. *Derecho Civil* – parte general. Trad. Jaime Santos Briz. Madrid: Editorial Revista de Derecho Privado, 1958.

LEDUC, Robert. *Propaganda: uma força a serviço da empresa*. Trad. Silvia de Lima Bezerra Câmara. São Paulo: Atlas, 1977.

LIPOVETSKY, Gilles. *A era do vazio*: ensaio sobre o individualismo contemporâneo. Trad. Miguel Serras Pereira e Ana Luísa Faria. Lisboa: Antropos, 1983.

——. *A Felicidade Paradoxal*. Ensaio sobre a Sociedade de Hiperconsumo. Trad. Maria Lucia Machado. São Paulo: Companhia das Letras, 2007.

LOPES, Maria Elizabete Vilaça. O consumidor e a publicidade. *Revista de Direito do Consumidor*. São Paulo, n. 1, abr. 2004.

LUHMANN, N. *Die Realität der Massenmedia*. 2. ed. Berlim: Opladen, 1996.

MALTEZ, Rafael Tocantins. *Direito do Consumidor e Publicidade*. Análise Jurídica e Extrajurídica da Publicidade Subliminar. Curitiba: Juruá, 2011.

MARQUES, Cláudia Lima. Comentário ao art. 38 do CDC. In: MARQUES, Cláudia Lima; BENJAMIN, Antonio Herman V.; MIRAGEM, Bruno. *Comentários ao Código de Defesa do Consumidor*. 4. ed. rev. atual. e ampl. São Paulo: Revista dos Tribunais, 2013.

——; MIRAGEM, Bruno; BENJAMIN, Antônio Herman. *Comentários ao Código de Defesa do Consumidor*. 3. ed. rev. ampl. e atual. São Paulo: Revista dos Tribunais, 2010.

——. *Contratos no Código de Defesa do Consumidor*, 6. ed. rev. atual. e ampl. São Paulo: Revista dos Tribunais, 2011.

——; MIRAGEM, Bruno. *O Novo Direito Privado e a Proteção dos Vulneráveis*. São Paulo: Revista dos Tribunais, 2012.

MARTÍNEZ-CALCERRADA, Luis. *La Responsabilidad Civil*. 3. ed. Madrid: Editorial Colex, 2004.

MCARTHY, Jerome; PERREAULT, William. *Marketing essencial*: uma abordagem gerencial e global. São Paulo: Atlas, 1997.

MENEZES CORDEIRO, Antônio Manuel da Rocha e. *Da boa-fé no direito civil*. Coleção Teses, Coimbra: Almedina, 1997.

MERTON, Robert K.; LAZARSFELD, Paul F. *Comunicação de massa, gosto popular e organização da ação social*. In: LIMA, Luiz Costa (coletânea), Teoria da Comunicação de massa. Rio de Janeiro: Paz e Terra, 2002.

MIRAGEM, Bruno. *Direito do Consumidor*. 3. ed. rev. atual. e ampl. São Paulo: Revista dos Tribunais, 2012.

MOMBERGER, Noemi Friske. *A publicidade dirigida às crianças e aos adolescentes*: regulamentações e restrições. Porto Alegre: Memória Jurídica, 2002.

MORIN, Edgar. *Cultura de massas no século XX o espirito do tempo* – I neurose. 4. ed. Rio de Janeiro Forense, 1977.

NUNES, Luiz Antonio. O poder carismático da tevê e Max Weber. In: *Direito, Cidadania e Justiça ensaios sobre lógica, interpretação, teoria sociológica e filosofia jurídicas*. São Paulo: RT, 1995.

PASQUALOTTO, Adalberto. *Os efeitos obrigacionais da publicidade no Código de Defesa do Consumidor*. São Paulo: Revista dos Tribunais, 1997.

——. Oferta e publicidade no Código de Defesa do Consumidor. In: AGUIAR, Ruy Rosado de. LOPEZ, Teresa Ancona (coords.). *Contratos empresariais*: Contratos de Consumo e Atividade Econômica. São Paulo: Saraiva, 2009.

——. ALVAREZ, Ana Maria Blanco Montiel (orgs.). *Publicidade e proteção da infância*. Porto Alegre: Livraria do Advogado, 2014.

PIZARRO, Ramón Daniel; VALLESPINOS, Carlos Gustavo. Publicidad inductiva y enganosa. *Revista del Derecho del Consumidor*, n. 01, Rosário Juris, 1991.

PRESTON, Ivan L. *The Tangled Web They Weave*. Truth, Falsity, & Advertisers. Wisconsin: University of Wisconsin Press, July 15, 1994.

PULIDO, Jorge Guillermo Pipaón. *Derechos de los Consumidores y Usuarios*. Valladolid: Lex Nova, 2010.

RAMONET, Ignácio. *Propagandas silenciosas*. Massas, televisão, cinema. São Paulo: Vozes, 2002.

REICH, Norbert. *Mercado y derecho*. Trad. Barcelona: Ariel, 1985.

ROCHA, Silvio Luís Ferreira da. *A Oferta no Código de Defesa do Consumidor*. 2. ed. Belo Horizonte: Forum, 2010.

SANTOS, Fernando Gherardini. *Direito do Marketing*. *São Paulo*: RT. 2000.

SILVA, Joseane Suzart Lopes da Silva. Oferta e publicidade dos bens de consumo: uma análise crítica da realidade jurídica brasileira. In: SILVA, Joseane Suzart Lopes; MELO, Ravena Seida Tavares de. *Publicidade dos bens de consumo*. Salvador: Paginae, 2015.

SOUPHANOR, Nathalie. *L'influence du droit de la consommation sur le système juridique*. Paris: LGDJ, 2000.

STOFFEL-MUNCK. *L'abus dans le contrat*. Essai d'une théorie. Paris: LGDJ, 2000, p. 314.

TENREIRO, Mário Paulo. O regime comunitário da publicidade enganosa. In: *Comunicação e Defesa do Consumidor*. Coimbra, s.n., 1996.

TOMASETTI JÚNIOR, Alcides. O objetivo da transparência e o regime jurídico dos deveres e riscos. *Revista de Direito do Consumidor*, São Paulo, n. 4, p. 241-254.

TSEN, Chen Mei. *Publicidade*: controle ético desenvolvido pelo CONAR e o seu convívio com o Código de Defesa do Consumidor. São Paulo: ECA-USP, 1991.

TUNC. *La responsabilité civile*. Economica: Paris, 1981.

UNNIA, Federico. *La pubblicità clandestina*: il camuffamento dela pubblicità nei contesti informativi. Milano: Giuffrè, 1997.

VINEY, G. *Traité de Droit Civil*. Introduction à la responsabilité. 2. ed. Paris: L.G.D.J., 1995.

ZEGARRA, Jaime Delgado. Técnicas de comercializaciõn y publicidad. In: STIGLITZ Gabriel A. et al. *A defensa de los consumidores de productos y servicios*. Buenos Aires La Rocca, 1994.

ZEITHAML, Varalie; BERRY, Leonard; PARASURAMAN, A. Communication and control processes in the delivery of service quality. *Journal of Marketing*, v. 52, p. 35-48, abr. 1988.

WILLIAM, Roy. *Fórmulas secretas do mago da publicidade*. São Paulo: Futura, 2000.

— **Parte 2** —

A CRIANÇA EXPOSTA NA ERA DIGITAL

— IV —

Da idade média à idade mídia: a publicidade persuasiva digital na virada linguística do Direito

FERNANDO RODRIGUES MARTINS

Doutor e Mestre em Direito Civil pela PUC/SP. Professor de Direito Civil da Universidade Federal de Uberlândia. Promotor de Justiça em Minas Gerais

KEILA PACHECO FERREIRA

Doutora em Direito Civil pela Universidade de São Paulo. Mestre em Direito Civil pela PUC-SP. Professora de Direito do Consumidor da Universidade Federal de Uberlândia. Coordenadora do programa de Mestrado da Faculdade de Direito da UFU

Sumário: 1. A publicidade: linguagem, discurso e estratégia argumentativa do mercado; 2. Jusnaturalismo e direito positivo: linguagem e hermenêutica; 2.1. Direito enquanto semiótica, discurso e argumentação; 3. Publicidade como monólogo: ouvintes mudos e condicionados; 4. Persuasão digital, redes sociais e vulnerabilidades; Considerações finais: proibição de insuficiência no controle da publicidade; Referências bibliográficas.

1. A publicidade: linguagem, discurso e estratégia argumentativa do mercado

Histórica é a existência do mercado e o inerente poder de corrupção.[1] A observação inicial e simplória da"troca" de bens até a evolução da contemporaneidade onde o maior caráter é financeiro, com destaque à concessão de crédito,[2] explicita sem assombros que o mercado é correspondente à pessoa e à sociedade, podendo ser investigado em três posições de destaque conceitual: constitucional, sociológico e econômico.

Sob o ponto de vista constitucional, o mercado é bem fundamental da coletividade considerada. Daí a projeção difusa[3] e proteção por normas de ordem

---

[1] RUSSEL, Bertrand. *História do pensamento ocidental*: a aventura dos pré-socráticos a Wittgenstein. Rio de Janeiro: Nova Fronteira, 2017, p. 20. Reportando-se ao dinheiro como *'meio universal de acumular valor e troca de mercadorias'* aponta que alguns filósofos temiam o litoral pelo poder de corrupção do mercado.

[2] BAUMAN, Zygmunt. *Vida à crédito*. Rio de Janeiro: Zahar Editores, 2010, p. 30.

[3] Basta ver o art. 1º, inciso V, da Lei federal 7.347/85, que dentre os direitos difusos ali protegidos, positiva a ordem econômica. Assim o faz pela essencial necessidade de mercado equilibrado, mediante livre concorrência e desprovido de concentração, monopólios, acordos prévios etc. Esta opção legislativa encontra plena correspondência aos princípios constitucionais que estruturam, funcionalizam e validam a atividade privada no país.

pública, com destaque a princípios conformadores[4] da atividade privada, onde o direito se impõe como sistema de limites. Na vertente sociológica, a abstração é realizada a partir da função desempenhada pelo mercado no ambiente comunicacional mediante abertura cognoscitiva, pelas portas de entrada "lucro/prejuízo" ou "ganhar/perder", e fechamento operacional para solução de conflitos pelas ferramentas e redes próprias, desenvolvendo-se de forma autopoiética.[5] Por fim, é ponto afastado do direito e propriamente *locus artificialis* (desconectado do direito estatal),[6] munido unicamente de regras econômicas independentes: *cosmos*.[7]

A rápida (e não exaustiva) conceituação em cada ambiência, porém, não deve ser levada ao extremo a ponto de tornar-se sectário e fragmentário o conteúdo do conhecimento quanto ao mercado. As formulações não são excludentes entre si. Melhor, pois, coordenar os conceitos para correta percepção dos elementos essenciais[8] que compõem esse objeto (diga-se, global e diacrônico). Nesse passo, rica é a passagem que nos incita a evitar verdadeiro *apartheid* dogmático entre as ciências: afinal está-se ante o pluralismo.[9]

Ocorre que o mercado, em qualquer das vertentes acima enfrentadas (bem fundamental, sistema social ou liberdade econômica), mantém linguagem própria com regras exclusivas e ajurígenas,[10] assim como manifestações discursivas adequadas ao inerente incremento, rompendo todas as fronteiras. A esta estreitíssima caracterização amolda-se o instituto da publicidade como o "falar do mercado"[11] e, sobretudo, com escopo de desenvolvimento da atividade econômica.[12]

Neste sentido, parece correta a indicação daqueles que estribam a publicidade não como liberdade de expressão – direito fundamental que dá concretude à divulgação de conteúdos intelectuais, artísticos, científicos e

---

[4] SANDEL, Michael J. *O liberalismo e os limites da justiça*. Trad. Carlos E. Pacheco do Amaral. Lisboa: Fundação Calouste Gulbenkian, 2005, p. 34.

[5] LUHMANN, Niklas. *Introducción a la teoría de sistemas*. Trad. Javier Torres Nafarrate. México: Universidad Iberoamericana/Iteso, 1996. p. 142

[6] IRTI, Natalino. Direito e economia. In: *Revista de Direito Privado*. v. 62. São Paulo: Revista dos Tribunais, 2015, p. 14.

[7] HAYEK, F.A. Lei, legislação e liberdade. In: *A ideia de justiça de Platão a Rawls*. Trad. Karina Janini. São Paulo: Martins Fontes, 2005, p. 375.

[8] VILANOVA, Lourival. *Estruturas lógicas e o sistema de direito positivo*. 3. ed. São Paulo: Noeses, 2005, p. 162. O conceito, na perspectiva do ilustre positivista, aborda elementos essenciais e não acidentais do objeto sob perspectiva, proporcionando concisão no saber.

[9] MORIN, Edgar. *Ciência com consciência*. Trad. Maria D. Alexandre e Mari Alice Araripe de Sampaio Doria. 16ª ed. Rio de Janeiro: Bertrand Brasil, 2014, p. 331. Ao tratar dos princípios que emolduram o paradigma da complexidade explica: *"Princípios de consideração dos fenômenos segundo uma dialógica ordem – desordem – interações – organização. Integração, por conseguinte, não só da problemática da organização, mas também dos acontecimentos aleatórios na busca da inteligibilidade"*.

[10] NORONHA, Fernando. *Direito das obrigações*. São Paulo: Saraiva, 2.004, p. 379.

[11] BAUDRILLARD, Jean. *A sociedade de consumo*. Lisboa: Edições 70, 2014, p. 158. Esclarece: *"O processo tecnológico das comunicações de massas dispensa um tipo de mensagem muito imperativo: mensagem de consumo de mensagem, de incisão e de espetacularização, de desconhecimento do mundo e valorização da informação como mercadoria, de exaltação do conteúdo como signo. Numa palavra, função de condicionamento (no sentido publicitário do termo – na acepção de que a publicidade constitui meio de massas por excelência, cujos esquemas impregnam todos os outros meios de comunicação) e de desconhecimento"*.

[12] MIRAGEM, Bruno. *Curso de direito do consumidor*. São Paulo: Revista dos Tribunais, 2010, p. 167.

comunicacionais, já que categoria normativa voltada ao estatuto constitucional da pessoa – senão como *expressão da livre iniciativa*. Por isso, os limites impostos pela Constituição Federal às publicidades situam-se nos princípios que regulam a ordem econômica (CF, art. 170),[13] como naqueles outros freios normativos que respeitam à publicidade de medicamentos, bebidas, tabacos, agrotóxicos (CF, art. 220, § 4º).

Sob esse prisma, correto concluir que a publicidade é: i) *linguagem*,[14] porquanto revela-se como exercício de comunicação específica em sistema complexo (mercado) contendo símbolos, signos, expressões que permitem a identificação de produto ou serviço, não se confundindo com língua;[15] ii) *estratégia argumentativa*, já que se vale da persuasão e alienação como modelo de convencimento ao consumo;[16] iii) *discurso*, pois consubstanciada na "fala do poder", caracterizada pela sistematização da palavra (significar, criar, imaginar e racionalizar)[17] e impregnada de *ideologia*[18] atuando em face dos membros da sociedade para modelar como devem pensar,[19] fazer e agir, com amplas matizes de domínio e longe de ser neutra,[20] muito embora quanto a isso haja exceções.[21]

Entretanto, o direito também é caracterizado pela linguagem, pelo discurso, pela argumentação (e certamente por vertentes ideológicas). Parece oportuno, então, avançar em cotejo ainda inédito na dogmática brasileira que auxilie

---

[13] MIRAGEM, Bruno. *Curso de direito do consumidor*. 2ª ed. São Paulo: Revista dos Tribunais, 2010, p. 171. PASQUALOTTO, Adalberto. *Os efeitos obrigacionais da publicidade no Código de Defesa do Consumidor*. São Paulo: RT, 1997, p. 65.

[14] MAUTNER, Thomas. *Dicionário de filosofia*. Lisboa: Edições 70, 2011, p. 451. Importante verificar que a publicidade guarda contornos da linguagem formal, sem também desprezar a linguagem natural. Neste sentido: *"As linguagens formais são usadas na lógica, na matemática, na computação, etc. Uma linguagem formal é especificada pelos seus símbolos primitivos e regras de formação. Uma razão para conhecer linguagens formais é eliminar as ambiguidades das linguagens naturais (português, latim, chinês, etc.)"*.

[15] ABBAGNANO, Nicola. *Dicionario de filosofía*. 3ª ed. México: Fondo de Cultura Económica, 1983, p. 722, citando Fernand de Saussure (Cours de linguistique générale): *"La lengua es un producto social de la facultad del linguaje y al mismo tiempo un conjunto de convenciones necesarias adoptadas por el cuerpo social para permitir el ejercicio de esta facultad entre los individuos"*. BITTAR, Eduardo Carlos Bianca, *Linguagem jurídica*. 4ª ed. São Paulo: Saraiva, 2009, p. 7. Explica com apoio em Martinet: *"A língua, neste sentido, pode ser definida como um instrumento de comunicação segundo o qual, de modo variável de comunidade para comunidade, se analisa a experiência humana em unidades providas de conteúdo semântico e de expressão fônica – os monemas: esta expressão fônica articula-se por sua vez em unidades distintivas e sucessivas – os fonemas –, de número fixo em cada língua e cuja natureza e relações mútuas também diferem de língua para língua"*.

[16] ECO, Umberto. *Guerrilha semiológica:* viagem na irrealidade cotidiana. 9ª ed. Rio de Janeiro: Nova Fronteira, 1984, p. 166. Explica: *"A comunicação transformou-se em indústria pesada. Quando o poder econômico passa de quem tem em mãos os meios de produção para quem detém os meios de informação que podem determinar o controle dos meios de produção, também o problema da alienação muda de significado. Diante da sombra de uma rede de comunicação que se estende para abraçar o universo, cada cidadão do mundo torna-se membro de um novo proletariado"*.

[17] TELES JÚNIOR, Alcides. *Discurso, linguagem e justiça*. São Paulo: Revista dos Tribunais, 1986, p. 111.

[18] DESTUTT DE TRACY, Antoine-Louis-Claude. *Éléments d'idéologie*. V.1. Paris: J. Vrin, 1970.

[19] Alguns autores separam publicidade de propaganda ante a alegação de que apenas a propaganda é carregada de ideologia. A exemplo de Bruno Miragem (*Curso de direito do consumidor*. São Paulo: Revista dos Tribunais, 2010, p. 168), é melhor dizer que entre ambas o critério de diferença é lucratividade da publicidade como regra, o que difere da propaganda, pois ambas são caracterizadas pela ideologia.

[20] MARX, Karl; ENGELS, Friedrich. *A ideologia alemã*. Trad. Frank Müller. São Paulo: Martin Claret, 2004.

[21] BELL, Daniel. *O fim das ideologias*. Brasília: Ed. Universidade de Brasília, 1980, p. 326. Na vertente marxista: JAMESON, Fredric. *O pós-modernismo e o mercado*. In: Zizek Slajov (org). Um mapa da Ideologia. Rio de Janeiro: Contraponto; 1999, p. 281.

e proporcione a visualização das dimensões linguísticas do sistema jurídico frente às narrativas e abordagens publicitárias, demonstrando-se ao final quais controles e legitimidades das respectivas ambiências.

Vale o aviso, contudo, que a partir da *"virada linguística"*[22] tornou-se melhor a abordagem científica do direito, porquanto foi possível perspectiva além da ontologia (ser/ética), abrindo-se espaço para domínios mais concretos, quer seja do ponto de vista gnoseológico (*conhecimento*), epistemológico (*científico*), argumentativo (*problemático*).

2. Jusnaturalismo e direito positivo: linguagem e hermenêutica

O jusnaturalismo racionalista, correlato às sociedades de baixa complexidade[23] e afastando-se da religião,[24] caracterizou-se pela proposta de construção lógico-sistêmica do direito como ideia anterior e transcendental à experiência. O direito foi reconhecido como produto da "razão humana" mediante dedução de verdades jurídicas particulares.[25] Alguns avanços, nesta concepção, são compreensíveis frente à imutabilidade do princípio da justiça (mais presente no naturalismo clássico): direito à livre pactuação; direito à propriedade privada e ao trabalho; direito à liberdade física; direito à defesa da própria vida e dos bens; direito à igualdade política.[26]

Sem embargo, a própria sistematização como aspecto anterior de contribuição, aliada à realidade de transposição das leis ao mundo das Constituições e Códigos estrangulou o direito natural, sendo que o fundamento do direito se deslocou da *razão* para a *vontade da lei* (ou *vontade do legislador*).[27] Pela lente da teoria do direito é possível identificar no positivismo exegético (do início das codificações) os dogmas de que o legislador a tudo previa e que sem a lei escrita estar-se-ia ante ao estado da barbárie.[28]

---

[22] ADEODATO, João Maurício. *Filosofia do direito*: uma crítica à verdade na ética e na ciência (em contraposição à teoria de Nicolai Hartmann). São Paulo: Saraiva, 2013, p. 88. Explica a importância da Escola de Marburg na verificação de que o sujeito apenas produz o objeto num sentido gnoseológico, ou seja, a partir daquilo que conhece e neste ponto a linguagem é fundamental. Valem as palavras: *"Os neokantianos também contribuíram para chamar a atenção para a perspectiva do direito enquanto linguagem, o que se tem mostrado frutífero na 'virada linguística' da modernidade, combatendo a pretensão essencialista a uma objetividade e toda forma de naturalismo. Ao conhecer, o sujeito molda o objeto segundo a linguagem, que é atributo do sujeito"*.

[23] ROTH, André-Noel. O direito em crise: fim do Estado moderno? In: *Direito e globalização econômica: implicações e perspectivas*. São Paulo: Malheiros, 2010, p. 16.

[24] FERNÁNDEZ-GALIANO, Antonio. El iusnaturalismo. In: ——; CASTRO CID, Benito de. *Lecciones de Teoría del Derecho y Derecho Natural*. 3. ed. Madrid: Universitas, 2001, p. 419-420. Anota: *"Dios ya no es la fuente de toda moral y todo derecho, sino que ambos ordenamientos radican de modo primario en la naturaleza racional del hombre; es en la razón humana donde hay que buscar el fundamento de la norma, y esa razón natural es autónoma respecto de todo, incluso de Dios"*.

[25] KÜMPEL, Vitor Frederico, QUEIROZ ASSIS, Ana Elisa Spaolonzi, SERAFIM, Antonio de Pádua, ASSIS, Olney Queiroz. *Noções gerais de direito e formação humanística*. São Paulo: Saraiva, 2012.

[26] DINIZ, Maria Helena. *Compêndio de introdução à ciência do direito*. 17. ed. São Paulo: Saraiva, 2005, p. 42.

[27] ZIMMERMANN, Reinhard. *The new German law of obligations*: Historical and comparative perspectives. Oxford: Oxford University Press, 2005. p. 13. É o caso da Lei Miquel-Lasker que transferiu para o Reich a competência para legislar sobre direito Civil.

[28] BOBBIO, Norberto. *Teoria da norma jurídica*. Trad. Fernando Pavan Baptista. São Paulo: Edipro, 2003, p. 24. Sobre o direito positivo na base hobbesiana: *"Para Hobbes, então, a validade de uma norma jurídica e a justiça dessa norma não se distinguem, porque a justiça e a injustiça nascem juntas com o direito positivo, isto é, juntas com a*

O surgimento do direito positivo neste contexto, via de consequência, estimulou a utilização da hermenêutica como estudo das técnicas (regras e métodos) da interpretação, privilegiando como objeto de estudo justamente o "direito escrito", pois a lei – fonte única do direito até então – se constituía pela linguagem.

Vale o registro, diga-se obrigatório, de que a hermenêutica não é matéria eminentemente originária do direito; ao contrário, a ele foi incorporada como ferramenta essencial à interpretação, construção e aplicação das leis e demais manifestações normativas e institucionais. A base da hermenêutica é teológica, filóloga e, acentuadamente, filosófica de onde precisamente recebeu tendências profundas e diversificadas.[29]

Perante o positivismo jurídico, a hermenêutica acentuou o desenvolvimento de teorias dogmáticas da interpretação que têm como ponto de partida somente a lei, já que dogma absoluto. Tais teorias, em consequência, desdobraram-se em métodos conhecidos: *i*) *linguística da lei* (interpretação gramatical); *ii*) *dedutivismo e silogismo* a partir da lei (interpretação lógica); *iii*) *conexão entre leis* (interpretação sistemática); *iv*) *gênese da lei* (interpretação histórica); *v*) *fim da lei* (interpretação teleológica).[30] A essas modalidades mais à frente duas outras foram acrescidas: *vi*) *causas sociais da lei* (interpretação sociológica); e, vii) *neutralização dos valores da lei* (interpretação axiológica).

Ao lado justamente de tais perspectivas, seguiram-se teorias da interpretação dicotômicas que sustentam entre si campos diametralmente diversos. A teoria subjetivista pela qual há prevalência da *voluntas legislatoris* em oposição à teoria objetivista onde a preponderância se refere à vontade da lei.[31] No *common law*, mais especificamente nos Estados Unidos, essa perspectiva bifurcada também é vista entre intencionalistas (que exploram o sentido desejado pelo autor da norma) e construtivistas (que atuam sobre o objeto interpretado em busca da melhor perspectiva).[32]

Também restam antagônicas a teoria formalista, pela qual a interpretação tem por escopo desvendar o significado do texto de maneira que os enunciados sejam verdadeiros e, em contraposição, a teoria realista,[33] quando o intérprete

---

validade. Enquanto se permanece no estado de natureza não há direito válido, mas tampouco há justiça; quando surge o Estado nasce a justiça, mas esta nasce ao mesmo tempo que o direito positivo, de modo que, onde não há direito não há também justiça, e onde há justiça, significa que há um sistema constituído de direito positivo".

[29] SCHMIDT, Lawrence K. *Hermenêutica*. Trad. Fábio Ribeiro. Petrópolis, RJ: Vozes, 2014. É importante verificar a base filosófica da hermenêutica, fragmentada a partir da contribuição dos seguintes pensadores: *a*) Friedrich Schleiermacher (interpretação gramatical e interpretação psicológica); *b*) Wilhelm Dilthey (método específico para as ciências humanas, considerando a insuficiência das ciências naturais); *c*) Martin Heidegger (hermenêutica pela descrição da experiência do ser e seus fenômenos); *d*) Hans-Georg Gadamer (reconhecimento de preconceitos herdados a partir das tradições, adoção do círculo hermenêutico na confluência entre a parte e o todo e, por fim, a compreensão da linguagem pelo intérprete que precisa ouvir e respeitar as opiniões alheias).

[30] MAXIMILIANO, Carlos. *Hermenêutica e aplicação do direito*. 8. ed. Rio de Janeiro: Freitas Bastos, 1965.

[31] ATIENZA, Manuel. *El sentido del derecho*. 6. ed. Barcelona: Ariel, 2010, p. 270.

[32] DWORKIN, Ronald. *O império do direito*. Trad. Jefferson Luiz Camargo. São Paulo: Martins Fontes, 2003. p. 254.

[33] GUASTINI, Riccardo. *Interpretare e argumentare*. Milano: Giuffré Editore, 2014. Também ver: MATTEI, Ugo; NADER, Laura. *Pilhagem:* quando o Estado de Direito é ilegal. São Paulo: Martins Fontes, 2013. p. 157-159. Informam: *"Para a concepção realista, o jurista deveria atuar como um engenheiro social, equilibrando conflitos*

nada descobre, senão cria o significado do texto normativo – o que permitiu, mais tarde, via intermediária baseada na busca de sentido para *casos fáceis* e construção de significado para *casos difíceis*.[34]

É imperativo advertir, entretanto, que o direito jamais se verteu (ou verte) quer no âmbito da filosofia própria ou da respectiva teoria e ciência (incluindo dogmática, metodologia, pesquisa e demais campos de atuação) em simples dicotomias ou escolas únicas. Ao contrário, o direito é território vasto onde a unanimidade é ponto incomum e inexistente.[35]

2.1. Direito enquanto semiótica, discurso e argumentação

Relevante a indicação do direito como linguagem porque restam vislumbradas diferentes perspectivas de *interlocuções dialógicas*, a saber: entre protagonistas (*interação*: tribunais e jurisdicionados, Estado e cidadania, pesquisadores e operadores, aderentes e predisponentes); entre significados (*harmonização*: fato e norma, solução e problema, estrutura e função); e, entre símbolos (*sistematização*: códigos e Constituição, unidade e ordenação, hierarquização e conflito).

Justamente pelos diálogos a aplicação do direito torna-se factível, real e legitimada, despregando-se do mundo dos "fenômenos jurídicos inexplicáveis e ideais",[36] onde a troca de experiências permite a conquista de aprendizados, expansão de conhecimentos[37] e emancipação.[38] É dizer, evolui-se do *sujeito*

---

de interesse e 'criando', desse modo, a estrutura jurídica para a interação social futura – um dramático distanciamento da tradição 'textual' do Direito que ainda predomina fora dos Estados Unidos, mas ainda assim um claro reconhecimento da natureza normativa do raciocínio jurídico. Um dos mais importantes realistas jurídicos, Herman Oliphant, criou um famoso lema para essa abordagem jurídica antiformalista de origem norte-americana, ao sugerir que os juristas 'cair fora das bibliotecas'. Segundo esta concepção, os operadores do Direito deveriam mergulhar no estudo da interação social em busca das melhores soluções institucionais possíveis".

[34] LORENZETTI, Ricardo Luis. *Teoria da decisão judicial:* fundamentos de direito. 2. ed. São Paulo: Revista dos Tribunais, 2010.

[35] ATIENZA, Manuel. *El sentido del derecho.* 6. ed. Barcelona: Ariel, 2010, p. 276 e seguintes. Basta ver apenas as 'concepções do Direito do século XX' em que se observam as seguintes escolas: i) formalismo jurídico; ii) realismo jurídico; iii) normativismo formalista; iv) normativismo analítico; v) jusnaturalismo e direito natural procedimental; vi) marxismo jurídico; vii) neojusnaturalismo; viii) pós-positivismo; ix) paradigma constitucionalista.

[36] NEGRI, Antônio; HARDT, Michael. *Empire.* Cambridge, Massachusetts: Harvad, 2000, p. 393 e segs. O transcendental é espaço sobrenatural e inacessível. A imanência trata do real onde situam as reações culturais através da unidade por três pontos indissociáveis (*multitude*): i) *filosofia* – reconhecimento da multiplicidade de sujeitos diferenciados, contrário à ideia generalizante de povo; ii) *sociologia* – reconhecimento das classes sociais e as singularidades na força produtiva do trabalho e realidade econômica; iii) *política* – comunidade de pessoas livres que lutam pelo bem comum potencializado o desejo de transformar o mundo.

[37] WITTGENSTEIN, Ludwig. *Tractatus Logico-Philosophicus.* Trad. Luis Henrique Lopes dos Santos – 3. ed. 2. Reimpr. – São Paulo: Editora da Universidade de São Paulo, 2010. Aforismo, 5.6. A frase, por si só, já resume: "*os limites de minha linguagem significam os limites do meu mundo*".

[38] WOLKMER, Antonio Carlos. In: *Prefácio.* Teoria crítica dos direitos humanos: os direitos humanos como produtos culturais (FLORES, Joaquín Herrera.). Rio de Janeiro: Lumen juris, 2009, p. XIV. Reflete: "*A crítica como saber cognitivo e exercício da emancipação, tem de revelar o grau de alienação e automação vivenciado pelo homem que, na maioria das vezes, não tem real e verdadeira consciência dos processos determinantes e aviltantes que inculcam representações míticas. Com efeito, a 'teoria crítica', aqui considerada como dimensão epistemológica e sociopolítica, tem um papel pedagógico transgressor, à medida que se torna mecanismo operante correto para conscientização, resistência e emancipação, incorporando esperanças, intentos, e carências de sociabilidades que sofrem qualquer forma de discriminação, exploração e exclusão*".

isolado para a filosofia da linguagem, o que em muito se aproxima da teoria do diálogo das fontes, no Brasil em plena evolução.[39]

A assertiva acima equivale dizer que o direito constitui no âmbito comunitário linguagem própria sem prejuízo de intensa interação com as demais linguagens sociais e com outras possibilidades linguísticas revelando-se necessariamente útil na *"racionalidade do convívio social"*.[40]

Nesta linha, a linguagem[41] capacita o jurista na compreensão do sistema jurídico[42] em diversos matizes diferenciados e imprescindíveis na busca constante de aprimoramento quer seja do ponto de vista real (*direito* como instituto concreto, objetivo, extremamente vivido), quer seja na perspectiva do valor (*justiça* como objetivo imutável e perpetuamente sob busca).

Para eventual êxito desta pesquisa, aproxima-se o direito da *semiótica*, do *discurso* e *argumentação*, com a advertência que a linguagem não se faz gênero destes tipos, senão deles se aproxima a partir de elementos comuns firmados entre todos: interação, comunicação e interlocução entre agentes, instituições, regulações e comportamentos.[43]

Em primeiro lugar, registre-se que diversos são os estudos que ligam a teoria da linguagem com o direito e ciência jurídica,[44] entre eles a semiótica.

---

[39] JAYME, Erik. *Identité culturelle et intégration:* le droit internationale privé postmoderne. Recueil des Cours de l' Académie de Droit International de la Haye. 1995, II, p. 60 e 251. MARQUES, Cláudia Lima, *Diálogo entre o Código de Defesa do Consumidor e o novo Código Civil:* do "diálogo das fontes" no combate às cláusulas abusivas. Revista de Direito do Consumidor. v. 45. São Paulo: Revista dos Tribunais, 2003, p. 70-99.

[40] BITTAR, Eduardo Carlos Bianca, *Linguagem jurídica*. 4ª ed. São Paulo: Saraiva, 2009, p. 4. Aborda o tema: *"O direito forma, por isso, no conjunto a vida social, uma linguagem entre linguagens, e, por isso, se serve de diversas linguagens sociais, além de interagir com as demais linguagens sociais. Essa ideia não implica a do encerramento da linguagem do direito sobre si mesma, mas implica na ideia de que o direito serve, muitas vezes como elemento de consolidação da possibilidade de preservação das linguagens e da racionalidade do convívio social. Se, diálogo social não há direito. Por isso, o direito representa um lugar de expressão da possibilidade de preservação das formas humanas de interação não-violentas e capaz de encaminhar racionalmente conflitos sociais".*

[41] FERRAZ JÚNIOR, Tércio Sampaio. *Teoria da norma jurídica*. Rio de Janeiro: Forense, 2002, p. 6. O professor das arcadas indica a relação entre linguagem e direito: *"a) podemos dizer, inicialmente, que o direito, enquanto fenômeno empírico, tem uma linguagem, usando-se a palavra linguagem indistintamente para aquilo que os linguistas chamam de língua e discurso (langue/parole); falamos, assim, da linguagem do direito, objeto de várias disciplinas linguísticas, como a semântica, a hermenêutica etc; b) invertendo-se a fórmula, podemos falar em direito da linguagem, caso em que, ao contrário, esta aparece objeto das disciplinas jurídicas, pois se trata aqui de questões referentes à própria disciplinação da língua, não no seu sentido lógico ou gramatical, mas jusnormativo, como a linguagem processual, protocolar etc. c) finalmente, falamos num terceiro sentido, do direito enquanto linguagem, num relacionamento que assimila o direito à linguagem; neste último caso, estamos diante de uma tese filosófica – tese da intranscendentalidade da linguagem – que vai afirmar, de modo geral, que o jurista em todas as suas atividades (legislação, jurisdição, teorização) não transcende jamais os limites da língua".*

[42] FERRARI, Regina Maria Macedo Nery.Necessidade da regulamentação constitucional. In: *Revista de Direito Constitucional e Internacional*. v. 18. São Paulo: Revista dos Tribunais, 1997, p. 59-78. Com apoio em Tércio Ferraz Sampaio Júnior aborda: *"Todo direito 'tem por condição de existência a de ser formulável numa linguagem, imposta pelo postulado da alteridade', mas isto não quer dizer que o direito é só um fenômeno linguístico. Em nível normativo, no aspecto linguístico pode ser considerado como essencial, não se pode esquecer que ele corresponde a fatos empíricos, os quais, se têm uma dimensão linguística, nem por isso são basicamente fenômenos dessa espécie".*

[43] Aqui pode haver certa tensão entre o significado do senso comum (*onomasiológico*) e o significado jurídico (*semasiológico*), porquanto os significados podem coincidir, mas também divergir, especialmente quando o legislador pretende atribuir o sentido técnico para o resultado a ser alcançado.

[44] CASTANHEIRA NEVES, António. *Metodologia jurídica: problemas fundamentais*. Coimbra: Coimbra, 1993, p. 90. Explica: *"o Direito é linguagem e terá de ser considerado em tudo como linguagem e por tudo como uma linguagem. O que quer que seja e como quer que seja, o que quer que ele se proponha e como quer que nos toque, o Direito o é*

Tércio Sampaio Ferraz Júnior[45] explica que "ao disciplinar a conduta humana, as normas jurídicas usam *palavras, signos linguísticos* que devem expressar o sentido daquilo que deve ser". A semiótica, nesse sentido, permite a pesquisa e verificação da dimensão plúrima relacional contida na linguagem jurídica, considerando: i) relação entre as palavras (sintática); ii) relação entre as palavras e os objetos descritos (semântica); iii) relação entre as palavras e os usuários da oração (pragmática).[46]

Essa sequência analítica da semiótica tem implicações interessantes no campo da interpretação e no plano da validade.

No domínio da interpretação, é tranquila a distribuição dos métodos dogmáticos perante as premissas da semiótica no seguinte escalonamento: iv) na *dimensão sintática* se encaixam os métodos gramatical, lógico e sistemático[47] que atuam, respectivamente, sobre os dados, o silogismo e a conexidade dos símbolos; v) na *dimensão semântica,* são plausíveis os métodos histórico e sociológico,[48] porquanto verificam os nexos de revelação entre palavras e objetos temporalmente; vi) enquanto na *dimensão pragmática*s se adequam os métodos teleológico e axiológico[49] que se atêm na necessariedade da tensão entre palavra e os cuidados do intérprete.

Nesta perspectiva, associa-se a interpretação como forma de poder (meio pelo qual a seletividade realizada por determinado agente influencia a seletividade de outro), aproximando-a da *violência simbólica*[50], considerando o escopo de uniformizar entendimentos e compreensões da norma jurídica, preponderando único significado diante de outras múltiplas variações.[51]

---

numa linguagem e como linguagem, propõe-se sê-lo numa linguagem (nas significações linguísticas em que se constitui e exprime) e atinge-nos através dessa linguagem, que é".

[45] FERRAZ JUNIOR, Tercio Sampaio. *Introdução ao estudo do direito: técnica, decisão, dominação.* 4. ed. São Paulo: Atlas, 2003. p. 255.

[46] DINIZ, Maria Helena. *Compêndio de introdução à ciência do direito.* 26ª ed. São Paulo: Saraiva, 2017, p. 186.

[47] Assim na *interpretação gramatical* observada a literalidade do disposto no texto (mera referência); na *interpretação lógica* a busca será pela significação de cada palavra, restando todas aliadas ao processo dedutivo que possibilita o alcance da norma no âmbito interno; enquanto da *interpretação sistemática* parte-se do pressuposto da complexidade de normas válidas e o relacionamento entre elas pela coerência e unidade com reconhecimento da hierarquização e capacidade de solução de antinomias.

[48] Os símbolos são ambíguos e abertos concedendo espaço para variabilidade indesejada. Nestas circunstâncias, a premissa semântica, albergando a *interpretação histórica* e *interpretação sociológica*, conduz, respectivamente, ao ajuste do sentido do símbolo conforme época da edição legislativa, assim como a compreensão das palavras pelo estágio atual da sociedade. Vale dizer: dimensão *sincrônica* e *diacrônica* da norma.

[49] As palavras podem conter carga amplíssima de dispersão valorativa, o que permite ao intérprete, afastando-se da ciência, manipular o conteúdo dos significados orientando as decisões conforme resultado que subjetivamente pretende. A semiótica, pela pragmática, impõe à interpretação axiológica o controle das valorações mediante regras de calibração e à interpretação teleológica a verificação dos fins a serem atingidos pela norma que têm limites na vedação da antissocialidade.

[50] FERRAZ JUNIOR, Tércio Sampaio. *Teoria da Norma Jurídica.* Rio de Janeiro: Forense, 2002, p. 175. Faz essa relação com apoio em Bourdieu e Passeron (*La reproduction.* Paris, 1970). Aponta: *"poder de violência simbólica em termos de um poder capaz de impor significações como legítimas, dissimulado as razões de força que estão no fundamento desta força [...]o poder de violência simbólica, embora atue por dissimulação, tem um limite na própria situação comunicativa, portanto, nas regras de calibração. Isso significa que não há, do ângulo pragmático, uma força intrínseca do Direito pois são sempre as relações de força que fornecem os limites dentro dos quais pode agir a força de persuasão do editor normativo no sentido de que todo discurso pressupõe uma delegação de autoridade".*

[51] KÜMPEL, Vitor Frederico; QUEIROZ ASSIS, Ana Elisa Spaolonzi; SERAFIM, Antonio de Pádua; ASSIS, Olney Queiroz. *Noções gerais de direito e formação humanística.* São Paulo: Saraiva, 2012, p. 187. Relatam: "*A*

No plano da validade, a norma jurídica fragmentada em relato (informação em caráter dialógico em que o orador inicia, e o ouvinte intervém e põe à prova) e cometimento (entendimento em caráter monológico onde o ouvinte não intervém, e orador deve persuadir) tem verificada a inerente pertinencialidade junto ao sistema considerando: *validade-sintática* (fundamento de validade de uma norma em outra norma); *validade-semântica* (norma adequada à realidade social); e, *validade pragmática* (legitimidade da autoridade que a emanou e aceitação pelos destinatários, imunizando a norma).[52]

Por esta linha linguística dentro do direito, percebe-se com nítida atenção, ao contrário dos defensores de decisionismos,[53] que a legitimidade tanto deriva da *racionalidade comunicativa* expressa na regra do dever de prova do emissor ("pois quem fala responde pelo que diz") frente ao comportamento crítico do ouvinte, assim como da *fundamentabilidade discursiva* verificável a partir da possibilidade da imposição normativa ser justificável e defensável.[54]

Em segundo lugar, o direito é discurso[55] que, nascendo de situação comunicativa indefinida e restando envolvido em amplas discussões entre posições contrárias, exige escolhas entre ações alternativas. O caráter discursivo do direito, inexoravelmente, proporciona a decisão.[56] Neste contexto, é amplamente necessário compreender a comunicação como processo racional,[57] onde sobressaem na aplicação do direito tanto o discurso teórico quanto o discurso prático.[58]

---

interpretação como poder de violência simbólica implica, portanto, um processo interpretativo que faz preponderar um significado diante da possibilidade de múltiplos significados possíveis [...] A norma jurídica em sua aplicação cotidiana é interpretada e entendida de acordo com o trabalho (livros, sentenças, pareceres, petições) de um grupo de homens (juristas, professores, magistrados, advogados, promotores) que, na comunidade jurídica, gozam de autoridade, liderança e reputação. Esses homens contribuem para que a norma assuma um determinado conteúdo em cada oportunidade em que é invocada. Na comunidade jurídica, aqueles que têm poder (autoridade, liderança, reputação) podem influenciar outros a adotar a sua interpretação como premissa de procedimento. No processo interpretativo, a influência provoca a generalização de sentido com vistas à neutralização de outras possibilidades. Assim, o poder assume três relações: a) relação de autoridade: a interpretação é generalizada (confirmada) quando o intérprete ocupa posição superior dentro de determinada hierarquia, o Poder Judiciário, por exemplo; b) relação de liderança: a interpretação é generalizada quando todos ou quase todos repetem (imitam) a mesma interpretação; c) relação de reputação: a interpretação é generalizada com base no prestígio do intérprete".

[52] FERRAZ JUNIOR, Tércio Sampaio. *Teoria da Norma Jurídica*. Rio de Janeiro: Forense, 2002, p. 113-106. Na fonte: *"Através da expressão norma válida, queremos referir-nos à relação entre discursos normativos, tanto no aspecto-relato quanto no aspecto-cometimento. Esta relação precisa de melhor esclarecimento. Neste sentido, referimo-nos à função de terminar conflitos, pondo-lhes um fim (institucionalizando-os), entendendo, que a validade exprime uma relação de competências decisórias e não uma relação dedutiva de conteúdos gerais, para conteúdo individualizado ou menos gerais. Como, entretanto, o princípio que guia a análise pragmática é o da interação, a relação de validade inclui também a provável reação do endereçado e, desta forma, tanto o aspecto-relato como aspecto-cometimento".*

[53] SCHIMITT, Carl. *Legalidade e legitimidade*. Belo Horizonte: Del Rey, 2007.

[54] FERRAZ JUNIOR, Tércio Sampaio. *Teoria da Norma Jurídica*. Rio de Janeiro: Forense, 2002, p. 177.

[55] TELLES JÚNIOR, Alcides. *Discurso, linguagem e justiça*. São Paulo: Revista dos Tribunais, 1.986, p. 116. Para quem: *"a fala ou a escrita evocam sempre, direta ou indiretamente, uma realidade. Quando de sua emissão, gráfica ou vocálica, a palavra refere o real, em contexto e situação. Essa referência viabiliza uma teoria hermenêutica jurídico-radical do discurso institucional, na medida da incidência do discurso sobre um relacionamento humano conflituado, e a da subjacência constitutiva desse relacionamento um desajuste da presença humana comum, em contexto e situação e a virtualidade de um melhor ajuste possível dessa presença".*

[56] GÄRDENFORS, Peter; SAHLIN, Nils-Eric. *Decision, probability, and utility*: Selected readings.New York: Cambridge University Press, 1988.

[57] HABERMAS, Jürgen. *Teoría de la acción comunicativa*. Trad. Manuel Jiménez Redondo. 4. ed. Madrid: Trota Humanidades, 2003. v. 1.

[58] NAVARRO, Evaristo Prieto. *Jürgen Habermas:* acción comunicativa e identidad política. Madrid: Centro de Estudios Políticos y Constitucionales, 2003, p. 15.

No discurso teórico, aborda-se a *veracidade* dos fatos empíricos colhidos, ao passo que no discurso prático operacionaliza-se a *correção* das asserções normativas. Há busca de assimilação entre a pertinência dos valores (correção) com a veracidade dos fatos (observação). A correspondência entre os discursos possibilita o consenso entre os atores jurídicos e sociais, conquanto numa outra etapa apenas restará legitimado a partir da melhor argumentação.

Existe em decorrência disso nítido caráter procedimental a partir da observação dos seguintes critérios: *i*) igualdade de oportunidades aos agentes discursivos; *ii*) liberdade de expressão; *iii*) corte total de privilégios; *iv*) veracidade; e *v*) inexistência de coação.[59] A contribuição dessa linha de raciocínio é fundamental, por exemplo, no atual campo de autuação da ordem pública(viés constitucional)[60] que revela verdadeira metodologia para tratamento de questões estratégicas da sociedade e das pessoas, especialmente as consumidoras.[61]

Em outras palavras, a teoria da ação comunicativa, base da Escola de Frankfurt, propõe discurso jurídico em oposição à razão instrumental, ensejando e facilitando a emancipação e empoderamento humano, independente[62] do modelo anteriormente proposto de esclarecimento,[63] senão pela categoria intersubjetiva da interação social (entendimento e consenso).[64] Forte modelo (efetividade) para concreção da autonomia e autodeterminação, afastando o direito da noção de instrumento de opressão social.

Enfim, na condição de discurso, o direito também tem métodos e princípios capazes de: evitar desdobramentos arbitrários; balancear situações assimétricas; possibilitar conhecimento geral; estabelecer diálogos e liberdades para a comunicação.

Em terceiro lugar, o resgate do pensamento aristotélico ao final da modernidade, para além da dialética e conceito de justiça (comutativa, legal e distributiva), permitiu o retorno à *tópica*[65] e mais especificamente à

---

[59] KAUFMANN Arthur.A problemática da filosofia do direito ao longo da história.In: *Introdução à filosofia do direito e à teoria do direito contemporâneas*. Trad. Marcos Keel. Lisboa: Fundação Calouste Gulbenkian, 2002, p. 199.

[60] MARTINS, Fernando Rodrigues. Os deveres fundamentais como causa subjacente-valorativa da tutela da pessoa consumidora: contributo transverso e suplementar à hermenêutico consumerista da afirmação. RDC 94. São Paulo: *Revista dos Tribunais*, 2014, p. 215-257. Dissemos em outra oportunidade: "*O berço axiológico da ordem pública é a Constituição, porque estando no ápice da pirâmide do sistema jurídico condiciona a validade e eficácia das leis inferiores; ademais é Estatuto dotado de princípios que, apesar da baixa capacidade descritiva (vagueza), detêm enorme densidade valorativa (conteúdo moral), dispensando regras infraconstitucionais regulamentárias, dado o caráter normativo dever-ser de aplicação direta e imediata. Em outras palavras, a ordem pública constitucional manifesta-se através de princípios que estruturam o poder e emolduram o projeto de vida da sociedade civil*".

[61] LORENZETTI, Ricardo Luis. *Consumidores*. Santa Fe: Rubinzal-Culzoni, 2006, p. 24-32. Seria o caso da: *i*) ordem pública procedimental; *ii*) ordem pública de proteção à parte mais fraca; *iii*) ordem pública de coordenação; e *iv*) ordem pública de direção. O contrato desprovido do consentimento esclarecido do consumidor (CDC, art. 46) desrespeita a ordem pública procedimental.

[62] LUBENOW. Jorge A. Emancipação pela ação comunicativa: a leitura crítica de Jürgen Habermas da dialética do esclarecimento e o esgotamento do programa emancipatório de Horkheimer e Adorno. Aufklärung. *Revista de Filosofia*. n. 2. v.1. UFPB, 2014, p. 35-58.

[63] HORKHEIMER, Max; ADORNO, Theodor. *Dialética do esclarecimento*. Rio de Janeiro: Jorge Zahar, 1985.

[64] HABERMAS, Jürgen. *Técnica e ciência como "ideologia"*, Edições 70, 1994

[65] VIEHWEG, Theodor. *Tópica e jurisprudência*.Trad. Nelly Susane. Porto Alegre: Fabris, 2008.

retórica,⁶⁶ dimensões umbilicalmente relacionadas à *teoria da argumentação*,⁶⁷ até então não aproveitada e nem densamente explorada.

Se a *episteme* (garantia ou previsibilidade científica de resultado) e a *sapientia* (base filosófico-ontológica) eram identificadas e utilizadas como ferramentas, a *fronesis* (pensamento opinativo, justificado e argumentativo) não tinha espaço definido. Na tópica, há que se colocar assento no problema e mediante *topois* traçar nexo dedutivo que será base na formulação de determinada decidibilidade, inclusive nas questões que envolvem a complexidade de incompletudes.⁶⁸ Já na retórica deve-se pensar pela argumentação e na capacidade de convencimento e de consenso.⁶⁹

No exercício da argumentação é que reside a diferenciação importante entre *explicar* e *justificar*. Enquanto são necessárias decisões encaminhadas à resolução prática de problemas (fins explicados), igualmente tornam-se exigíveis as razões em que se apoiam essas decisões (correção justificada).⁷⁰ É na

---

⁶⁶ PERELMAN, Chaïm, OLBRECHTS-TYTECA, Lucie.*Tratado da argumentação:* a nova retórica. Trad. Maria Ermantina de Almeida Prado Galvão. São Paulo: Martins Fontes, 2014, p. 5. Vale a abordagem: *"Nossa análise concerne às provas que Aristóteles chama de dialéticas, examinadas por ele nos Tópicos e cuja utilização mostra na Retórica. Essa evocação da terminologia de Aristóteles teria justificado a aproximação da teoria da argumentação à dialética, concebida pelo próprio Aristóteles como a arte de raciocinar a partir de opiniões geralmente aceitas".*

⁶⁷ ALEXY, Robert. *Teoria da argumentação jurídica*. Trad. Zilda Hutchinson Schild Silva.São Paulo: Landy, 2001, p. 33. Defendendo tese própria manifesta: *"A teoria da argumentação aqui defendida pode ser entendida como uma extensão e desenvolvimento de muitos pontos mencionados na literatura sobre a metodologia jurídica. Não é só Viehweg que acha necessário elaborar 'uma teoria da argumentação jurídica como retórica inteiramente desenvolvida e atualizada'. Hassemer fala da necessidade de uma teoria da argumentação jurídica como 'um dos mais urgentes desejos da ciência jurídica'. Rottleuthner defende a opinião de que 'como disciplina normativa, a ciência jurídica (deve ser entendida) ...como uma teoria da argumentação. Rödig assinala que 'os juízes (não são capazes) de decidir... somente com base na capacidade de tirar logicamente conclusões válidas'. Eles têm de também entender argumentar racionalmente em áreas nas quais as condições prévias de provas lógicas não existem. Está bastante claro que essas áreas existem; menos claro, no entanto, é o método de argumentar racionalmente dentro delas".*

⁶⁸ SANTOS, Boaventura de Sousa. *Por uma concepção multicultural de direitos humanos*. In: BALDI, César Augusto (Org.). Direitos humanos na sociedade cosmopolita. Rio de Janeiro: Renovar, 2004. p. 256. Em análise quanto à compreensão dos direitos humanos do ponto de vista cultural (imanente) e não racional (transcendente) abre espaço para a discussão problemática na consecução de referidos direitos através do diálogo entre duas culturas (intercultural) a partir do reconhecimento da incompletude recíproca, a isso designa-se *hermenêutica diatópica*. Nas palavras do autor: *"A luta pelos direitos humanos e, em geral, pela defesa e promoção da dignidade humana não é um mero exercício intelectual, é uma prática que resulta de uma entrega moral, afectiva e emocional ancorada na incondicionalidade do inconformismo e da exigência de ação. Tal entrega só é possível a partir de uma identificação profunda com postulados culturais inscritos na personalidade e nas formas básicas de socialização. Por esta razão, a luta pelos direitos humanos ou pela dignidade humana nunca será eficaz se assentar em canibalização ou mimetismo cultural, daí a necessidade do diálogo intercultural e da hermenêutica diatópica. A hermenêutica diatópica baseia-se na ideia de que os topoi de uma dada cultura, por mais fortes que sejam são tão incompletos quanto a própria cultura a que pertencem. Tal incompletude não é visível a partir do interior dessa cultura, uma vez que a aspiração à totalidade induz a que se tome a parte pelo todo. O objectivo da hermenêutica diatópica não é, porém, atingir a completude – um objeto inatingível – mas, pelo contrário, ampliar ao máximo a consciência de incompletude mútua através de um diálogo que se desenrola, por assim dizer, com um pé numa cultura, outro noutra. Nisto reside o seu caráter dia-tópico".*

⁶⁹ ADEODATO, João Maurício. *Filosofia do direito*: uma crítica à verdade na ética e na ciência (em contraposição à teoria de Nicolai Hartmann). São Paulo: Saraiva, 2013, p. 309. Esclarece: *"A verdade é objeto da filosofia essencialista; o consenso é o objeto da filosofia retórica. Só que esse consenso significativo é também retórico, não necessariamente fruto de um acordo real sobre tal ou tal critério de solução de conflitos, podendo assumir os mais diversos aspectos, inclusive o de ser apenas presumido ou reduzir-se a uma neutralização ou institucionalização do dissenso e suas possibilidades. Tudo o que está além ou aquém da evidência, ou seja, todo âmbito das relações humanas pertence à retórica e esta constitui assim a moral provisória que nos orienta a vida, a única moral possível para um ser carente".*

⁷⁰ ATIENZA, Manuel. *El sentido del derecho*. 6. ed. Barcelona: Ariel, 2010, p. 254. Ensina: *"Explicar una decisión significa em efecto mostrar cuáles son las causas que motivaron o los fines que se pretenden alcanzar al tomar esa decisión. Justificar, sin embargo, implica, implicar ofrecer razones dirigidas al cáracter aceptables o correcto de esa decisión".*

justificação, adotada pelo Direito apenas a partir da segunda metade do século XVIII, que se veem as primeiras manifestações de motivação como caráter *endoprocessual* (destinados às partes para impugnar as sentenças) e, posteriormente, após o cataclismo da segunda grande guerra, na vertente *extraprocessual* (destinado a controlar democraticamente o poder dos juízes).[71]

A par disso, é possível compreender três concepções da argumentação: *formal*, caracterizada pela lógica dedutivista e revelando desencadeamento de premissas, as quais são entendidas como válidas não pelo conteúdo inserido senão pelo caráter esquemático dos passos que levam à conclusão; *material*, delineada pela utilização de premissas, por teses teóricas ou práticas, com enunciados verdadeiros e relevantes aptos à conclusão; *pragmática*, perspectivada em interação entre dois ou mais sujeitos cujo escopo seja *persuadir* determinado auditório ou convencer o *alter* sobre qualquer problema teórico ou prático.

Observe que nesta última concepção – marcadamente de *atividade social*, já que depende mais de uma pessoa (intersubjetividade) – o êxito da retórica tem ligações claras com a força da persuasão e com a dialética, haja vista a interação entre proponente e ouvinte.[72]

Remarque que da retórica clássica passou-se à retórica contemporânea considerando especialmente dois eixos: o primeiro baseado no duplo efeito da adesão, ou seja, deve haver disposição dos ouvintes no reconhecimento da plausibilidade da tese (*efeito passivo intelectual*) assim como a provocação de determinada ação, imediata ou posterior (*efeito ativo material*); o segundo na diferenciação entre persuadir e convencer, pois enquanto a persuasão atua sobre a vontade do ouvinte,[73] não exigindo racionalidade e nem mesmo aceitação universal, o convencimento configura a adesão racional válida para todos.[74]

No Direito, entretanto, a argumentação e a própria retórica não estão isentas de controle, temperos e demais tratamentos.[75] Na hipótese, o enunciado normativo será considerado correto quando for resultado de legitimação procedimental derivada de regras. Em tais casos, essas regras estão distribuídas em contextos de racionalidade, participação e intervenção oral, distribuição de

---

[71] TARUFFO, Michele. *La prova dei fatti giuridici* Milano: Giuffré, 1992.

[72] ATIENZA, Manuel. *El sentido del derecho*. 6ª. ed. Barcelona: Ariel, 2010, p. 260.

[73] KANT, Immanuel. *Crítica à razão pura*. 5ª ed. Trad. Manuel Pinto dos Santos e Alexandre Fradique Morujão. Lisboa: Fundação Calouste Gulbenkian, p. 85 e ss. O filósofo assim se pronuncia: *"A crença (o considerar algo verdadeiro) é um fato do nosso entendimento que pode repousar sobre princípios objetivos, mas que também exige causas subjetivas no espírito do que julga. Quando é válida para todos aqueles que sejam dotados de razão, o seu princípio é objetivamente suficiente e a crença chama-se então convicção. Se tem o seu princípio apenas na natureza particular do sujeito designa-se por persuasão"*.

[74] PERELMAN, Chaim; OLBRECHTS-TYTECA, Lucie. *Tratado da argumentação*: a nova retórica. Trad. Maria Ermantina de Almeida Prado Galvão. São Paulo: Martins Fontes, 2014, p. 29. Explica: *"Propomo-nos a chamar persuasiva a uma argumentação que pretende valer só para um auditório particular e chamar de convincente àquela que deveria obter a adesão de todo ser racional"*.

[75] BIANCA, Eduardo Carlos. *Linguagem jurídica*. São Paulo: 2009, p. 5. Indica; *"A retórica, por sua vez, poderia explicitar o quanto as estruturas jurídicas (processuais, principalmente) devem à argumentação, aos processos de persuasão, ao convencimento, à batalha pela vitória e o sucesso discursivos, mas se arriscaria a fazer da realidade jurídica um simples jogo de palavras ou de oportunidades instrumentalizadas de discurso se se reduzissem todas as tramas jurídicas aos procedimentos argumentativos"*.

cargas de argumentação, universalidade, culminando num código da razão prática.[76]

3. Publicidade como monólogo: ouvintes mudos e condicionados

Para abordagem metodológica correta cumpre decompor a publicidade, para, através desse exercício, investigá-la no âmbito comunicacional. Assim, inicia-se pelas finalidades e, após, pelos sujeitos e objetos da publicidade.

A publicidade mantém duas finalidades imediatas facilmente vistas: *i*) oferta de bens e serviços aos consumidores (publicidade promocional); *ii*) exposição de determinada marca ou empresa fornecedora (publicidade institucional).[77] Alguns autores destacam outra finalidade, mesmo que indireta: a diferenciação do produto ou serviço com os aqueles de outros fornecedores.[78]

Ademais, três sujeitos compõem a publicidade: o anunciante (fornecedor com objetivo de fabricação ou comercialização); a agência de publicidade (criadora e produtora do anúncio); e o veículo (agente midiático, ou não, da transmissão).[79] Enquanto três também são os elementos objetivos comunicação publicitária: a mensagem e conteúdo mercadológicos a serem divulgados; a transmissão (liame de exposição); e a compreensão ou estímulo (convencimento ou persuasão).[80]

Mesmo sendo modelo de exortação e evidência de produtos e serviços, bem como de empreendimentos, a atividade publicitária *ipso facto* é exercitada e praticada mediante *comunicação*. Ora, através desta observação, perceptível ponto de nítido contato entre direito e publicidade: manifestação comunicativa cujos referenciais são a linguagem, discurso e a estratégia argumentativa (mais propriamente a persuasão), o que permite realizar o cotejo científico proposto.

A pretensão não é dizer que há ausência de positivação da publicidade no âmbito do sistema jurídico, mas justamente demonstrar as razões ou o

---

[76] ALEXY, Robert. *Teoria da argumentação jurídica*. Trad. Zilda Hutchinson Schild Silva.São Paulo: Landy, 2001, p. 181. No âmbito da argumentação jurídica, ainda, são verificáveis outros controles. A justificação interna da argumentação prende-se à verificação sobre a lógica das premissas na conclusão opinativa. Já a justificação externa (correção das premissas) dá-se à base dos seguintes elementos: i) argumentação empírica; ii) interpretação; iii) argumentação dogmática; iv) uso de precedentes; v) aplicação de formas especiais; vi) argumentação geral prática.

[77] RODYCZ, Wilson Carlos. O controle da publicidade. In: *Doutrinas essenciais do direito do consumidor*. v. 3. São Paulo: Revista dos Tribunais, 2011, p. 283-298.

[78] ALPA, Guido; BESSONE, Mario; ROPPO, Enzo Roppo. Una politica del diritto per la pubblicità commerciale.In:*Rivista del Diritto Commerciale e del Diritto Generale delle Obbligazioni*, anno LXXII (1974), parte prima, p. 303.

[79] BENJAMIN, Antônio Hermann V. O controle jurídico da publicidade. In: *Doutrinas essenciais do direito do consumidor*. v. 3. São Paulo: Revista dos Tribunais, 2011, p. 63.

[80] MARTINS, Fernando Rodrigues. Sociedade da informação e promoção à pessoa: empoderamento humano na concretude novos direitos fundamentais. In *Revista de Direito do Consumidor*. v. 96. São Paulo: RT, 2014, p. 238.

"porquê"[81] ela precisa ser objeto de regulação atual e "suficiente",[82] com imposição de deveres de proteção pelo Estado.

Na condição de *linguagem*, a publicidade também utiliza signos (palavras, ou seja, *linguagem-scripto*). Mas não apenas palavras: há necessidade de abordagem de outras ferramentas linguísticas mais cativantes. São as chamadas *linguagens de base*, comuns em diversos setores assim como na atividade publicitária. Neste ponto, avultam-se, além da *linguagem-scripto*, a *linguagem-áudio* (estruturada apenas no tempo e não espacialmente visível, perceptível pelo ouvido) e *linguagem-visual* (verificável pelo olho, sensível à luz, capaz de apreender formas, apontar distâncias e movimentos no espaço).

É de fácil constatação que essas linguagens acabam fundindo-se entre si, formando *linguagens-sintéticas* (*audiovisual* e *scripto-visual*), com o claro escopo de prender a atenção do destinatário.[83]

Contudo, na contemporaneidade, as *linguagens-sintéticas* são espargidas mediante contextualizações em rede – retroalimentadas em espaço hipercomplexo (*cyber*, midiático virtual e digital) –, através das quais se *criam demandas*[84] de produtos ou serviços por parte dos consumidores sem que haja total assimilação semântica (significados corretos e verdadeiros) quanto às reais necessidades da aquisição ou contratação. Constata-se, pois, que a publicidade incita à "atividade" (e não simplesmente ao ato) de consumir pelo vulnerável.

Os signos publicitários, via de consequência, não têm papel esclarecedor e expositor do verdadeiro significado (semântica) que deveriam expressar na atuação da linguagem operativa desenvolvida entre emissor (mercado) e ouvinte (consumidor), mesmo porque esse último em termos pragmáticos nada interfere. Queda evidentemente, na publicidade, a capacidade legitimadora.

Nas publicidades, os signos têm maior propensão à manipulação,[85] defraudando-se a função social da linguagem,[86] o que abre espaço para descon-

---

[81] PASQUALOTTO. Adalberto. Autorregulamentação da publicidade: um estudo de modelos europeus e norte-americano. In: *Revista de Direito do Consumidor*. v. 112. São Paulo: Revista dos Tribunais, 207, p. 115-148. Saindo a polarização entre mercado e política, conclui pela regulamentação adequada da publicidade. Verbis: *"É hora de pensar em regulamentação socialmente adequada e responsável, uma regulamentação que ao mesmo tempo suplante a inflexibilidade que caracteriza a regulamentação estatal e o corporativismo da Autorregulamentação"*.

[82] CANARIS, Claus-Wilhelm. *Direitos fundamentais e direito privado*. Coimbra: Almedina, 2003. Vale lembrar da *proibição de proteção deficiente* de direitos de fundamentais. No caso, a proteção deficiente é vedada já que agride o direito fundamental da pessoa consumidora.

[83] LENCASTRE, José Alberto; CHAVES, José Henriques. A imagem como linguagem. In: Libro de Actas do Congreso Internacional Galego-Portugués de Psicopedagoxía. Barca, A., Peralbo, M., Porto, A., Duarte da Silva, B. e Almeida, L. (Coord.). Coruña: Universidade da Coruña: *Revista Galego-Portuguesa de Psicoloxía e Educación*, 2007, p. 1.163.

[84] LORENZETTI, Ricardo Luis. *Fundamentos de derecho privado*: Código Civil y Comercial de la Nación Argentina. 1 ed. Buenos Aires: La Ley, 2016. Conceitua publicidade: *"La publicidad es una forma de comunicación producida por una persona física o jurídica, pública ou privada, con el fin de promover la contratación o el suministro de productos o servicios [...]La demanda es creada por la publicidad, el marketing, los atractivos como el sorteo, la conexión entre bienes de distinta naturaleza, la creación de situaciones jurídicas de cautividad. El consumidor, en muchos casos, no compra porque necesita, ni es la necesidad la que crea a oferta; es la inversa, la oferta crea la necesidad"*.

[85] BAUDRILLARD, Jean. *A sociedade de consumo*. Lisboa: Edições 70, 2014, p. 146. Critica: *"A lógica do consumo – segundo vimos – define-se como manipulação dos signos. Encontram-se ausentes os valores simbólicos de criação e a relação simbólica de interioridade; funda-se toda a exterioridade. O objeto perde a finalidade objectiva e a respectiva função, tornando-se o termo de uma combinatória muito mais vasta de conjuntos de objectos, em que o seu valor é de relação. Por outro lado, desaparece o seu sentido simbólico e o seu estatuto antropomórfico milenário, tendendo a esgo-*

fianças o que abre espaço para desconfianças e lacuna evidente quanto à regulação "razoável" desta técnica mercadológica, com vistas a: *i*) evitar influências negativas sobre o dia a dia daquele que exaure os produtos e serviços no mercado na condição de vulnerável ou hipervulnerável;[87] *ii*) possibilitar a sustentabilidade do consumo (consumo conforme necessidades reais e com vistas às futuras gerações);[88] e *iii*) prevenir e precaver quanto à incidência, respectivamente, de perigos e riscos (*in dubio pro securitate*)[89] na sociedade de mercado.

Na condição de *discurso*, a publicidade se apresenta na forma objetiva,[90] eis que fortemente desenvolvida na ideia do irreal (re-presentação) impediente da formulação de juízo próprio (presentação) quanto à concepção da coisa pelo destinatário. Através da palavra ou imagem, a publicidade cria o conhecimento do consumidor indiretamente sobre o produto ou serviço, obstando-o na cognoscibilidade direta e imediata (ontológica), concretizando-se, pois, num autoritarismo discursivo[91] em virtude da dimensão de unilateralidade da fala *exclusiva*.

---

tar-se num discurso de conotações, também elas relativas umas às outras no quadro de um sistema cultural totalitário, isto é, que pode integrar todas as significações, seja qual for a respectiva origem".

[86] FERRARI, Regina Maria Macedo Nery. Necessidade da regulamentação constitucional. In: *Revista de Direito Constitucional e Internacional*. v. 18. São Paulo: *Revista dos Tribunais*, 1997, p. 59-78. Manifesta: "*Para que possa cumprir sua função social, a linguagem necessita de uma certa ordenação, havendo, portanto, regras que governam o seu uso*". É o que sucede quando consideramos a função técnica das palavras no campo do direito, pois que este se utiliza da linguagem vulgar para tratar das realidades jurídicas. Todo direito 'tem por condição de existência a de ser formulável numa linguagem, imposta pelo postulado da alteridade', mas isto não quer dizer que o direito é só um fenômeno linguístico. Em nível normativo, se o aspecto linguístico pode ser considerado como essencial, não se pode esquecer que ele corresponde a fatos empíricos, os quais, se têm uma dimensão linguística, nem por isso são basicamente fenômenos dessa espécie".

[87] PASQUALOTTO, Adalberto de Souza; SARTORI, Paola Mondardo.Consumo sustentável: limites e possibilidades das práticas de consumo no contexto nacional. In: *Revista de Direito do Consumidor*.v. 85. São Paulo: *Revista dos Tribunais*, 2017, p. 191-216. Com apoio em John Kenneth Galbraith (nas obras 'A sociedade afluente' e 'A cultura do contentamento') refletem que as empresas controlam, em parte, os gostos dos consumidores através da publicidade dando a ilusão de que "*o consumidor permanece em comando*"; ao invés, "*o consumidor está substancialmente a serviço da empresa comercial*", sendo "*para este fim que a publicidade e o merchandising, com todos os seus custos e diversidade, são dirigidos*".

[88] A Resolução 70/186, que revisou premissas e adicionou novos preceitos à Resolução 39/248, ambas da Organização das Nações Unidas, conceitua e reconhece o consumo sustentável, com projeções não apenas ambientais, senão econômicas e sociais. Assim fixa o novel conteúdo humanitário no art. 49: "*Se entiende por consumo sostenible la satisfacción de las necesidades de bienes y servicios de las generaciones presentes y futuras en formas que sean sostenibles desde el punto de vista económico, social y ambiental*".

[89] SILVA, Jorge Pereira. *Deveres do Estado de protecção de direitos fundamentais*: fundamentação e estrutura das relações jusfundamentais triangulares. Lisboa: Universidade Católica Editora, 2015, p. 188. Vale citar: "*A certeza ou incerteza, empírica ou científica, sobre a existência da probabilidade de uma lesão jusfundamental constituem uma componente importante a levar em consideração em sede de princípio de proporcionalidade, na sua dupla vertente de proibição de excesso e proibição de defeito, cruzando-se aí com outros dados de idêntica ou de até superior valia: a intensidade do perigo ou do risco, enquanto medida de probabilidade da lesão; a magnitude de uma eventual lesão, considerando a natureza dos bens jurídicos afetados, as pessoas atingidas e a (ir)reversibilidade dos danos; os meios disponíveis para efectuar a protecção dos bens em perigo ou em risco*".

[90] CARETTI, P. *Diritto dell'informazione e della comunicazzione*: stampa, radiotelevisione, telecomunicazione, teatro e cinema. Bologna: Il Mulino, 2013.

[91] TELES JÚNIOR, Alcides. Discurso, linguagem e justiça. São Paulo: *Revista dos Tribunais*, 1986, p. 55. Fazendo interessante demonstração a partir da ideia da árvore, explica: "*Ao passo que a re-presentação supõe a intermediação genérica e abstrata do conceito (árvore nos encaminha para a ideia geral de uma certa manifestação vegetal da vida), a 'presentação' se oferece como penetração imediata no espaço íntimo da coisa mesma, singular e historicamente determinada (árvore nos leva àquela árvore, e não a outras, em seu contexto e situação definidos, até mesmo aos modos-de-ser do vegetal, em sua estrutralidade biológica, física, química e guardada na inteireza da cena, sua estrutura poética ou existencial)*".

É certo que outros tipos de exercícios discursivos do mercado existem e são amplamente percebidos. Bastam os exemplos: a promoção geopolítica do mercado, inclusive com incentivos fiscais;[92] a união de empresas em setores como modelo de proteção de interesses econômicos;[93] a multinacionalização empresarial na tutela de posições jurídicas além-soberania;[94] dogmática intensiva (*commercial speech doctrine*);[95] ou especialmente (como já dito) aqueles apontamentos que sujeitam o direito à economia, apagando do primeiro o uso racional da decisão justa para valer-se o uso da decisão eficiente.[96]

Entretanto, na publicidade, há claro exame de discurso não provido de regras perspectivadas à luz da participação do *alter* (o consumidor), com amplo afastamento da racionalidade essencial que se deve esperar em tempos de construção dos direitos humanos. Neste sentido, é correto asseverar que a liberdade do empresário deve ser concretizada *proporcionalmente* à luz das demais liberdades previstas na Constituição da República, tais como liberdades políticas, liberdades sociais, liberdades coletivas, liberdades ambulatoriais, porquanto se tratam de *liberdades fundamentais*, próprias da pessoa humana.

Como discurso, a publicidade movimenta habilmente a ideologia do mercado onde são ditadas ordens dirigidas aos consumidores rumo à lógica de hiperconsumo. O não atendimento aos comandos publicitários podem gerar consequências *input* (prêmios ou sanções positivas) ou *output* (sanções negativas). Estar incluso (total ou parcialmente) ou não incluso no mercado dependerá do atendimento aos discursos publicitários. Destarte, aqui se percebe a criação de falsas interpretações como forma de consciência coletiva.[97]

Conveniente, a par disso, compreender que as escolhas do mercado passam a ser as "escolhas" do consumidor, reduzindo-se amplamente a autonomia das decisões e levando à perda da capacidade de controle sobre diversos atos da vida pessoal.[98] É o que ocorre, por exemplo, no superendividamento e

---

[92] IRTI, Natalino. Direito e economia. In: *Revista de Direito Privado*. v. 62. São Paulo: *Revista dos Tribunais*, 2015, p. 14.

[93] GALGANO, Francesco. *La globalización en el espejo del derecho*. Santa Fe: Rubinzal Culzoni, 2005, p. 11.

[94] NEVES, Marcelo. *Transconstitucionalismo*. São Paulo: Martins Fontes, 2009, p. 35.

[95] FRANKS, James B. *The Commercial Speech Doctrine and the First Amendment*.12 Tulsa L. J. 699 (2013).

[96] COASE, Ronald. The problem of social cost. *The journal of law and economics*.Chicago: University of Chicago Press, out. 1960. v. 3.

[97] TELES JÚNIOR, Alcides. Discurso, linguagem e justiça. São Paulo: *Revista dos Tribunais*, 1986, p. 65. Explica: *"A ordem ideológica aparece, com o periódico La Décade Philosofique (França revolucionária, nos anos 1796 a 1800), identificado tal 'ordem' com a 'boa república' racionalista e burguesa. O teor pejorativo tem quase seu começo numa atitude crítica da Revolução. Durkheim contrasta a ciência da realidade com a ciência ideológica. Ideologia traduz a falsa consciência (Engels). A mutação do pensamento em sistema de crença revela a ideologia (Jacques Ellul). A ideologia é a falsa percepção da história que termina com a abstração da própria história".*

[98] BOURGOIGNIE, Thierry. O conceito jurídico de consumidor. In: *Doutrinas Essenciais de Direito do Consumidor*. v. 2. São Paulo: *Revista dos Tribunais*, 2011, p. 1.063/1.106. Confira: *"O exame das condições sócio-econômicas que envolvem o fenômeno do consumo, no sistema de mercado do tipo capitalista, coloca em questão a pertinência dos postulados da teoria do consumo individual. Se é sem dúvida verdadeiro dizer que o consumo é o objetivo de toda a atividade econômica, não se pode afirmar que ela é o fim desta. A escolha do empresário em fabricar tal bem, e não outro, não resulta tanto da consciência ou do conhecimento que ele tem do estado das necessidades do consumidor, mas mais da possibilidade maior ou menor de rentabilizar um dos fatores de produção, do capital, fator privilegiado entre os outros, o que lhe assegura a acumulação. Mais que se dirigir às únicas demandas expressas no mercado, o ofertante vai impor sua própria escolha. Fala-se a respeito de um 'desvio do consumo', isto é, de uma apropriação do processo de consumo pela força de produção capitalista. Técnicas tão avançadas que permitirão ao sistema de produção assegurar a manutenção*

a promessa de felicidade instantânea.[99] Discurso ideológico, portanto, poder: poder de influir, poder de determinar, poder de incluir e poder de excluir.

Em síntese, a publicidade configurada como manifestação discursiva das atividades empresariais pós-modernas e caracterizada pelo intenso poder exercido, deve ser lida à premissa de que quem *"tem poder tende a abusar dele"*[100] e assim adequar-se às limitações no âmbito do sistema jurídico, a fim de não contrastar com a utilidade social ou causar dano à segurança, à igualdade e à dignidade humana (valores que compõem a ordem pública constitucional).[101]

Por fim e mais especificamente, a publicidade também é *estratégia argumentativa* em que ganha relevância a *persuasão*. E nesta perspectiva mantém cariz imaginativo, voltado ao sentimento, envolvendo o indivíduo por razões afetivas e pessoais,[102] com técnicas e modelos desprendidos da retórica clássica[103] e do auditório presumido[104] de onde originou.

---

das demandas que ela se propõe a criar e encorajar: o exercício de pressões sobre a percepção das necessidades e sobre a expressão das demandas por meio da publicidade e dos métodos comerciais mais e mais agressivos. A incitação ao crédito e ao endividamento. A diferenciação artificial dos bens oferecidos ao consumo, a obsolescência programada dos produtos industriais, a entrada no reino das mercadorias e dos serviços anteriormente não tratados como tal (lazer, atividades culturais e esportivas, informação...), o extraordinário potencial do desenvolvimento oferecido pelas novas técnicas de comunicação, de informação e de trocas constituem tantos determinantes quanto embaraços que influem diretamente sobre o processo de consumo. A espontaneidade das escolhas do consumidor, a liberdade e a racionalidade desses aparecem bem teóricas. Normas de comportamento ou normas sociais de consumo são criadas, então o efeito é integrar os modos de consumo nas condições de produção. O consumidor perde assim o controle da função de consumir, e a visão contratualista das relações de consumo se encontra privada de fundamento".

[99] GAULIA, Cristina Tereza. O abuso de direito na concessão de crédito: o risco do empreendimento financeiro na era do hiperconsumo. In: Doutrinas essenciais de direito do consumidor. v. 3. São Paulo: *Revista dos Tribunais*, 2011, p. 807-835. Vem ao encontro a seguinte posição: *"A oferta e a publicidade são persuasivas, e se bastam por si mesmas, para um e outro lado da contratação: 'o Sr. só vai começar a pagar daqui há três meses', 'a gente faz consignação em folha, a Sra. nem vai sentir que está pagando', ou, 'até o fim do ano, eu liquido a fatura'. Como qualquer produto à venda no mercado, o crédito precisa, pois, da oferta e da publicidade. E justamente a partir da explosão de ofertas, e da massiva publicidade sobre o crédito fácil e o sonho de deixar de ser um excluído, é que nasce o grande perigo para o homo consumericus. Atordoado pela oferta abundante e pela publicidade muitas vezes enganosa, até por omissão, e quase sempre abusiva, o consumidor se deixa atrair para esse novo mundo do qual ele quer tanto fazer parte: o mundo da felicidade líquida, usando expressão de Zygmunt Bauman".*

[100] MONTESQUIEU. *O espírito das leis*. São Paulo: Abril Editora, 1997. vol. 1, p. 200. Já advertia: *"Mas a experiência eterna mostra que todo homem que tem poder é tentado a abusar dele; vai até onde encontra limites. Quem o diria! A própria virtude tem necessidade de limites. Para que não se possa abusar do poder é preciso que, pela disposição das coisas, pó der freie o poder".*

[101] PERLINGIERI, Pietro. *O direito civil na legalidade constitucional*. Trad. Maria Cristina De Cicco. Rio de Janeiro: Renovar, 2008, p. 520.

[102] FERNANDES NETO, Guilherme. *Direito da comunicação social*. São Paulo: RT, 2004, p. 117 e segs.

[103] MAUTNER, Thomas. *Dicionário de filosofia*. Lisboa: Edições 70, 2011, p. 649. Aprofunda: *"A retórica foi definida como a arte de usar bem a linguagem (ars bene loquendi), contrastando com a gramática, que foi definida como a arte de usar a linguagem corretamente (ars recte loquendi)".* O mesmo pesquisador informa que discurso retórico clássico é dividido em proemio, narração (declaração do fato); confirmação; prova; refutação; peroração. Ao passo que as tarefas do orador são: invenção (descoberta); disposição (organização); estilo; memória e apresentação.

[104] PERELMAN, Chaim; OLBRECHTS-TYTECA, Lucie. *Tratado da argumentação:* a nova retórica. Trad. Maria Ermantina de Almeida Prado Galvão. São Paulo: Martins Fontes, 2014, p. 22. O auditório é presumido e deve levar consideração as origens psicológicas e sociológicas dos indivíduos, portanto, o conhecimento daqueles que se pretende conquistar é condição prévia de qualquer argumentação. O ouvinte visto do plano psicológico pode ser classificado conforme a idade e o conhecimento e do plano sociológico considerado pelo meio que vive e as funções sociais que desempenha. Como diz o autor: *"em matéria de retórica, parece-nos preferível definir o auditório como o conjunto daqueles que o autor quer influenciar com sua argumentação. Cada orador pensa, de uma forma mais ou menos consciente, naqueles que procura persuadir e que constituem o auditório ao se dirigem seus discursos".*

Neste ponto, não há espaço para consensualidade, enquanto técnica baseada na racionalidade universal e que permite a extração de dados normativos (dever-ser).[105] Ao contrário, aqui a figura sentimental, o apelo às inovações e a provocação de desejos dão ensejo à *publicidade persuasiva*[106] que atua no imaginário dos vulneráveis, criando modelos de inclusão de natureza supérflua e que verdadeiramente seduzem às noções de beleza, moda, sucesso, liderança, empreendedorismo, conquistas e visibilidade social.

A publicidade persuasiva importa em adesão instintiva (aceitação) e material (ação) pelos destinatários, voltada tanto a estimular desejos individuais como em estabelecer estruturas de fidelização[107] entre consumidores e fornecedores, sem que efetivamente haja compreensão de matizes relacionados ao dever de informar,[108] corolário da boa-fé objetiva.

Difere da *publicidade informativa*, posto que esta se baseia na diferenciação entre produtos que muito embora possam ser semelhantes apostam em discrepâncias essenciais, promovendo o dever de informar e dirigindo-se ao intelecto, não ao instinto.[109] Também haverá publicidade de natureza informativa quando a decisão de aquisição pelos consumidores levar em consideração não apenas o preço do produto, mas a avaliação dos custos da campanha publicitária.[110]

Vale o cuidado, contudo, em observar que a persuasão é necessária para escoamento de produtos e serviços junto ao consumidor, devendo-se, quando for a hipótese atuar contra o agente que abusivamente persuadiu, mas não contra a persuasão como meio de comunicação argumentativa.[111]

Do ponto de vista mercadológico com viés psicológico, a persuasão tem princípios que possibilitam a verificação de estruturas e modo de atuação. São

---

[105] PERELMAN, Chaim; OLBRECHTS-TYTECA, Lucie. *Tratado da argumentação:* a nova retórica. Trad. Maria Ermantina de Almeida Prado Galvão. São Paulo: Martins Fontes, 2014, p. 30.

[106] PASQUALOTTO. Adalberto. Autorregulamentação da publicidade: um estudo de modelos europeus e norte-americano. In: *Revista de Direito do Consumidor.* v. 112. São Paulo: Revista dos Tribunais, 207, p. 115-148. Aborda historicamente as funções informativas e persuasivas da publicidade: "*O debate informação versus persuasão vem dos anos 20 e 30 do século passado e se refletiu na polarização das ideias econômicas simbolizada pelas escolas de Chicago e Harvard, respectivamente, nos anos 1950: a primeira pró-mercado, apostando na eficiência; a segunda, estruturalista, preocupada com a concentração do poder econômico. O que esse debate propõe é saber se a publicidade modifica ou não o gosto dos consumidores ou se é uma informação útil e orientadora, embora seja uma comunicação unilateral, que promove apenas as pretensas qualidades de um produto. No seu modo de ser, a publicidade adota uma retórica de convencimento, sem ser coercitiva. Por outro lado, é difícil mensurar o seu impacto persuasivo*".

[107] LORENZETTI, Ricardo Luis. *Fundamentos de derecho privado: Código Civil y Comercial de la Nación Argentina.* 1 ed. Buenos Aires: La Ley, 2016, p. 314. Explica: "*Persuasiva, porque crea fidelidad a la marca, y por ello no se dirige al intelecto, sino a los instintos, tratando de inducir, sugerir e impulsionar*".

[108] MIRAGEM, Bruno. Curso de direito do consumidor. 2. ed. São Paulo: *Revista dos Tribunais,* 2010, p. 128.

[109] PASQUALOTTO. Adalberto. Autorregulamentação da publicidade: um estudo de modelos europeus e norte-americano. In: *Revista de Direito do Consumidor.* v. 112. São Paulo: *Revista dos Tribunais,* 207, p. 115-148. É o que aborda quando trata das pesquisas referentes aos bens de procura (*search goods*) em contraposição aos bens de experiência (*experience goods*).

[110] LORENZETTI, Ricardo Luis. *Fundamentos de derecho privado: Código Civil y Comercial de la Nación Argentina.* 1 ed. Buenos Aires: La Ley, 2016, p. 314.

[111] BELLENGER, Lionel. *La Persuasion.* Paris: Presses Universitaires de France, 1996, p. 8. O autor trabalha na perspectiva dicotômica da persuasão. A *persuasão dissimulada* é aquela que engana, omite e atua mediante ardil. A *persuasão manifesta* é aquela que seduz o destinatário da comunicação sendo, portanto, sadia e incitando habilmente o destinatário à fascinação e carisma.

eles: *i) influência*: funciona como atalho para decisão do consumidor; ii) *reciprocidade*: criação de obrigação futura entre agentes de mercado que provocam a sensação de relacionamento duradouro; *iii) coerência*: desencadeamento de sensos de confiança pela manutenção do nexo de compatibilidade entre as decisões anteriores e futuras; *iv) aprovação social*: novas aquisições decorrem da aceitação de grande parte da massa de utentes; *v) afeição*: a aceitação para contratação resta facilitada através daqueles fornecedores próximos e conviventes aos consumidores; *vi) autoridade*: atendimento às decisões de autoridades exortam noção de obediência e de socialização de práticas corretas; *vii) escassez*: atribuição de maior valor aos produtos que estão menos disponíveis ou a prazos para contratação exíguos.[112]

O cotejo entre as duas comunicações (direito e publicidade) permite expor o seguinte quadro:

Comunicação	Direito	Publicidade
Linguagem	Semiótica (signos; semântica; pragmática)	Apenas signos
Discurso	Igualdade e emancipação	Poder/fala exclusiva
Argumentação	Tópica/retórica/legitimidade	Persuasão/informação

Numa conclusão parcial, pode-se afirmar que o Direito enquanto sistema social de segunda grandeza[113] é dotado de diversos filtros de atuação e de procedimentalização que precedem a realizabilidade das leis assim como de regras e métodos de interpretação e aplicação para as disposições já consolidadas, o que de forma oposta é observado na publicidade que exige maiores cuidados e preocupação, mesmo que juridicamente regrada.[114]

4. Persuasão digital, redes sociais e vulnerabilidades

Feito o cotejo, mesmo que de forma perfunctória, debruça-se sobre a publicidade exercida nas redes sociais em pleno risco aos vulneráveis.

A era digital, dotada de *velocidade* (natureza temporal – imediatidade), *amplitude* (natureza espacial – ausência de fronteiras) e *profundidade* (natureza modificativa – influência de comportamentos), bem delineou as características

---

[112] CIALDINI, Robert B. *As armas da persuasão*. Trad. Ivo Korytowski. Rio de Janeiro: Sextante, 2012, p. 10. Trata-se de estudo compreendido como *psicologia da persuasão*, através da qual o autor reúne as inúmeras técnicas em categorias básicas possibilitando ao profissional da persuasão habilidade em pedidos de compras, doações, concessões, votos ou permissões.

[113] AZEVEDO, Antônio Junqueira de. O direito como sistema complexo e de segunda ordem; sua autonomia, ato nulo e ato ilícito, diferença de espírito entre responsabilidade civil e penal, necessidade de prejuízo para haver direito de indenização na responsabilidade civil. *Estudos e pareceres de direito privado*. São Paulo: Saraiva, 2004, p. 6.

[114] MIRAGEM, Bruno. Curso de direito do consumidor. São Paulo: *Revista dos Tribunais*, 2010, p. 174 e seguintes. Explica o regime jurídico da publicidade nas relações de consumo, partindo do fundamento constitucional, princípios informadores (identificação, veracidade e vinculação), imposição de deveres jurídicos e, via de consequência, proibições (publicidade enganosa, publicidade abusiva, publicidade restrita).

da sociedade contemporânea como: *cyber* (em hiperconectividade);[115] em rede (atuação conjunta em âmbito político, social, econômico);[116] hipercomplexa (diversas possibilidades decisórias)[117] e transcultural (compartilhamento de experiências globais).[118]

Neste cômputo, é importante relembrar que a publicidade exercitada na *mass media* ganhou novo ambiente para ampla divulgação: o mundo digital. Os usuais "meios de comunicação de massa" frente ao espaço eletrônico tornaram-se secundários ou, na melhor expressão do próprio mercado, quedaram-se "ineficientes".[119] Por isso, correta a observação de que na interface entre oferta e demanda é incabível tratar a publicidade do ponto de vista estático, limitada a modelo único.[120]

Óbvio que as constantes inovações e tecnologias da *sociedade cyber* influenciam a dinamicidade e automaticidade das respectivas manifestações ou discursos, o que acarreta a reorientação estratégica da publicidade dos meios clássicos rumo à "*utopia da democracia eletrônica*".[121] Eis a hipótese das redes sociais que não apenas compõem essa "metodologia" publicitária, como também são reconhecidas como relação jurídica de consumo.[122]

---

[115] LÉVY, Pierre. *Cybercultura*. Trad. Carlos Irineu da Costa. São Paulo: Editora 34, 2010. Assevera: "*o horizonte técnico do movimento da cibercultura é a comunicação universal: cada computador do planeta, cada aparelho, cada máquina, do automóvel à torradeira, deve possuir um endereço na Internet*",

[116] CASTELLS, Manuel. *A galáxia da Internet:* reflexões sobre a Internet, os negócios e a sociedade. Rio de Janeiro: Zahar, 2003.

[117] LUHMANN, Niklas. *Introducción a la teoría de sistemas*. Trad. Javier Torres Nafarrate. México: Universidad Iberoamericana: Iteso, 1996.

[118] BECK, Ulrich. *O que é globalização?* Trad. André Carone, São Paulo: Paz e Terra, 1999, p. 30.

[119] RODRIGUES JÚNIOR, Otávio Luiz. *Estatuto epistemológico do direito civil contemporâneo na tradição de civil law em face do neoconstitucionalismo e dos princípios*. Belo Horizonte: Meritum – v. 5 – n. 2 – p. 13-52 – jul./dez. 2010. Destaca: "*Certamente, os defensores da análise econômica do Direito dirão que seu modelo é mais eficiente. Veja-se, não se afirma que é mais justo, pois a Justiça é um fator tão abstrato e inseguro que não serve como parâmetro de per si para fundamentar essas decisões. O que se faz aqui é recorrer a uma análise externa do Direito. Troca-se a Justiça pela eficiência da decisão. Abandonam-se conceitos indeterminados como "boa-fé", que teria por si só uma pretensa tradição histórica e quase nada de utilidade prática, como querem os adeptos desse modelo*".

[120] PASQUALOTTO, Adalberto. Direito e publicidade em ritmo de descompasso. In *RDC*. v. 100. São Paulo: Revista dos Tribunais, 2015, p. 502-527. Acertadamente indica: "*A compreensão do conceito de publicidade não pode permanecer estático, preso a uma convenção de forma, quando a realidade demonstra a extrema mobilidade dos novos media, demandando apresentações inovadoras. Essa realidade vem sendo reconhecida até mesmo nos tribunais, como recentemente proclamou o Tribunal do Québec, ao proferir a histórica decisão que condenou três companhias de tabaco a indenizar milhares de fumantes canadenses. Em síntese, disse o Tribunal que a rápida evolução do panorama da mídia é um complicador na regulação das atividades de marketing do tabaco. As políticas de controle são obviadas por estratégias inéditas, tais como o uso do YouTube. A geração de conteúdo na internet e nas plataformas sociais pelos próprios consumidores pode sinalizar a necessidade de novas abordagens no controle do marketing do tabaco*".

[121] KROKER, Arthur e WEINSTEIN, Michael. *Data trash:* The theory os the virtual class. Montreal: New World Perspectives, 1994, p. 30. Explicam: "*Prometemos a vocês a utopia da democracia eletrônica, do saber compartilhado e da inteligência coletiva. Na verdade, eles não terão nada além do domínio de uma nova classe virtual, composta por magnatas das indústrias dos sonhos (cinema, televisão e videogames), dos programas, da eletrônica e das telecomunicações, rodeados pelos idealizadores, cientistas e engenheiros que comandam o canteiro de obras do ciberespaço, sem esquecer dos ideólogos ultraliberais ou anarquistas e os sumos sacerdotes do virtual, que justificam o poder dos outros*".

[122] BRASIL. Superior Tribunal de Justiça. REsp n° 1.349.961-MG. Ementa: Civil e consumidor. Responsabilidade civil. Provedor de Internet. Relação de consumo. Incidência do CDC. Provedor de conteúdo. Fiscalização prévia do teor das informações postadas no site pelos usuários. Dano moral. Risco inerente ao negócio. Ciência da existência de conteúdo ilícito. Utilização pelo lesado da ferramenta de denúncia disponibilizada pelo próprio provedor. Falha na prestação do serviço. Quantum arbitrado com razoabilidade. Súmula 07 e 83/STJ.

Outrora pensadas ainda sem o advento da Internet,[123] as "redes sociais" na ambiência interativa digital ganharam proeminência como estruturas virtuais em que consumidores, após cadastro, compartilham e permutam mensagens, imagens, opiniões, informações, ideologias cujo conteúdo passa a compor a plataforma do provedor, com sérias possibilidades de associação à toda rede mundial.[124]

Investigando a situação do usuário, observa-se que as redes sociais representam a individualização do coletivo: espaço unilateral que permite criar laços com demais membros interconectados para troca de dados e conteúdos sem necessidade de permanência constante ou vínculos de solidariedade. Ética hedonista,[125] já que se abandona a noção de comunidade (*idade média*) e se abraça relações efêmeras[126] e virtuais (*idade mídia*).[127]

Entretanto, as redes sociais pela posição dos "provedores de conteúdo"[128] exprimem desiderato bastante diferente. De causar espécie a ampla desproporcionalidade entre a prestação de serviços realizada e a lucratividade auferida, isto porque o provedor se vale da *retroalimentação*[129] de dados e conteúdos servidos pelos próprios usuários na rede, enquanto proporciona amplo espaço para negócios jurídicos virtuais, dentre eles a publicidade.[130] Não admira a

---

[123] É importante ter presente que a criação e estudos sobre "redes sociais" parte da década de trinta do século XX por Jacob. L Moreno avançando na teoria da "sociometria". Entretanto, sem a plataforma atual, mas avançando na interação entre grupos de forma a precipitar estruturas sociais e bem-estar psicológico.

[124] RECUERO. Raquel. *Redes sociais na internet*. Porto Alegre: sulina, 2008, p. 24. Aponta: *"Uma rede social é definida como um conjunto de dois elementos: atores (pessoas, instituições ou grupos; os nós da rede) e suas conexões (interações ou laços sociais). Uma rede, assim, é uma metáfora para observar os padrões de conexão de um grupo social, a partir das conexões estabelecidas entre os diversos atores. A abordagem de rede tem, assim, seu foco na estrutura social, onde não é possível isolar os atores sociais e nem suas conexões"*.

[125] ABBAGNANO. Nicola. *Dicionario de filosofía*. 3. ed. Mexico: Fondo de cultura economica, 1983, p. 432. Doutrina recuperada por Epicuro, segundo o qual *'o prazer é o princípio e o fim da vida feliz'*.

[126] BAUMAN, Zygmunt; DONSKIS, Leônidas. *Cegueira moral*: a perda da sensibilidade na modernidade líquida. Rio de Janeiro: Zahar, 2014. Insistem: *"A distinção essencial das redes – nome agora escolhido para substituir as antiquadas ideias, que se creem defasadas, de comunidade ou comunhão – é esse direito unilateral de abandoná-las. Ao contrário das comunidades, as redes são construídas individualmente, e como tal modeladas ou desfeitas, e se baseiam na vontade do indivíduo de persistir como seu único, embora volátil, alicerce"*.

[127] Rica a metáfora utilizada pelo eminente Ministro Carlos Ayres Brito: *"Nós estamos vivendo uma Idade-Mídia, por paráfrase com a Idade Média. Nessa Idade-Mídia é natural que tudo venha a lume, porque é próprio da democracia que todos se tomem dessa curiosidade – santa curiosidade – pelas coisas do Poder, pelas coisas que dizem respeito à toda coletividade. A democracia é um regime de informação por excelência e, por isso mesmo, prima pela excelência da informação, e é claro que a informação televisada ganha essa tonalidade de excelência, de transparência. Então, no caso, eu entendo que não houve prejuízo ao direito líquido e certo do impetrante de ver sua imagem subtraída do televisamento direto"*. Disponível em <http://www.stf.jus.br/portal/cms/verNoticiaDetalhe.asp?idConteudo=62408>, acesso em 01/06/2018.

[128] MIRAGEM, Bruno. Responsabilidade por danos na sociedade de informação e proteção do consumidor: desafios atuais da regulação jurídica da Internet. *Revista de Direito do Consumidor*. v. 70. São Paulo: Revista dos Tribunais, 2009, p. 1.161- 1.209. Explica: *"os provedores de conteúdo, caracterizados como autores, editores ou outros titulares de direito que introduzem seu trabalho na rede, estando sujeitos à proteção, em conjunto com as empresas de software, das normas relativas aos direitos autorais"*.

[129] GIDDENS, Anthony. *A constituição da sociedade*. São Paulo: Martins Fontes, 2009, p. 27.

[130] MARQUES, Cláudia Lima. Vinculação própria através da publicidade? A nova visão do Código de Defesa do Consumidor. In: *Revista de Direito do Consumidor*. São Paulo: Revista dos Tribunais, 1994, p. 7-20. Confirma a publicidade como negócio jurídico. Veja: *"No caso da compra e venda de produtos – onde os elementos essenciais são apenas três: coisa, preço e consenso –, a oferta contratual de, por exemplo, uma loja de eletrodoméstico pode ser feita através de uma publicidade simples, negócio jurídico unilateral contendo a identificação da coisa ofertada e seu preço, bastando a aceitação, sem modificação, pelo consumidor (outro negócio jurídico unilateral) para concluir a compra (consenso)"*.

aparência de "gratuidade" na prestação de serviços, já que toda remuneração se faz via indireta com amplos riscos à privacidade[131] do consumidor.

Colhem-se nas redes sociais incontáveis *publicidades persuasivas* (preferimos chamá-las de *publicidades persuasivas digitais*) desprovidas de conteúdo legal e altamente danosas à coletividade de consumidores. Destacam-se, para esta pesquisa, três delas: *i*) publicidades infantis desenvolvidas por *youtubers mirins*; *ii*) publicidades invisíveis desprovidas de identificação; e *iii*) publicidades afetivas na modalidade *digital influencer*.

As publicidades realizadas por crianças em redes sociais (especialmente no YouTube) carecem de legitimidade e licitude não podendo ser produzidas e veiculadas.[132] Entretanto, aqui há doloroso subterfúgio: tal tática de *marketing* conta paradoxalmente com auxílio do próprio hipervulnerável, protagonista das imagens. Máxima demonstração de desrespeito não apenas à formação e desenvolvimento da criança, explorando-a comercialmente,[133] mas igualmente a intransponível precedente judicial.[134]

São publicidades levadas a efeito mediante vídeo conhecido como *unboxing*,[135] através do qual a criança "viraliza" produto ou serviço enviado pelo fornecedor de forma velada. Observe que nesse tipo de publicidade, a persuasão decorre do *"poder de aprovação social"* que o *"Youtuber mirim"* detém com a

---

[131] WARREN, Samuel y BRANDEIS, Louis. Privacy. *Harvard Law Review*. v. 4. n. 5, p. 193/219, 15.12.1890. No Brasil: MORAES, Maria Celina Bodin de. Ampliando os direitos da personalidade. In: *Na medida da pessoa humana*: estudos de direito civil-constitucional. Rio de Janeiro: Renovar, 2011. p. 140. O direito à privacidade deve ser compreendido como direito do titular examinar, fiscalizar, distribuir, suspender e interromper dados, informações, notícias que lhe dizem respeito, observado o necessário equilíbrio entre as esferas públicas e privadas. Para tanto é escorreito ao exame de extensão da privacidade o exercício do juízo de comunicação entre as esferas pública e privada, tomando-se como ponto de partida a base constitucional de referido direito (CF, art. 5º, incisos X e XII) frente ao caso concreto. O direito à privacidade pode ser observado em quatro desdobramentos essenciais: vida privada, intimidade, sigilo e imagem.

[132] Ver por todos DENSA, Roberta. *Proteção jurídica da pessoa consumidora*: entretenimento, classificação indicativa – filmes – jogos – jogos eletrônicos. Indaiatuba, SP: Editora Foco, 2018, p. 191.

[133] É importante lembrar que pelo Estatuto da Criança e Adolescente lembrar dentre os direitos básicos estão a liberdade de expressão e opinião (ECA, art. 16, inc. II), sendo que a privacidade da criança também é direito inviolável (ECA, art. 17). Não se vê entre os direitos a divulgação publicitária. Igualmente o Marco Civil da Internet (Lei federal nº 12.965/14, art. 29) aborda a possibilidade de controle parental de conteúdo quando da utilização pelos filhos menores.

[134] BRASIL. Superior Tribunal de Justiça. REsp. nº 1.558.086-SP. Ementa: Processual civil. Direito do consumidor. Ação civil pública.Violação do art. 535 do CPC. Fundamentação deficiente.Súmula 284/STF. Publicidade de alimentos dirigida à criança. Abusividade. Venda casada caracterizada. Arts. 37, § 2º, e 39, I, do Código de Defesa do Consumidor. 1. Não prospera a alegada violação do art. 535 do Código de Processo Civil, uma vez que deficiente sua fundamentação. Assim, aplica-se ao caso, mutatis mutandis, o disposto na Súmula 284/STF. 2. A hipótese dos autos caracteriza publicidade duplamente abusiva. Primeiro, por se tratar de anúncio ou promoção de venda de alimentos direcionada, direta ou indiretamente, às crianças. Segundo, pela evidente "venda casada", ilícita em negócio jurídico entre adultos e, com maior razão, em contexto de *marketing* que utiliza ou manipula o universo lúdico infantil (art. 39, I, do CDC). 3. In casu, está configurada a venda casada, uma vez que, para adquirir/comprar o relógio, seria necessário que o consumidor comprasse também 5 (cinco) produtos da linha "Gulosos".

[135] SILVEIRA JÚNIOR, Antônio Morais e VERBICARO, Dennis. A tutela normativa infantil na relação de consumo e seus desafios. In *RDC* 112. São Paulo: Revista dos Tribunais, 2017, p. 201-226. Advertem: *"Nesse sentido, é importante mencionar o fenômeno recente da veiculação de publicidade infantil por 'YouTubers mirins'. Crianças que possuem canais no site YouTube recebem produtos das mais variadas espécies e marcas para que efetuem uma análise destes aos seus inscritos. Esse tipo de vídeo, conhecido como 'unboxing' ('tirar da caixa', em tradução livre), é uma alternativa barata e velada de publicidade, uma vez que basta o envio de uma unidade do produto a um YouTuber de renome, para que se torne conhecido por todas as crianças que assistem ao conteúdo deste usuário"*.

"legião" de seguidores que o acompanha diariamente. Importante, relembrar que a atividade de publicidade persuasiva sobre criança é, há tempos, vedada pela União Europeia.[136]

A *publicidade invisível*, por sua vez, é aquela não identificada como tal pelo consumidor e que também grassa com eficiência perante as redes sociais, ferindo claramente o princípio da identificação, estabelecido no art. 36 do CDC. A tática revela-se ilícita na medida em que o conteúdo exposto – mesmo que através de *teaser*[137] à primeira vista aparenta mensagem de cunho informativo (artístico, político, esportivo, profissional etc.), mas cladestinamente tem escopo publicitário por parte de fornecedor, frustrando, posteriormente, a expectativa do usuário das redes sociais que não compreendia o desfecho da postagem midiática.

Neste sentido, o XIII Congresso Brasileiro de Direito do Consumidor aprovou a seguinte tese independente: "A publicidade invisível, entendida como a mensagem publicitária que não é perceptível como tal, constitui prática abusiva nas relações de consumo, ainda que apresentada sob a forma de teaser e/ou divulgada por meio da internet".[138]

Por fim, a *publicidade por afeição*, mais específica que a publicidade invisível, está diretamente ligada aos usuários de grande impacto nas mídias sociais em âmbito regional (pessoas de amplo conhecimento público, celebridades, autoridades, etc.) circunvizinhos dos consumidores e que influenciam os seguidores para a aquisição de determinado produto ou contratação de serviços. O aumento da familiaridade, a proximidade e a atração que *influencer* exerce aumenta significamente a eficácia de vendas.

A figura do *digital influencer* ganha espaço interessante porque o fornecedor acaba utilizando os préstimos de consumidor para persuadir o público alvo, sem ser o autor direto da mídia. Aqui se vê novamente eventual descumprimento aos deveres que imantam a publicidade consoante os princípios da identificação, veracidade e vinculação (CDC, artigos 30, 35 e 36 e parágrafo único).

Não há dúvidas, pois, que as redes sociais impõem novas modalidades de publicidades, o que irrita o sistema jurídico a reagir, quando nas hipóteses de ilicitude ou abuso, mediante as ferramentas próprias, dentre elas a responsabilidade civil.

Considerações finais: proibição de insuficiência no controle da publicidade

Redes sociais são meios de transmissão de novas modalidades de publicidade. Acidentes de consumo, vícios ou demais ilicitudes daí decorrentes,

---

[136] Directiva 89/552/CEE do Conselho, de 3 de Outubro de 1989, relativa à coordenação de certas disposições legislativas, regulamentares e administrativas dos Estados-Membros relativas ao exercício de actividades de radiodifusão televisiva. Assim dispõe no art. 16: "*A publicidade televisiva não deve causar qualquer prejuízo moral ou físico aos menores, pelo que terá de respeitar os seguintes critérios para a protecção desses mesmos menores: a) Não deve incitar directamente os menores, explorando a sua inexperiência ou credulidade, à compra de um determinado produto ou serviço; b) Não deve incitar directamente os menores a* persuadir *os seus pais ou terceiros a comprar os produtos ou serviços em questão*".

[137] MIRAGEM, Bruno. *Curso de direito do consumidor*. São Paulo: Revista dos Tribunais, 2010, p. 172.

[138] Disponível em: <http://brasilcon.org.br/xiiicongresso/pagina/teses>. Acesso em: 01/06/2018.

mesmo que para tanto, se utilize de outros "consumidores-publicitários" (*influencer* ou *youtubers mirins*), são de responsabilidade daquele que mantém poder e assim se encontra designado pelo sistema jurídico (CDC, art. 3º, *caput*).

Vale a demonstração sólida de que a complexidade deve ser ligada às hipóteses de cadeia de fornecimento, posto que soe com tranquilidade não apenas a responsabilidade daquele que introduz do produto ou serviço no mercado e o respectivo agente publicitário, mas também dos próprios provedores de conteúdo, já que detêm a chave de conexão geral entre os diversos atores interativos.[139]

As novas tecnologias avançam em detrimento do direito que jamais terá a mesma velocidade na adequação das ferramentas de promoção do consumidor. Neste sentido, o projeto de Lei nº 3.515/15 de atualização do CDC, em trâmite perante a Câmara Federal, traz melhorias significativas quanto à extensão do conceito de publicidade abusiva, especialmente no que respeita ao hipervulnerável.[140]

Destarte, a questão que envolve a *publicidade persuasiva digital*, ligada justamente aos bens e direitos jusfundamentais quando em jogo relações que envolvam vulneráveis, está a exigir prontamente os **deveres de proteção** por parte do Estado, evitando-se a chamada proteção insuficiente.[141] E é justamente neste ponto o auxílio da virada linguista do direito: desenvolver a hermenêutica a favor da pessoa humana.

---

[139] MARQUES, Cláudia Lima. A nova noção de consumidor no consumo compartilhado: um estudo sobre as correlações do pluralismo contratual e o acesso ao consumo. In *Revista de Direito do Consumidor*. v. 111. São Paulo: Brasil, 2017, p. 247-268. Em feliz lição abordando a economia compartilhada explica:*"Em outras palavras, estas relações que são de consumo, apesar de poderem estar sendo realizadas entre duas pessoas leigas e não em forma profissional, deixam-se contaminar por este outro fornecedor, o fornecedor principal da economia do compartilhamento, que é organizada e remunerada: o guardião do acesso, o gatekeeper. Isto é, eu só posso contactar esta pessoa que vai me alugar sua casa ou sofá por uma semana, se usar aquele famoso aplicativo ou site, só posso conseguir rapidamente um transporte executivo, se tiver aquele outro aplicativo em meu celular etc. O guardião do acesso realmente é aquele que abre a porta do negócio de consumo, que muitas vezes ele não realiza, mas intermedia e por vezes coordena mesmo o pagamento (paypal, e eventualmente, os seguros etc.), como incentivos de confiança para ambos os leigos envolvidos no negócio".*

[140] Eis a proposição: *"Art. 37§ 2º. É abusiva, entre outras, a publicidade: I – discriminatória de qualquer natureza, a que incite à violência, explore o medo ou a superstição, se aproveite da deficiência de julgamento e experiência da criança ou desrespeite valores ambientais, bem como a que seja capaz de induzir o consumidor a se comportar de forma prejudicial ou perigosa à sua saúde ou segurança; II – que contenha apelo imperativo de consumo à criança, que seja capaz de promover qualquer forma de discriminação ou sentimento de inferioridade entre o público de crianças e adolescentes ou que empregue criança ou adolescente na condição de porta-voz direto da mensagem de consumo".*

[141] MIRAGEM, Bruno. Proteção da criança e do adolescentes consumidores. Possibilidade de explicitação de critérios de interpretação do conceito legal de publicidade abusiva e prática abusiva em razão de ofensa a direitos da criança e do adolescente por Resolução do Conselho Nacional da Criança e do Adolescente – CONANDA. In: *Revista de Direito do Consumidor*. v. 95. São Paulo: Revista dos Tribunais, 2014, p. 459-495. Explica: *"Não é desconhecido que o Estado pode, com o propósito de realizar seu dever de proteção de direitos fundamentais, limitar excessivamente outros direitos e liberdades. Trata-se do que normalmente denomina-se proibição do excesso (Übermaßverbot) que toma a proporcionalidade da limitação como critério para exame de sua conformidade ao Direito. Por outro lado, contudo, estudos recentes observam, também, que da mesma exigência de proporcionalidade resulta a proteção dos titulares de direitos fundamentais contra a inefetividade da ação estatal na consecução deste objetivo. Aqui se trata da proibição da proteção insuficiente do direito, ou simplesmente proibição de suficiência (Untermaßverbot)".*

Referências bibliográficas

ABBAGNANO. Nicola. *Dicionario de filosofía*. 3ª ed. México: Fondo de Cultura Económica, 1983

ADEODATO, João Maurício. *Filosofia do direito:* uma crítica à verdade na ética e na ciência (em contraposição à teoria de Nicolai Hartmann). São Paulo: Saraiva, 2013.

ALEXY, Robert. *Teoria da argumentação jurídica*. Trad. Zilda Hutchinson Schild Silva. São Paulo: Landy, 2001.

ALPA, Guido, BESSONE, Mario, ROPPO, Enzo Roppo. *Una politica del diritto per la pubblicità commerciale*. In:Rivista del Diritto Commerciale e del Diritto Generale delle Obbligazioni, anno LXXII (1974).

ATIENZA, Manuel. *El sentido del derecho*. 6ª. ed. Barcelona: Ariel, 2010.

AZEVEDO, Antônio Junqueira de. O direito como sistema complexo e de segunda ordem; sua autonomia, ato nulo e ato ilícito, diferença de espírito entre responsabilidade civil e penal, necessidade de prejuízo para haver direito de indenização na responsabilidade civil. *Estudos e pareceres de direito privado*. São Paulo: Saraiva, 2004.

BAUDRILLARD, Jean. *A sociedade de consumo*. Lisboa: Edições 70, 2014.

BAUMAN, Zygmunt. *Vida à crédito*. Rio de Janeiro: Zahar Editores, 2010.

——; DONSKIS, Leônidas. *Cegueira moral:* a perda da sensibilidade na modernidade líquida. Rio de Janeiro: Zahar, 2014.

BECK, Ulrich. *O que é globalização?* Trad. André Carone, São Paulo: Paz e Terra, 1999.

BELL, Daniel. *O fim das ideologias*. Brasília: Ed. Universidade de Brasília, 1980, p. 326.

BELLENGER, Lionel. *La Persuasion*. Paris: Presses Universitaires de France, 1996.

BENJAMIN, Antônio Hermann V. *O controle jurídico da publicidade*. In: Doutrinas essenciais do direito do consumidor. v. 3. São Paulo: Revista dos Tribunais, 2011.

BITTAR, Eduardo Carlos Bianca, *Linguagem jurídica*. 4ª ed. São Paulo: Saraiva, 2009.

BOBBIO, Norberto. *Teoria da norma jurídica*. Trad. Fernando Pavan Baptista. São Paulo: Edipro, 2003.

BOURGOIGNIE, Thierry. *O conceito jurídico de consumidor*. In: Doutrinas Essenciais de Direito do Consumidor. v. 2. São Paulo: Revista dos Tribunais, 2011.

CANARIS, Claus-Wilhelm. *Direitos fundamentais e direito privado*. Coimbra: Almedina, 2003.

CARETTI, P. *Diritto dell'informazione e della comunicazzione:* stampa, radiotelevisione, telecomunicazione, teatro e cinema. Bologna: Il Mulino, 2013.

CASTANHEIRA NEVES, António. *Metodologia jurídica:* problemas fundamentais. Coimbra: Coimbra, 1993

CASTELLS, Manuel. *A galáxia da Internet:* reflexões sobre a Internet, os negócios e a sociedade. Rio de Janeiro: Zahar, 2003.

CIALDINI, Robert B. *As armas da persuasão*. Trad. Ivo Korytowski. Rio de Janeiro: Sextante, 2012.

COASE, Ronald. *The problem of social cost*. The journal of law and economics.Chicago: University of Chicago Press, out. 1960.

DENSA, Roberta. *Proteção jurídica da pessoa consumidora:* entretenimento, classificação indicativa – filmes – jogos – jogos eletrônicos. Indaiatuba, SP: Editora Foco, 2018.

DESTUTT DE TRACY, Antoine-Louis-Claude. *Éléments d'idéologie*. V.1. Paris: J. Vrin, 1970.

DINIZ, Maria Helena. *Compêndio de introdução à ciência do direito*. 17. ed. São Paulo: Saraiva, 2005.

DWORKIN, Ronald. *O império do direito*. Trad. Jefferson Luiz Camargo. São Paulo: Martins Fontes, 2003.

ECO, Umberto. *Guerrilha semiológica:* viagem na irrealidade cotidiana. 9ª ed. Rio de Janeiro: Nova Fronteira, 1984.

FERNANDES NETO, Guilherme. *Direito da comunicação social*. São Paulo: Revista dos Tribunais, 2004.

FERNÁNDEZ-GALIANO, Antonio. El iusnaturalismo. In: ; ——; CASTRO CID, Benito de. *Lecciones de Teoría del Derecho y Derecho Natural*. 3. ed. Madrid: Universitas, 2001.

FERRARI, Regina Maria Macedo Nery.*Necessidade da regulamentação constitucional*. In: Revista de Direito Constitucional e Internacional. v. 18. São Paulo: Revista dos Tribunais, 1997.

FERRAZ JÚNIOR, Tércio Sampaio. *Teoria da norma jurídica*. Rio de Janeiro: Forense, 2002.

——. *Introdução ao estudo do direito:* técnica, decisão, dominação. 4. ed. São Paulo: Atlas, 2003.

FRANKS, James B. The Commercial Speech Doctrine and the First Amendment. 12 Tulsa L. J. 699 (2013).

GALGANO, Francesco. *La globalización en el espejo del derecho*. Santa Fe: Rubinzal Culzoni, 2005

GÄRDENFORS, Peter, SAHLIN, Nils-Eric. *Decision, probability, and utility*: Selected readings.New York: Cambridge University Press, 1988.

GAULIA, Cristina Tereza. *O abuso de direito na concessão de crédito:* o risco do empreendimento financeiro na era do hiperconsumo. In: Doutrinas essenciais de direito do consumidor. v. 3. São Paulo: Revista dos Tribunais, 2011.

GIDDENS, Anthony. *A constituição da sociedade*. São Paulo: Martins Fontes, 2009.

GUASTINI, Riccardo. *Interpretare e argumentare*. Milano: Giuffré Editore, 2014.

HABERMAS, Jürgen. Técnica e ciência como "ideologia", Edições 70, 1994.

——. *Teoría de la acción comunicativa*. Trad. Manuel Jiménez Redondo. 4. ed. Madrid: Trota Humanidades, 2003. v. 1.

HAYEK, F.A.*, Lei, legislação e liberdade*. In: A ideia de justiça de *Platão a Rawls*. Trad. Karina Janini. São Paulo: Martins Fontes, 2005.

HORKHEIMER, Max e ADORNO, Theodor. *Dialética do esclarecimento*. Rio de Janeiro: Jorge Zahar, 1985.

IRTI, Natalino. Direito e economia. In: *Revista de Direito Privado*. v. 62. São Paulo: Revista dos Tribunais, 2015.

JAMESON, Fredric. *O pós-modernismo e o mercado*. In: Zizek Slajov (org). Um mapa da Ideologia. Rio de Janeiro: Contraponto; 1999.

JAYME, Erik. *Identité culturelle et intégration:* le droit internationale privé postmoderne. Recueil des Cours de l' Académie de Droit International de la Haye. 1995, II.

KANT, Immanuel. *Crítica à razão pura*. 5ª ed. Trad. Manuel Pinto dos Santos e Alexandre Fradique Morujão. Lisboa: Fundação Calouste Gulbenkian, 2010.

KAUFMANN, Arthur. *A problemática da filosofia do direito ao longo da história*. In: Introdução à filosofia do direito e à teoria do direito contemporâneas. Trad. Marcos Keel. Lisboa: Fundação Calouste Gulbenkian, 2002.

KROKER, Arthur e WEINSTEIN, Michael. *Data trash:* The theory os the virtual class. Montreal: New World Perspectives, 1994.

KÜMPEL, Vitor Frederico; QUEIROZ ASSIS, Ana Elisa Spaolonzi; SERAFIM, Antonio de Pádua; ASSIS, Olney Queiroz. *Noções gerais de direito e formação humanística*. São Paulo: Saraiva, 2012.

LENCASTRE, José Alberto; CHAVES, José Henriques. A imagem como linguagem. In: *Libro de Actas do Congreso Internacional Galego-Portugués de Psicopedagoxía*. BARCA, A., PERALBO, M., PORTO, A., DUARTE DA SILVA, B. e ALMEIDA, L. (Coord.). Coruña: Universidade da Coruña: Revista Galego-Portuguesa de Psicoloxía e Educación, 2007.

LÉVY, Pierre. *Cybercultura*. Trad. Carlos Irineu da Costa. São Paulo: Editora 34, 2010.

LORENZETTI, Ricardo Luis. *Consumidores*. Santa Fe: Rubinzal-Culzoni, 2006.

——. *Fundamentos de derecho privado:* Código Civil y Comercial de la Nación Argentina. Buenos Aires: La Ley, 2016..

——. *Teoria da decisão judicial:* fundamentos de direito. 2. ed. São Paulo: Revista dos Tribunais, 2010.

LUBENOW, Jorge A. Emancipação pela ação comunicativa: a leitura crítica de Jürgen Habermas da dialética do esclarecimento e o esgotamento do programa emancipatório de Horkheimer e Adorno. Aufklärung. *Revista de Filosofia*. n. 2. v.1. UFPB, 2014.

LUHMANN, Niklas. *Introducción a la teoría de sistemas*. Trad. Javier Torres Nafarrate. México: Universidad Iberoamericana/Iteso, 1996.

MARQUES, Cláudia Lima. *Diálogo entre o Código de Defesa do Consumidor e o novo Código Civil:* do 'diálogo das fontes" no combate às cláusulas abusivas. *Revista de Direito do Consumidor*. v. 45. São Paulo: Revista dos Tribunais, 2003.

——. A nova noção de consumidor no consumo compartilhado: um estudo sobre as correlações do pluralismo contratual e o acesso ao consumo. In: *Revista de Direito do Consumidor*. v. 111. São Paulo: Brasil, 2017.

——. Vinculação própria através da publicidade? A nova visão do Código de Defesa do Consumidor. In: *Revista de Direito do Consumidor*. São Paulo: Revista dos Tribunais, 1994.

MARTINS, Fernando Rodrigues. *Os deveres fundamentais como causa subjacente-valorativa da tutela da pessoa consumidora:* contributo transverso e suplementar à hermenêutico consumerista da afirmação. RDC 94. São Paulo: Revista dos Tribunais, 2014.

——. Sociedade da informação e promoção à pessoa: empoderamento humano na concretude novos direitos fundamentais. In: *Revista de Direito do Consumidor*. v. 96. São Paulo: RT, 2014.

MARX, Karl; ENGELS, Friedrich. *A ideologia alemã*. Trad. Frank Müller. São Paulo: Martin Claret, 2004.

MATTEI, Ugo; NADER, Laura. *Pilhagem:* quando o Estado de Direito é ilegal. São Paulo: Martins Fontes, 2013

MAUTNER, Thomas. *Dicionário de filosofia*. Lisboa: Edições 70, 2011.

MAXIMILIANO, Carlos. *Hermenêutica e aplicação do direito*. 8. ed. Rio de Janeiro: Freitas Bastos, 1965.

MIRAGEM, Bruno. *Curso de direito do consumidor*. 2ª ed. São Paulo: Revista dos Tribunais, 2010.

——. Proteção da criança e do adolescentes consumidores. Possibilidade de explicitação de critérios de interpretação do conceito legal de publicidade abusiva e prática abusiva em razão de ofensa a direitos da criança e do adolescente por Resolução do Conselho Nacional da Criança e do Adolescente – CONANDA. In: *Revista de Direito do Consumidor*. v. 95. São Paulo: Revista dos Tribunais, 2014

——. Responsabilidade por danos na sociedade de informação e proteção do consumidor: desafios atuais da regulação jurídica da Internet. *Revista de Direito do Consumidor*. v. 70. São Paulo: Revista dos Tribunais, 2009.

MONTESQUIEU. *O espírito das leis*. São Paulo: Abril Editora, 1997.

MORAES, Maria Celina Bodin de. Ampliando os direitos da personalidade. In: N*a medida da pessoa humana: estudos de direito civil-constitucional*. Rio de Janeiro: Renovar, 2011.

MORIN, Edgar. *Ciência com consciência*. Trad. Maria D. Alexandre e Mari Alice Araripe de Sampaio Doria. 16ª ed. Rio de Janeiro: Bertrand Brasil, 2014.

NAVARRO, Evaristo Prieto. *Jürgen Habermas*: acción comunicativa e identidad política. Madrid: Centro de Estudios Políticos y Constitucionales, 2003.

NEGRI, Antônio; HARDT, Michael. *Empire*. Cambridge, Massachusetts: Harvad, 2000.

NEVES, Marcelo. *Transconstitucionalismo*. São Paulo: Martins Fontes, 2009.

NORONHA, Fernando. *Direito das obrigações*. São Paulo: Saraiva, 2004.

PASQUALOTTO, Adalberto. Direito e publicidade em ritmo de descompasso. In *RDC*. v. 100. São Paulo: Revista dos Tribunais, 2015.

——. *Os efeitos obrigacionais da publicidade no Código de Defesa do Consumidor*. São Paulo: RT, 1997.

——. *Autorregulamentação da publicidade:* um estudo de modelos europeus e norte-americano. In: *Revista de Direito do Consumidor*. v. 112. São Paulo: Revista dos Tribunais, 2017.

——; SARTORI, Paola Mondardo. Consumo sustentável: limites e possibilidades das práticas de consumo no contexto nacional. In: *Revista de Direito do Consumidor*. v. 85. São Paulo: Revista dos Tribunais, 2017.

PERELMAN, Chaïm, OLBRECHTS-TYTECA, Lucie. *Tratado da argumentação:* a nova retórica. Trad. Maria Ermantina de Almeida Prado Galvão. São Paulo: Martins Fontes, 2014.

PERLINGIERI, Pietro. *O direito civil na legalidade constitucional*. Trad. Maria Cristina De Cicco. Rio de Janeiro: Renovar, 2008.

RODRIGUES JÚNIOR, Otávio Luiz. *Estatuto epistemológico do direito civil contemporâneo na tradição de civil law em face do neoconstitucionalismo e dos princípios*. Belo Horizonte: Meritum – v. 5 – n. 2 – p. 13-52 – jul./dez. 2010.

RODYCZ, Wilson Carlos. O controle da publicidade. In: *Doutrinas essenciais do direito do consumidor*. v. 3. São Paulo: Revista dos Tribunais, 2011.

ROTH, André-Noel. O direito em crise: fim do Estado moderno? In: *Direito e globalização econômica:* implicações e perspectivas. São Paulo: Malheiros, 2010.

RUSSEL, Bertrand. *História do pensamento ocidental:* a aventura dos pré-socráticos a Wittgenstein. Rio de Janeiro: Nova Fronteira, 2017.

SANDEL, Michael J. *O liberalismo e os limites da justiça*. Trad. Carlos E. Pacheco do Amaral. Lisboa: Fundação Calouste Gulbenkian, 2005.

SANTOS, Boaventura de Sousa. Por uma concepção multicultural de direitos humanos. In: BALDI, César Augusto (Org.). *Direitos humanos na sociedade cosmopolita*. Rio de Janeiro: Renovar, 2004.

SCHIMITT, Carl. *Legalidade e legitimidade*. Belo Horizonte: Del Rey, 2007.

SCHMIDT, Lawrence K. *Hermenêutica*. Trad. Fábio Ribeiro. Petrópolis, RJ: Vozes, 2014.

SILVA, Jorge Pereira. *Deveres do Estado de protecção de direitos fundamentais:* fundamentação e estrutura das relações jusfundamentais triangulares. Lisboa: Universidade Católica Editora, 2015.

SILVEIRA JÚNIOR, Antônio Morais; VERBICARO, Dennis. A tutela normativa infantil na relação de consumo e seus desafios. In: *RDC* 112. São Paulo: Revista dos Tribunais, 2017.

TARUFFO, Michele. *La prova dei fatti giuridici*. Milano: Giuffré, 1992.

TELES JÚNIOR, Alcides. *Discurso, linguagem e justiça*. São Paulo: Revista dos Tribunais, 1986.

VIEHWEG, Theodor. *Tópica e jurisprudência*. Trad. Nelly Susane. Porto Alegre: Fabris, 2008.

VILANOVA, Lourival. *Estruturas lógicas e o sistema de direito positivo*. 3. ed. São Paulo: Noeses, 2005.

WARREN, Samuel; BRANDEIS, Louis. *Privacy*. Harvard Law Review. v. 4. n. 5, p. 193/219, 15.12.1890.

WITTGENSTEIN, Ludwig. *Tractatus Logico-Philosophicus*. Trad. Luis Henrique Lopes dos Santos – 3. ed. 2. Reimpr. São Paulo: Editora da Universidade de São Paulo, 2010.

WOLKMER, Antonio Carlos. In: *Prefácio*. Teoria crítica dos direitos humanos: os direitos humanos como produtos culturais (FLORES, Joaquín Herrera.). Rio de Janeiro: Lumen juris, 2009.

ZIMMERMANN, Reinhard. *The new German law of obligations:* Historical and comparative perspectives. Oxford: Oxford University Press, 2005.

— V —

A publicidade e a criança frente aos avanços tecnológicos: o caso dos *Youtubers Mirins*

GUILHERME DAMASIO GOULART

Doutorando e Mestre em Direito pela UFRGS. Advogado e consultor em Direito da Tecnologia e Segurança da Informação. Professor de Direito Civil na Faculdade CESUCA – Cachoeirinha/RS – e Professor convidado no curso de Especialização em Direito do Consumidor e Direitos Fundamentais da UFRGS.

MARIANA MENNA BARRETO AZAMBUJA

Doutoranda em Direito pela PUCRS. Mestre em Direito pela PUCRS. Advogada e Professora de Direito Civil e Direito do Consumidor na Faculdade CESUCA – Cachoeirinha/RS – e Professora convidada na Especialização em Direito de Família e Sucessões da Faculdade IMED.

Sumário: Introdução; 1. Riscos do consumo incentivados pela publicidade comercial; 2. Os *prosumers* e a publicidade feita por usuários; 3. A relação da criança com a publicidade; 4. Publicidade infantil na Internet: os *Youtubers Mirins*; Conclusão; Referências bibliográficas.

Introdução

A presença do consumo na vida das crianças e adolescentes nos dias atuais vem crescendo cada vez mais. Por outro lado, o sistema educacional do Brasil ainda é deficiente e não prepara os pequenos para o mercado de consumo de uma forma saudável.

O problema do consumismo infantil vem se ampliando com o passar dos anos,[1] porém de forma despercebida pela maioria da população – principalmente por parte dos pais – que apenas identificam o problema quando já possui dentro de casa um filho consumista. Essa condição, por certo, não nasce com as crianças, ela se instala junto com o avanço da tecnologia, que contribui para a ilusão daquelas por meio do mundo publicitário.

A publicidade infantil e sua capacidade de influenciar seus receptores pode ser tão grave ao ponto de causar um impacto familiar irreparável.

---

[1] Sabe-se que o mercado de consumo infantil aparece realmente após a Segunda Guerra Mundial, momento em que "uma gama de produtos de massa destinados aos jovens invade as lojas", cf. ARCELIN-LÉCUYER, Linda. *Droit de la publicité*. Rennes: Presses Universitaires de Rennes, 2011, p. 199

Enquanto isso, o Estado caminha lentamente para uma forma efetiva de regulação.

As empresas, por sua vez, reconhecem o imenso potencial do apelo comercial direcionado às crianças. Trata-se de um grande mercado que, se mal explorado, pode trazer danos a vários aspectos psicofísicos dos infantes.

Diante dessas premissas iniciais, passa-se a uma análise mais minuciosa de alguns problemas.

1. Riscos do consumo incentivados pela publicidade comercial

O Código de Defesa do Consumidor buscou por meio do § 2º do art. 37 legislar sobre a matéria, referindo que é abusiva toda aquela publicidade que se aproveite da deficiência de julgamento e experiência da criança. Porém, é certo que a existência do artigo, por si só, não vem se mostrando suficiente para dar conta dos efeitos deletérios causados pela exposição infantil ao mercado de consumo.

Dentre os inúmeros problemas decorrentes dos apelos publicitários dirigidos às crianças, aponta-se, por exemplo, a obesidade e o sobrepeso. Sem dúvida, extremamente preocupante, tendo em vista as consequências que o agravamento da doença trará para sua vida adulta. Consoante a Pesquisa de Orçamento Familiar (POF), realizada entre os anos de 2008 e 2009 pelo Instituto Brasileiro de Geografia e Estatística (IBGE), uma em cada três crianças com idade entre 05 e 09 anos estão acima do peso. Já o índice de obesidade dos jovens entre 10 a 19 anos passou de 3,7%, em 1970, para 21,7%, em 2009.[2]

O número é alarmante. Dentre as doenças decorrentes da obesidade, podem-se citar a diabetes tipo 2, problemas cardíacos e câncer do endométrio. Inclusive, em pesquisa realizada pela OMS (Organização Mundial da Saúde) no ano de 2005, a doença que mais matou pessoas foi a doença isquêmica do coração, podendo ser esta consequente da obesidade.[3]

Ainda assim, em face do desenvolvimento da criança, é possível reverter eventuais quadros patológicos com a mera alteração de hábitos. Sabe-se que a diminuição do consumo de açúcar, em situações de alto consumo por crianças obesas, já provoca efeitos benéficos em apenas 10 dias.[4]

A proximidade das crianças e adolescentes com a Internet também vem aumentando substancialmente, fazendo com que ela se exponha mais e mais

---

[2] Disponível em: <http://www.ibge.gov.br/home/presidencia/noticias/noticia_visualiza.php?id_noticia=1699&id_pagina=1>. Acesso em: 13 jun. 2017.

[3] Disponível em: <http://www.estadao.com.br/especiais/o-ranking-mundial-das-causas-de-morte,35046.htm>. Acesso em: 13 jun. 2017. Sobre a relação entre publicidade e alimentos ver AZAMBUJA, Mariana Menna Barreto. *Criança x Publicidade de Alimentos*: Uma Solução pelos Princípios Constitucionais. Porto Alegre: RJR, 2016.

[4] Conforme estudo realizada na University of California-San Francisco e Touro University. O estudo demonstrou que o corte de 10% a 28% do consumo de açúcar já melhora índices metabólicos como pressão arterial, triglicerídeos e LDL. Disponível em: <https://www.washingtonpost.com/news/to-your-health/wp/2015/10/27/cutting-sugar-from-kids-diets-appears-to-have-a-beneficial-effect-in-just-days/>. Acesso em: 13 jun. 2017.

ao consumo e a publicidades virtuais. A chamada "geração Z", por exemplo, é marcada pela alta exposição à propaganda.[5] Não se desconsidera, neste panorama, que essa mesma geração Z, reconhecida pela sua grande intimidade com as novas tecnologias, confirma a constatação do Prof. Bruno Miragem: a Internet também é "um fenômeno da sociedade do consumo".[6]

No Brasil, uma pesquisa do ano de 2016 intitulada TIC Kids mostra que 80% dos jovens com idade entre 9 e 17 anos usam a Internet, totalizando 23,7 milhões de crianças e adolescentes. Dentre esses, o percentual daqueles que se conectam em mais de um momento por dia subiu de 21% em 2014 para 66% em 2015.[7]

O Direito tem considerado a criança como um vulnerável já há algum tempo. Tal vulnerabilidade tem sido sustentada nas relações entre privados, de forma geral,[8] abrangendo desde o Direito do Consumidor até o Direito de Família.[9] A criança não possui o sistema cognitivo plenamente desenvolvido, fato este que a impede de filtrar o consentimento quando se trata de comprar ou não determinado produto. Por evidente, as campanhas publicitárias sabem exatamente de que forma um anúncio chamará a atenção dos pequenos. Neste sentido, Lucia Ancona Magalhães Lopes:[10]

> Trata-se na verdade, do público-alvo mais vulnerável e suscetível aos apelos publicitários, notadamente porque, a depender da sua faixa etária, a criança sequer tem condições de distinguir o caráter publicitário da mensagem a que está submetida e entender os seus efeitos persuasivos.

Dentre outros efeitos derivados da exposição da criança à publicidade, temos ainda: o alcoolismo – muitas vezes estimulado por pais e familiares que bebem em frente aos menores – e a publicidade que em geral busca transparecer a cerveja como sinônimo de uma vida social intensa; a erotização precoce – levando as crianças a abandonar a infância com maior rapidez, bem como fazendo com que queiram se tornar adultos antes do tempo; a estimulação à violência – através dos estímulos a compra de produtos caros para ser aceito pelos amigos; e, por fim, o estresse familiar – se dá por meio da excessiva ideia de materialismo, a criança pede, e os pais, muitas vezes, para compensá-la da ausência, retribuem mediante a compra de presentes.

---

[5] PASQUALOTTO, Adalberto; AZAMBUJA, Mariana Menna Barreto. A comédia da publicidade: entre a sátira e o politicamente correto. *Revista de Direito do Consumidor*, v. 96, p. 89-105, nov.-dez./2014, p. 90.

[6] MIRAGEM, Bruno. *Curso de Direito do Consumidor*. 5ª ed. rev. atual. e amp. São Paulo: Revista dos Tribunais, 2014, p. 505.

[7] Disponível em: <http://www.correiobraziliense.com.br/app/noticia/ciencia-e-saude/2016/10/25/interna_ciencia_saude,554592/quanto-tempo-as-criancas-podem-ficar-no-computador.shtml>. Acesso em: 17 jun.2017.

[8] Ver, principalmente, MARQUES, Cláudia Lima; MIRAGEM, Bruno. *O novo direito privado e a proteção dos vulneráveis*. São Paulo: RT, 2012, p. 129: "No caso da criança, a vulnerabilidade é um estado *a priori*, considerando que a vulnerabilidade é justamente o estado daquele que pode ter um ponto fraco, uma ferida (*vulnus*), aquele que pode ser 'ferido' (*vulnerare*) ou é vítima facilmente".

[9] Tanto que o princípio constitucional de proteção integral da criança e adolescente, com prioridade absoluta, leva em consideração a própria ideia de que "a maior vulnerabilidade e fragilidade dos cidadãos até os 18 anos, como pessoas em desenvolvimento, os faz destinatários de um tratamento especial", cf. DIAS, Maria Berenice. *Manual de Direito das Famílias*. 9ª ed. rev., atual. e amp. São Paulo: Revista dos Tribunais, 2013, p. 70.

[10] DIAS, Lucia Ancona Lopez de Magalhães. *Publicidade e direito*. São Paulo: Revista dos Tribunais, 2010. p. 183.

O foco da presente pesquisa será mais especificamente a influência que a tecnologia e a Internet têm na formação de crianças e adolescentes mais consumistas. O caso mais comum, atualmente, está em canais e vídeos no *youtube*, muitos protagonizados por menores.

2. Os *prosumers* e a publicidade feita por usuários

Foi Alvin Tofler, no seu famoso "A terceira onda", que chamou a atenção para o termo *prosumer*.[11] O *prosumer*, ou prosumidor – junção das palavras produtor e consumidor – é aquele que consome apenas o que produz. Houve épocas da humanidade em que as pessoas somente consumiam o que produziam, situação superada pela evolução da sociedade e, consequentemente, do capitalismo. Outra manifestação do *prosumer*, segundo Tofler, envolve as situações em que pessoas se ajudam mutuamente em grupos: "Fiam-se inteiramente no que poderia designar-se por 'conselho mútuo' – pessoas que trocam conselhos baseadas na sua própria experiência ao invés de receber os tradicionais conselhos profissionais".[12] Os *prosumers*[13] ainda influenciariam os próprios fornecedores, com suas opiniões, a melhorarem produtos. Atualmente, com a expansão da Internet, o termo vem novamente à tona.

O consumidor, que com sua participação na Internet influencia na criação e na própria avaliação de produtos, passa a desempenhar um novo papel no comércio eletrônico. O *prosumer* digital[14] é aquele que atua na rede comentando e avaliando produtos, bem como interagindo com outros consumidores. É cada vez mais comum que os consumidores utilizem a Internet para se informar sobre um produto antes de comprá-lo. Nesta atividade, alguns consumidores que adquiriram produtos passam a fazer avaliações públicas na Internet. Não se trata apenas de plataformas como o "Reclame aqui", que concentra reclamações sobre produtos ou serviços. São, ao contrário, pessoas que fazem *reviews*,[15] em *sites* e no Youtube, sobre os produtos e serviços que consomem. Um novo *smartphone*, um computador, um videogame, uma máquina de lavar, um refrigerador, enfim, qualquer produto pode ser avaliado na Internet. Uma breve pesquisa no Youtube é suficiente para mostrar a quantidade de pessoas que fazem avaliações de produtos naquela plataforma. Os *prosumers*, portanto, passam a ser produtores de informação digitalizada dentro de comunidades específicas.[16] Este senso de comunidade interativo[17] só é atingido em função da

---

[11] TOFLER, Alvin. *A Terceira Onda*. 5ª ed. Rio de Janeiro: Record, 1980, p. 267.
[12] Ibidem, p. 269.
[13] Ibidem, p. 274.
[14] MATOS, Karla Cristina da Costa e Silva. *O Valor Econômico da Informação nas Relações de Consumo*. São Paulo: Almedina, 2012. Segundo a autora "o consumidor do século XXI é um *prosumer*", p. 69.
[15] Um *review* é uma avaliação de um produto ou serviço feito por um consumidor.
[16] Não é raro que os *prosumers* "criem suas próprias comunidades online, onde eles compartilham informações relacionadas aos produtos, colaboram em projetos customizados, engajam-se no comércio e trocam dicas, ferramentas e 'hacks' de produtos", cf. TAPSCOTT, Don; WILLIAMS, Anthony D. Wikinomics: *How Mass Collaboration Changes Everything*. Expanded Edition. New York: Portfolio, 2008, p. 126.
[17] CASTELLS, Manuel. *A sociedade em Rede*. São Paulo: Paz e Terra, 2010, p. 442, falando sobre a sociedade interativa e sobre o "nascimento de uma nova forma de comunidade, que reúne as pessoas on-line ao redor de valores e interesses comum".

Internet, tecnologia esta que proporciona os meios técnicos para a criação dessas novas comunidades.

Se antes o consumidor dependia do próprio fornecedor para a obtenção de informações sobre os produtos, hoje, não raro, pesquisa-se antes a opinião de *prosumers*.[18] E os consumidores fazem isso por um motivo muito simples: confiam mais em outro consumidor[19] do que na empresa que quer, a qualquer custo, vender o seu produto. É uma relação fundada na ideia de transparência, sinceridade e confiança. Nenhuma empresa faz publicidade com os aspectos negativos dos produtos. Portanto, é nas avaliações de *prosumers* que se pode saber realmente os pontos positivos e, principalmente, os negativos dos produtos e serviços.[20]

A própria ideia de publicidade passa a ser influenciada[21] por essas atividades. Trata-se de uma forma mais interativa de participação que só é instrumentalizada por meio da Internet. Essas manifestações, além de ajudarem a informar outros consumidores, também fustigam novos consumidores a adquirirem as coisas avaliadas. Instiga-se a "imaginação para se consumir"[22] além da própria ideia de consumir para fazer parte de determinada comunidade.[23] Como os adultos são menos imaginativos do que as crianças, tem-se um parâmetro para compreender o que representa, para as crianças, essa instigação do imaginário para o consumo. Em muitos casos, não é necessário nem saber ler para ser instigado a comprar.[24]

O problema aparece quando as organizações passam a cooptar os *prosumers* para transformá-los em "publicitários velados". Isso ocorre não apenas com *prosumers* adultos, mas também com crianças, atualizando-se a "cibercultura de consumo".[25] Quando isso ocorre, subverte-se e confiança que se

---

[18] Um dos *sites* mais famosos de avaliações realizadas por consumidores é o TripAdvisor. Nele é possível avaliar restaurantes, hotéis, pousadas etc.

[19] "E é a partir desse cenário onde mistura-se essa nova cultura participativa com uma inteligência coletiva que surgem os indivíduos chamados *prosumers*. Esses por sua vez, são indivíduos que influenciam outros indivíduos e também organizações, através de seus compartilhamentos e produção de conteúdos, sendo responsáveis tanto por inovação em produtos e serviços quanto pelas novas culturas colaborativas presentes no ambiente da Internet e na sociedade", cf. HASSEN, Liana; STEFFEN, César; FERNANDES, Márcia Santana. Prosumers: como podem influenciar a inovação ou aprimoramento de produtos e serviços em organizações. *XI Semana de Extensão, Pesquisa e Pós-Graduação – SEPesq*. Centro Universitário Ritter dos Reis. Disponível em: <https://www.uniritter.edu.br/files/sepesq/arquivos_trabalhos/3612/687/780.pdf>. Acesso em: 20 Jun. 2017.

[20] MATOS, Karla Cristina da Costa e Silva. Ibidem, p, 66: "a informação proporcionou ao consumidor do século XXI mais poder de participação do processo comercial".

[21] Tofler afirma que "o prosumo envolve a 'desmercadização' de pelo menos certas atividades e, por conseguinte, um papel acentuadamente alterado para o mercado na sociedade". Ibidem, p. 277.

[22] MATOS, Karla Cristina da Costa e Silva. Ibidem, p. 72. Diz a autora: "O consumo é visto e sentido de forma diferente. A imaginação para se consumir é bem mais forte na expectativa, pois a utilização do produto não tem relevância significativa".

[23] Ibidem, p. 63.

[24] Lembrar aqui da lição de Bauman: "Tão logo aprendem a ler, ou talvez bem antes, a 'dependência das compras' se estabelece nas crianças. [...] Numa sociedade de consumidores, todo mundo precisa ser, deve ser e tem que ser um consumidor por vocação". BAUMAN, Zygmunt. *Vida para consumo*: A transformação das pessoas em mercadorias. Rio de Janeiro. Zahar, 2008, p. 73.

[25] A feliz expressão é de BARRETO, Ricardo de Macedo Menna. *Redes Sociais na Internet e Direito*: A proteção do Consumidor no Comércio Eletrônico. Curitiba: Juruá, 2012, p. 85.

estabelece(ia) com os *prosumers*. Se antes os *prosumers* não tinham por que mentir ao avaliar o produto, agora, com a cooptação feita pelas empresas, a relação de confiança fica ameaçada. Eles passam de *prosumers* a representantes dos interesses das empresas.

Há, portanto, uma "hibridação"[26] entre o exercício de liberdade de expressão legítimo das crianças na Internet e o novo tipo de publicidade aí engendrado pelas empresas. Ricardo Menna Barreto, ao falar sobre o fenômeno, refere-se ao uso das redes sociais pelas próprias empresas. Como exemplo, cita a *fan page* da Nike, que conta com milhões de seguidores.[27] Com os *youtubers* ocorre um tipo diferente de uso da Internet pelas empresas: se na criação de uma *fan page* oficial é facilmente identificável o fato de que foi a empresa que criou e mantém a página, esse caráter de identificabilidade é perdido com a publicidade em canais de *youtubers*. É muito mais difícil que o consumidor consiga identificar uma intenção mercadológica por trás dos vídeos quase sempre "desinteressados".

Se a atenção dos consumidores está cada vez mais direcionada para as mídias digitais, a consequência é que as empresas direcionarão publicidade para estes ambientes. Neste passo, já se vê a intensa reprodução de propagandas, por toda a Internet, em modalidades que perseguem o consumidor após este realizar uma busca. As empresas também perceberam que podem usar as redes sociais para atingir os clientes: é o chamado *"social commerce"*.[28] Outra frente de publicidade passa a ser as comunidades mantidas por pessoas comuns, que contam com muitos seguidores que se identificam entre si. Os novos protagonistas de canais do Youtube recebem a atenção das empresas, já que se tornam, para os jovens, novos ídolos com um potencial de comunicação[29] imenso.

No entanto, há uma questão importante nessa dinâmica envolvendo novos meios de publicidade: o requisito da identificabilidade. O objetivo é garantir que toda e qualquer publicidade possa ser percebida e facilmente identificada como tal. Agir com lealdade e fornecer informações corretas e adequadas ao consumidor são deveres de qualquer fornecedor no mercado de consumo. Trata-se da própria expressão do art. 36 do CDC: "A publicidade deve ser veiculada de tal forma que o consumidor, fácil e imediatamente, a identifique como tal". A identificação da publicidade como tal é uma expressão do próprio princípio da boa-fé objetiva.

---

[26] BARRETO, Ricardo de Macedo Menna. *Redes Sociais na Internet e Direito*: A proteção do Consumidor no Comércio Eletrônico. Curitiba: Juruá, 2012, p. 117.

[27] Ibidem, p. 120.

[28] Ibidem, p. 115.

[29] Se já se notou, na pós-modernidade, que "a vontade de se comunicar surge como força irresistível, cf. JAYME, Erik. *Identité culturelle et intégration*: Le droit international privé postmoderne. Cours Général de Droit International Privé. Haia: The Hague Academy of International Law, 1995. p. 257. Essa "força irresistível" aparece em variadas formas de comunicação, sobretudo, a comunicação por meios digitais. Não se trata apenas de querer se vender como mercadoria, trata-se também, no caso dos *youtubers*, da busca de um papel de protagonismo. Ser idolatrado na Internet passa a ser um sonho tão intenso quanto, nos anos 80-90, virar músico de uma banda de rock, artista de televisão ou modelo.

Decorre de tal consideração a consequência de que a publicidade não pode ser dissimulada ou clandestina. Bruno Miragem caracteriza a primeira como sendo

> aquela que se apresenta como parte do conteúdo editorial normal de um determinado veículo de comunicação. Tem a aparência de informação isenta, originada pelos meios regulares de produção de conteúdo de um determinado veículo de comunicação [...], mas na verdade revela-se com uma finalidade publicitária oculta ao público.[30]

Já a publicidade clandestina[31] está relacionada com a aparição de marcas ou uso de produtos em programas – sobretudo telenovelas –, aparentemente de maneira ocasional, mas que na verdade envolveria um acordo prévio com o anunciante.

A publicidade dissimulada ou clandestina é considerada, em nosso sistema, publicidade abusiva. Este meio ilícito de publicidade prejudica muito mais os consumidores crianças do que os adultos.[32] Karen Bertoncello já se manifestou no sentido de que este tipo de publicidade deve ser combatido "quando estudamos os efeitos da exposição do público infantil às mensagens televisivas".[33] No mesmo sentido, Renata Kretzmann e Carina Zin Lemos indicam a nocividade da publicidade invisível nas crianças em vista de sua "reduzida capacidade de discernimento".[34] De maneira geral, sabe-se que a certas violações de direitos, sobretudo os da personalidade, produzem danos maiores se o atingido for uma criança.[35]

Normalmente, a publicidade dissimulada ou clandestina aparece nos meios de comunicações tradicionais, como jornais e programas televisivos. O problema assume novos contornos, contudo, quando ocorre no Youtube. Nessas situações, é o próprio *youtuber* que passa a apresentar o produto, de maneira aparentemente ocasional, como se estivesse fazendo apenas um "review"[36] do produto que adquiriu por vontade própria. É possível dizer que a relação da criança com os *youtubers* é um pouco diferente da relação que tem com outros ídolos. Ela envolve um senso de identificação muito mais intenso em face da incapacidade de julgamento que a criança possui. Entre outros problemas,

---

[30] MIRAGEM, Bruno. Op. cit., p. 254. O autor indica ainda o art. 28 do Código Brasileiro de Autorregulamentação Publicitária que traz regra no mesmo sentido.

[31] Idem. Ibidem.

[32] Acerca da publicidade dissimulada em *blogs* adultos, é conhecido o caso da blogueira *fitness* Gabriela Pugliese. A blogueira teve suas postagens denunciadas ao Conar que fez recomendações no sentido de evitar a publicidade velada, Cf. notícia publicada em: <http://exame.abril.com.br/marketing/pugliesi-e-julgada-pelo-conar-por-publicidade-velada>. Em pesquisa no site do Conar é possível encontrar algumas representações contra a blogueira: falta de identificação de publicidade (007/17), problemas envolvendo anúncios de alimentos com fins terapêuticos (226/16) e propaganda dissimulada de cerveja (211/15).

[33] BERTONCELLO, Káren Rick Danilevicz. Os efeitos da publicidade na "vulnerabilidade agravada": como proteger as crianças consumidoras. *Revista de Direito do Consumidor*, v. 90, p. 69-90, nov.-dez./2013, p. 74.

[34] KRETZMANN, Renata Pozzi; LEMOS, Carina Zin. O princípio da identificação da publicidade como meio de proteção do consumidor. In: PASQUALOTTO, Adalberto; ALVAREZ, Ana Maria Blanco Montiel. *Publicidade e proteção da infância*. Porto Alegre: Livraria do Advogado, 2014, p. 176.

[35] SOUZA, Rabindranath V. A. Capelo de. *O Direito Geral de Personalidade*. Coimbra: Coimbra, 2011, p. 169.

[36] Outra atividade bastante comum em canais do Youtube é o *unboxing*. Em tais vídeos, o youtuber abre o produto recém-comprado – retirando-o da caixa, daí *unboxing* – e faz uma primeira análise. A ideia é transmitir e compartilhar com espectador a sensação de estar abrindo o produto pela primeira vez.

esses estímulos insistentes, se não acompanhados por orientação familiar, podem levar a problemas de hiperconsumo[37] no futuro adulto, hoje criança. Além do mais, deve-se atentar para o fato de que as crianças são muito mais sensíveis ao estímulo ao consumismo. Isso pode levá-las a se sentirem "perdedoras" se não tiverem certos bens.[38] Por consequência, é abusiva, também, toda a publicidade que envolve a incitação de consumo para crianças, por se aproveitar de sua deficiência de julgamento.[39]

3. A relação da criança com a publicidade

A relação da criança com a publicidade é cada vez mais analisada. Um dos estudos mais abrangentes feitos no país foi realizado na Universidade Federal do Ceará.[40] Com o título "Publicidade infantil em tempos de convergência", o estudo buscou identificar "a compreensão da natureza da publicidade, a apreciação das estratégias de persuasão nela contidas e os possíveis impactos desse tipo de comunicação em sua formação e em seu bem-estar".[41] De maneira geral, a pesquisa aponta que as crianças conseguem identificar uma publicidade quando a ela expostas.[42] Uma das crianças que respondeu ao estudo, ao falar sobre a publicidade, menciona que *"passa bastante no Youtube, também antes de começar o vídeo passa uma propaganda"*.[43] Nota-se, no caso, que a criança se refere aos vídeos promocionais passados antes do vídeo principal começar. É necessário registrar que em tais casos a publicidade é devida e adequadamente identificada – diferentemente do que ocorre com o problema da publicidade dissimulada, que será abordado mais adiante. Em tais situações, as crianças – assim como ocorre com adultos – se irritam facilmente com a quantidade de propaganda no início dos vídeos, pulando logo nos primeiros segundos.[44]

A constatação deste estudo é fundamental para o tema aqui abordado. As crianças conseguem perceber a publicidade, quando adequadamente identificada e, se em excesso, irritam-se facilmente com sua quantidade. Essa tendência das crianças fugirem da publicidade, se notada pelas empresas, pode ser por elas burlada com a publicidade dissimulada ou clandestina. A vincu-

---

[37] MATOS, Karla Cristina da Costa e Silva. Op. cit., p. 63. Como se sabe "não se compra porque necessita de um produto, mas essencialmente se compra aleatoriamente, pelo simples ato de comprar, a ideia de se contentar com o necessário se deixou com a evolução da sociedade".

[38] D'AQUINO, Lúcia Souza. A publicidade abusiva dirigida ao público infantil. *Revista de Direito do Consumidor*. v. 106, jul.-ago./2016, versão Revista dos Tribunais Online, p. 14-15.

[39] Idem. Ibidem, p. 17.

[40] SAMPAIO, Inês Vitorino Sampaio; CAVALCANTE, Andrea Pinheiro Paiva (coord). *Publicidade Infantil em Tempos de Convergência*. Universidade Federal do Ceará – Grupo de Pesquisa da Relação Infância, Juventude e Midia. Disponível em: <http://www.defesadoconsumidor.gov.br/images/manuais/publicidade_infantil.pdf>. Acesso em: 5 Jun 2017.

[41] Ibidem, p. 9.

[42] Ibidem, p. 52. Em sentido contrário, ver referência a um estudo finlandês que aponta que quatro em cinco crianças não conseguem reconhecer a publicidade na Internet. Disponível em: <https://www.slate.fr/story/100835/reconnaitre-publicite-internet>. Acesso: em 10 Jun 2017.

[43] Ibidem, p. 52.

[44] Ibidem, p. 59.

lação de artistas com marcas é algo bastante comum no mercado publicitário, porém, com a Internet, a utilização de novos ídolos infantis – os *youtubers* mirins – como protagonistas de publicidade atinge novos contornos.

Sobre a relação das crianças com o acesso ao Youtube, os resultados são reveladores. Os pesquisadores identificaram que o *site* foi citado por todos os grupos analisados.[45] Outro ponto importante envolvendo a publicidade na Internet é aquela realizada por meio de jogos relacionados com marcas ou personagens infantis.[46] Tais jogos, quando relacionados com marcas, brinquedos ou filmes, fazem com que as crianças se divirtam bastante com a situação. Assim, o estudo destaca que:

> Nestes casos, diferentemente da menção ao desconforto em relação à publicidade que interrompe seus programas prediletos, não foram registradas reclamações sobre os advergames. Tudo indica que as crianças são levadas a se divertirem com as marcas e personagens sem se dar conta, muitas vezes, de que ali está sendo construído um processo de fidelização de marcas e de promoção das práticas de consumo.[47]

Embora o estudo não aborde a questão sobre os *youtubers* mirins, é possível relacionar a mesma conclusão também com esta situação. A identificação da criança com seus *youtubers* preferidos deixa-a muito mais aberta às influências dadas por eles. É com essa base que se passa a analisar a questão dos *youtubers* mirins.

4. Publicidade infantil na internet: os *Youtubers Mirins*

Muitos ainda se surpreendem com as práticas e hábitos de crianças e adolescentes na Internet. É bastante evidente a grande facilidade na apreensão das novas tecnologias pelos jovens, visto que agem como verdadeiros "nativos digitais".[48] No entanto, outras características de seu uso nem sempre são tão evidentes ou compreensíveis para as gerações seguintes. Há, no senso comum, por exemplo, uma ideia de que os jovens não se preocupariam com a própria privacidade. No entanto, tal tese não se sustenta. Os jovens se preocupam sim com a privacidade, porém de maneira diferente. Estudos mostram que eles atuam de maneira sofisticada para proteger sua privacidade, comportando-se de forma até mais vigilante de que os mais velhos. Seu comportamento de proteção à privacidade, no entanto, estaria muito mais direcionado à proteção não em face de seus pares, mas sim em face de pais e professores.[49]

---

[45] Ibidem, p. 54.
[46] Ibidem, p. 57.
[47] Ibidem, p. 58.
[48] Expressão comumente atribuída a PRENSKY, Marc. *Digital Natives, Digital Immigrants*. Disponível em: <http://www.marcprensky.com/writing/Prensky%20-%20Digital%20Natives,%20Digital%20Immigrants%20-%20Part1.pdf>. Acesso em: 15 Jun 2017. Como continuação deste estudo o autor escreveu o artigo *Do They Really Think Differently*. Disponível em: <http://www.marcprensky.com/writing/Prensky%20-%20Digital%20Natives,%20Digital%20Immigrants%20-%20Part2.pdf>. Acesso em: 15 Jun 2017.
[49] RICHARDS, Neil M. Four privacy Miths. In: SARA, Austin (Ed.) *A World Without Privacy*: What Law Can and Should Do. New York: Cambridge University Press, 2015, p. 56-57, tradução nossa.

A referência à questão da privacidade é relevante, pois há um contraste marcante entre a exposição e a reserva entre os jovens. Nos ambientes eletrônicos, os jovens atuam com muito entusiasmo

> de forma a encontrar outros jovens que pensem como ele, fazendo experimentações com sua identidade, criando um espaço social definido por jovens e não por adultos, pais e professores, já que enxergam os benefícios da conectividade, inclusive a pequena chance de que eles "viralizem" ou se tornem uma "micro-celebridade".[50]

Essa necessidade de exposição somada à facilidade de interação e atuação nos ambientes digitais faz com que os jovens utilizem intensamente as redes sociais. Para além de Facebook e Instagram, o Youtube é repleto de canais protagonizados e mantidos por crianças e adolescentes. O fenômeno dos *youtubers* mirins é mundial e os números são surpreendentes.[51] Nos EUA, por exemplo, o canal "EvanTubeHD", mantido por um menino chamado Evan, possui 4.407.366 de inscritos, sendo que seus vídeos já alcançaram 2.896.310.222 de visualizações.[52] No Brasil, um dos canais infantis mais populares é o "Bel para Meninas", mantido por uma menina chamada Bel, possuindo 3.909.318 de inscritos. Seus vídeos possuem 1.570.401.617 de visualizações.[53] Há outros exemplos[54] igualmente impactantes: Isaac do VINE, com 4.116.294 de inscritos;[55] Juliana Baltar, com 3.521.905 inscritos[56] e Maísa Silva, a conhecida atriz mirim, com 3.133.525 de inscritos.[57] É interessante notar, apenas para fins ilustrativos, que os números de inscritos citados representam, em quase todos os casos, mais pessoas do que a população do Uruguai. A fidelidade do público se mostra evidente quando se analisam os números de visualizações, que ultrapassam a casa do bilhão.

O crescimento do uso da Internet para fins de diversão, como se dá com os canais de *youtubers* mirins, comprova a tese de que se vive hoje na "civilização do espetáculo"[58] e essa ideia atinge, agora diretamente, também a publicidade.

O problema, relacionado com o tema aqui tratado, aparece quando são realizadas propagandas de produtos pelos protagonistas dos vídeos. Verifica-se aí uma preocupação especial: a ocorrência de publicidade dissimulada nos canais de *youtubers* mirins. Não raro, os vídeos envolvem diversas referências

---

[50] Ibidem, p. 57, tradução nossa.

[51] Indicações de canais feitas por reportagem publicada no Diário de Pernambuco. Disponível em: <http://www.diariodepernambuco.com.br/app/noticia/diarinho/2015/12/04/interna_diarinho,614321/criancas-a-frente-de-canais-no-youtube-fazem-sucesso-na-web.shtml>. Acesso em: 13 Jun 2017.

[52] Verificado em 13 de Junho de 2017, no endereço <https://www.youtube.com/user/EvanTubeHD>.

[53] Verificado em 13 de Junho de 2017, no endereço <https://www.youtube.com/user/belparameninas>.

[54] Conforme lista publicada em <http://diaestudio.com/noticias/10-canais-de-youtubers-mirins/>.

[55] Verificado em 1º de Junho de 2017, no endereço <https://www.youtube.com/channel/UCxyk5VZ-BY-5rvIx1_Zx9wA>.

[56] Verificado em 13 de Junho de 2017, no endereço <https://www.youtube.com/user/Juliana1846>.

[57] Verificado em 13 de Junho de 2017, no endereço <https://www.youtube.com/user/maisasilvaoficial>.

[58] VARGAS LLOSA, Mário. *A civilização do espetáculo*: Uma radiografia do nosso tempo e da nossa cultura. Rio de Janeiro: Objetiva, 2013, p. 29. Civilização do espetáculo "é a civilização de um mundo onde o primeiro lugar na tabela de valores vigentes é ocupado pelo entretenimento, onde divertir-se, escapar do tédio, é a paixão universal".

a produtos, em sua maioria, brinquedos. Também há ocorrências de produtos escolares e gêneros alimentícios. Nessas situações, o *youtuber* passa a falar sobre um produto, sem dizer ou demonstrar por algum meio que está fazendo algum tipo de publicidade. São menções desinteressadas, revestidas de um caráter quase casual.

Tais ocorrências acabam por subverter o próprio *telos* do ambiente, no caso o Youtube, transformando-o em local fértil para o crescimento da publicidade ilícita infantil. Como a propaganda é realizada pelo próprio *youtuber*, o qual a criança espectadora tem profunda identificação, atinge-se um nível máximo de pediocularidade, isto é, "o ajustamento das estratégias de *marketing* ao ponto de vista da criança".[59] Na mente da criança, trata-se de um conselho e sugestão de um amigo. Além do mais, o *prosumer* criança passa a vender sua imagem na Internet. É a concretização da afirmação de Bauman quando diz que "tanto os objetos de adoração como seus adoradores são mercadorias. Os membros da sociedade de consumidores são eles próprios produtos de comodificação".[60]

A questão da publicidade relacionada com a figura de ídolos – e o estímulo daí advindo – já foi notada por Bauman. A Internet, segundo o autor, teria ampliado as situações em que as pessoas buscam "comparar sua própria sorte individual à de outros indivíduos, e em particular ao consumo esbanjador dos ídolos".[61] Mais uma vez, o que já é intenso nos adultos – as "ondas de entusiasmo"[62] por certas mercadorias propagadas em diversos meios, entre eles, a Internet –, torna-se prejudicial nas crianças que, sem um senso crítico formado, passam a almejar fortemente os hábitos de consumo dos *youtubers*. A questão é que não se trata de um hábito de consumo real – o dos *youtubers* –, mas sim artificial. A análise de produtos que eles realizam só é possível, muitas vezes, pois eles foram doados pelas empresas. Uma família em condições normais dificilmente teria condições de adquirir tantos produtos, o que causa na criança uma frustração de não conseguir atingir aquele nível de consumo.

Nas referidas avaliações de produtos, não é segredo que há empresas que enviam produtos gratuitamente para os youtubers mirins, visto que sabe que aquele canal realiza *reviews* de produtos que recebe.[63] Assim, o "presente"[64] dado pela empresa ao *youtuber* seria o pagamento para que ele produzisse uma peça publicitária. Em outros casos, a empresa pode ir além, pagando em dinheiro ao *youtuber* para que ele avalie o produto. A prática é conhecida

---

[59] BAUMAN, Zygmunt. Op. cit., p. 84.

[60] Ibidem, p. 82.

[61] BAUMAN, Zygmunt. *Vida a crédito*. Rio de Janeiro: Zahar, 2010, p. 60.

[62] DEBORD, Guy. *La société du Spectacle*. 3ª ed. Paris: Buchet-Chastel, 1992, p. 38.

[63] A indicação de que esta prática ocorre é feita por GODOY, Renato; DANTAS, Thaís. Youtubers Mirins: Mera expressão artística ou trabalho infantil. IN: CGI.BR. TIC *Kids Online Brasil*: Pesquisa sobre o uso da Internet por crianças e adolescentes no Brasil. São Paulo: 2016. Disponível em: <http://cetic.br/media/docs/publicacoes/2/TIC_Kids_2015_LIVRO_ELETRONICO.pdf>. Acesso em: 20 Jun 2017, p. 96. Ambos os autores atuam no conhecido Instituto Alana.

[64] Ibidem, p. 97. Segundo os autores os produtos podem de segmentos como "vestuário, materiais escolares, alimentos, entretenimento, cosméticos, brinquedos, entre outros...".

também em canais produzidos por *youtubers* adultos.[65] No caso dos *youtubers* mirins, há situações em que eles fazem avaliações de várias "amostras" recebidas, ato que é realizado em episódios temáticos chamados de "recebidos" ou "acumulados".[66]

A prática não iniciou, é necessário dizer, com a Internet. Há muito tempo os fornecedores buscam meios alternativos à publicidade como forma de atingir os clientes. Assim, o oferecimento gratuito de produtos, a realização de eventos, o uso de jogos, entre outros, despertam um lado lúdico no consumidor.[67] Maria Pezzella destaca, acerca dos jogos na publicidade, que "havendo dois produtos muitos próximos em qualidade, quantidade, reconhecimento da marca e preço, qual será o produto consumido, o que traz em si algo lúdico que possa despertar o interesse em comprar".[68] Esse aspecto lúdico, atingido pelos jogos, pode ser comparado também aos vídeos de avaliação e assemelhados produzidos pelos *youtubers* mirins.

Foi possível encontrar situações de aparente publicidade dissimulada nos canais de alguns *youtubers* mirins. No canal "Isaac do Vine", por exemplo, o vídeo de abertura do canal falava sobre um brinquedo, o chamado Fidget Spinner. No canal de Júlia Silva, em um dos vídeos ela fazia o *unboxing* de uma boneca, a LOL (*Lil Outrageous Littles*).[69] É importante destacar que no vídeo não há qualquer referência de que se trata de publicidade. No mesmo canal, na descrição do vídeo, havia o link para a venda de um livro de autoria da própria Júlia Silva. Em alguns vídeos, contudo, há referências no sentido de apontar que "não se trata de vídeo publicitário, o brinquedo foi adquirido com recurso dos pais e a youtuber fez o vídeo de forma espontânea".[70] No canal de Juliana Baltar, havia também um *unboxing* de um boneco, o Bebê Reborn, uma conhecida boneca com detalhes realistas.

O conhecido projeto Criança e Consumo, do instituto Alana, já se manifestou sobre a prática.[71] No *site* do projeto há farto material, inclusive com cópias de notificações da procuradoria da república do Rio de Janeiro a empresas em que se suspeitava o uso de *youtubers* mirins para a divulgação de produtos. Em respostas a tais notificações, algumas empresas negaram a prática. Já outras admitiram. A Sestini Mercantil Ltda. confirmou que realizou um

> Termo de Colaboração com o Canal de Internet denominado Blog Júlia Silva, com o objetivo de veicular um vídeo review com a promoção de 06 (seis) produtos e como contrapartida, o Blog receberia um percentual de comissão nas vendas originadas pelo Canal.[72]

---

[65] Idem.

[66] Idem.

[67] Acerca das "armadilhas lúdicas" da publicidade ver PEZZELLA, Maria Cristina Cereser. *A Eficácia Jurídica na Defesa do Consumidor*: O poder do jogo na publicidade. Porto Alegre: Livraria do Advogado, 2004, p. 69.

[68] Idem.

[69] Verificado em 1º de Junho de 2017, no endereço <https://www.youtube.com/watch?v=Oe7sZamiZwA>.

[70] Cf. vídeo publicado em: <https://www.youtube.com/watch?v=1iptAyQJvkA>. Acesso em: 1º de Junho 2017.

[71] Cf. material publicado em: <http://criancaeconsumo.org.br/acoes/youtubers-mirins/>. Acesso em: 27 Maio 2017.

[72] Cf. resposta publicada em: <http://criancaeconsumo.org.br/wp-content/uploads/2016/06/Resposta-Sestini.pdf>. Acesso em: 1º Jun 2017.

A justificativa dada pela empresa foi no sentido de que o acordo de publicidade foi realizado com a própria mãe da protagonista do canal, e que, em face disso, não haveria "qualquer tipo de aproveitamento à peculiar fase de desenvolvimento da mencionada *youtuber*", e que é prática neste mercado "a promoção da distribuição de amostras gratuitas de seus produtos" e que, de maneira geral, os *youtubers* não são obrigados a fazerem vídeos dos produtos e, quando isso ocorre, é por livre vontade deles. Cabe destacar que no referido canal, ao se pesquisar pelo termo "review", foram encontrados mais de 100 vídeos, em sua grande maioria, apresentações de brinquedos.

Em resposta aos procedimentos da Procuradoria da República do Rio de Janeiro, a empresa Foroni também reconheceu que enviou amostras gratuitas de seus produtos, e que isso ocorre com crianças e adultos. No entanto, segundo a empresa, após enviar as amostras, não induziria os *youtubers* a fazerem vídeos e nem possui relação comercial com eles.[73]

As lojas C&A disseram que enviam produtos apenas para adultos, nunca para crianças. Em determinada situação, no entanto, reconheceram que enviaram um presente de natal à *youtuber* Júlia Silva, mas o produto foi direcionado à mãe da menina, "sem realizar qualquer proposta comercial".[74]

Já a BIC, fabricante de canetas, indicou já ter enviado amostras grátis a 12 *youtubers* mirins, sem nenhuma relação comercial. A exceção ocorreu com a *youtuber* Júlia Silva, com a qual realizou campanha publicitária. O destaque é que o contrato foi realizado, segundo a resposta da BIC, com a "agência de publicidade da infante, a *Mostre-se Publicidade e Marketing Digital Ltda -ME*" e que o referido contrato "tinha como obrigações a gravação de vídeo e sua respectiva divulgação no canal oficial da blogueira".[75]

O McDonalds, em sua resposta,[76] teceu longa argumentação sobre a não contratação de *youtubers*, com considerações sobre a liberdade de expressão das crianças e indicação de que os termos de uso do Youtube impedem que sejam utilizados por menores de 18 anos. Porém, indicou que oito crianças receberam um *"press release"* da empresa sem que fossem obrigadas a gravar qualquer vídeo. Os *youtubers* que gravaram vídeos, assim o fizeram – nas palavras da empresa – no pleno exercício de sua liberdade de expressão.

A Mattel disse[77] que não envia produtos para *youtubers* como contrapartida de gravação de vídeos. Informou que identificou alguns canais que fizeram *reviews* de seus produtos e que os teriam recebido de presente. Porém, os produtos não foram enviados pela Mattel, o que se trataria de uma "tática para

---

[73] Cf. resposta publicada em: <http://criancaeconsumo.org.br/wp-content/uploads/2016/06/Resposta-Foroni.pdf>. Acesso em: 1º Jun 2017.

[74] Cf. resposta publicada em: <http://criancaeconsumo.org.br/wp-content/uploads/2016/06/Resposta-CA.pdf>. Acesso em: 1º Jun 2017.

[75] Cf. resposta publicada em <http://criancaeconsumo.org.br/wp-content/uploads/2016/06/Resposta-BIC.pdf>. Acesso em: 1º Jun 2017.

[76] Cf. resposta publicade em <http://criancaeconsumo.org.br/wp-content/uploads/2016/06/Resposta-Arcos-Dourados.pdf>. Acesso em: 1º Jun 2017.

[77] Cf. resposta publicada em: <http://criancaeconsumo.org.br/wp-content/uploads/2016/06/Resposta-Mattel.pdf>. Acesso em: 1º Jun 2017.

estimular que empresas lhe enviem produtos gratuitamente". Segundo a empresa, os canais teriam um "esquema profissional" para a captação de fornecedores. Mesmo assim, a empresa confirmou ter enviado produtos aos responsáveis legais de alguns canais, sendo que alguns deles já foram mencionados no texto. Coincidentemente, entre os canais que receberam as doações estão o "Isaac do Vine", "Júlia Silva" e "Bel para Meninas", os canais com maior número de seguidores no Brasil.

De tudo o que se viu, não parecem ser sérios os argumentos das empresas quando dizem que "apenas enviam produtos" ou que "enviaram presentes" para os *youtubers* mirins. Certamente, por se tratarem de grandes empresas – algumas multinacionais – e, consequentemente, conhecerem o mercado, sabem o que representam essas ações aparentemente inocentes. Não há desinteresse em se enviar um presente de natal para uma *youtuber* com um canal com 2.206.880 inscritos, canal este que realiza *reviews* de produtos direcionados a crianças. Note-se: não enviaram um presente para uma criança qualquer, de forma aleatória, mas a uma conhecida *youtuber*. É evidente que as empresas sabem do potencial de suas práticas e não podem, de forma alguma, negar sua responsabilidade pelas publicidades. As empresas parecem querer indicar que a publicidade foi acidental, quando, na verdade, contou com a sua participação direta.

Além do mais, os argumentos, de tão singelos, parecem zombar dos procuradores e dos especialistas que estudam o fenômeno do consumo e da publicidade. Nota-se, sim, situação de cuidadoso planejamento para o oferecimento de produtos via canais de *youtubers* mirins. Não podem as empresas se esquivar da responsabilidade dizendo simplesmente que não "pagaram" ou não "contrataram" a criação do conteúdo. A dinâmica do ambiente faz com que o envio "gratuito" dos produtos redunde inexoravelmente na publicação de um vídeo sobre o produto. Enviar um produto para um *youtuber* mirim que realiza *reviews* de produtos em seu canal, com milhões de seguidores e bilhões de visualizações, não é acidente.

Por fim, não se pode deixar de mencionar, mesmo que brevemente, sobre duas medidas que têm gerado bastante alvoroço entre agências de publicidade e anunciantes.

A primeira delas é a resolução de n° 24 da ANVISA, publicada no ano de 2010, dispondo sobre a oferta, propaganda, publicidade, informação e outras práticas correlatas, cujo escopo seja a divulgação e a promoção comercial de alimentos considerados com quantidades elevadas de açúcar, de gordura saturada, de gordura *trans*, de sódio, e de bebidas com baixo teor nutricional.

Dentre os requisitos gerais, a resolução exigia que as informações exigidas sejam "veiculadas de maneira adequada, ostensiva, correta, clara, precisa e em língua portuguesa", lembrando o que já prevê o Código de Defesa do Consumidor através do artigo 31.[78] Com a publicação dessa resolução, o setor

---

[78] Art. 31. A oferta e apresentação de produtos ou serviços devem assegurar informações corretas, claras, precisas, ostensivas e em língua portuguesa sobre suas características, qualidades, quantidade, composição, preço, garantia, prazos de validade e origem, entre outros dados, bem como sobre os riscos que apresentam à saúde e segurança dos consumidores.

regulado reagiu no sentido da falta de legitimidade da agência em disciplinar a publicidade de produtos não saudáveis, já que caberia ao Congresso Nacional, através de lei, realizar tal atribuição.[79]

Uma segunda medida seria a resolução de nº 163 de 2014,[80] de autoria do CONANDA[81] (Conselho Nacional dos Direitos da Criança e do Adolescente), que também vem provocando inúmeras discussões sobre a sua possibilidade de aplicação. O objetivo da resolução é dispor, de maneira complementar e explicativa em relação ao artigo 37, § 2º, do CDC, sobre a abusividade do

---

[79] Disponível em <http://www.aba.com.br/Pagina.aspx?IdSecao=2141,2142&IdNoticia=3951&AbaNaMidia=0>. Acesso em 28.set.2014.

[80] Art. 1º Esta Resolução dispõe sobre a abusividade do direcionamento de publicidade e de comunicação mercadológica à criança e ao adolescente, em conformidade com a política nacional de atendimento da criança e do adolescente prevista nos arts. 86 e 87, incisos I, III, V, da Lei nº 8.069, de 13 de julho de 1990. § 1º Por 'comunicação mercadológica' entende-se toda e qualquer atividade de comunicação comercial, inclusive publicidade, para a divulgação de produtos, serviços, marcas e empresas independentemente do suporte, da mídia ou do meio utilizado. § 2º A comunicação mercadológica abrange, dentre outras ferramentas, anúncios impressos, comerciais televisivos, spots de rádio, banners e páginas na internet, embalagens, promoções, merchandising, ações por meio de shows e apresentações e disposição dos produtos nos pontos de vendas. Art. 2º Considera-se abusiva, em razão da política nacional de atendimento da criança e do adolescente, a prática do direcionamento de publicidade e de comunicação mercadológica à criança, com a intenção de persuadi-la para o consumo de qualquer produto ou serviço e utilizando-se, dentre outros, dos seguintes aspectos: I – linguagem infantil, efeitos especiais e excesso de cores; II – trilhas sonoras de músicas infantis ou cantadas por vozes de criança; III – representação de criança; IV – pessoas ou celebridades com apelo ao público infantil; V – personagens ou apresentadores infantis; VI – desenho animado ou de animação; VII – bonecos ou similares; VIII – promoção com distribuição de prêmios ou de brindes colecionáveis ou com apelos ao público infantil; e IX – promoção com competições ou jogos com apelo ao público infantil. § 1º O disposto no caput se aplica à publicidade e à comunicação mercadológica realizada, dentre outros meios e lugares, em eventos, espaços públicos, páginas de internet, canais televisivos, em qualquer horário, por meio de qualquer suporte ou mídia, seja de produtos ou serviços relacionados à infância ou relacionados ao público adolescente e adulto. § 2º Considera-se abusiva a publicidade e comunicação mercadológica no interior de creches e das instituições escolares da educação infantil e fundamental, inclusive em seus uniformes escolares ou materiais didáticos. § 3º As disposições neste artigo não se aplicam às campanhas de utilidade pública que não configurem estratégia publicitária referente a informações sobre boa alimentação, segurança, educação, saúde, entre outros itens relativos ao melhor desenvolvimento da criança no meio social. Art. 3º São princípios gerais a serem aplicados à publicidade e à comunicação mercadológica dirigida ao adolescente, além daqueles previstos na Constituição Federal, na Lei nº 8.069, de 13 de julho de 1990, Estatuto da Criança e do Adolescente, e na Lei nº 8.078, de 11 de setembro de 1990, Código de Defesa do Consumidor, os seguintes: I – respeito à dignidade da pessoa humana, à intimidade, ao interesse social, às instituições e símbolos nacionais; II – atenção e cuidado especial às características psicológicas do adolescente e sua condição de pessoa em desenvolvimento; III – não permitir que a influência do anúncio leve o adolescente a constranger seus responsáveis ou a conduzi-los a uma posição socialmente inferior; IV – não favorecer ou estimular qualquer espécie de ofensa ou discriminação de gênero, orientação sexual e identidade de gênero, racial, social, política, religiosa ou de nacionalidade; V – não induzir, mesmo implicitamente, sentimento de inferioridade no adolescente, caso este não consuma determinado produto ou serviço; VI – não induzir, favorecer, enaltecer ou estimular de qualquer forma atividades ilegais. VII – não induzir, de forma alguma, a qualquer espécie de violência; VIII – a qualquer forma de degradação do meio ambiente; e IX – primar por uma apresentação verdadeira do produto ou serviço oferecido, esclarecendo sobre suas características e funcionamento, considerando especialmente as características peculiares do público-alvo a que se destina; Art. 4º Esta Resolução entra em vigor na data de sua publicação. MIRIAM MARIA JOSÉ DOS SANTOS p/Conselho.

[81] O CONANDA é um Conselho criado pela Lei 8.242/1991 e possui, dentre suas atribuições a elaboração de normas gerais da política nacional de atendimento dos direitos das crianças e dos adolescentes, objetivando também a fiscalização das ações de execução, observadas as linhas de ação e as diretrizes estabelecidas nos arts. 87 e 88 da Lei nº 8.069, de 13 de julho de 1990 (Estatuto da Criança e do Adolescente), conforme disposto do artigo 2º, inciso I da referida lei. O objetivo do órgão é deliberar e controlar políticas públicas que beneficiem a infância e adolescência no âmbito federal. O Conselho é responsável por tornar efetivos os direitos previstos no Estatuto da Criança e do Adolescente. Disponível em <http://www.sdh.gov.br/sobre/participacao-social/conselho-nacional-dos-direitos-da-crianca-e-do-adolescente-conanda>. Acesso em 17.jun.2017.

direcionamento da publicidade às crianças e aos adolescentes, assunto que toca no tema deste trabalho.

Entre os motivos pelos quais a resolução vem sendo criticada está a legitimidade ou não do CONANDA em restringir direitos fundamentais, como o da liberdade de expressão e da livre iniciativa. Representantes do CONAR já se manifestaram no sentido de que este tipo de regulamentação deve ser feito mediante lei federal, aprovada pelo Congresso Nacional.[82]

Conclusão

Nem o excesso ou a ausência total de algo devem ser considerados convenientes quando se fala em crianças. O consumo exacerbado conduz as crianças a uma dependência da publicidade, fazendo com que estejam sempre ligadas em todas as novidades trazidas pelas propagandas. Em longo prazo, a situação se agrava, tanto quanto a dimensão do mundo publicitário que, por sua vez, se torna cada vez mais parte integrante das famílias brasileiras.

A modificação dos espaços de exibição, migrando das mídias tradicionais e chegando ao Youtube, não é mero acidente. Os números de visualizações dos canais do Youtube mencionados – alguns chegando à casa do bilhão – demonstram que o alcance publicitário pode ser imensamente maior do que o encontrado na televisão. Trata-se de uma grande oportunidade, se visto sob o ponto de vista das empresas. Porém, tal oportunidade não pode, em nenhuma hipótese, violar os direitos das crianças.

A questão das crianças vistas como *prosumers* é um assunto que merece um desenvolvimento e uma atenção para além do espaço deste trabalho. O ideal é que as avaliações de produtos sejam feitas de forma espontânea e não se tornem uma forma de "trabalho"[83] para crianças. Fazer com que crianças gravem vídeos com avaliações de produtos, periodicamente, pode constituir um compromisso que atrapalhe sua vida. Será que os *youtubers* possuem autonomia para escolher se querem ou não participar dos canais? E mesmo que tenham, será que é mentalmente saudável?

Os pais – quando incentivadores e apoiadores de tais atividades – não são donos da imagem dos próprios filhos. É de se pensar sobre as consequências futuras, para a criança, de uma intensa exposição de sua imagem. O que se poderá fazer no futuro com todos esses vídeos? Será que futuramente, aparições, que hoje são motivo de orgulho, não poderiam ser usadas em situações de *cyberbullying*?

---

[82] Disponível em <http://g1.globo.com/economia/midia-e-marketing/noticia/2014/04/associacoes-e-mercado-nao-reconhecem-resolucao-do-conanda.html>. Acesso em 17.jun.2017. De outro lado, vale lembrar o ensinamento de Hely Lopes Meirelles, que deixa claro a possibilidade de uma Resolução complementar ou explicar dispositivo de lei já existente: "Hely Lopes Meirelles define Resolução como "atos administrativos normativos expedidos pelas altas autoridades do Executivo ou pelos presidentes de tribunais, órgãos legislativos e colegiados administrativos, para disciplinar matéria de sua competência específica". O autor ainda acrescenta que "as resoluções [...] são sempre atos inferiores ao regulamento e ao regimento, não podendo inová-los ou contrariá-los, mas unicamente complementá-los e explicá-los". MEIRELLES, Hely Lopes. *Direito Administrativo Brasileiro*. 28 ed. São Paulo, Malheiros, 2003, p. 178.

[83] Sobre os aspectos do trabalho infantil, ver GODOY, Renato; DANTAS, Thaís. Op. cit., p. 98 e seguintes.

Outro ponto de destaque é que mesmo que a publicidade não seja dissimulada, por ser realizada por outras crianças que interagem com os brinquedos, envolve uma situação de intensa indução, o que não se pode admitir em face da vulnerabilidade infantil. Não se perca de vista que a vulnerabilidade da criança pode aumentar[84] em situações em que ela está desprevenida.

É necessário que se proponha uma renovação do princípio da identificação, no que se refere à publicidade na Internet. O ambiente informático é bastante heterogêneo, sendo que a publicidade pode ocorrer em *blogs*, redes sociais, *sites* de conteúdo como Youtube, Vimeo e, mais recentemente, inclusive, em aplicativos de smartphones. Essa renovação, vista de forma a proteger os melhores interesses das crianças, deve levar em consideração as regras da Resolução 163 do Conanda, de maneira geral, em nome até do atendimento da boa-fé objetiva, e seus deveres anexos de informação e lealdade.

Por fim, vale lembrar que este tipo de publicidade ofende a própria harmonia das relações de consumo, transformando em verdade absoluta a constatação de Bauman: "a característica mais proeminente da sociedade de consumidores – ainda que cuidadosamente disfarçada e encoberta – é a transformação dos consumidores em mercadorias".[85]

Referências bibliográficas

ARCELIN-LÉCUYER, Linda. *Droit de la publicité*. Rennes: Presses Universitaires de Rennes, 2011.

AZAMBUJA, Mariana Menna Barreto. *Criança x Publicidade de Alimentos*: Uma Solução pelos Princípios Constitucionais. Porto Alegre: RJR, 2016.

BAUMAN, Zygmunt. *Vida para consumo*: A transformação das pessoas em mercadorias. Rio de Janeiro. Zahar, 2008.

——. *Vida a crédito*. Rio de Janeiro: Zahar, 2010.

BARRETO, Roberto Menna. *Análise transacional da propaganda*. São Paulo: Summus, 1981.

BARRETO, Ricardo de Macedo Menna. *Redes Sociais na Internet e Direito*: A proteção do Consumidor no Comércio Eletrônico. Curitiba: Juruá, 2012.

BRASIL. Código Brasileiro de Autorregulamentação Publicitária, 1980. Constituição da República Federativa do Brasil. São Paulo: 1980.

CASTELLS, Manuel. *A sociedade em Rede*. São Paulo: Paz e Terra, 2010.

D'AQUINO, Lúcia Souza. A publicidade abusiva dirigida ao público infantil. *Revista de Direito do Consumidor*. v. 106, jul.-ago./2016, versão Revista dos Tribunais Online.

DEBORD, Guy. *La société du Spectacle*. 3ª ed. Paris: Buchet-Chastel, 1992.

DIAS, Lucia Ancona Lopez de Magalhães. *Publicidade e direito*. São Paulo: Rev. dos Tribunais, 2010.

DIAS, Maria Berenice. *Manual de Direito das Famílias*. 9ª ed. rev., atual. e amp. São Paulo: Revista dos Tribunais, 2013.

FEREGUETT, Cristhiane. Criança e propaganda: os artifícios linguísticos e imagéticos utilizados pela publicidade. São Paulo: Baraúna, 2009.

FIGUEIREDO NETTO, Jerusa Maria. Erotização precoce através da mídia. Mundo Jovem, Porto Alegre, v.45, n.382, p. 7, 2007.

GODOY, Renato; DANTAS, Thaís. *Youtubers Mirins*: Mera expressão artística ou trabalho infantil. IN: CGI.BR. TIC Kids Online Brasil: Pesquisa sobre o uso da Internet por crianças e adolescentes no Brasil. São Paulo: 2016. Disponível em: <http://cetic.br/media/docs/publicacoes/2/TIC_Kids_2015_LIVRO_ELETRONICO.pdf>. Acesso em: 20 Jun 2017.

HASSEN, Liana; STEFFEN, César; FERNANDES, Márcia Santana. *Prosumers*: como podem influenciar a inovação ou aprimoramento de produtos e serviços em organizações. XI Semana de Extensão, Pesquisa e Pós-Graduação – SEPesq – Centro Universitário Ritter dos Reis. Disponível em: <https://www.uniritter.edu.br/files/sepesq/arquivos_trabalhos/3612/687/780.pdf>. Acesso em: 20 Jun. 2017.

---

[84] D'AQUINO, Lúcia Souza. Ibidem, p. 16.

[85] BAUMAN, Zygmunt. *Vida para consumo: a transformação das pessoas em mercadorias*. Tradução Carlos Alberto Medeiros. Rio de Janeiro: Jorge Zahar, 2008, p. 20.

KRETZMANN, Renata Pozzi; LEMOS, Carina Zin. O princípio da identificação da publicidade como meio de proteção do consumidor. In: PASQUALOTTO, Adalberto; ALVAREZ, Ana Maria Blanco Montiel. *Publicidade e proteção da infância*. Porto Alegre: Livraria do Advogado, 2014.

LINN, Susan. *Crianças do consumo: a infância roubada*. São Paulo: Inst. Alana, 2006.

MARQUES, Cláudia Lima; MIRAGEM, Bruno. *O novo direito privado e a proteção dos vulneráveis*. São Paulo: RT, 2012.

MATOS, Karla Cristina da Costa e Silva. *O Valor Econômico da Informação nas Relações de Consumo*. São Paulo: Almedina, 2012.

MEIRELLES, Hely Lopes. *Direito Administrativo Brasileiro*. 28 ed. São Paulo, Malheiros, 2003.

MIRAGEM, Bruno. *Curso de Direito do Consumidor*. 5ª ed. rev. atual. e amp. São Paulo: Revista dos Tribunais, 2014.

PASQUALOTTO, Adalberto. *Os Efeitos Obrigacionais da Publicidade no Código de Defesa do Consumidor*. São Paulo: RT, 1997.

——; AZAMBUJA, Mariana Menna Barreto. A comédia da publicidade: entre a sátira e o politicamente correto. *Revista de Direito do Consumidor*, v. 96, p. 89-105, nov.-dez./2014.

PEREIRA JR. Antônio Jorge. *Direitos da Criança e do Adolescente em face da TV*. São Paulo: Saraiva, 2011.

PEZZELLA, Maria Cristina Cereser. *A Eficácia Jurídica na Defesa do Consumidor*. O poder do jogo na publicidade. Porto Alegre: Livraria do Advogado, 2004.

PRENSKY, Marc. *Digital Natives, Digital Immigrants*. Disponível em: <http://www.marcprensky.com/writing/Prensky%20-%20Digital%20Natives,%20Digital%20Immigrants%20-%20Part1.pdf>. Acesso em: 15 Jun 2017.

——. *Do They Really Think Differently*. Disponível em: <http://www.marcprensky.com/writing/Prensky%20-%20Digital%20Natives,%20Digital%20Immigrants%20-%20Part2.pdf>. Acesso em: 15 Jun 2017.

PUGGINA, Márcio de Oliveira. *A erotização da infância na mídia e na internet*. Revista da Ajuris, Porto Alegre, v.26, n.81, Nova Serie, p. 129-142, 2001.

RICHARDS, Neil M. Four privacy miths. In: SARA, Austin (Ed.) *A World Without Privacy*: What Law Can and Should Do. New York: Cambridge University Press, 2015, p. 33-82.

SAMPAIO, Inês Vitorino Sampaio; CAVALCANTE, Andrea Pinheiro Paiva (coord). *Publicidade Infantil em Tempos de Convergência*. Universidade Federal do Ceará – Grupo de Pesquisa da Relação Infância, Juventude e Midia. Disponível em: <http://www.defesadoconsumidor.gov.br/images/manuais/publicidade_infantil.pdf>. Acesso em: 5 Jun 2017.

SANTOS, Andréia Mendes dos. *Obesidade Infantil: A Família com Excesso de Peso*. Porto Alegre: 2003.

——. *Sociedade do consumo*: criança e propaganda, uma relação que dá peso. Porto Alegre: EDIPUCRS, 2009.

SOUZA, Rabindranath V. A. Capelo de. *O Direito Geral de Personalidade*. Coimbra: Coimbra, 2011.

TAPSCOTT, Don; WILLIAMS, Anthony D. Wikinomics: *How Mass Collaboration Changes Everything*. Expanded Edition. New York: Portfolio, 2008.

TOFLER, Alvin. *A Terceira Onda*. 5ª ed. Rio de Janeiro: Record, 1980.

THALER, R.; SUNSTEIN, C. *Nudge: O Empurrão Para A Escolha Certa*. Tradução de Marcello Lino. Rio de Janeiro: Elsevier, 2009.

VARGAS LLOSA, Mário. *A civilização do espetáculo*: Uma radiografia do nosso tempo e da nossa cultura. Rio de Janeiro: Objetiva, 2013.

— VI —

O princípio da identificação da publicidade e a abusividade da publicidade dirigida às crianças no Youtube

RENATA POZZI KRETZMANN

Mestranda em Direito do Consumidor pela UFRGS. Especialista em Direito dos Contratos e Responsabilidade Civil pela Universidade do Vale do Rio dos Sinos. Pós-Graduada pela Escola Superior da Magistratura da Associação dos Juízes do Rio Grande do Sul. Graduada pela Pontifícia Universidade Católica do Rio Grande do Sul. Advogada.
Contato: renatakretzmann@gmail.com

Sumário: Introdução; 1. O princípio da identificação da publicidade; 2. A publicidade infantil e a deficiência de julgamento e experiência da criança; 3. A publicidade nos vídeos do Youtube; Considerações finais; Referências.

Introdução

A Internet facilita muito a vida de todos. Hoje é praticamente impossível desenvolver atividades cotidianas sem estar conectado. As pessoas se acostumaram a manter contato com amigos e familiares por meio de aplicativos de conversa, a fazer parcerias profissionais, a estudar, trabalhar, pesquisar e buscar inúmeras respostas e soluções na rede.

O setor de entretenimento também sofreu modificações com a Internet. As idas a locadoras de vídeo, por exemplo, ficaram na memória de quem passava muitos minutos, ou horas, escolhendo fitas, lendo sinopses e comentando sobre as suas predileções cinematográficas com o funcionário das videolocadoras. E também não se podia esquecer de rebobinar na hora de devolver. Pelo menos até o surgimento do DVD.

Os serviços de *streaming* ou programação *on demand* trouxeram uma mudança ainda mais significativa e extinguiram as idas a locadoras e aquela preparação para assistir determinado programa em horário específico. De casa, atualmente, podemos acessar programas de diversos canais para assistir e reassistir a qualquer hora.

Os *smartphones* tiveram papel fundamental nessa inexorável transformação, permitindo o acesso à Internet e tudo o que isso representa em qualquer tempo ou local. A nova forma de assistir a vídeos, novelas, filmes, seriados, documentários, programas, *shows* etc. fez com que a publicidade tomasse novos rumos e novas formas.

Ela passou a ser mais interativa e acompanhar o usuário em suas navegações pelo mundo digital, principalmente no âmbito do YouTube, o mais conhecido *site* de compartilhamento de vídeos e de acesso gratuito. A publicidade ganha força nesse ambiente principalmente em virtude dos inúmeros *likes*, visualizações, comentários e afins que chamam a atenção das empresas e dão satisfação e dinheiro para os apresentadores e mantenedores de canais famosos.

A publicidade nessa plataforma, no entanto, nem sempre é identificada como tal, como determina o artigo 36 do Código do Consumidor. Esse fenômeno alcança principalmente o público infantil que costuma assistir desenhos ou canais de *youtubers* mirins famosos. A grande demanda por vídeos disponíveis a qualquer momento, e também a possibilidade de compartilhar com o mundo qualquer vídeo, torna o YouTube um ambiente de ainda mais agravação da vulnerabilidade das crianças.

Este texto versa sobre o princípio da identificação da publicidade dirigida às crianças em canais do YouTube que disponibilizam vídeos com publicidade não identificada, inserida no contexto de apresentação de brincadeiras ou *unboxing* de produtos. São abordados aspectos da abusividade da publicidade infantil quanto ao aproveitamento da deficiência de julgamento e experiência da criança por meio de uma análise conjunta dos artigos 36 e 37, § 2º, do CDC. O objetivo do trabalho é fazer uma apresentação do assunto em linhas gerais a fim de introduzir o tema e provocar reflexões.

1. O princípio da identificação da publicidade

Como se lê em Pasqualotto, a publicidade é um processo de cooptação, com intenção argumentativa. É prática admitida pelo direito desde que não se configure a publicidade enganosa ou abusiva. Os recursos tendentes ao convencimento do destinatário da mensagem, no entanto, devem se limitar ao seu conteúdo, e não ao modo de empregá-los.[1]

Como a mensagem é persuasiva, deve ser identificada como tal desde logo, o que possibilita ao destinatário que se previna e resista aos argumentos. "A lei admite o assédio honesto e declarado ao consumidor, rechaçando a clandestinidade. Concede-se ao anunciante a persuasão, mas ele não pode esconder seu emprego".[2]

O Código Brasileiro de Autorregulamentação Publicitária, em seu artigo 28,[3] traz a necessidade de identificação da publicidade, que deve ser fácil e imediata, ou seja, realizada sem esforço ou exigência de capacitação técnica. Quando isso não ocorre, não é somente o consumidor que é enganado, havendo também fraude à lei, pois a falta de identificação possibilita a transgressão de regras como "advertência necessária de restrição ao uso de alguns produtos

---

[1] PASQUALOTTO, Adalberto. *Os efeitos obrigacionais da publicidade no Código de Defesa do Consumidor*. São Paulo: Revista dos Tribunais, 1997. p. 84.

[2] Idem.

[3] Artigo 28 do Código de Autorregulamentação Publicitária: o anúncio deve ser claramente distinguido como tal, seja qual for a sua forma ou meio de veiculação.

(cigarros), o horário ou local de exposição do anúncio (bebidas alcoólicas) ou a proporção de publicidade em relação à programação (rádio e televisão) ou noticiário e reportagens (jornais e revistas)".[4]

A identificação da publicidade como tal retira parte da credibilidade da mensagem e isso leva alguns anunciantes a mascará-la. Há, dessa forma, espécies de procedimentos que configuram violação ao princípio da identificação.

A publicidade dissimulada é aquela que é travestida de reportagem.[5] Aparece em meios impressos e eletrônicos e é chamada de publicidade redacional.[6] Aparenta ser uma notícia isenta, revestida de objetividade como se tivesse apenas o desiderato de transmitir uma informação.

É permitido que a abertura de uma nova loja ou fábrica seja anunciada como notícia desde que seja identificado seu caráter publicitário. Há casos em que o veículo de comunicação pode transmitir informações isentas ao público ainda que haja a menção expressa a marcas de produtos, como nos casos de avaliação e testes de automóveis. A responsabilidade de quem divulga o resultado dessas pesquisas e análises está em não permitir confusão de matéria editorial com matéria publicitária. O que for matéria paga deve ser identificada como informação publicitária.[7]

A publicidade clandestina, por sua vez, se tornou conhecida como *merchandising* e é comum em novelas e no cinema. Caracteriza-se pela integração ao roteiro de uma situação de uso ou consumo normal de um produto com a exposição de sua marca ou fatores de identificação em cenas mais ou menos sutis, com o diálogo entre artistas ou exibição[8] por breves instantes do próprio produto.[9] As alternativas para solucionar a questão da identificação dessa publicidade não são satisfatórias, já que mesmo havendo alertas na abertura ou encerramento do programa, nem todas as pessoas o acompanham do início ao fim. Além disso, fica comprometido o requisito da imediatidade.[10]

---

[4] PASQUALOTTO, Adalberto. *Os efeitos obrigacionais da publicidade no Código de Defesa do Consumidor.* São Paulo: Revista dos Tribunais, 1997. p. 85.

[5] Artigo 30 do Código de Autorregulamentação Publicitária: A peça jornalística sob a forma de reportagem, artigo, nota, texto-legenda ou qualquer outra que se veicule mediante pagamento, deve ser apropriadamente identificada para que se distinga das matérias editoriais e não confunda o Consumidor.

[6] AGRAVO DE INSTRUMENTO. Ação cominatória. Publicidade abusiva. Deferimento de tutela antecipada para proibir propaganda comparativa. *Publicação de artigos em site especializado patrocinado pela agravada denegrindo o produto da concorrente. Caráter publicitário configurado. Vedação. Recurso provido. A publicação de artigos em site sobre construção patrocinado pela empresa agravada, com o objetivo de promover seus produtos, ainda que sob a forma de matéria jornalística, configura propaganda,* cuja veiculação, no caso concreto, havia sido proibida por decisão anterior. (Agravo de Instrumento nº 2009.014633-4, Quarta Câmara de Direito Comercial, Tribunal de Justiça de SC, Relator: José Inácio Schaefer, Julgado em: 06/04/2010 – grifado)

[7] PASQUALOTTO, Adalberto. *Os efeitos obrigacionais da publicidade no Código de Defesa do Consumidor.* São Paulo: Editora Revista dos Tribunais, 1997. p. 86.

[8] CALAZANS, Flávio. *Propaganda subliminar multimídia.* São Paulo: Summus, 1992. p. 77: O *merchandising* ação visual é uma técnica em que o cenógrafo procede à colocação do produto no cenário com o rótulo voltado para a câmera. Enquanto os atores falam e gesticulam, em rápidos contracampos, o produto vai sendo repetidas vezes enviado como estímulo subliminar.

[9] FILOMENO, José Geraldo Brito. *Curso fundamental de Direito do Consumidor.* 3. ed. São Paulo: Atlas, 2014. p. 161.

[10] PASQUALOTTO, Adalberto. *Os efeitos obrigacionais da publicidade no Código de Defesa do Consumidor.* São Paulo: Revista dos Tribunais, 1997. p. 88.

A publicidade subliminar, por fim, é aquela que atua no inconsciente e influencia no comportamento do consumidor.[11] É considerada uma forma de manipulação, tendo em vista que as pessoas são estimuladas abaixo de seu nível se consciência.

Bruno Miragem explana que a atividade publicitária está associada ao regramento constitucional específico à ordem econômica que tem como um de seus princípios a defesa do consumidor. A publicidade, no âmbito do CDC, também é regida por princípios entre os quais se destaca o princípio da identificação, que decorre do artigo 36 do Código[12] e estabelece que a publicidade deve ser veiculada de tal forma que o consumidor fácil e imediatamente a identifique como tal.[13]

Trata-se de norma que deriva da boa-fé objetiva e determina deveres de lealdade e transparência entre as partes, originando-se para o fornecedor o dever de caracterizar a publicidade. Há necessidade de se distinguir em determinado veículo de comunicação a publicidade do restante de sua programação editorial.

Na televisão, por exemplo, são utilizadas as vinhetas; nos rádios, as chamadas dos locutores ou anúncios expressos explicando o patrocínio. Nos jornais e revistas impressas as configurações dos anúncios devem ser distintas das que são utilizadas para o conteúdo editorial, como diversidade de fontes, cores e demais características. A publicidade deve ser facilmente identificada, não podendo se exigir que o consumidor tenha determinado conhecimento ou nível intelectual para saber que se trata de um anúncio.[14]

---

[11] PASQUALOTTO, Adalberto. *Os efeitos obrigacionais da publicidade no Código de Defesa do Consumidor*. São Paulo: Revista dos Tribunais, 1997. p. 90.

[12] Veja alguns trechos destacados de interessante decisão do STJ em sede de Ação Civil Pública promovida pelo MPDFT em face da empresa Souza Cruz pela veiculação de propaganda supostamente subliminar que incentivava o uso de cigarro por crianças e adolescentes no ano 2000: "Inegável que não mais se discute a influência da propaganda sobre o comportamento das pessoas. O mundo – globalizado ou aldeia global – evidenciou a eficácia do marketing para induzir preferências e, até mesmo, modificar ou consolidar comportamentos. Nesse contexto, certo que os riscos do hábito de fumar sempre existiram, mas só muito recentemente se tornaram nítidos, perceptíveis e mensuráveis. A corroborar a mudança de comportamento da sociedade, basta lembrar que outrora, no cinema, por exemplo, fumar era símbolo de charme e elegância. Atualmente, ao contrário, é fonte de mazelas da saúde pública, de reprovação por parcela da sociedade e de vedação legal de seu uso em locais públicos. *Portanto, ao retornar para a moldura fática estabelecida pelo v. acórdão recorrido, revela-se, a teor dos artigos 36 e 37, do CDC, nítida a ilicitude da propaganda veiculada. A uma, porque feriu o princípio da identificação da publicidade. A duas, porque revelou-se enganosa, induzindo o consumidor a erro porquanto se adotasse a conduta indicada pela publicidade, independente das consequências, teria condições de obter sucesso em sua vida*". (...) "Com efeito, repita-se, ainda que superado óbice da Súmula 7/STJ, melhor sorte não socorre às recorrentes OGILVY Brasil Comunicação Ltda. e Souza Cruz S/A, *porquanto em razão da inexistência de uma mensagem clara, direta que pudesse conferir ao consumidor a sua identificação imediata (no momento da exposição) e fácil (sem esforço ou capacitação técnica), reputa-se que a publicidade ora em debate, de fato, malferiu a redação dos arts. 36 e 37 do CDC e, portanto, cabível e devida a reparação dos danos morais coletivos, conforme externado pelo parquet em sua pretensão inicial*". (...) "Note-se, além disso, *que a r. sentença adotou a mensagem subliminar apenas como mais um fundamento para concluir pela ilicitude da propaganda, bastando que se veja o seu teor, na qual se baseia nos demais argumentos consistentes na violação aos dispositivos da Constituição Federal, do Código Brasileiro de Auto-Regulamentação Publicitária, do CDC e da Lei 9.294/96. Por fim, a constatação se a propaganda atinge ou não o público infantil pode ser feita pelos demais elementos constantes dos autos, sendo a prova pericial desnecessária também para esse fim*". (REsp 1101949/DF, Rel. Ministro MARCO BUZZI, QUARTA TURMA, julgado em 10/05/2016, DJe 30/05/2016 – grifado)

[13] MIRAGEM, Bruno. *Curso de Direito do Consumidor*. 6. ed. São Paulo: Revista dos Tribunais, 2016. p. 269.

[14] Ibidem. p. 271-272.

A identificação pelo consumidor de que está exposto a uma mensagem de caráter publicitário deve ocorrer sem esforço. Trata-se de assunto recepcionado pelas mais diversas legislações do mundo[15] e busca evitar que o consumidor seja exposto aos efeitos persuasivos da publicidade sem que deles possa se defender. É regra que decorre do dever de transparência e lealdade nas relações de consumo. O ocultamento do caráter publicitário pode induzir o consumidor em erro quanto à natureza da mensagem.[16]

A ideia básica do artigo 36 do CDC é proteger o consumidor assegurando-lhe o direito de saber que as informações que estão sendo transmitidas não são gratuitas, mas objetivam vender um produto ou um serviço.[17] O princípio da identificação obrigatória tem como finalidade tornar o consumidor consciente de que ele é o destinatário da mensagem patrocinada,[18] veiculada em filme, desenho, peça de teatro, novela, etc.[19]

A publicidade não identificada é aquela que tem caráter oculto, dissimulado, fingindo não ser o que na realidade é. No âmbito das relações de consumo, toda publicidade clandestina[20] é, em certa medida, também enganosa. "A enganosidade não será diretamente antinômica ao princípio da veracidade, mas se contraporá ao princípio da identificação da mensagem publicitária".[21]

2. A publicidade infantil e a deficiência de julgamento e experiência da criança

Na seara da publicidade infantil, o princípio da identificação reveste-se de contornos específicos. É possível fazer uma leitura conjunta[22] dos artigos 36 e 37, § 2º, do CDC. A publicidade dirigida às crianças é considerada abusiva

---

[15] A Diretiva Europeia 2007/65/CE alterou o conteúdo da Diretiva 1989/552/CE e traz a necessidade da clara identificação da publicidade do restante da programação. Disponível em: <http://eur-lex.europa.eu/legal-content/EN/TXT/PDF/?uri=CELEX:32007L0065&rid=1>. Acesso em: 28 ago. 2017.

[16] DIAS, Lúcia Ancona Lopez de Magalhães. *Publicidade e direito*. 2. ed. São Paulo: Revista dos Tribunais, 2013. p. 63-65.

[17] MARQUES, Cláudia Lima. *Contratos no Código de Defesa do Consumidor:* o novo regime das relações contratuais. 7. ed. São Paulo: Revista dos Tribunais, 2014. p. 872.

[18] MARQUES, Claudia Lima; BENJAMIN, Antonio Herman V.; MIRAGEM, Bruno. *Comentários ao Código de Defesa do Consumidor*. 4. ed. São Paulo: Revista dos Tribunais, 2013. p. 854.

[19] MALFATTI, Alexandre David. *O direito de informação no Código de Defesa do Consumidor*. São Paulo: Alfabeto Jurídico, 2003. p. 295.

[20] Termo utilizado em sentido amplo, para designar publicidade que não é identificada pelo consumidor.

[21] MARTINS COSTA, Judith. A "guerra" do vestibular e a distinção entre publicidade enganosa e clandestina a ambiguidade das peças publicitárias patrocinadas pelos cursos pré-vestibulares e os princípiosdo Código de Defesa do Consumidor examinadas através doestudo de um caso. *Revista de Direito do Consumidor*, v. 6, São Paulo, abr. /jun., p. 219-231, 1993.

[22] Brambilla e Adolfo referem que o termo promoção, mais amplo do que publicidade para fins de necessidade de identificação pelo consumidor: BRAMBILLA, Flávio Régio; ADOLFO, Luiz Gonzaga Silva. Propaganda infantil na perspectiva do Código de Defesa do Consumidor: um estudo interdisciplinar congregando noções de direito e *marketing*. *Revista de Direito do Consumidor*, v. 104, São Paulo, mar./abr., p. 285-322, 2016.

porque se aproveita do fato de que elas não são ainda capazes de identificar o que é publicidade e o que é o conteúdo de entretenimento.[23]

Segundo Miragem, a publicidade que se aproveite da deficiência de julgamento e experiência da criança é considerada abusiva. A discussão é se esse *standard* seria suficiente para implementar de fato a proteção da criança em relação às mensagens publicitárias.

A vulnerabilidade especial ou agravada deve ser considerada. A criança não tem a mesma possibilidade de julgamento quando comparada a um consumidor que já deixou a infância. A proteção da criança é, portanto, uma necessidade. Atualmente, todavia, como explica o autor, a publicidade dirigida a crianças não é proibida. Será considerada ilícita se houver aproveitamento da deficiência de julgamento e experiência da criança.[24] Essa noção é estabelecida segundo critérios objetivos.[25] Não se exige efetivamente a obtenção de vantagem, mas a mera conduta de quem se aproveita.[26]

O mercado de consumo direcionado ao público infantil movimenta cerca de 50 bilhões de reais por ano. A criança encontra-se cada vez mais exposta à

---

[23] Paradigmático caso em que o STJ se pronunciou sobre a publicidade dirigida ao público infantil: PROCESSUAL CIVIL. DIREITO DO CONSUMIDOR. AÇÃO CIVIL PÚBLICA.VIOLAÇÃO DO ART. 535 DO CPC. FUNDAMENTAÇÃO DEFICIENTE. SÚMULA 284/STF. PUBLICIDADE DE ALIMENTOS DIRIGIDA À CRIANÇA. ABUSIVIDADE.VENDA CASADA CARACTERIZADA. ARTS. 37, § 2º, E 39, I, DO CÓDIGO DE DEFESA DO CONSUMIDOR.1. Não prospera a alegada violação do art. 535 do Código de Processo Civil, uma vez que deficiente sua fundamentação. Assim, aplica-se ao caso, mutatis mutandis, o disposto na Súmula 284/STF.2. A hipótese dos autos caracteriza publicidade duplamente abusiva. *Primeiro, por se tratar de anúncio ou promoção de venda de alimentos direcionada, direta ou indiretamente, às crianças.* Segundo, pela evidente "venda casada", ilícita em negócio jurídico entre adultos e, com maior razão, em contexto de *marketing* que utiliza ou manipula o universo lúdico infantil (art. 39, I, do CDC).3. *In casu*, está configurada a venda casada, uma vez que, para adquirir/comprar o relógio, seria necessário que o consumidor comprasse também 5 (cinco) produtos da linha "Gulosos".Recurso especial improvido.(REsp 1558086/SP, Rel. Ministro HUMBERTO MARTINS, SEGUNDA TURMA, julgado em 10/03/2016, DJe 15/04/2016)

[24] Recurso no qual não houve o reconhecimento de abusividade em caso de comercialização de espumante infantil, o famoso *spunch*, em garrafa de mesmo formato das bebidas direcionadas a adultos: Agravo de Instrumento nº 0131714-35.2013.8.26.0000, Vigésima Sétima Câmara de Direito Privado, Tribunal de Justiça de SP, Relator: Gilberto Leme, Julgado em: 30/07/2013.

[25] "A campanha "Luzes, Câmera, Ação!"previa o sorteio de diversos prêmios para aqueles que adquirissem R$7,00 em produtos Nestlé e enviassem por mensagem SMS o código fornecido com o cupom fiscal. Na propaganda veiculada na televisão a apresentadora Xuxa diz que um dos prêmios que será sorteado na campanha é a participação em seu próximo filme.Não se verifica, na propaganda em questão, discriminação de qualquer natureza ou incitação à violência. Também não há exploração do medo ou da superstição e nem desrespeito a valores ambientais. O anúncio também não é capaz de induzir o consumidor a se comportar de forma prejudicial ou perigosa à sua saúde ou segurança.A campanha que tem como principal atrativo a participação em filme com a apresentadora Xuxa é inegavelmente dirigida ao público infantil, mas é certo que não há vedação constitucional ou legal da divulgação de publicidade dirigida a esse público. *Não se pode presumir que todo e qualquer material publicitário voltado para o público infanto-juvenil seja lesivo. Ainda que a publicidade busque sempre inflamar a vontade de compra, em persuasão dirigida à decisão e à ação de consumir, é certo que o público infantil, como regra, participa apenas no campo do fomento do desejo, já que a decisão e a compra (ação consumidora) estão concentradas na pessoa dos adultos (pais ou responsáveis dos menores). No caso não há, portanto, própria exploração de "deficiência de julgamento e experiência da criança."* A campanha realizada pela autora, a princípio, não desrespeita a criança e nem configura desleal estratégia de coação moral ao consumo ou abuso de persuasão. *Não se vislumbra no caso concreto agressão a pessoas hipossuficientes e necessidade de sua tutela, ou punição da empresa promotora da campanha*". (Apelação Cível nº 0035929-18.2012.8.26.0053, Quinta Câmara de Direito Público, Tribunal de Justiça do SP, Relator: Maria Laura Tavares, julgado em 21/10/2013)

[26] MIRAGEM, Bruno. *Curso de Direito do Consumidor*. 6. ed. São Paulo: Revista dos Tribunais, 2016. p. 289.

publicidade.[27] O público infantil é cobiçado pela publicidade porque é um atraente mercado e também por atingir o mundo dos adultos. Pasqualotto refere pesquisa realizada na França a partir da qual se pode concluir que o crescimento da percepção da intenção persuasiva cresce com a idade da criança, pois tal fato é atribuído à progressão cognitiva da criança e ao efeito de experiência cumulativa de contato com a publicidade.[28]

A exposição das crianças aos efeitos da publicidade suscita questões como a exploração de sua vulnerabilidade, sua utilização para o convencimento do público adulto, os conflitos familiares decorrentes, muitas vezes, da impossibilidade de aquisição de bens pelos pais e também certos efeitos nocivos sobre a saúde, no caso de produtos alimentícios considerados não saudáveis cuja aquisição é estimulada e cujo consumo é associado a doenças como diabetes, obesidade e outras enfermidades cardiovasculares.[29]

Martins afirma que a rotina familiar atual substituiu a figura da mãe administradora do lar e provedora de acompanhamento individualizado do crescimento dos filhos. Toda a sociedade de consumo é afetada por essas transformações culturais, e a criança passa a merecer cuidado especial. Além disso, há o fenômeno sociocultural do comando que a criança passa a exercer sobre os integrantes da família. Ainda, a exposição das crianças à publicidade é precoce. Crianças com um ano de idade já assistem a desenhos na TV e se tornam alvo de erotização precoce e obesidade infantil, por exemplo.[30]

O *merchandising* em filmes, livros e televisão não é novidade, mas seus riscos são potencializados pelo uso crescente da Internet e das redes sociais, principalmente acessadas por *smartphones*.[31] Diante das inovações trazidas pela tecnologia, com a propagação da Internet e das redes sociais, a publicidade precisou encontrar novas formas de inserção e fez isso criando, por exemplo, a publicidade viral.[32]

O autor destaca o mundo lúdico em que vivem as crianças e as dificuldades delas em diferenciar a imaginação da realidade. O artigo 227 da Constituição da República prevê a responsabilidade do Estado, da família e da sociedade em assegurar com absoluta prioridade a realização dos direitos das crianças, adolescentes e jovens e colocá-los a salvo de toda a forma de negligência, discriminação, exploração, violência, crueldade e opressão.

O já citado artigo 37 do CDC vai ao encontro desse espírito protetivo e estabelece a abusividade da publicidade que se aproveite da deficiência de

---

[27] PASQUALOTTO, Adalberto; AZAMBUJA, Mariana Menna Barreto. A comédia da publicidade: entre a sátira e o politicamente correto. *Revista de Direito do Consumidor*, v. 96, São Paulo, nov./dez., p. 89-104, 2014.

[28] PASQUALOTTO, Adalberto. *Os efeitos obrigacionais da publicidade no Código de Defesa do Consumidor*. São Paulo: Revista dos Tribunais, 1997. p. 131.

[29] AZAMBUJA, Mariana Menna Barreto. *Criança x publicidade de alimentos:* uma solução pelos princípios constitucionais. Porto Alegre: RJR, 2016. p. 82-96.

[30] MARTINS, Guilherme. A regulamentação da publicidade infantil no Brasil. A proteção do consumidor e da infância. *Revista de Direito do Consumidor*, v. 102, São Paulo: RT, p. 297-320, nov./dez., 2015.

[31] Idem.

[32] PASQUALOTTO, Adalberto. Direito e publicidade em ritmo de descompasso. *Revista de Direito do Consumidor*, v. 100, São Paulo: RT, p. 501-527, jul./ago., 2015.

julgamento e experiência da criança.[33] Dessa forma, ressalta Martins, não se trata de retórica empresarial nem paternalismo exacerbado, tendo em vista, principalmente, que a realidade sociocultural do nosso país não permite a cobrança dos pais de toda a responsabilidade que a eles competiria.[34]

No Brasil,[35] o sistema de controle da publicidade é misto com atuação paralela do Estado e da autolimitação feia pelo CONAR, que mantém seu Código de Autorregulamentação Publicitária. Na seção 11 desse diploma, há menção à inadmissibilidade de publicidade que contenha imperativo de consumo voltada para crianças e adolescentes. Nos artigos 37 e seguintes, há a proibição de geração de sentimentos de superioridade ou discriminação. Também se proíbe o uso de modelos infanto-juvenis apesar de se permitir a participação de crianças nas publicidades a fim de demonstrarem o uso do serviço ou do produto.[36]

Pasqualotto e Azambuja ressaltam que o controle da publicidade no Brasil é um engano já que o CONAR omite-se na aplicação de seu próprio Código e não há iniciativas contra a publicidade enganosa ou abusiva na esfera administrativa ou judicial. Além do Código, o Conar editou normativas sobre o *merchandising* infantil, estabelecendo que a publicidade exclusivamente para crianças somente pode ser feita nos intervalos comerciais.[37]

Já a Resolução 163 de 2014 do Conselho Nacional dos Direitos da Criança e do Adolescente (CONANDA) fixa critérios para a definição da publicidade dirigida às crianças. O Conanda é órgão do Poder Executivo criado pela lei 8.242 de 1991.[38] É integrado por representantes de diversas áreas governamentais em número equiparado ao de representantes de entidades não governamentais. Como é órgão do Poder Executivo não tem legitimidade para expedir normas que se equiparem à lei. A função da Resolução expedida pelo Conanda, portanto, é a de conceituar, interpretar e explicitar conceitos jurídicos indeterminados contidos em lei sobre publicidade dirigida às crianças.

---

[33] Veja trecho de decisão do TJSP que considerou abusiva a publicidade do Danoninho, mas tendo como fundamento a capacidade de induzir o consumidor de se comportar de maneira prejudicial ou perigosa à saúde: "Diante disso é certa a conclusão de que o Danoninho é um alimento, mas não é alimentação, como passa ao telespectador a presente peça publicitária que quer incutir a ideia de que Danoninho dever ser consumido como uma alimentação regular e cotidiana. *É por isso que se deve classificar esta publicidade como abusiva na medida em que se excede na "propaganda" das qualidades nutritivas do produto levando o telespectador, principalmente, a população menos esclarecida a crer que um Danoninho possa substituir o complexo alimentar caseiro, ou, ao menos, induzir essa mesma população a adquirir o produto como eficiente e decisivo para uma alimentação saudável que favorece o crescimento do infante.* A aplicação do artigo 37, § 2°, do Código de Defesa do Consumidor é inderrogável ao presente caso já que a publicidade do Danoninho se mostra "capaz de induzir o consumidor a se comportar de forma prejudicial ou perigosa à sua saúde". (Apelação Cível nº 0018829-84.2011.8.26.0053, Décima Terceira Câmara de Direito Público, Tribunal de Justiça de SP, Relator: Ferraz de Arruda, Julgado em: 28/11/2012)

[34] MARTINS, Guilherme. A regulamentação da publicidade infantil no Brasil. A proteção do consumidor e da infância. *Revista de Direito do Consumidor*, v. 102, São Paulo: RT, p. 297-320, nov. /dez., 2015.

[35] Para um estudo detalhado sobre a publicidade na União Europeia veja: LIZ, J. Regado. Publicidade infanto-juvenil da EU: desenvolvimentos recentes. *Revista luso-brasileira de Direito do Consumo*. v. VI, n. 23, Curitiba: Bonijuris, p. 15-56, mar., 2011.

[36] MARTINS, Guilherme. A regulamentação da publicidade infantil no Brasil. A proteção do consumidor e da infância. *Revista de Direito do Consumidor*, v. 102, São Paulo: RT, p. 297-320, nov. /dez., 2015.

[37] Disponível em: <http://www.conar.org.br/>. Acesso em 29 ago. 2017.

[38] Sobre o Conanda: <http://www.sdh.gov.br/sobre/participacao-social/conselho-nacional-dos-direitos-da-crianca-e-do-adolescente-conanda/> Acesso em: 21 ago. 2017.

Há dois entendimentos quanto à extensão das atribuições do Conanda: o primeiro é no sentido de que a Resolução proibiu a publicidade, e isso não é possível, pois somente pode ser feito pelo Congresso Nacional; e o segundo considera a Resolução legítima, pois vale apenas para dar efetividade a normas constitucionais e legais.

De acordo com a referida Resolução, é abusiva a utilização de linguagem infantil, efeitos especiais, excesso de cores, trilhas sonoras de musicais infantis ou cantadas com vozes de crianças, entre outros atrativos, listados em seu artigo 2º.[39]

A criança é vulnerável, como afirmam Marques e Miragem. E este é um estado *a priori* fazendo com que deva ser protegida de maneira especial. Trata-se de noção vinculada à pré-modernidade. Na Idade Média, por exemplo, a especialidade da criança como pessoa em formação era desconhecida e até o século XIII a infância não era propriamente considerada uma fase da vida. A educação infantil era privilégio de elites, e as crianças ficavam à sombra da sociedade.[40]

No século XX, a criança passou a ser considerada sujeito a ser protegido. Assim afirmam a Declaração de Genebra de 1924 e a Declaração dos Direitos da Criança da ONU, de 1959. Em 1989, a Assembleia Geral da ONU aprovou a Convenção dos Direitos da Criança na qual se reconhece a dignidade de todos os membros da família.

No direito brasileiro, no âmbito do direito privado, o Estatuto da Criança e do Adolescente reconhece o princípio da afetividade e a possibilidade de que os filhos possam pleitear a paternidade a qualquer tempo, ratificando-se a ideia de que a criança deve crescer em um ambiente familiar de felicidade, amor e compreensão, como referido na Declaração Universal dos Direitos do Homem, da Organização das Nações Unidas.

D'Aquino também levanta a questão da hipervulnerabilidade da criança. Destaca que a publicidade não vê gênero, idade ou condição social. Todos são potenciais consumidores e podem/devem ser atingidos por seus efeitos.[41] A entrada da mulher no mercado de trabalho, a diminuição do tamanho das

---

[39] Art. 2º da Resolução 163 do Conanda: Considera-se abusiva, em razão da política nacional de atendimento da criança e do adolescente, a prática do direcionamento de publicidade e de comunicação mercadológica à criança, com a intenção de persuadi-la para o consumo de qualquer produto ou serviço e utilizando-se, dentre outros, dos seguintes aspectos: I – linguagem infantil, efeitos especiais e excesso de cores; II – trilhas sonoras de músicas infantis ou cantadas por vozes de criança; III – representação de criança; IV – pessoas ou celebridades com apelo ao público infantil; V – personagens ou apresentadores infantis; VI – desenho animado ou de animação; VII – bonecos ou similares; VIII – promoção com distribuição de prêmios ou de brindes colecionáveis ou com apelos ao público infantil; e IX – promoção com competições ou jogos com apelo ao público infantil.

[40] MARQUES, Cláudia Lima; MIRAGEM, Bruno. *O novo direito privado e a proteção dos vulneráveis*. São Paulo: Editora Revista dos Tribunais, 2012. p. 136-139.

[41] A influência da televisão de manifesta por sua ação no processo de construção e reelaboração dos esquemas desde os quais as pessoas interpretam a realidade. É notável sua importância quando reforça ou modifica esquemas mentais prévios e será muito mais ao proporcionar a primeira informação sobre realidades, pessoas, instituições ou valores. O primeiro esquema mental da criança, por exemplo, é fundamental na interpretação que fará posteriormente da realidade e, a partir daí, em seu comportamento: FERRÉS, Joan. *Televisão subliminar*: socializando através de comunicações despercebidas. Tradução de Ernani Rosa e Beatriz A. Neves. Porto Alegre: Artmed, 1998. p. 32-33.

famílias, os pais ocupados e fora de casa são fatores que contribuíram para o papel da televisão como babá eletrônica.

A doutrina clássica destaca a impropriedade e a prejudicialidade da publicidade infantil. As crianças ficam em média dezessete horas por mês conectadas à Internet e têm dificuldade para distinguir entre programação e publicidade e as intenções por trás dela. Essa capacidade de discernimento das crianças tem sido objeto de preocupação dos órgãos responsáveis.[42]

Xavier enfatiza o poder da publicidade como agente condicionante do comportamento[43] social, sublinhando que o avanço de suas técnicas se dá também pelo fato de encontrarem uma sociedade de consumidores despreparados e incapazes de compreender propriamente seus efeitos. Assim, a vontade livre é substituída por uma vontade formada conforme desejam os empresários causando nos agentes um sentimento de autonomia e liberdade de escolha.

Há, dessa forma, a necessidade da ampliação do entendimento sobre abusividade. O controle sobre a publicidade abusiva não pode ser limitado ao confronto de dados de caráter objetivo, mas deve ser incisivo, questionador e crítico. O autor defende a atuação informativa da publicidade com o propósito de apenas informar seu destinatário sobre as qualidades e potencialidades de certos produtos a sem a utilização de técnicas psicológicas para o estímulo de contratações.[44]

O entendimento de Nelson Nery Jr. é no sentido de que nem toda publicidade dirigida ao público infantil deve ser vedada já que não são todas que podem ser consideradas ilegais.[45] O autor baseia-se no direito à publicidade

---

[42] D'AQUINO, Lúcia Souza. *Criança e publicidade:* hipervulnerabilidade? Porto Alegre: Lumen Juris, 2017. p. 24-25.

[43] Sobre comportamento do consumidor, interessante a explanação de Endo e Roque: "As estratégias de marketing, em particular as de propaganda, podem, assim, ter importante papel na tomada de decisão.Rucker e Sternthal (2013, p.227) apontam que algumas vezes os consumidores fundamentam seu julgamento nas informações apresentadas na propaganda (anúncios, comerciais etc.), além de como essas informações se relacionam com aquilo que já conhecem acerca da marca e de seus concorrentes – julgamento deliberativo. Outras vezes, o julgamento acontece por meio de uma rápida avaliação de indicativos, estímulos como a cor, o formato ou o porta-voz da marca – julgamento superficial. Acontece ainda de o julgamento das marcas ser influenciado pela experiência subjetiva do consumidor, que ocorre em virtude do modo como as informações da mensagem foram processadas. Esse tipo de julgamento é denominado metacognitivo, por estar ancorado nos pensamentos sobre a mensagem que deram embasamento ao julgamento.Para que as informações contidas em uma propaganda possam ter utilidade na composição de um julgamento, elas devem ser representadas no segundo estágio da memória, ou seja, na memória de longo prazo, que se configura como um grande repositório das informações que o consumidor já processou, mas que não estão ativas na memória de trabalho. Armazenar informações de maneira organizada para facilitar julgamentos posteriores é importante propriedade da memória de longo prazo. A organização hierárquica é uma organização fundamental para a compreensão das reações do consumidor à propaganda. " In: ENDO, Ana Claudia Braun; ROQUE, Marcio Antonio Brás. Atenção, memória e percepção: uma análise conceitual da Neuropsicologia aplicada à propaganda e sua influência no comportamento do consumidor. *Revista Brasileira de Ciências da Comunicação.* São Paulo, v. 40, n. 1, p. 77-96, jan. /abr., 2017.

[44] XAVIER, José Tadeu Neves. Os limites da atuação publicitária na condução de comportamentos sociais: o valor da ética no controle jurídico da publicidade. *Revista de Direito do Consumidor,* v. 81, São Paulo: RT, p. 117-147, jan. /mar., 2012.

[45] Nesse sentido: "É importante consignar que a reclamação realizada pelo Instituto Alana pressupõe que a publicidade dirigida ao público infantil já seria, por si só, abusiva. Todavia, impertinente tal argumento, pois impossível conceber que apenas a publicidade infantil já induz abusividade conforme alega o apelante, afinal existem padrões éticos para as publicidades que visam alcançar ao público infantil, os quais estão dispostos no art. 37, § 2º do Código de Defesa do Consumidor. Constata-se dos autos que referidos padrões

como legítimo direito da pessoa jurídica de se comunicar com seu público alvo, direito que é consectário do direito à livre iniciativa. Assim, a publicidade é autorizada tão só nos termos e restrições previstos em lei, ou seja, é proibida em relação a certos produtos, mas permitida em relação aos demais.

Ele também ressalta o sistema misto de controle, sendo vedados os abusos no exercício do direito de realizar publicidade. O mesmo raciocínio vale, destaca, para o público infanto-juvenil. É proibida a publicidade para ele direcionada que seja *in concreto* abusiva ou enganosa. O próprio ECA, afirma, não veda aprioristicamente a publicidade infantil, apenas estipula restrição quanto ao respeito à condição peculiar de pessoa em desenvolvimento.[46]

3. A publicidade nos vídeos do Youtube

A Internet é um meio de comunicação que interliga dezenas de milhões de computadores e permite acesso a uma quantidade de informações inesgotáveis. Surgiu no auge do processo de barateamento das comunicações ocorrido ao longo do século XX. O elemento mais importante para a consagração da Internet como meio de comunicação de massa foi a criação da rede mundial *world wide web*, ou *www*. Trata-se de imensa rede que liga elevado número de computadores em todo o planeta, e cada máquina pode conter e fornecer uma infinidade de informações. Nesse ambiente é que são realizadas as contratações eletrônicas.[47]

Na Internet, a publicidade ganha relevância tendo em vista seus atrativos, como a possibilidade de envio de e-mails de *marketing*, a redução de custos e a possibilidade de maior comunicação e interatividade. A publicidade institucional, por exemplo, continua existindo no ambiente virtual, com um ícone da página da empresa, um mascote ou outra figura.[48] Mas na Internet tudo tem *links* e se pode acessar o *site* do fornecedor rapidamente e já adquirir os produtos, ainda que a navegação tenha iniciado em outro site, já que a publicidade leva o consumidor para outros ambientes.

---

foram observados pela apelada, pois inexiste discriminação ou incitação à violência, exploração de medo ou desrespeito aos valores ambientais, indução das crianças a um comportamento adulto, ou aproveitamento da deficiência de julgamento e experiência da criança.O fato de a publicidade ser endereçada ao público menor não significa a ocorrência de afronta ao art. 37, §2° do Código de Defesa do Consumidor, o qual disciplina diretrizes em relação ao tema e veda publicidade que explore a ingenuidade da criança. Para que haja violação ao referido dispositivo é necessário abusividade na conduta, o que não ocorreu *in casu*. Aliás, ao contrário do que sustenta apelante, fato é que nem o Código de Defesa do Consumidor, nem o Estatuto da Criança e do Adolescente, tampouco Código de Auto-Regulamentação Publicitária proíbem a publicidade infantil". (TJSP; Apelação / Reexame Necessário 1010889-46.2014.8.26.0053; Relator (a): Moreira de Carvalho; Órgão Julgador: 3ª Câmara Extraordinária de Direito Público; Foro Central – Fazenda Pública/Acidentes – 8ª Vara de Fazenda Pública; Data do Julgamento: 25/04/2016; Data de Registro: 26/04/2016)

[46] NERY JÚNIOR, Nelson. Limites para a publicidade infantil – direito fundamental à comunicação e liberdade de expressão da iniciativa privada. *Revista de Direito do Consumidor*, v. 15, São Paulo: RT, p. 210-214, jul. /set., 1995.

[47] PAESANI, Liliana Minardi. *Direito de internet:* liberdade de informação, privacidade e responsabilidade civil. 4. ed. São Paulo: Atlas, 2008. p. 10-13.

[48] MARQUES, Cláudia Lima. *Confiança no comércio eletrônico e a proteção do consumidor:* um estudo dos negócios jurídicos de consumo no comércio eletrônico.São Paulo: Revista dos Tribunais, 2004. p. 163.

As pessoas procuram a Internet para contratar, estudar, fazer cursos, pesquisar preços, para procurar informações, endereços, prestadores de serviço ou quaisquer outros dados de que precisem. Mas uma grande massa de consumidores utiliza a Internet também para entretenimento, buscando diversão em jogos, brincadeiras, filmes, seriados, *blogs* e vídeos.

Os usuários de Internet passaram a se interessar pela possibilidade de assistir a vídeos de terceiros e também de divulgarem os seus.[49] Nesse contexto, a fim de superar a dificuldade de compartilhamento de vídeos, foi criado o YouTube, em 2005, por três desenvolvedores do sistema de pagamento Paypal, na Califórnia, nos Estados Unidos. Algum tempo depois, a invenção foi comprada por US$ 1,65 bilhão pelo Google.[50]

O YouTube é uma rede caracterizada pelo repositório de material audiovisual alimentado pelos próprios usuários em seus canais nos quais se podem perceber diversos tipos de conteúdo, como entretenimento, educacional, humorístico, erótico, documental, etc.[51]

A palavra "youtube" foi criada a partir das palavras "you", você em inglês, e "tube" gíria utilizada para designar televisão.[52] O objetivo do *site* é justamente manter uma televisão feita por pessoas e permitir que os próprios usuários da Internet carreguem, assistam e compartilhem vídeos. Dessa forma, as discussões jurídicas que envolvem a televisão e suas características são hoje também realizadas em relação ao YouTube.

Em 2014, os brasileiros assistiram, 22 horas de televisão e 8 horas de vídeos *online*. Em 2016, a quantidade de horas de televisão aumentou para 23, e as horas de vídeo *online* dobraram, totalizando 16 horas por semana. Desse tempo, no total de vídeos na Internet, 55% é assistido via *smartphones*, sendo que 69% do público em geral e 79% do público jovem usam o celular enquanto assistem televisão.[53]

A plataforma mais lembrada para assistir a vídeo *online* é o YouTube, considerado por muitos um substituto da televisão. 81% dos brasileiros associam vídeos *online* ao YouTube. E o interesse por assuntos como gastronomia, moda

---

[49] Morales apresenta interessante pesquisa que traz ações de *marketing* realizadas por empresas durante as quais atores e atrizes contratados dançaram e cantaram em estações de metrô ou aeroportos a fim de divulgarem as empresas. Nesses casos, os próprios consumidores filmaram as ações e as divulgaram no YouTube, o que denota a participação dos usuários na divulgação das marcas. A autora ressalta que "a possibilidade de qualquer pessoa publicar no site utilizando as palavras que desejar faz com que muitas vezes vídeos não oficiais se juntem aos oficiais aumentando o número de contatos e as probabilidades de experiência dos indivíduos". In: MORALES, Camila Pereira. Transgressão à publicidade clássica: novos suportes e formatos da publicidade contemporânea. 2011. 362 f. Dissertação (Mestrado em Comunicação Social) – Pontifícia Universidade Católica do Rio Grande do Sul, Porto Alegre, 2011. Disponível em: <http://primo-pmtna01.hosted.exlibrisgroup.com/PUC01:PUC01:puc01000431678>. Acesso em 21. Ago. 2017.

[50] Disponível em: <http://g1.globo.com/Noticias/Tecnologia/0,,AA1306288-6174,00.html.> Acesso em: 26 ago. 2017.

[51] BEZERRA, Glícia Maria Pontes. Youtube, crianças e publicidade: qual o limite? Disponível em: <http://dissenso.org/youtube-criancas-e-publicidade-qual-o-limite/>. Acesso em: 29 ago. 2017.

[52] DANTAS, Tiago. "Youtube"; *Brasil Escola*. Disponível em: <http://brasilescola.uol.com.br/informatica/youtube.htm>. Acesso em: 26 de ago. 2017.

[53] Disponível em: <https://www.thinkwithgoogle.com/intl/pt-br/tendencias-de-consumo/pesquisa-video-viewers-2016-como-o-brasileiro-assistiu-a-videos-esse-ano/> Acesso em: 26 ago. 2017.

e beleza, *games* e música dos usuários que procuram vídeos no YouTube é 3,5 vezes maior que o interesse por esses temas na TV aberta; 2,5 vezes maior que na TV paga e 2,6 vezes maior do que nas redes sociais.

Interessante perceber também que 59% das pessoas acham que o YouTube pode substituir a TV aberta, e 69%, a TV paga. 43% das pessoas usam o YouTube como primeira fonte de informação sobre produtos; e desses, 37% preferem celebridades da própria plataforma, e 24%, outras celebridades em geral, aqueles que não são considerados famosos do YouTube.[54] Denota-se, assim, a importância do que é mostrado no YouTube tendo em vista a quantidade de pessoas que procuram os vídeos para satisfazer os mais variados interesses.

Nesse contexto, Almeida faz um exame da publicidade nos canais de vídeos e propõe uma análise comparativa entre a publicidade enganosa e a abusiva. Afirma que a identificação da publicidade enganosa é relativamente mais simples e quase intuitiva, pois o próprio consumidor se sente enganado e pode exigir o cumprimento da oferta ou indenização em caso de ocorrência de danos.[55]

Já a característica da abusividade não é assim tão fácil de ser percebida. Existe certo grau de subjetividade para a identificação da publicidade abusiva. Tal subjetividade não se dá por falta de clareza legal de sua definição, mas pela carga interpretativa que se pode atribuir à publicidade já que o que é discriminatório para uns pode ser liberdade de expressão para outros. Em geral, a publicidade abusiva pode ser identificada por meio de uma lesividade escancarada a certos bens jurídicos como integridade física, integridade psíquica, o meio ambiente, a infância e até mesmo a própria vida, todos elementos tutelados pelo § 2º do artigo 37 do CDC.

A autora defende que toda a publicidade direcionada à criança é abusiva, sendo ilegal qualquer comunicação mercadológica dirigida a esse público pelo fato de se aproveitar da deficiência de julgamento e experiência das crianças.[56]

A televisão sempre foi meio eficaz de comunicação, principalmente a mercadológica. Na Internet, a relação entre comunicador e espectador é ainda mais intensa, pois o usuário passa a ser um sujeito ativo e se comporta de modo a escolher o que quer ver e interagir com o apresentador e demais espectadores. O consumidor pode avaliar o conteúdo, postar comentários, compartilhar. Muitas vezes as pessoas que assistem e interagem na Internet acabam se transformando em criadores de seus próprios canais no YouTube.

Para ser considerado um *youtuber*, no entanto, a pessoa deve produzir o conteúdo que posta. Aos pioneiros do ramo de produção de vídeos para o YouTube dá-se o nome de *youtubers* de primeira geração, que impulsionaram o surgimento e desenvolvimento de canais dos *youtubers* de segunda geração.

---

[54] Disponível em: <https://www.thinkwithgoogle.com/intl/pt-br/tendencias-de-consumo/pesquisa-video-viewers-2016-como-o-brasileiro-assistiu-a-videos-esse-ano/> Acesso em: 26 ago. 2017.

[55] ALMEIDA, Claudia Pontes. Youtubers mirins, novos influenciadores e protagonistas da publicidade dirigida ao público infantil: uma afronta ao Código de Defesa do Consumidor e às leis protetivas da infância. *Revista luso-brasileira de Direito do Consumo*. v. VI, n. 23, Curitiba: Editora Bonijuris, p. 155-187, mar., 2011.

[56] Idem.

Nesse ponto surgiu a publicidade direcionada ao público infantil protagonizada por *youtubers* mirins.[57]

Um dos grandes desafios para a proteção da infância, ressalta, é que muitos pais não se incomodam com os apelos comerciais abusivos apesar de conhecerem muito bem o conteúdo da publicidade enganosa.[58] Existe repressão contra a publicidade abusiva, embora não seja sempre eficaz. Mas não é somente a publicidade reconhecida pelos gestores do YouTube que podem ser consideradas abusivas. Aquelas oblíquas ou dissimuladas feitas pelos *youtubers* também podem ter essa característica.

As crianças confiam e acreditam no que outras crianças dizem, e consequentemente vendem. O abuso justamente consiste no aproveitamento da ingenuidade e confiança natural das crianças por meio da apresentação de vídeos por outras crianças que lançam e demonstram produtos e serviços direcionados ao público infantil.[59]

O universo dos apresentadores mirins tem aumentado, mas nem todos eles conseguem o *status* de *youtuber* mirim a ponto de serem procurados pelas empresas e tornarem-se famosos.[60] O que motiva o interesse dos anunciantes, evidentemente, é a quantidade de visualizações.[61] Quanto mais pessoas ou fãs, melhor. Também é levado em consideração o número de possíveis futuros espectadores, já que os vídeos ficam à disposição.

Os *youtubers* mirins atuam em parceria com empresas de forma estruturada e planejada. Embora a plataforma restrinja o cadastro de pessoas com menos de treze anos de idade, muitos canais são apresentados por crianças pequenas. As menções a marcas patrocinadas nem sempre são declaradas como tal e tudo é exibido em uma ambiência fantasiosa, com elementos mágicos e divertidos, e os produtos são inseridos em contextos aparentemente espontâneos embora estrategicamente calculados, principalmente em função dos *views* e *likes*,[62] como nos vídeos de *unboxing*.

---

[57] ALMEIDA, Claudia Pontes. Op. cit., p. 155-187, mar., 2011.

[58] Interessante a reflexão sobre a forma como cada pessoa vê a abusividade. Vídeo do canal *Bel para Meninas* que traz vídeo de *unboxing* tem 2.676.643 visualizações. São quase 3 milhões de pessoas que se interessam por esse conteúdo. Percebe-se comentários de adultos e crianças. Destaca-se também que há comentários de outras crianças felizes pelo fato de o presente que enviaram para a protagonista do canal estar sendo aberto e mostrado, o que demonstra que os produtos enviados pelas empresas, os efetivamente comprados, os escolhidos pelos organizadores do canal e os enviados pelos inúmeros fãs ou telespectadores se misturam, não permitindo que se perceba a real intenção de divulgação de publicidade. Disponível em: <https://www.youtube.com/watch?v=lEImBZDeZKc>. Acesso em: 29 ago. 2017. Em alguns vídeos inclusive as crianças aparecem acompanhadas das mães: <https://www.youtube.com/watch?v=6pehjjs5TBo>. Acesso em: 30 ago. 2017.

[59] ALMEIDA, Claudia Pontes. Op. cit., p. 155-187, mar., 2011.

[60] Nos comentários desse vídeo em que a criança aparece brincando com brinquedo de determinada marca percebem-se pedidos de outras crianças para serem curtidas ou seguidas em seus canais do YouTube, buscando tornarem-se youtubers mirins famosos: <https://www.youtube.com/watch?v=kgfqc4LJTKU>

[61] Vídeo que do canal Super Heróis que tem surpreendentes 33.967.298 visualizações e mostra cenas de uma novelinha na qual uma criança aparece inicialmente aplicando maquiagem, vestida de princesa e com falsa barriga de grávida. A criança supostamente tem seu bebê e aparece também em cenas na cozinha da local de filmagem comendo diversas balas e doces. O vídeo segue com a aparição de personagens adultos vestidos de super-heróis contracenando com crianças. Disponível em: <https://www.youtube.com/watch?v=YM0j0Uc0tSI>

[62] BEZERRA, Glícia Maria Pontes. Youtube, crianças e publicidade: qual o limite? Disponível em: <http://dissenso.org/youtube-criancas-e-publicidade-qual-o-limite/>. Acesso em: 29 ago. 2017.

O *unboxing* é um tipo de vídeo que mostra a abertura de uma embalagem, a retirada de um produto de sua caixa. Os vídeos são produzidos de modo a transmitir o elemento da surpresa do momento da revelação do conteúdo da caixa. Mesmo que previamente planejado, busca-se mostrar a emoção verdadeira da pessoa ao desempacotar algo que ganhou ou comprou.[63] Os vídeos que mostram o momento em que os produtos são desembrulhados são muito assistidos. Segundo dados do Google, por exemplo, 53% das mulheres que assistem a vídeos de *unboxing* são influenciadas pelas demonstrações dos produtos.[64]

Em virtude do grande interesse por esse formato, os anunciantes aproveitaram para vender seus produtos.[65] Muitas vezes, no próprio vídeo já há o *link* para a compra dos produtos, o que pode facilitar a vida dos adultos que o assistem, que sabem se tratar de publicidade e procuram justamente formas de usar determinado bem e lugares onde encontrá-los. Apesar de as crianças não serem capazes de identificar um conteúdo comercial de outro não comercial,[66] há grande quantidade de vídeos de *unboxing* direcionado ao público infantil e muitas vezes protagonizado por crianças.

A divulgação de vídeos de *unboxing* ou "abrindo presentes" tornou-se prática corriqueira nos canais dos *youtubers* mirins. Os fabricantes enviam não somente produtos infantis, mas também alimentos e acessórios para a casa. Trata-se de uma forma barata de divulgação dos produtos. Os vídeos relatam a sensação e a experiência com os "recebidos" ou contêm *review* de produtos. Muitas vezes os vídeos revelam crianças falando sobre produtos inadequados para a sua idade, alimentos não saudáveis ou ricos em açúcar ou corante.[67]

Apesar de grande parte dos vídeos do YouTube ser criada e compartilhada por usuários dos produtos colocados no mercado, há também inúmeros vídeos encomendados por empresas que se aproveitam dessa prática e do interesse que as pessoas têm ao visualizar a felicidade e o prazer em desempacotar um bem.

---

[63] TEIXEIRA, Ana Helena Blanes; SEQUEIRA, Beatriz Pacheco Serra; MELO, Fernanda Oliveira; FAVARETO, Lígia Prado Baptista; MARCELINO, Rosilene Moraes Alves. Unboxing de produtos infantis. Trabalho apresentado na Divisão Temática de Estudos Interdisciplinares da Comunicação, da Intercom Júnior – XII Jornada de Iniciação Científica em Comunicação, evento componente do XXXIX Congresso Brasileiro de Ciências da Comunicação. São Paulo, 2016.

[64] Disponível em: <https://www.thinkwithgoogle.com/intl/pt-br/advertising-channels/v%C3%ADdeo/beauty-a-inspiracao-vira-desejo/>.

[65] Ao procurar o termo Fini (marca de balas) no Youtube aparecem diversos vídeos de demonstração de balas e desafios, muitos em canais de crianças, outros de adultos. A busca, no entanto, não mostra o canal oficial da marca, que tem seus produtos divulgados pelos próprios usuários da internet, em casos de contratos e parcerias e também espontaneamente por pessoas que almejam certo reconhecimento ou fama. Disponível em: <https://www.youtube.com/results?q=fini&sp=SBRQFOoDAA%253D%253D>. Acesso em: 30 ago. 2017.

[66] COSTA, Jaderson Costa da. A publicidade e o cérebro da criança. In: PASQUALOTTO, Adalberto; MONTIEL ALVAREZ, Ana Maria Blanco. (org.). *Publicidade e proteção da infância*. Porto Alegre: Livraria do Advogado Editora, 2014. p. 17-34.

[67] Vídeo de youtuber mirim famosa que acumula 915.832 visualizações. A criança pequena aparece com muita desenvoltura recebendo diversos doces coloridos. Disponível em: <https://www.youtube.com/watch?v=s9abH-nwgvM> Acesso em: 30 ago. 2017. Também da mesma marca de balas, vídeo no canal Mundo da Lari tem 1.569.009 visualizações. A criança inclusive veste uniforme e acessórios da marca. Disponível em: <https://www.youtube.com/watch?v=4Vn5V67jijY>. Acesso em: 30 ago. 2017.

Trata-se de uma nova forma de fazer publicidade. A monetização das redes sociais é um ponto prioritário na sustentação das empresas do ramo de serviços *online* e muitas delas se valem do argumento da defesa da liberdade de expressão.[68]

Além do Youtube tradicional, existe o aplicativo do Youtube Kids, plataforma dirigida ao público infantil que, segundo o próprio Google, "além de ser uma opção de entretenimento divertida para os pequenos e mais confiável para os adultos, o YouTube Kids também representa um novo jeito para as marcas se conectarem com famílias naqueles momentos em que estão reunidos, seja no celular, no tablet ou na SmartTV".[69]

Os anúncios exibidos nessa plataforma supostamente passam por uma análise criteriosa antes de serem veiculados, a fim de que sejam veiculados conteúdos seguros para o público infantil. Há, porém, expresso incentivo ao patrocínio, já que "as marcas conseguem falar diretamente com um público que não pode ser acessado de outra maneira no digital, transmitindo uma mensagem apropriada para esta audiência, com segurança e endosso dos pais".[70]

Os filtros do YouTube Kids são criados por algoritmos que selecionam vídeos. Em caso de inadequação ou abuso, os pais podem fazer denúncias. Na parte de ferramentas e configurações, os responsáveis podem fazer algumas alterações. Os vídeos recomendados, por exemplo, são selecionados sem análise humana e são exibidos com a pesquisa ativada ou desativada. São escolhidos com base no que foi assistido ou pesquisado.

O Youtube Kids tem a opção de cronômetro para os pais, que os permite ajustar a quantidade de tempo que a criança poderá assistir aos vídeos. Também é possível desativar pesquisa, limpar e pausar o histórico e desativar a reprodução automática, este último recurso também disponível no YouTube tradicional. Segundo a política do aplicativo, os vídeos com anúncios pagos são indicados e não há publicidade de alimentos ou bebidas.[71]

Nos Estados Unidos, na Austrália, na Nova Zelândia, na Coréia do Sul e no México[72] está disponível o serviço do YouTubeRed, para o YouTube tradicional e para o Kids.[73] É uma versão paga do YouTube, lançada em 2015, que custa em torno de dez dólares americanos por mês e permite que o usuário visualize vídeos sem anúncios e salve clipes e vídeos para assistir *offline*.[74] Esse sistema ainda não está disponível no Brasil, mas é considerado como uma

---

[68] BEZERRA, Glícia Maria Pontes. Youtube, crianças e publicidade: qual o limite? Disponível em: <http://dissenso.org/youtube-criancas-e-publicidade-qual-o-limite/>. Acesso em: 29 ago. 2017.

[69] Disponível em: <https://www.thinkwithgoogle.com/intl/pt-br/advertising-channels/v%C3%ADdeo/youtube-kids-um-ano-de-divers%C3%A3o-para-os-pequenos/>.

[70] Disponível em: <https://www.thinkwithgoogle.com/intl/pt-br/advertising-channels/v%C3%ADdeo/youtube-kids-um-ano-de-divers%C3%A3o-para-os-pequenos/>.

[71] Disponível em: <https://support.google.com/youtubekids/answer/6172308>.

[72] Disponível em: <https://support.google.com/youtubekids/answer/7071324>.

[73] Disponível em: https://youtube.googleblog.com/2016/08/kids-app-with-youtube-red.html>.

[74] MANNARA, Bárbara. YouTube RED: versão paga do sites de vídeos do Google corta anúncios. Disponível em: <http://www.techtudo.com.br/dicas-e-tutoriais/noticia/2015/11/youtube-red-como-funciona-versao-paga-do-sites-de-videos.html>.

opção com mais possibilidade de personalização e controle de anúncios para aqueles que se dispuserem a pagar, talvez mais semelhante ao Netflix.

Por mais que um controle de anúncios possa ser feito pelos pais ou responsáveis pelas crianças, muitas vezes a publicidade aparece escondida, e não identificada em vídeos de canais que supostamente retratam o dia a dia de pequenos. Também pela possibilidade de qualquer pessoa colocar vídeos na plataforma do YouTube, torna-se ainda mais complicada a averiguação e o controle de adequação da publicidade dirigida às crianças.

Há casos em que se percebe a escolha dos adultos ao permitir que as crianças visualizem vídeos de canais nos quais há propaganda. Por mais que a publicidade não esteja devida e claramente identificada, é possível que seja deduzida por um adulto em virtude da maneira como o produto é mostrado, assim como o destaque para suas características e a forma como o bem é descrito pelo apresentador. Há outros casos em que os pais selecionam algum ou alguns vídeos, mas as crianças acabam tocando ou clicando em outros que aparecem nas sugestões, que não estavam no âmbito de análise ou permissão inicial dos adultos.

Seja como for, quando for dirigida às crianças, a ilicitude em razão da falta de identificação soma-se à abusividade consistente no aproveitamento da falta de capacidade da criança de distinguir o que é verdadeiro, o que faz parte do programa, do que é publicidade. Confundem-se, dessa forma, na mesma situação, a ocorrência de não identificação da publicidade e sua abusividade, misturando-se, como já referido, o âmbito de proteção dos artigos 36 e 37, § 2º, do CDC.

A criança é hipervulnerável que merece proteção especial, mas o que provoca controvérsia jurídica é a medida dessa proteção. Dias destaca que as normas já existentes, principalmente o artigo 37 do CDC, não são efetivamente aplicadas pelos operadores do Direito. O mencionado dispositivo é moderno e poderia ser mais utilizado a fim de delimitar um grupo de casos que podem ser considerados abusivos. Uma melhor e mais intensa aplicação do § 2º do artigo 37 do Código do Consumidor poderia ocorrer por meio da propositura de demandas que busquem demonstrar no caso concreto a nocividade da publicidade.[75]

A autora defende a presença do Estado no sentido da aplicação de leis, proibições e regulamentações já existentes, sendo útil também uma participação da sociedade civil por meio de denúncias de situações que pareçam abusivas. Há também a necessidade de reforço das ferramentas de educação familiar. Reconhece-se que os tradicionais e historicamente existentes mecanismos de calibração e imposição de limites, como o papel dos pais e da escola na formação da criança, já não cumprem minimamente sua função perante o público hipervulnerável.

Mas, por outro lado, a total substituição do Estado ao pátrio poder em matéria de ações de *marketing* infantil resultaria em forte dirigismo estatal na

---

[75] DIAS, Lúcia Ancona Lopez de Magalhães. Publicidade e hipervulneráveis: limitar, proibir ou regular? *Revista de Direito do Consumidor*, v. 99, São Paulo: RT, p. 285-305, mai./jun., 2015.

economia e na vida das pessoas. Independentemente dos abusos que são praticados, a simples proibição total de qualquer publicidade dirigida às crianças, ressalta Dias, não parece solucionar todos e quaisquer males imputados quase que exclusivamente aos efeitos da publicidade.

Não há certeza de que uma excessiva ingerência do Estado resultaria na impossibilidade de se reconhecer o cidadão como capaz de tomar suas próprias decisões em relação a si mesmo e a seus filhos. Não se pode negar a capacidade dos pais como agentes transformadores de uma sociedade e de educarem seus filhos como acharem melhor. Campanhas de fortalecimento do papel da família como vetor educacional primário ao consumo responsável e a identificação de situações que colocam crianças em zonas de risco.[76]

No âmbito da Internet, e especialmente do YouTube, torna-se ainda mais complicado o controle da disseminação da publicidade não identificada ou abusiva. A quantidade de vídeos compartilhados por inúmeras pessoas que os curtem em velocidade impressionante é um fator que dificulta o rastreamento da publicidade. Muitas vezes não se sabe ao certo se se está diante de uma publicidade efetivamente ou de um vídeo de uma criança tentando ser famosa divulgando qualquer coisa a fim de chamar a atenção de empresas e de outras pessoas. Em ambos os casos, há preocupação em resguardar os direitos das crianças.

Como ensina Pasqualotto: "Se o desafio da publicidade é acompanhar a mutação da comunicação, o desafio do direito é compatibilizar os comandos normativos com a realidade fática, o que implica, de um lado, manter e exercer o poder de coerção e, de outro lado, não sufocar a fluência natural da vida em sociedade. Essa é uma fronteira delicada, de limites imprecisos, e a tolerância deixa a impressão de que regras sequer existem".[77]

Considerações finais

1. Vídeos de *unboxing* ou outros formatos em canais do YouTube dirigidos ao público infantil, principalmente os apresentados por *youtubers* mirins, apresentam publicidade ilícita porquanto não pode ser identificada como tal por aqueles que a visualizam;

2. Esse tipo de publicidade também pode ser considerada abusiva somente pelo fato de ser dirigida às crianças ou sob o argumento de que se aproveita da deficiência de julgamento e experiência do público infantil, que acredita no que é dito por outras crianças que apresentam os produtos ou serviços nos vídeos;

3. O controle da publicidade nessas situações não é tão simples tendo em vista a possibilidade de qualquer pessoa compartilhar um vídeo falando sobre o que quiser e o fato de muitas pais ou responsáveis considerarem adequados

---

[76] DIAS, Lúcia Ancona Lopez de Magalhães. Publicidade e hipervulneráveis: limitar, proibir ou regular? *Revista de Direito do Consumidor*, v. 99, São Paulo: RT, p. 285-305, mai. /jun., 2015.

[77] PASQUALOTTO, Adalberto. Direito e publicidade em ritmo de descompasso. *Revista de Direito do Consumidor*, v. 100, São Paulo: RT, p. 501-527, jul. /ago., 2015.

os conteúdos dos vídeos, o que se percebe pela grande quantidade de visualizações e comentários;

4. Em casos de flagrante violação do princípio da identificação da publicidade, o controle pode ser feito no caso concreto por meio da imposição ao fornecedor que identifique a publicidade e/ou pela condenação à realização de contrapropaganda ou outra medida que se mostre adequada ao caso, tendo em vista a ausência de outras sanções específicas no CDC;

5. A provocação para a mais ampla utilização do artigo 37, § 2º, do CDC, pode ser uma alternativa para coibir a publicidade abusiva dirigida às crianças segundo o entendimento de que nem toda a publicidade para o público infantil é considerada abusiva, ideia que não é válida para os que defendem a proibição da veiculação de publicidade destinada ao público infantil em qualquer meio de comunicação, incluindo os vídeos do YouTube.

Referências

ALAZANS, Flávio. *Propaganda subliminar multimídia.* São Paulo: Summus, 1992

ALMEIDA, Claudia Pontes. Youtubers mirins, novos influenciadores e protagonistas da publicidade dirigida ao público infantil: uma afronta ao Código de Defesa do Consumidor e às leis protetivas da infância. *Revista luso-brasileira de Direito do Consumo.* v. VI, n. 23, Curitiba: Editora Bonijuris, p. 155-187, mar., 2011.

BEZERRA, Glícia Maria Pontes. Youtube, crianças e publicidade: qual o limite? Disponível em: <http://dissenso.org/youtube-criancas-e-publicidade-qual-o-limite/>.

BRAMBILLA, Flávio Régio; ADOLFO, Luiz Gonzaga Silva. Propaganda infantil na perspectiva do Código de Defesa do Consumidor: um estudo interdisciplinar congregando noções de direito e marketing. *Revista de Direito do Consumidor,* v. 104, São Paulo, mar. /abr., p. 285-322, 2016.

D'AQUINO, Lúcia Souza. *Criança e publicidade:* hipervulnerabilidade? Rio de Janeiro: Lumen Juris, 2017.

DANTAS, San Tiago. "Youtube"; *Brasil Escola.* Disponível em <http://brasilescola.uol.com.br/informatica/youtube.htm>.

DIAS, Lúcia Ancona Lopez de Magalhães. *Publicidade e direito.* 2. ed. São Paulo: Editora Revista dos Tribunais, 2013.

ENDO, Ana Claudia Braun; ROQUE, Marcio Antonio Brás. Atenção, memória e percepção: uma análise conceitual da Neuropsicologia aplicada à propaganda e sua influência no comportamento do consumidor. *Revista Brasileira de Ciências da Comunicação.* São Paulo, v. 40, n. 1, p. 77-96, jan. /abr., 2017.

FERRÉS, Joan. *Televisão subliminar:* socializando através de comunicações despercebidas. Tradução de Ernani Rosa e Beatriz A. Neves. Porto Alegre: Artmed, 1998.

FILOMENO, José Geraldo Brito. *Curso fundamental de Direito do Consumidor.* 3. ed. São Paulo: Atlas, 2014.

LIZ, J. Regado. Publicidade infanto-juvenil da EU: desenvolvimentos recentes. *Revista luso-brasileira de Direito do Consumo.* v. VI, n. 23, Curitiba: Editora Bonijuris, p. 15-56, mar., 2011.

MALFATTI, Alexandre David. *O direito de informação no Código de Defesa do Consumidor.* São Paulo: Alfabeto Jurídico, 2003.

MANNARA, Bárbara. YouTube RED: versão paga do sites de vídeos do Google corta anúncios. Disponível em: <http://www.techtudo.com.br/dicas-e-tutoriais/noticia/2015/11/youtube-red-como-funciona-versao-paga-do-sites-de-videos.html>

MARQUES, Cláudia Lima. *Confiança no comércio eletrônico e a proteção do consumidor:* um estudo dos negócios jurídicos de consumo no comércio eletrônico.São Paulo: Editora Revista dos Tribunais, 2004.

——. *Contratos no Código de Defesa do Consumidor:* o novo regime das relações contratuais.7. ed.São Paulo: Revista dos Tribunais, 2014.

——; BENJAMIN, Antonio Herman V.; MIRAGEM, Bruno. *Comentários ao Código de Defesa do Consumidor.* 4. ed. São Paulo: Revista dos Tribunais, 2013.

——; MIRAGEM, Bruno. *O novo direito privado e a proteção dos vulneráveis.* São Paulo: Revista dos Tribunais, 2012.

MARTINS, Guilherme. A regulamentação da publicidade infantil no Brasil. A proteção do consumidor e da infância. *Revista de Direito do Consumidor,* v. 102, São Paulo: RT, p. 297-320, nov. /dez., 2015.

MIRAGEM, Bruno. *Curso de Direito do Consumidor.* 6. ed. São Paulo: Revista dos Tribunais, 2016.

MORALES, Camila Pereira. Transgressão à publicidade clássica: novos suportes e formatos da publicidade contemporânea. 2011. 362 f. Dissertação (Mestrado em Comunicação Social) – Pontifícia Universidade Católica do Rio Grande do Sul, Porto Alegre, 2011.

NERY JÚNIOR, Nelson. Limites para a publicidade infantil – direito fundamental à comunicação e liberdade de expressão da iniciativa privada. *Revista de Direito do Consumidor*, v. 15, São Paulo: RT, p. 210-214, jul. /set., 1995.

PAESANI, Liliana Minardi. *Direito de internet:* liberdade de informação, privacidade e responsabilidade civil. 4. ed. São Paulo: Atlas, 2008.

PASQUALOTTO, Adalberto. Direito e publicidade em ritmo de descompasso. *Revista de Direito do Consumidor*, v. 100, São Paulo: RT, p. 501-527, jul. /ago., 2015.

——. Os efeitos obrigacionais da publicidade no Código de Defesa do Consumidor. São Paulo: Revista dos Tribunais, 1997.

——; AZAMBUJA, Mariana Menna Barreto. A comédia da publicidade: entre a sátira e o politicamente correto. *Revista de Direito do Consumidor, v. 96, São Paulo, nov. /dez., p. 89-104, 2014.*

TEIXEIRA, Ana Helena Blanes; SEQUEIRA, Beatriz Pacheco Serra; MELO, Fernanda Oliveira; FAVARETO, Lígia Prado Baptista; MARCELINO, Rosilene Moraes Alves. Unboxing de produtos infantis. Trabalho apresentado na Divisão Temática de Estudos Interdisciplinares da Comunicação, da Intercom Júnior – XII Jornada de Iniciação Científica em Comunicação, evento componente do XXXIX Congresso Brasileiro de Ciências da Comunicação. São Paulo, 2016.

XAVIER, José Tadeu Neves. Os limites da atuação publicitária na condução de comportamentos sociais: o valor da ética no controle jurídico da publicidade. *Revista de Direito do Consumidor*, v. 81, São Paulo: RT, p. 117-147, jan. /mar., 2012.

— **Parte 3** —

REGULAÇÃO DA PUBLICIDADE INFANTIL

— VII —

Breve reflexão sobre a publicidade infantil e a necessária efetividade da proteção da criança no mercado de consumo

YASMINE UEQUED PITOL

Mestre em Direito pela Universidade La Salle. Especialista em Direito do Consumidor e Direitos Fundamentais pela UFRGS. Pesquisadora vinculada ao grupo de investigação científica Teorias Sociais do Direito. Advogada.

Sumário: Introdução; 1. Garras do mercado e magia publicitária; 2. Sedução irresistível, consequências nefastas: o lado obscuro da ludicidade da publicidade infantil; 3. O melhor interesse da criança e o embate entre direito e mercado; Conclusão; Referências.

Introdução

O presente estudo propõe-se a refletir sobre a necessária proteção da criança no Mercado de Consumo, debruçando-se mais detidamente sobre a atividade publicitária. Longe de ser banal, a busca pela densificação dessa tutela necessita, para ter força, reverberar, a fim de converter-se em proteção efetiva, sob pena de soçobrar na inocuidade da mera retórica. Nesse contexto, os objetivos deste texto perpassam por, mediante pesquisa bibliográfica exploratória, aferir e ressaltar aspectos que justificam porque se afigura relevante proteger, de forma efetiva, a criança, contra as armadilhas do Mercado.[1] Pretende-se, dessa forma, destacar pontos que permeiam o assunto, como as possíveis consequências nocivas que seriam, ao menos em parte, desencadeadas pelo estímulo ao consumismo infantil e os embates envolvendo Direito e Mercado, que ensejam preocupação no tocante à efetividade da tutela direcionada aos infantes.

---

[1] Abordou-se a efetividade da tutela da criança em face da publicidade com maior riqueza de detalhes em dissertação de mestrado defendida no ano de 2017, oportunidade em que foi observado fenômeno empírico – mais precisamente, embalagens de balas de goma, balas de gelatina e de biscoitos recheados – e fez-se análise da adequação da comunicação mercadológica presente nessas embalagens ao Direito brasileiro (PITOL, Yasmine Uequed. *A publicidade infantil na sociedade de consumo*: uma análise empírica da publicidade e de sua (in)conformidade com o direito brasileiro. 2017. 160 f. Dissertação (mestrado em Direito) – Universidade La Salle, Canoas, 2017).

Para a contextualização da questão, observa-se a Sociedade de Consumo a partir da visão de autores como Benjamin Barber,[2] Gilles Lipovetsky,[3] Zygmunt Bauman[4] e Jean Baudrillard.[5] Busca-se pontuar formas de dominação do Mercado, explicitar o relevante papel do *marketing* neste contexto, destacar motivos pelos quais as crianças constituem público-alvo tão atraente e, ainda, ressaltar estratégias utilizadas para atraí-las para o mundo do consumo – e as consequências nocivas que seriam, ao menos em parte, relacionadas com tais práticas. Posteriormente, procura-se abordar o embate travado entre Direito e Mercado, apontando de que forma buscam-se proteger as crianças em face da publicidade e destacando algumas manifestações que evidenciam a resistência oposta às tentativas de controle – reforçando a preocupação no tocante à efetividade da proteção.

1. Garras do mercado e magia publicitária

A Sociedade de Consumo, da forma como experienciada atualmente,[6] necessita, ou talvez mais do que isso, exige, que cada um, com muita disciplina, exerça, de forma rotineira e incessante, o papel de consumidor.[7] A forma como se dará o exercício deste papel provém de estímulos impulsionados pelo próprio Mercado, que faz uso de artifícios para assegurar o curso de sua lógica – ou refrear quaisquer alternativas que eventualmente se oponham a ela.[8] Dentre estes artifícios encontram-se aqueles que, consoante a perspectiva delineada por Benjamin Barber, representam as formas mediante as quais o Mercado exerce a sua dominação: a ubiquidade, a onipresença, a autorreprodução, o vício e a onilegitimidade.[9]

Sob o enfoque conferido por Barber, a ubiquidade e a onipresença relacionam-se com o intuito de ocupação: enquanto a primeira evidencia a intenção

---

[2] BARBER, Benjamin. *Consumido:* como o mercado corrompe crianças, infantiliza adultos e engole cidadãos. Trad. Bruno Casoti. Rio de Janeiro: Record, 2009.

[3] LIPOVETISKY, Gilles. *A felicidade paradoxal:* ensaio sobre a sociedade de hiperconsumo. Trad. Maria Lúcia Machado. São Paulo: Companhia das Letras, 2007.; LIPOVETSKY, Gilles. *A era do vazio:* ensaios sobre o individualismo contemporâneo. Trad. Therezinha Monteiro Deutsch: Barueri: Manole, 2005.; LIPOVETSKY, Gilles. *A sociedade da decepção.* Trad. Armando Braio Ara. Barueri: Manole, 2007.; LIPOVETSKY, Gilles. O *Império de Efêmero:* a moda e seu destino nas sociedades modernas. Trad. Maria Lúcia Machado. São Paulo: Companhia das Letras, 2009.

[4] BAUMAN, Zygmunt. *Vida para o consumo:* a transformação das pessoas em mercadorias. Trad. Carlos Alberto Medeiros. Rio de Janeiro: Zahar, 2008.

[5] BAUDRILLARD, Jean. *O sistema dos objetos.* Trad. Zulmira Ribeiro Tavares. São Paulo: Perspectiva, 2006.

[6] Parte-se aqui da ótica de Gilles Lipovetsky, segundo o qual a Sociedade de Consumo desenvolveu-se em etapas, marcadas por algumas diferenças pontuais (LIPOVETISKY, Gilles. *A felicidade paradoxal:* ensaio sobre a sociedade de hiperconsumo. Trad. Maria Lúcia Machado. São Paulo: Companhia das Letras, 2007).

[7] BAUMAN, Zygmunt. *Vida para o consumo:* a transformação das pessoas em mercadorias. Trad. Carlos Alberto Medeiros. Rio de Janeiro: Zahar, 2008.

[8] Dentre as alternativas à lógica que permeia a Sociedade de Consumo, pode-se ressaltar aquelas trazidas por Serge Latouche (LATOUCHE, Serge. *Salir de la sociedade de consumo:* voces y vías del decrecimiento. Trad. Magalí Sirera Manchado. Barcelona: Octaedro, 2012).

[9] Segundo o autor, "juntas, essas cinco características dão aos mercados um poder sobre nossas vidas e pensamentos, corpos e almas, que rivaliza, mas não equivale, às formas mais tradicionais de totalitarismo" (BARBER, Benjamin. *Consumido:* como o mercado corrompe crianças, infantiliza adultos e engole cidadãos. Trad. Bruno Casoti. Rio de Janeiro: Record, 2009, p. 251).

do Mercado de ocupar todos os espaços – lógica segundo a qual não existiriam espaços em branco, mas, apenas, espaços que ainda não foram ocupados – a segunda consiste na ocupação do tempo, podendo ser mensurada pelo período durante o qual os consumidores encontram-se diante de mensagens publicitárias.[10]

Ao lado destas, esclarece Barber, encontram-se a capacidade (e intenção) de viciar – a qual assegura a onipresença do Mercado,[11] que resta reforçada por comportamentos repetitivos e obsessivos dos consumidores[12] – e, também, a autorreprodução, que consiste na capacidade do Mercado de se espalhar de forma viral.[13]

Contudo, para que estas formas de dominação sejam aceitas – evitando, assim, que alternativas à Sociedade de Consumo porventura ameacem sua lógica[14] –, o Mercado apresenta, ainda, uma derradeira característica, capaz de, como mágica, fazer com que sejam bem acolhidas todas as outras, como se benéficas e desejáveis fossem. Trata-se da onilegitimidade, a qual corresponde aos esforços que emprega para legitimar a sua dinâmica, transformando as formas mediante as quais exerce sua dominação em algo positivo.[15] Neste contexto, o constante enaltecimento de si mesmo permeia as máximas disseminadas pelo Mercado.

A ubiquidade do comércio precisa parecer uma coisa boa, uma ampliação de nosso reino de discrição. O vício precisa ser rebatizado, autorizado e parecer benigno – associado à "satisfação de necessidade", por exemplo. O etos cultural que põe com sucesso o consumismo em seu cerne e afasta esferas rivais precisa parecer que tem justificativa para fazer isso – e não apenas em termos puramente econômicos ou instrumentais.[16]

Pressupõe-se, nesse cenário, que todos reajam da forma como espera o Mercado e atuem como consumidores. Para tanto, não há necessidade de coerção por meio de força: a vontade de participar dessa Sociedade e o desejo de ser consumidor, de consumir na velocidade necessária para manter-se na

---

[10] BARBER, Benjamin. *Consumido:* como o mercado corrompe crianças, infantiliza adultos e engole cidadãos. Trad. Bruno Casoti. Rio de Janeiro: Record, 2009, p. 250-260.

[11] "A ideia é uma economia de mercado que domina cada setor humano, tornando outros setores dependentes do consumo para se satisfazerem: recreação, trabalho, arte, educação e até religião definem um mercado que engloba tudo" (BARBER, Benjamin. *Consumido:* como o mercado corrompe crianças, infantiliza adultos e engole cidadãos. Trad. Bruno Casoti. Rio de Janeiro: Record, 2009, p.268).

[12] BARBER, Benjamin. *Consumido:* como o mercado corrompe crianças, infantiliza adultos e engole cidadãos. Trad. Bruno Casoti. Rio de Janeiro: Record, 2009, p. 265.

[13] Conforme o autor "O tempo todo, o capitalismo de consumo triunfa, aparentemente como um propulsor benigno do setor do mercado. Mas sua interminável capacidade de auto-reprodução acaba por destruir setores alternativos e, portanto, corrói a variedade" (BARBER, Benjamin. *Consumido:* como o mercado corrompe crianças, infantiliza adultos e engole cidadãos. Trad. Bruno Casoti. Rio de Janeiro: Record, 2009, p. 279).

[14] E veja-se que, ainda assim, é possível encontrar quem se oponha à Sociedade de Consumo, como Serge Latouche, mencionado anteriormente, que propõe a busca de vias alternativas (LATOUCHE, Serge. *Salir de la sociedade de consumo:* voces y vías del decrecimiento. Trad. Magalí Sirera Manchado. Barcelona: Octaedro, 2012).

[15] BARBER, Benjamin. *Consumido:* como o mercado corrompe crianças, infantiliza adultos e engole cidadãos. Trad. Bruno Casoti. Rio de Janeiro: Record, 2009, p. 279-283.

[16] Ibidem, p. 279.

Sociedade de Consumo, costumam aflorar como se essenciais fossem,[17] decorrendo, preponderantemente talvez, do linguajar sedutor que diuturnamente é empregado no trato com os consumidores.[18] Nesta dinâmica, o *marketing*,[19] e aquela que talvez seja a sua principal ferramenta, a publicidade, revelam-se essenciais para a perpetuação da dominação do Mercado, contribuindo para que as reações esperadas se manifestem nos consumidores, transformando-as, de modo a adquirirem aparência de espontaneidade e autonomia.[20]

Incumbe à mensagem publicitária,[21] assim, a tarefa de convencer o consumidor das maravilhas do consumo, por meio da disseminação[22] de discursos eivados de magia e sedução, sem necessariamente vincular-se à utilidade estrita daquilo que é anunciado.[23] Prefere, assim, dizer aos consumidores o que estes consomem *por meio* dos objetos[24] e, para tanto, imanta às marcas, aos produtos e serviços que anuncia, sentimentos de lealdade, cumplicidade e amor,[25] bem como sensações de alegria, diversão[26] e satisfação, que passam a ser vistos como inerentes ao consumo.[27]

---

[17] "Todos (ou quase isso) estão sendo formados em um contexto de apelos publicitários que dizem respeito às necessidades e ao bem-estar: todo mundo aspira a se integrar ao mundo do consumo, dos lazeres e das grifes famosas. Ao menos enquanto intenção, todos se incorporaram ao rol dos hiperconsumistas" (LIPOVETSKY, Gilles. *A sociedade da decepção*. Trad. Armando Braio Ara. Barueri: Manole, 2007, p.11).

[18] Controle suave. O consumismo é um processo que funciona mediante o emprego da sedução (LIPOVETSKY, Gilles. *A era do vazio*: ensaios sobre o individualismo contemporâneo. Trad. Therezinha Monteiro Deutsch: Barueri: Manole, 2005, p. 85).

[19] O *marketing* pressupõe que se conheça o consumidor e consiste em todas as atividades comerciais que tenham relação com a movimentação tanto de mercadorias quanto de serviços, desde a produção até o consumo. Demanda estudos acerca da produção, abrangendo, também, a própria produção e a distribuição ao consumidor (SANT'ANNA, Armando. *Propaganda*: teoria, técnica e prática. 8.ed. rev. e ampl. São Paulo: Cengage Learning, 2009, p. 22).

[20] "[...] o consumidor imediatamente tanto absorve o mundo, bens e coisas impostos a ele, e portanto o conquista, quanto é definido – via marcas, nomes de produtos e identidade de consumidor – por esse mundo. Ele tenta tornar o mercado seu, mesmo que este lhe faça prisioneiro. Ele proclama sua liberdade mesmo trancado na gaiola dos desejos particulares e da libido desenfreada [...]" (BARBER, Benjamin. *Consumido*: como o mercado corrompe crianças, infantiliza adultos e engole cidadãos. Trad. Bruno Casoti. Rio de Janeiro: Record, 2009, p. 46-47).

[21] Aqui, busca-se compreender o signo publicidade de forma flexível, adequada à maleabilidade com que se move o Mercado. Parte-se da perspectiva de Pasqualotto, considerando-se, assim, inviável que se restrinja a compreensão de publicidade a um conceito estanque (PASQUALOTTO, Adalberto. Direito e publicidade em ritmo de descompasso. *Revista de Direito do Consumidor*, v.100, p.501-527, jul./ago.2015).

[22] "[...] a publicidade cobre atualmente cada esquina de rua, as praças históricas, os jardins públicos, os pontos de ônibus, o metrô, os aeroportos, as estações de trem, os jornais, os cafés, as farmácias, as tabacarias, os isqueiros, os cartões magnéticos do telefone. Interrompe os filmes na televisão, invade o rádio, as revistas, as praias, os esportes, as roupas, acha-se impressa até nas solas dos nossos sapatos, ocupa o nosso universo, todo o planeta. [...] Ela está por toda a parte" (TOSCANI, Oliviero. *A publicidade é um cadáver que nos sorri*. Trad. Luiz Cavalcanti de M. Guerra. Rio de Janeiro: Ediouro, 1996, p. 22).

[23] "Hoje, a publicidade criativa solta-se, dá prioridade a um imaginário quase puro, a sedução está livre para expandir-se por si mesma, exibe-se em hiperespetáculo, magia dos artifícios, palco indiferente ao princípio da realidade e à lógica da verossimilhança" (LIPOVETSKY, Gilles. *O Império do Efêmero*: a moda e seu destino nas sociedades modernas. Trad. Maria Lúcia Machado. São Paulo: Companhia das Letras. 2009, p. 217).

[24] BAUDRILLARD, Jean. *O sistema dos objetos*. Trad. Zulmira Ribeiro Tavares. São Paulo: Perspectiva, 2006, p. 174.

[25] BARBER, Benjamin. *Consumidor*: como o mercado corrompe crianças, infantiliza adultos e engole cidadãos. Trad. Bruno Casoti. Rio de Janeiro: Record, 2009, p. 280.

[26] Importa referir que, cada vez mais, a publicidade se confunde com o entretenimento, mediante as mais variadas técnicas, podendo-se citar, por exemplo, o merchandising presente em filmes (PASQUALOTTO,

Diante disso, é possível compreender porque o grande trunfo da mensagem publicitária não passa por estimular o consumidor a agir racionalmente,[28] ou por restringir-se a fornecer informações sobre o que anuncia:[29] reside, sim, em conferir à compra uma sensação gratificante,[30] razão por que, no mais das vezes, mostra-se atenciosa com o público que pretende atingir, como se os bens de consumo que anuncia fossem justamente aquilo que os consumidores desejam, capazes de transformar sonhos em realidades.[31]

Neste cenário, portanto, a relevância do produto é posicionada em segundo plano: o consumidor precisa crer na publicidade em si,[32] em seu mundo de sedução, livre, que costuma demonstrar-se indiferente à objetividade.[33]

Há, contudo, subjazendo ao encantamento emanado, um objetivo concreto que está longe de ser protagonista no transcorrer do discurso lúdico e sedutor da publicidade: o objetivo econômico. A finalidade da mensagem publicitária – apesar do apelo à magia – não é meramente entreter. Tampouco se mostra desprovida de interesses, pelo contrário: por meio do deslumbramento, pretende convencer – ou subjugar[34] – o destinatário da mensagem, a fim de que este, encantado pelos apelos, adquira os produtos ou serviços oferecidos.[35] Vale dizer: o apelo à ludicidade, à magia, ao encantamento, revela-se como

---

Adalberto. Apresentação. In: PASQUALOTTO, Adalberto; ALVAREZ, Ana Maria Blanco Montiel (Org.). *Publicidade e proteção da infância*. Porto Alegre: Livraria do Advogado, p.7-14, 2014.)

[27] Essa dinâmica que vincula felicidade ao consumo é bem delineada por Bauman (BAUMAN, Zygmunt. *Vida para o consumo*: a transformação das pessoas em mercadorias. Trad. Carlos Alberto Medeiros. Rio de Janeiro: Zahar, 2008).

[28] Conforme ressalta Bauman, é na irracionalidade do consumidor, portanto, que reside o interesse da Sociedade de Consumo, e não no estímulo a escolhas prudentes, prévia e cautelosamente avaliadas (BAUMAN, Zygmunt. *Vida para o consumo*: a transformação das pessoas em mercadorias. Trad. Carlos Alberto Medeiros. Rio de Janeiro: Zahar, 2008).

[29] E mesmo no que pertine à informação, ressalta-se: "Em publicidade seleciona-se somente a informação que motiva, que induz o público a adquirir o produto que satisfará suas necessidades fisiológicas ou psicológicas. Foca claro que a publicidade é, portanto, informação persuasiva" (GOMES, Neusa Demartini; CASTRO, Maria Lília Dias de. *Publicidade*: um olhar metodológico. In: PEREZ, Clotilde; BARBOSA, Ivan Santo (org.) Hiperpublicidade: fundamentos e interfaces. São Paulo: Cengage learning, 2007, p. 8)

[30] "O jogo publicitário reconcilia-se assim habilmente com um ritual arcaico de dom e de presente, ao mesmo tempo que com a situação infantil de gratificação passiva pelos pais" (BAUDRILLARD, Jean. *O sistema dos objetos*. Trad. Zulmira Ribeiro Tavares. São Paulo: Perspectiva, 2006, p. 181).

[31] Com ironia, Toscani assim afirma: "Na verdade, você não compra, é o produto que atende às suas expectativas. O dinheiro gasto torna-se mera formalidade, pois de qualquer modo 'você' vinha sonhando com isso" (TOSCANI, Oliviero. *A publicidade é um cadáver que nos sorri*. Trad. Luiz Cavalcanti de M. Guerra. Rio de Janeiro: Ediouro, 1996, p. 36).

[32] BAUDRILLARD, Jean. *O sistema dos objetos*. Trad. Zulmira Ribeiro Tavares. São Paulo: Perspectiva, 2006, p. 176.

[33] Neste sentido: LIPOVETSKY, Gilles. *O Império de Efêmero*: a moda e seu destino nas sociedades modernas. Trad. Maria Lúcia Machado. São Paulo: Companhia das Letras. 2009, p. 217

[34] "Um indício dessa mentalidade no marketing é a linguagem industrial, que concebe o ambiente externo como o de uma guerra: aqueles para quem as campanhas publicitárias estão dirigidas são chamados de 'alvos'; o material impresso é o 'interceptador'". (SCHOR, Juliet B. *Nascidos para comprar*: uma leitura essencial para orientarmos nossas crianças na era do consumismo. Trad. Eloisa Helena de Souza Cabral. São Paulo: Gente, 2009, p. 15).

[35] "O objetivo econômico que se pretende provocar no ânimo do consumidor é inerente ao conceito de publicidade [...]. Dar publicidade a uma mercadoria é, no âmbito das relações econômicas, muito mais do que tornar aquele produto de conhecimento geral, mas criar o interesse de aquisição no consumidor" (DIAS, Lucia Ancona Lopez de Magalhães. *Publicidade e Direito*. 2 ed. rev. atual. e ampl. São Paulo: Revista dos Tribunais, 2013, p. 21).

importante ingrediente do qual a publicidade faz uso para seduzir e, em última análise, levar ao consumo concreto daquilo que objetivamente é anunciado.[36]

Disposta a ser apreciada por si mesma[37] para, a partir disso, estimular nos consumidores o desejo pelo consumo, a publicidade busca atingir a todos de forma cada vez mais personalizada,[38] atenta aos nichos específicos e a aspectos que porventura influenciem e diferenciem comportamentos. Dentre os critérios que permitem distinguir segmentos, encontra-se a faixa etária.[39]

2. Sedução irresistível, consequências nefastas: o lado obscuro da ludicidade da publicidade infantil

Na dinâmica de segmentação engendrada na Sociedade de Consumo, crianças também são consideradas consumidoras, sendo treinadas, desde cedo, para exercer esse papel.[40] De início, a fim de possibilitar a compreensão da questão, é importante ressaltar que o processo de segmentação do Mercado pressupõe a realização de estudos com a finalidade de identificar tendências que permitam a divisão dos consumidores em grupos relativamente homogêneos, isolando os traços que distinguem aqueles pertencentes a um determinado nicho de outros que porventura nele não se encaixem.[41]

Para atingir especificamente (e o mais intensamente possível) o público infantil, algumas estratégias de *marketing* são pontualmente exploradas. Estratégias cujas características, em alguma medida,[42] permitem que se identifique

---

[36] "A publicidade não vende produtos nem ideias, mas um modelo falsificado e hipnótico da felicidade. [...] É preciso seduzir o grande público com um modelo de existência cujo padrão exige uma renovação constante do guarda-roupa, dos móveis, televisão, carro, eletrodomésticos, brinquedos das crianças, televisão, todos os objetos do dia-a-dia. Mesmo que não sejam verdadeiramente úteis" (TOSCANI, Oliviero. *A publicidade é um cadáver que nos sorri.* Trad. Luiz Cavalcanti de M. Guerra. Rio de Janeiro: Ediouro, 1996, p.27.

[37] Neste sentido: BAUDRILLARD, Jean. *O sistema dos objetos.* Trad. Zulmira Ribeiro Tavares. São Paulo: Perspectiva, 2006, p.183.

[38] Cumpre, aqui, ressaltar a hipersegmentação ocorrida na Sociedade de Consumo, a partir da perspectiva de Lipovetsky, segundo o qual a Sociedade de Consumo teve início com estratégias de massa, com produtos padronizados, e passou, no curso dos anos, para estratégias mais atentas às peculiaridades de cada nicho consumidor (LIPOVETISKY, Gilles. *A felicidade paradoxal:* ensaio sobre a sociedade de hiperconsumo. Trad. Maria Lúcia Machado. São Paulo: Companhia das Letras, 2007).

[39] O critério etário é um importante diferenciador de segmentos, conforme Negrão e Camargo (NEGRÃO, Celso; CAMARGO, Eleida. *Design de embalagem:* do marketing à produção.São Paulo: Novatec Editora, 2008, p.83-87).

[40] Norma Pecora delineia o contexto no qual crianças passaram a ser vistas como consumidores, explicando que a partir de 1950 os adolescentes começam a ser assim considerados e, por volta de 1980, crianças em torno dos cinco anos já eram encorajadas a apreciar as marcas. Refere que a partir da década de 1990 começaram a surgir lojas especializadas que, antes, eram direcionadas apenas para adultos (PECORA, Norma. *The Business of Children's Entertainment.* New York: The Guildford Presso, 1998, p.8).

[41] KURTZ, David L.; BOONE, Louis E. *Contemporary Business.* New Jersey: John Wiley & Sons, 2011, p.366.

[42] Cumpre referir, aqui, diretrizes apontadas em documento elaborado pela Organização Mundial de Saúde na busca por aferir características identificáveis em anúncios direcionados ao público infantil: "As diretrizes apresentadas abaixo, que são adaptações dos critérios desenvolvidos pelo Quebec e pela Noruega juntamente com elementos de um documento de consulta irlandês para um código de publicidade infantil, são usadas ao longo deste relatório para definir 'marketing dirigido à criança': O tipo de produto ou serviço que está sendo divulgado (Ele é voltado exclusivamente para as crianças? Ou é muito interessante para elas?) A maneira como o marketing é apresentado. (Utiliza cores, vozes, imagens, música ou sons do tipo que cativa as crianças? Envolve atividades, como colecionar ou desenhar, que são provavelmente populares entre

o direcionamento do produto ou serviço a esse público, tais como o uso de elementos do universo infantil,[43] a vinculação de marcas e produtos a personagens infantis[44] – licenciados ou não[45] –, a exploração de cores vibrantes e contrastantes,[46] o engendramento de ambiente ainda mais tendente à exploração da magia e do encantamento. Estratégias, portanto, que, atentas às características infantis, diferem daquelas empregadas junto ao público adulto.[47]

Há, aparentemente, um motivo para o uso destes elementos, residente em característica vislumbrada no público infantil capaz de torná-lo relevante o suficiente para os esforços de segmentação do Mercado: a constatação de que crianças se mostram ainda mais suscetíveis aos encantos emanados pela publicidade.[48] São mais frágeis do que os adultos e sua fragilidade se manifesta de variadas formas: recebem as informações como se verdades absolutas fossem,[49] creem mais facilmente no que lhes é apresentado,[50] são mais impulsivas,[51]

---

as crianças? Envolve personagens com que as crianças provavelmente se identificam?) O lugar e horário da campanha de marketing. (A propaganda [sic] é conduzida num lugar freqüentado principalmente por crianças? Está numa publicação popular entre as crianças? É mostrada na televisão num horário em que as crianças provavelmente estão assistindo?" (HAWKES, Corinna. *Marketing de alimentos para crianças:* o cenário global das regulamentações. Organização Mundial da Saúde. Trad. Gladys Quevedo Camargo. Brasília: Organização Pan-Americana da Saúde; Agência Nacional de Vigilância Sanitária, 2006. Disponível em: <http://www.anvisa.gov.br/propaganda/marketing_alimentos_criancas.pdf> Acesso e. 10 jun. 2017).

[43] Como explicam Negrão e Camargo (NEGRÃO, Celso; CAMARGO, Eleida. *Design de embalagem:* do marketing à produção.São Paulo: Novatec Editora, 2008, p. 87).

[44] Neste sentido: KOTLER, Philip; ARMSTRONG, Gary. *Fundamentos de Marketing.* Mexico: Pearson Educación, 2013, p. 220; NEGRÃO, Celso; CAMARGO, Eleida. *Design de embalagem:* do marketing à produção. São Paulo: Novatec Editora, 2008, p. 86.

[45] MESTRINER, Fabio. *Gestão estratégica de embalagem:* uma ferramenta de competitividade para a sua empresa. São Paulo: Pearson Prentice Hall, 2002, p. 99.

[46] Neste sentido: NEGRÃO, Celso; CAMARGO, Eleida. *Design de embalagem:* do marketing à produção. São Paulo: Novatec Editora, 2008, p. 87.

[47] As diferenças de estratégias aplicadas no *marketing* direcionado a crianças e a adultos aparece bem explicitada no exemplo a seguir: "As necessidades e desejos dos consumidores mudam com a idade. Algumas empresas usam a segmentação por idade e estágio do ciclo de vida, oferecendo diferentes produtos ou usando diferentes abordagens de *marketing* para diferentes idades e fases do ciclo de vida. Por exemplo, Kraft Jell-O promove gelatinas entre crianças como o divertido lanche que 'ensinou o mundo a ondular'. Para os adultos, é uma indulgência saborosa e sem culpa". (KOTLER, Philip; ARMSTRONG, Gary. *Fundamentos de Marketing.* Mexico: Pearson Educación, 2013, p.166, tradução da autora).

[48] Em relação à fragilidade infantil diante da publicidade já foi proferido Parecer pelo Conselho Federal de Psicologia (CONSELHO FEDERAL DE PSICOLOGIA. *Contribuição da Psicologia para o fim da publicidade dirigida à criança.* Brasília, out. 2008. Disponível em: <http://site.cfp.org.br/wp-content/uploads/2008/10/cartilha_publicidade_infantil.pdf>. Acesso em: 11 jun. 2017).

[49] As crianças interpretam a subjetividade dos anúncios de forma diferente do público adulto, recebendo o que é divulgado como se verdade absoluta fosse, acreditando, por exemplo, quando lhes é dito que um pacote de biscoitos recheados, far-lhes-á feliz (SILVA, Ana Beatriz Barbosa. *Mentes consumistas***:** do consumismo à compulsão por compras, São Paulo: Globo, 2014).

[50] "A criança acredita porque crê. Porque crê no Papai Noel, no coelhinho da Páscoa, na cegonha que traz os bebês e em todo o mundo de fantasia que lhe é contado. Pelo contrário, a criança, que ainda está aprendendo a falar, que deve ainda estar aprendendo a escrever e começando a ouvir as estórias dos adultos, na sua mais completa ingenuidade, acredita no que as palavras dizem. Por não ter qualquer maldade, ou discernimento para compreender 'meias-verdades', entende, quanto mais nova for, que o 'sim' significa 'sim' e o 'não' significa 'não'" (HENRIQUES, Isabella. *Publicidade abusiva dirigida à criança.* Curitiba: Juruá, 2006, p. 146)

[51] Buscando aferir a capacidade que a criança deteria para compreender o papel persuasivo da publicidade e seu possível impacto no cérebro humano, Jaderson Costa da Costa faz menção a estudos, mencionando que os processos inibitórios das crianças ainda não estão desenvolvidos, razão por que tendem a ser mais impulsivas e a agir movidas pela emoção, ou pelo instinto (COSTA, Jaderson Costa da. A publicidade e o

evidenciam menor capacidade de julgamento,[52] aspectos que, muito provavelmente, têm ligação com sua imaturidade cognitiva.[53] Se mesmo quando direcionada aos adultos a publicidade logra êxito em driblar a racionalidade e atingir emoções, em relação às crianças apresenta ainda maior poderio.[54]

Vale dizer, a atração exercida pelo *marketing* sobre os infantes tem o condão de expor e desencadear reações vinculadas a maior vulnerabilidade desse público. Reações que talvez explicitem sua hipervulnerabilidade[55] no Mercado de Consumo, na medida em que correspondem a fragilidades específicas dessa parcela da população, relacionadas à pouca idade, externadas, justamente, quando crianças se encontram diante de anúncios elaborados com o fito de seduzi-las.[56]

A partir dos pontos abordados acima, pode-se compreender porque o discurso publicitário se apresenta ainda mais afável quando direcionado às crianças: trata-se de estratégia mediante a qual as marcas transformam-se nas melhores amigas desses pequenos consumidores,[57] que passam a depositar sua confiança nas personagens que ilustram as embalagens ou aparecem nos anúncios, criando junto a elas uma relação de cumplicidade.[58]

Ademais, o interesse do Mercado nas crianças não se resume à comercialização de produtos e oferecimento de serviço a elas, exclusivamente, tampouco se foca tão somente no presente. Direcionando os apelos a esse público é possível atingir potencialmente três objetivos distintos, uma vez que além das compras para si, influenciam nas compras dos pais[59] – os quais também são alvo de

---

cérebro da criança. In: PASQUALOTTO, Adalberto; ALVAREZ, Ana Maria Blanco Montiel (Orgs.). *Publicidade e proteção da infância*. Porto Alegre: Livraria do Advogado, 2014, p. 17-25).

[52] "[...] toda comunicação dirigida ao público infantil tenta persuadir por meio do discurso lúdico, pois trata-se de um público incapaz de tecer julgamento racional" (BARROS FILHO, Clóvis de; MEUCCI, Arthur. A defesa liberal da restrição publicitária ao público infantil: ética e educação. In: FONTENELLE, Lais (Org.). *Criança e Consumo:* 10 anos de transformação. São Paulo: Alana, 2016. p. 150).

[53] Conforme abordado por Sandra Calvert (CALVERT, Sandra. Children as consumers: advertising and marketing. the future of children. *Children and Electronic Media*, v.18, n.1, p.205-234, 2008. Disponível em: <http://database.cmch.tv/SearchDetail2.aspx?rtrn=advnce&cid=7356>. Acesso em: 01 set. 2017, tradução nossa).

[54] "As crianças não são resistentes à publicidade como os adultos, e mesmo os adultos são vulneráveis ao marketing" (LINN, Susan. Entrevista: Uma causa pela qual lutar. Entrevistadora: Julia Magalhães. In: FONTENELLE, Lais (Org**.**). *Criança e Consumo:* 10 anos de transformação. São Paulo: Alana, 2016. p. 33).

[55] Sobre a hipervulnerabilidade, Cristiano Schmitt aduz tratar-se de construção necessária, na medida em que, em alguns consumidores, vislumbra-se vulnerabilidade mais intensa do que nos demais (SCHMITT, Cristiano Heineck. *Publicidade Infantil*: proibição definitiva? Atualização CDC, mar.2016. Disponível em: <www.atualizacaocdc.com/2016/03/publicidade-infantil-proibicao.html#nota3>. Acesso em: 08 out. 2016).

[56] Com maior riqueza de detalhes, vide: PITOL, Yasmine Uequed. *A publicidade infantil na sociedade de consumo:* uma análise empírica da publicidade e de sua (in)conformidade com o direito brasileiro. 2017. 160 f. Dissertação (mestrado em Direito) – Universidade La Salle, Canoas, 2017.

[57] "O segredo do sucesso da Nickelodeon foi sua filosofia básica: a criança dita as regras. Em tudo o que faz, a Nickelodeon tenta assumir a perspectiva da criança. A rede se posiciona como o 'melhor amigo da criança'" (SCHOR, Juliet B. *Nascidos para comprar*: uma leitura essencial para orientarmos nossas crianças na era do consumismo. Trad. Eloisa Helena de Souza Cabral. São Paulo: Editora Gente, 2009, p. 48).

[58] Neste sentido: BARROS FILHO, Clóvis de; MEUCCI, Arthur. A defesa liberal da restrição publicitária ao público infantil: ética e educação. In: FONTENELLE, Lais (Org.). *Criança e Consumo:* 10 anos de transformação. São Paulo: Alana, 2016, p.150

[59] "Pesquisas de *marketing* recentes revelam que os pais de hoje em dia estão dispostos e capazes de gastar mais em bens e serviços para seus filhos do que os pais de uma ou duas gerações atrás" (KURTZ, David L.; BOONE, Louis E. *Contemporary Business*. New Jersey: John Wiley & Sons, 2011, p. 372).

estratégias específicas[60] – e são vistas como os consumidores do futuro,[61] sendo mais fácil fidelizá-las.[62] Todo o exposto, portanto, torna possível a conclusão de que crianças são extremamente úteis para a manutenção (e mesmo para assegurar o futuro) da dominação do Mercado.

Contudo, em que pese o público infantil forme segmento extremamente atraente para os objetivos do Mercado – e a despeito da beleza e do encantamento emanados pela publicidade –, existem receios relacionados com a fragilidade infantil e a menor capacidade apresentada por esse público para discernir fantasia de realidade[63] e, criticamente, aferir minimamente as características objetivas do bem que está sendo oferecido por trás da ludicidade da mensagem.[64]

Como o viés persuasivo é inerente à publicidade – disposta, como se viu, a atrair o público para o qual direciona os seus esforços a fim de fazê-lo agir em conformidade com o que o Mercado espera[65] – essa característica, diante da vulnerabilidade própria das crianças, faz aflorar preocupação acerca de determinadas consequências nocivas que seriam, ao menos em parte, desencadeadas pela atividade publicitária dirigida a esse público. Preocupações que passam pela possível relação existente entre a publicidade infantil e os conflitos familiares, o estímulo ao consumo de alimentos pouco saudáveis e o aumento da obesidade infantil[66] – que potencializa a possibilidade de problemas

---

[60] "Pesquisa realizada pelo Idec identificou em supermercados alguns dos principais recursos usados pelos fabricantes em embalagens: excesso de cores chamativas, como azul e vermelho, uso de personagens do universo infantil, além de alegação de enriquecimento de algum nutriente, como 'fonte de vitaminar' ou 'fonte de energia', o que pode levar os pais a acreditar que o produto é mais saudável do que realmente é" (Instituto Brasileiro de Defesa do Consumidor. Infância acima do peso. *Revista do Idec*, ago./2015, p. 15).

[61] MCNEAL, James. *The Kids Market: Myths and reality*. New York: Paramount Market Publishing, 1999.

[62] LINDSTROM, Martin. *Brandwashed:* O lado oculto do marketing. Trad. Rosemarie Ziegelmaier. São Paulo: HSM Editora, 2012.

[63] "As crianças precisam de proteção especial [...] em que idade elas estão aptas para entender a natureza da publicidade? [...] costuma-se concordar que muito embora o primeiro reconhecimento da publicidade inicia por volta dos 4 ou 5 anos, é muito provável que somente até o início da adolescência (por volta dos 12 anos) que elas entenderão totalmente os propósitos persuasivos e a parcialidade da publicidade, e adquiram a habilidade de questionar e contra argumentar. Isso sugere que a publicidade para crianças e jovens adolescentes é inerentemente injusta" (Organização Mundial de Saúde (OMS). *Consideration of the evidence on childhood obesity for the Commission on Ending Childhood Obesity:* report of the Ad hoc Working Group on Science and Evidence for Ending Childhood Obesity. Genebra, 2016. Disponível em: <http://apps.who.int/iris/bitstream/10665/206549/1/9789241565332_eng.pdf?ua=1>. Acesso em: 05 out.2016, p.75, tradução nossa).

[64] Como explicam Barros Filho e Meucci, que seguem: "[...] a admiração da beleza da Barbie pode levar ao consumo de doces e sucos calóricos que não a deixará com a aparência da personagem, mas que acarretará problemas de saúde, como obesidade infantil e diabetes" (BARROS FILHO, Clóvis de; MEUCCI, Arthur. A defesa liberal da restrição publicitária ao público infantil: ética e educação. In: FONTENELLE, Lais (Org.). *Criança e Consumo:* 10 anos de transformação. São Paulo: Alana, 2016. p. 150.)

[65] "A indústria, no sentido linguístico, está condicionada pela metáfora da guerra biológica e se vale de termos como '*marketing* viral' e 'irradiação de vírus', entre outras convenções, como ' converter [a criança] em um usuário' [...] capturando sua atenção de modo a se tornar a marca líder na mente das crianças" (SCHOR, Juliet B. *Nascidos para comprar:* uma leitura essencial para orientarmos nossas crianças na era do consumismo. Trad. Eloisa Helena de Souza Cabral. São Paulo: Editora Gente, 2009, p. 15).

[66] O aumento da **obesidade** infantil, no Brasil, pode ser verificado por meio dos dados provenientes da Pesquisa de Orçamentos Familiares, desenvolvida pelo IBGE, em 2009. Segundo o documento, o excesso de peso em meninos, que em 1974-1975 era de 11%, passa para 15,0% em 1989 e alcança 34,8% em 2008-2009. Padrão semelhante observa-se entre as meninas: 8,6%, 11,9% e 32,0% (Instituto Brasileiro Geografia e Estatística. *Pesquisa de Orçamentos Familiares 2008-2009:* Antropometria e estado nutricional de crianças, adolescentes e adultos no Brasil. Rio de Janeiro: IBGE, 2010. Disponível em: <http://biblioteca.ibge.gov.br/visualizacao/livros/liv45419.pdf>. Acesso em 15 jun. 2017).

de saúde no futuro[67] –, a erotização precoce, o consumo de álcool, *bullying*,[68] dentre outras sequelas que costumam ser fortemente atreladas à publicidade direcionada às crianças e ao consumismo infantil.[69]

Nessa perspectiva, a publicidade, ao se apropriar de elementos do universo infantil, estaria automaticamente tirando proveito de fragilidades próprias da pouca idade, externadas quando as crianças se encontram diante da sedução publicitária, consoante visto anteriormente. Acusa-se, assim, a publicidade de usar a ingenuidade das crianças para impingir-lhes produtos prejudiciais à saúde,[70] afastá-las de seus genitores[71] (e aproximá-los do Mercado),[72] de promover a adultização da infância (para que queiram ser consumidores desde cedo),[73] reproduzir estereótipos de gênero,[74] de, enfim, estimular ininterruptamente um estilo de vida qualificado como consumista.[75]

---

[67] A Organização Mundial de Saúde pontua que a obesidade na infância pode desencadear a ocorrência de múltiplas doenças na vida adulta (Organização Mundial de Saúde (OMS). *Commission on Ending Childhood Obesity:* Facts and figures on childhood obesity, 2014. Disponível em: < http://www.who.int/end-childhood-obesity/facts/en/ >. Acesso em 14 jun. 2017).

[68] Neste sentido: SILVA, Ana Beatriz Barbosa. *Mentes consumistas:* do consumismo à compulsão por compras, São Paulo: Globo, 2014

[69] O site do *Projeto Criança e Consumo*, vinculado ao Instituto Alana, elenca alguns dos principais problemas cujas origens teriam relação com a publicidade infantil (Disponível em: http://criancaeconsumo.org.br/consumismo-infantil/ Acesso em 10 jun. 2017).

[70] De, por exemplo, atraí-los desde cedo para o consumo de doces, *fast food,* alimentos altamente açucarados ou gordurosos com o intuito de viciá-los, conforme ressalta Barber (BARBER, Benjamin. *Consumido:* como o mercado corrompe crianças, infantiliza adultos e engole cidadãos. Trad. Bruno Casoti. Rio de Janeiro: Record, 2009, p.265).

[71] "Onde quer que nos encaixemos nesse debate é importante reconhecer a natureza associativa da mensagem: crianças e produtos estão alinhados em um mundo grandioso e alegre, enquanto professores, pais e adultos habitam um mundo de opressão, banal e monótono. A lição para as crianças é a de que os produtos, e não seus pais, são quem estão ao seu lado" (SCHOR, Juliet B. *Nascidos para comprar:* uma leitura essencial para orientarmos nossas crianças na era do consumismo. Trad. Eloisa Helena de Souza Cabral. São Paulo: Editora Gente, 2009, p. 51).

[72] A criança inserida numa comunidade familiar é um comprador pobre – um consumidor incapacitado, forçado a se curvar a 'guardiões' como mamãe e papai. Mas a criança liberada pelo *marketing* para se tornar um 'indivíduo' de quatro anos de idade torna-se um consumidor apto, capaz até mesmo de 'influenciar' a renda despendida por pais subordinados. Aqui, a criança é autônoma num sentido técnico, na medida em que – no que diz respeito ao shopping com área para crianças – ela está sozinha e livre da orientação dos pais. Mas, na verdade, sua autonomia a deixa vulnerável, desprotegida e suscetível à manipulação externa (BARBER, Benjamin. *Consumido:* como o mercado corrompe crianças, infantiliza adultos e engole cidadãos. Trad. Bruno Casoti. Rio de Janeiro: Record, 2009, p. 43).

[73] "Embora estejam apenas permitindo irresponsabilidade e impulso, os marqueteiros oferecem às crianças uma bandeira de falsa 'autonomia', que usa a linguagem da libertação e da capacitação para justificar sua atitude de tornar os jovens mais vulneráveis às seduções dos predadores comerciais" (BARBER, Benjamin. *Consumido:* como o mercado corrompe crianças, infantiliza adultos e engole cidadãos. Trad. Bruno Casoti. Rio de Janeiro: Record, 2009, p. 43).

[74] Neste sentido: SCHOR, Juliet B. *Nascidos para comprar:* uma leitura essencial para orientarmos nossas crianças na era do consumismo. Trad. Eloisa Helena de Souza Cabral. São Paulo: Editora Gente, 2009, p. 39.

[75] "Quando é educada para o consumo, a criança constrói valores a partir de modelos que lhe são apresentados como ideais, nesse caso, por uma sociedade que valoriza quem tem poder de compra e exclui quem não tem acesso aos bens de consumo. Assim ela começa a ser tratada desde cedo, como consumidora, não como cidadã, com direito a brincar, conviver, estudar e cumprir as etapas do desenvolvimento infantil. A publicidade dirigida à criança é tão sedutora como o 'canto da sereia' ou o encanto da bruxa que hipnotiza a Bela Adormecida. E a criança termina 'ferida na toca de fiar'" (OLMOS, Ana. Vergonha de si: a violência invisível da publicidade infantil. In: FONTENELLE, Lais (Org.). *Criança e Consumo:* 10 anos de transformação. São Paulo: Alana, 2016. p. 169).

De outro lado, entretanto, os profissionais da área do *marketing* opõem o argumento de que contribuem para o empoderamento das crianças,[76] capacitando-as[77] e aumentando a sua autonomia,[78] aduzindo, também, que não se deveria "isolar" as crianças do contato com a publicidade.[79]

Contudo, na medida em que se mostra possível afirmar que os traços de vulnerabilidade das crianças se explicitam quando estas encontram-se diante de estratégias de *marketing* dispostas a seduzi-las, tem-se que é exatamente essa vulnerabilidade, que aparenta ser tão atraente para os objetivos do Mercado, o cerne que fundamenta a necessidade de proteção ainda mais cautelosa. Esse aparente conflito, relacionado com o "uso" da vulnerabilidade infantil, vem gerando um embate de final indefinido entre Direito e Mercado.

3. O melhor interesse da criança e o embate entre direito e mercado

A partir das considerações anteriormente trazidas, parece compreensível a existência de um embate permanente entre Direito e Mercado, diante da percepção de que a vulnerabilidade agravada das crianças, explicitada quando estas veem-se diante de anúncios publicitários, configura-se razão pela qual merecem especial proteção.

O Direito brasileiro não se mostra indiferente a essa dinâmica, eis que a Constituição Federal de 1988, por meio do artigo 227, assegurou às crianças proteção prioritária, a ser observada por todos, família, sociedade e Estado,

---

[76] Neste sentido: SCHOR, Juliet B. *Nascidos para comprar:* uma leitura essencial para orientarmos nossas crianças na era do consumismo. Trad. Eloisa Helena de Souza Cabral. São Paulo: Editora Gente, 2009, p.51

[77] O argumento da capacitação – que advoga no sentido de que a publicidade faz bem para as crianças, ensinando-as rumo ao consumo consciente– aparece com muita clareza no documento elaborado pelo Conselho Nacional de Autorregulamentação Publicitária acerca da regulação da atividade, segundo o qual "[...] o Conar acredita que cidadãos responsáveis e consumidores conscientes dependem da informação e que a falta dela prejudica-lhes a autonomia e a liberdade de escolha". (Conselho Nacional de Autorregulamentação Publicitária (CONAR), *Cidadãos responsáveis e consumidores conscientes dependem de informação (e não da falta dela):* as normas éticas e a ação do Conar na publicidade de produtos e serviços destinados a crianças e adolescentes, ago.2012. Disponível em: http://www.conar.org.br/conar-criancas-e-adolecentes.pdf Acesso em 15 jun. 2017).

[78] Barber critica essa postura: "Em sociedades totalitárias anteriores, as crianças tinham sua lealdade à família retirada e eram levadas a servir ao partido em nome da libertação em relação a pais 'não confiáveis' e 'não patriotas' [...] Hoje, por motivos econômicos triviais, os 'guardiões' de crianças também são enfrentados e, quando possível, retirados do caminho em nome da 'capacitação' – a necessidade de tornar as crianças consumidores 'autônomos' (BARBER, Benjamin. *Consumido:* como o mercado corrompe crianças, infantiliza adultos e engole cidadãos. Trad. Bruno Casoti. Rio de Janeiro: Record, 2009, p. 42).

[79] Neste sentido, cartilha elaborada pela Associação Brasileira das Agências de Publicidade: "Em um ambiente bem regulado e controlado, sob a supervisão dos pais, muitos especialistas acreditam que a publicidade pode se dirigir às crianças sem qualquer tipo de prejuízo ao desenvolvimento e qualidade de vida delas. Afinal, vivemos em uma sociedade de consumo, cercada pela mídia. Para muitos especialistas, a ideia de isolar as crianças dessas influências sob o pretexto de protegê-las não parece apropriada para o século 21" (Associação Brasileira de Agências de Publicidade. *As leis, a publicidade e as crianças.* O que é preciso saber. O que dá para fazer. Ago. 2013. Disponível em: <http://www.somostodosresponsaveis.com.br/media/2013/08/03-LEIS.pdf>. Acesso em 18 jun. 2017). Este argumento que é repetido pelo CONAR, no sentido de que seria "[...] equivocada a ideia de proteger numa redoma menores de idade do contato com a sociedade de consumo já que, adultos, terão de conviver com ela. É importante que estejam preparados (Conselho Nacional de Autorregulamentação Publicitária (CONAR). *Cidadãos responsáveis e consumidores conscientes dependem de informação.* As normas éticas e a ação do CONAR na publicidade de produtos e serviços destinados a crianças e adolescentes, jun./2015, p.11. Disponível em: <http://www.conar.org.br/pdf/conar-criancas.pdf >. Acesso em 23 jun. 2017).

reconhecendo sua vulnerabilidade própria[80] e adotando a doutrina da proteção integral.[81] Nesta seara, com vistas à densificação da tutela, sobreveio o Estatuto da Criança e do Adolescente, que reforça a proteção prioritária prevista constitucionalmente[82] e enfatiza a necessidade de atenção à condição peculiar de pessoas em desenvolvimento,[83] impondo, ademais, a todos o dever de prevenir a ocorrência de ameaça ou violação dos direitos das crianças.[84]

O Direito da Criança e do Adolescente encontra no Código de Defesa do Consumidor um aliado no que pertine à proteção da criança em face da publicidade.[85] Isso porque o Código de Defesa do Consumidor – o qual, frise-se, é proveniente de mandamento constitucional[86] – não ignorou totalmente este cenário protetivo: os artigos 37, § 2°, e 39, inciso IV, trazem regras segundo as quais se depreende justamente a necessidade de um cuidado ainda mais cauteloso direcionado às fragilidades decorrentes da pouca idade, seja em relação à publicidade, seja no que pertine a qualquer prática comercial.[87]

---

[80] "Sustento que o ponto focal no qual se esteia a concepção positivada no texto constitucional é a compreensão de que – por se acharem na peculiar condição de pessoas humanas em desenvolvimento – crianças e adolescentes encontram-se em situação especial de maior vulnerabilidade, ensejadora da outorga de um regime especial de salvaguardas, que lhes permitam construir suas potencialidades humanas em sua plenitude. Crianças e adolescentes são pessoas que ainda não desenvolveram completamente sua personalidade. Essa característica é inerente à sua condição de seres humanos ainda em processo de formação, sob todos os aspectos, v.g., físico (nas suas facetas constitutiva, motora, endócrina, da própria saúde, como situação dinâmica), psíquico, intelectual (cognitivo), moral, social, etc." (MACHADO, Martha de Toledo. *A proteção constitucional de crianças e adolescentes e os direitos humanos*. Barueri: Manole, 2003).

[81] Alicerçada em três pilares: "a) a criança adquire a condição de sujeito de direitos; b) a infância é reconhecida como fase especial do processo de desenvolvimento; c) a prioridade absoluta a esta parcela da população passa a ser princípio constitucional (art.227)" (AZAMBUJA, Maria Regina Fay de. A publicidade e seus reflexos no desenvolvimento da criança: o papel da família e da educação. In: PASQUALOTTO, Adalberto; ALVAREZ, Ana Maria Blanco Montiel (Orgs.). *Publicidade e proteção da infância*. Porto Alegre: Liv. do Advogado, 2014, p. 73).

[82] "Art. 4° É dever da família, da comunidade, da sociedade em geral e do poder público assegurar, com absoluta prioridade, a efetivação dos direitos referentes à vida, à saúde, à alimentação, à educação, ao esporte, ao lazer, à profissionalização, à cultura, à dignidade, ao respeito, à liberdade e à convivência familiar e comunitária. Parágrafo único. A garantia de prioridade compreende: a) primazia de receber proteção e socorro em quaisquer circunstâncias; b) precedência de atendimento nos serviços públicos ou de relevância pública; c) preferência na formulação e na execução das políticas sociais públicas; d) destinação privilegiada de recursos públicos nas áreas relacionadas com a proteção à infância e à juventude".

[83] "Art. 6° Na interpretação desta Lei levar-se-ão em conta os fins sociais a que ela se dirige, as exigências do bem comum, os direitos e deveres individuais e coletivos, e a condição peculiar da criança e do adolescente como pessoas em desenvolvimento".

[84] Conforme o art. 70 do Estatuto da Criança e do Adolescente.

[85] Ambos "[...] convergem no sentido do reconhecimento e proteção das populações vulneráveis" [...] (AZAMBUJA, Maria Regina Fay de. A publicidade e seus reflexos no desenvolvimento da criança: o papel da família e da educação. In: PASQUALOTTO, Adalberto; ALVAREZ, Ana Maria Blanco Montiel (Orgs.). *Publicidade e proteção da infância*. Porto Alegre: Livraria do Advogado, 2014, p. 75)

[86] A Constituição Federal, por meio do artigo 5°, inciso XXXII, elenca a defesa do Consumidor como Direito Fundamental, considerando-a vetor de conformação do exercício da livre iniciativa (artigo 170, inciso V). E, no artigo 48 do Ato das Disposições Constitucionais Transitórias, determina a elaboração de um Código de Defesa do Consumidor.

[87] Conforme esclarece Bruno Miragem, embora a proteção conferida pelo artigo 39 não se destine exclusivamente às crianças, destina-se, também a elas, proscrevendo condutas sem, contudo, enclausurar quais seriam, a partir do que se compreende que, independentemente do meio utilizado, é vedado ao fornecedor prevalecer-se da fraqueza e ignorância do consumidor que porventura tenham relação com a sua idade (MIRAGEM, Bruno. Proteção da criança e do adolescente consumidores: possibilidade de explicitação de critérios de interpretação do conceito legal de publicidade abusiva e prática abusiva em razão de ofensa a direitos da criança e do adolescente por Resolução do Conselho Nacional da Criança e do Adolescente – CONANDA. *Revista de Direito do Consumidor*, v. 95, p.459-495, set./out. 2014.).

A necessidade de atenção especial decorre justamente do reconhecimento de que algumas pessoas (como as crianças) seriam ainda mais vulneráveis[88] quando expostas a práticas comerciais, ficando explicitada a sua hipervulnerabilidade,[89] como visto. Reside, portanto, nesta vulnerabilidade agravada – evidenciada na deficiência de julgamento e experiência que a criança apresenta em relação ao mundo exterior em comparação com os demais consumidores – o cerne a ser considerado quando da aferição das abusividades.[90]

Esta constatação também reverberou, em certa medida, no controle autorregulamentar da atividade publicitária, eis que o Conselho Nacional de Autorregulamentação Publicitária (CONAR), norteado pelo que consta no Código Brasileiro de Autorregulamentação Publicitária (CBARP),[91] destinou à publicidade infantil um artigo específico (artigo 37).[92]

Feitas tais considerações, mostra-se necessário ressaltar que as consequências que seriam, em larga medida, desencadeadas pelo forte apelo publicitário direcionado a esse público, fundamenta posicionamentos segundo os quais a proteção existente no país seria insuficiente para conter abusos e que o problema somente poderia ser resolvido se a publicidade infantil fosse proibida[93] no país[94] – conclusão que, evidentemente, desagrada os profissionais do *marketing* e, inclusive, o CONAR.[95]

---

[88] Cumpre ressaltar que todos os consumidores são vulneráveis, compreendendo-se a vulnerabilidade do consumidor como axioma (CATALAN, Marcos; PITOL, Yasmine Uequed. Primeiras linhas acerca do tratamento jurídico do assédio de consumo no Brasil. *Revista Luso-Brasileira de Direito do Consumo*, v.7, n.25, p.137-160, mar.2016).

[89] SCHMITT, Cristiano Heineck. *Publicidade Infantil*: proibição definitiva? Atualização CDC, mar.2016. Disponível em: <http://www.atualizacaocdc.com/2016/03/publicidade-infantil-proibicao.html#nota3>. Acesso em: 08 out. 2016.

[90] MIRAGEM, Bruno. Proteção da criança e do adolescente consumidores: possibilidade de explicitação de critérios de interpretação do conceito legal de publicidade abusiva e prática abusiva em razão de ofensa a direitos da criança e do adolescente por Resolução do Conselho Nacional da Criança e do Adolescente – CONANDA. *Revista de Direito do Consumidor*, v. 95, p. 459-495, set./out. 2014.

[91] Com origem no ano de 1980, o CONAR se trata de uma sociedade civil sem fins lucrativos, formada por associações de anunciantes, agências de publicidade e veículos de comunicação, cuja finalidade é fiscalizar e executar suas normas éticas (DIAS, Lucia Ancona Lopez de Magalhães. *Publicidade e Direito*. 2 ed. rev. atual. e ampl. São Paulo: Editora Revista dos Tribunais, 2013, p. 39).

[92] Não se descura, entretanto, que essa forma de controle costuma sofrer críticas O órgão possui um Conselho de Ética, cuja finalidade é apreciar as eventuais infrações ao seu Código. Contudo, suas decisões são de cumprimento espontâneo, não sendo dotadas de coercibilidade (PASQUALOTTO, Adalberto. *Os efeitos obrigacionais da Publicidade no Código de Defesa do Consumidor*. São Paulo: Editora RT, São Paulo. 1997, p.68).

[93] Releva referir que outros países já trilharam o caminho da proibição, como a Noruega, país no qual é proibida a publicidade direcionada aos menores de 12 anos e, também, a veiculação de anúncio durante programas infantis, e a província de Quebec, no Canadá, local em que é proibida a publicidade dirigida a pessoas menores de 13 anos (D'AQUINO, Lúcia Souza. *Criança e publicidade*: hipervulnerabilidade? Rio de Janeiro: Lumen Juris, 2017).

[94] Neste sentido, posicionam-se: HENRIQUES, Isabella Vieira Machado. O capitalismo, a sociedade de consumo e a importância da restrição da publicidade e da comunicação mercadológica voltadas ao público infantil. In: PASQUALOTTO, Adalberto; ALVAREZ, Ana Maria Blanco Montiel (Org.). *Publicidade e proteção da infância*. Porto Alegre: Livraria do Advogado, 2014; NUNES JR., Vidal Serrano. A publicidade comercial dirigida ao público infantil. In: MARTINS, IVES GANDRA e REZEK, Francisco (coord). *Constituição Federal*: avanços, contribuições e modificações no processo democrático brasileiro. São Paulo: RT e CEU, 2008.

[95] A esse respeito: *Proibir publicidade infantil é uma forma de censura*, diz Conar. Abert, 17 abr. 2014. Disponível em: <http://www.abert.org.br/web/index.php/notmenu/item/22657-proibir-publicidade-infantil-e-uma-forma-de-censura-diz-conar>. Acesso em 08 jun. 2017.

Nota-se, portanto, a existência de debate constante sobre o tema, que também passa em torno da resistência oposta à Resolução n.163/2014, do Conselho Nacional de Direitos da Criança e do Adolescente (CONANDA)[96] – a qual, além de cunhar o conceito de "comunicação mercadológica",[97] confere contornos mais concretos às condutas abusivas previstas no Código de Defesa do Consumidor, auxiliando na interpretação e aplicação dos artigos 37, § 2°, e artigo 39, inciso IV, a fim de assegurar a sua efetividade[98] – e que, pode-se dizer, apresenta-se renovado após decisões prolatadas pelo Superior Tribunal de Justiça no Recurso Especial n. 1558086/SP[99] e no Recurso Especial n. 1613561.[100]

Contudo, muito embora, a partir do que foi exposto, pareça possível vislumbrar aparente tomada de consciência acerca da relevância da tutela da criança em face da publicidade, a preocupação no tocante ao tema se mantém – mormente no tocante à efetividade da proteção – e segue ensejando debates.

As reações contrárias à Resolução do CONANDA, externadas quando de sua publicação, persistem[101] e, aparentemente, surtiram o efeito desejado pelo Mercado. Traduzem-se, por exemplo, no desprezo e indiferença que se depreendem de notícias provenientes do site da Associação Brasileira de Licenciamento,[102] no qual se vê que os licenciamentos de personagens

---

[96] A polêmica em torno da Resolução pode ser resumida pela Nota Pública veiculada à época por entidades da área da comunicação, a qual assim dispunha, em síntese, que "[...] as Entidades subscritoras, ao reafirmarem o seu compromisso com o Estado Democrático de Direito, informam que reconhecem o Poder Legislativo, exercido pelo Congresso Nacional, como o único foro com legitimidade constitucional para legislar sobre publicidade comercial. III – Por fim, confiam as subscritoras que a autorregulamentação exercida pelo Conselho Nacional de Autorregulamentação Publicitária – CONAR, é o melhor – e mais eficiente – caminho para o controle de práticas abusivas em matéria de publicidade comercial (Disponível em: < http://www.abert.org.br/web/index.php/notmenu/item/22580-nota-publica-publi%20cidade-infantil>. Acesso em: 10 jun, 2017).

[97] Expressão que engloba publicidade, em sentido estrito, bem como qualquer outra forma de comunicação comercial, como embalagens, promoções, *merchandising*, dentre outras, conforme o art. 1°, §1° e §2°, da Resolução.

[98] MIRAGEM, Bruno. Proteção da criança e do adolescente consumidores: possibilidade de explicitação de critérios de interpretação do conceito legal de publicidade abusiva e prática abusiva em razão de ofensa a direitos da criança e do adolescente por Resolução do Conselho Nacional da Criança e do Adolescente – CONANDA. *Revista de Direito do Consumidor*, v. 95, p. 459-495, set./out. 2014.

[99] Considerou abusiva promoção de vendas que aliava compra de embalagens de bolachas recheadas à possibilidade de aquisição de brinde que continha imagem do desenho animado "Shrek".

[100] Considerou abusiva campanha que incentivava consumidores para que, mediante o pagamento de R$ 3,00, trocassem os selos impressos nas embalagens de produtos Sadia por mascotes de pelúcia uniformizados.

[101] O desdém é evidenciado no documento elaborado pelo CONAR, no qual o presidente da entidade, questionado acerca do que é denominado "Operação CONANDA", assim afirmou: "Preocupa na medida em que se vê, mais uma vez, um ente público embarcar numa polêmica inútil e desnecessária caso preceitos legais basilares fossem observados. Já vimos, infelizmente, este filme antes, tendo a Anvisa como protagonista. O Direito triunfa no final mas o enredo é triste. Fica sempre a impressão de que se gastou energia em troca de nada" (CONAR. *Cidadãos responsáveis e consumidores conscientes dependem de informação*. As normas éticas e a ação do CONAR na publicidade de produtos e serviços destinados a crianças e adolescentes, jun./2015, p.11. Disponível em: < http://www.conar.org.br/pdf/conar-criancas.pdf >. Acesso em 23 jun. 2017).

[102] Vê-se posicionamento contrário à Resolução também em texto publicado no site Conjur, de autoria da presidente da Associação, Marici Ferreira, segundo a qual: "[...] a Resolução 163/2014 do Conanda, da forma como editada, visa impedir o licenciamento de personagens infantis e a própria existência de produtos dirigidos ao público infantojuvenil, na medida em que preconiza a abolição de forma ampla, irrestrita e equivocada da publicidade dirigida às crianças. Consequentemente, a produção de conteúdo infantil seria colocada em xeque, em afronta à livre iniciativa, ao acesso à cultura, à liberdade de criação e à plena fruição

infantis não cessaram,[103] apesar do constante na Resolução,[104] e que se mostram capazes, inclusive, de ecoar em decisões judiciais, como na Apelação nº 0018234-17.2013.8.26.0053, do Tribunal de Justiça de São Paulo, a qual, muito embora anterior às decisões do STJ referidas acima, conclui com firmeza que "Não se pode admitir interpretação literal da Resolução nº 163/20141 do CONANDA".[105]

Resistência que se verifica, também, no discurso do próprio Conselho Nacional de Autorregulamentação Publicitária, externado em campanhas como "Confie no Conar",[106] e que se manifesta, igualmente, em argumentos que insistem em destacar, como se exclusivo fosse, o dever da família no que pertine ao cuidado e proteção integral das crianças,[107] contrapondo-se ao que seria um excessivo paternalismo estatal[108] enquanto, aparentemente, ignoram que tal dever é obrigação de todos:[109] família, sociedade e Estado.[110]

---

das propriedades intelectual e industrial, asseguradas pela Constituição Federal, pela Lei de Direito Autoral e pela Lei de Propriedade Industrial. Nesse sentido, a Abral entende que as propostas legislativas pecam por não compreenderem o real papel da publicidade no mundo infantojuvenil, valendo-se da falta de informação para gerar confusão sobre o atual arcabouço jurídico, o qual se alicerça na sólida convicção de que, desde que autorizado pelos pais, o contato da criança com a publicidade adequada colabora decisivamente para o consumo responsável na idade adulta" (FERREIRA, Marici. A publicidade e sua relação com o público infanto-juvenil. Conjur, 20 fev. 2018. Disponível em: www.conjur.com.br/2018-fev-20/marici-ferreira-publicidade-relacao-publico-infantojuvenil#author. Acesso em 26 fev. 2018).

[103] Muitos vinculados a alimentos calóricos e açucarados, como, por exemplo, se constata na notícia datada de 23 e 19 de junho de 2017, nas quais se vê que as personagens do desenho animado "Meu Malvado Favorito 3" ("Minions") serão utilizados nos produtos da Mc Donalds e do Grupo Ferrero, responsável, por exemplo, pela fabricação do chocolate "Kinder Ovo" (Disponível em: http://abral.org.br/category/noticias/ Acesso em 25 jun, 2017).

[104] Cujo artigo 2° considera ser abusivo, dentre outros aspectos, o uso de personagens infantis e bonecos em toda comunicação mercadológica direcionada ao público infantil.

[105] Tribunal de Justiça de São Paulo, *Apelação nº 0018234-17.2013.8.26.0053,* Relator(a): Fermino Magnani Filho; Comarca: São Paulo; Órgão julgador: 5ª Câmara de Direito Público; Data do julgamento: 29/06/2015; Data de registro: 30/06/2015.

[106] "[...] o Conselho mostrou certa intolerância para queixas ditas 'exageradas', evidenciando isso em sua campanha institucional. Veiculada em mídias impressas e em horário nobre na TV, ela satirizou as reclamações feitas pelos consumidores em relação aos abusos nas propagandas (por exemplo, mostrou um palhaço chamado 'Peteleco' sendo acusado de apologia à violência em função de seu nome). E destacou: 'Muitas [reclamações] são justas, outras, nem tanto. E saber a diferença é fundamental. Confie em quem é especialista no assunto. Confie no Conar'" (INSTITUTO BRASILEIRO DE DEFESA DO CONSUMIDOR. Sem pedir licença. *Revista do IDEC*, mai./2014, p.26).

[107] Como exemplo, menciona-se novamente a fundamentação da Apelação nº 0018234-17.2013.8.26.0053, do Tribunal de Justiça de São Paulo: "Tomemos estas quatro premissas: a) A sociedade brasileira se rege pelo modelo capitalista, e as consequências dessa opção econômica e cultural hão de ser assumidas; b) Cabe à família, notadamente aos pais ou ao responsável legal, o poder-dever da boa educação dos filhos, inclusive o ônus de reprimi-los nos apelos inconvenientes ao seu bem estar social, físico e mental; c) Crianças bem educadas no berço, por força do afeto e da autoridade dos pais ou responsável, saberão resistir aos apelos consumistas; d) Não deve o Estado, de modo paternalista, sobrepor-se às obrigações primárias da família, sobretudo quando incitado pelo barulho muito atual, mas com um quê autoritário, da militância 'ongueira', sob pena do esgarçamento da legitimidade de seus atos de império".

[108] Sobre o assunto, tratou com sensibilidade e precisão Virgílio Afonso da Silva: "Uma das maiores críticas a qualquer forma de restrição à publicidade dirigida a crianças é aquela que vê nessa restrição um ranço paternalista. De forma geral (embora possa haver algumas variações em seu conteúdo), essa linha crítica pode ser resumida da seguinte forma: é função do pai e da mãe de uma criança educá-la e controlar o que essa criança irá consumir ou como ela irá se alimentar. *Contrario sensu*, não é tarefa do Estado se imiscuir nessa parte da educação das crianças. [...] A crítica que vê na regulação da publicidade destinada ao público infantil um suposto paternalismo estatal costuma vir de um grupo bem definido de pessoas: são pessoas que têm uma formação escolar, universitária e cultural razoavelmente sólida e, em geral, um padrão socioeconômico estável. [...] A pergunta que deve ser respondida, portanto, é muito mais específica do que muitos preten-

Delineada a questão com algumas situações que ilustram o que se propôs a abordar nesse texto,[111] vê-se que, muito embora a importância do assunto seja aparentemente reconhecida, persiste a preocupação com a (in)efetividade da tutela da criança em face da publicidade, mormente diante de situações que demonstram que a proteção, fundada na vulnerabilidade própria dessa parcela da população, nem sempre se sobrepõe aos interesses do Mercado quando este, opondo-se frontalmente às tentativas de controle, insiste em fazer uso de estratégias de *marketing* que exploram elementos do universo infantil – ainda que a atração exercida por tais elementos mostre-se apta a desencadear reações intimamente vinculadas à pouca idade e a maior vulnerabilidade das crianças.

Conclusão

O presente estudo buscou refletir sobre a publicidade infantil e abordar a necessidade de uma proteção efetiva da criança no Mercado de consumo. Partiu-se da premissa de que o Mercado faz uso de determinados artifícios com a finalidade de se manter dominante, estando o *marketing* – e talvez uma de suas principais ferramentas, a publicidade – encarregado de sedimentar, em cada consumidor, a convicção de que o consumo se faz sempre necessário – ainda que os bens anunciados e ofertados não sejam tão necessários assim.

O discurso publicitário, viu-se, propõe-se a encantar, estimular a ludicidade para, a partir disso, convencer os consumidores de que devem, concreta-

---

dem fazer crer. Neste ponto, ela seria: a influência da publicidade nos hábitos alimentares e de consumo das crianças é algo com o qual pais e mães devem lidar sozinhos ou o Estado tem um papel a cumprir nesse âmbito? [...] até não muito tempo atrás, a regra geral era uma família na qual o homem trabalhava e a mulher ficava em casa cuidando dos filhos, e na qual a TV ainda não ocupava uma posição central na vida familiar. Nesse cenário, é possível que fosse mais fácil uma autorregulamentação doméstica da exposição dos filhos à publicidade. Contudo, nas famílias atuais, nas quais, em regra, tanto o homem quanto a mulher trabalham fora, essa atenção da família é mais escassa. Se pai e mãe trabalham fora, muitas vezes as crianças têm como companhia apenas o aparelho de TV. Imaginar que o Estado deve permanecer ausente diante desse cenário talvez não seja a postura mais sensata a se tomar (SILVA, Virgílio Afonso da. Publicidade. *Revista dos Tribunais*, v. 961, p.319 – 350, nov.2015).

[109] Veja-se, nesse ponto, Guimarães Junior: "Ora, pode o Estado omitir-se diante de evidências de que as pessoas, sobretudo as crianças, estão ficando doentes por influência direta da publicidade maciça que estimula o consumo excessivo de alimentos não saudáveis? [...] O que esperam os críticos da regulamentação? Que fiquemos de braços cruzados aguardando que as empresas deixem, espontaneamente, de estimular o lucrativo consumo exagerado de alimentos de baixa qualidade nutricional enquanto as doenças relacionadas a essa dieta continuam aumentando? Será que as medidas tomadas com sucesso para restringir o tabagismo foram equivocadas e deveríamos liberar a publicidade de cigarros, assim como a de remédios? O que está por trás das tentativas de reduzir e simplificar o problema? A quem interessa desqualificar políticas públicas elaboradas para combater problemas de saúde pública com acusações levianas e clichês?" GUIMARÃES JUNIOR, João Lopes. O Estado do Bem Estar Social e a regulação da Publicidade Infantil. In: FONTENELLE, Lais (Org.). *Criança e consumo:* 10 anos de transformação. São Paulo: Alana, p.276-297, 2016, p.295).

[110] Bruno Miragem ressalta a existência de um dever comum atribuído à família, sociedade e Estado na proteção das crianças, o que torna injustificável, portanto, que se queira exigir apenas dos pais o dever de proteção em relação aos seus filhos (MIRAGEM, Bruno. Proteção da criança e do adolescente consumidores: possibilidade de explicitação de critérios de interpretação do conceito legal de publicidade abusiva e prática abusiva em razão de ofensa a direitos da criança e do adolescente por Resolução do Conselho Nacional da Criança e do Adolescente – CONANDA. *Revista de Direito do Consumidor*, v. 95, p. 459-495, set./out. 2014).

[111] Buscou-se abordar algumas aparentes evidências da resistência do Mercado sem, contudo, pretender-se esgotar o tema.

mente, consumir. Longe de explorar a racionalidade, não pretende convencer da mera utilidade do que é anunciado. O encantamento é a chave do sucesso da publicidade, que precisa deslumbrar por si só, sobrepondo a magia às funcionalidades do que é anunciado.

Cada vez mais atenta aos diversos nichos existentes no Mercado, a atividade segmenta-se, buscando atingir grupos que, porventura, contenham em si certa homogeneidade de modo a ensejar o direcionamento de esforços específicos, de acordo com as particularidades vislumbradas. Dentre estes, encontra-se o público infantil.

Em relação às crianças, o lúdico torna-se ainda mais lúdico, a magia toma contornos de literalidade e a linha que separa magia da realidade – vale dizer, que separa a publicidade daquilo que ela efetivamente anuncia – beira a inexistência. Mais vulneráveis, as crianças veem-se alvos de apelos elaborados e promovidos de modo que as características próprias de sua pouca idade sejam usadas em favor do Mercado sendo, assim, moldadas para assegurar a dominação deste, eis que, desde cedo, são direcionadas para o consumismo.

Entretanto, a vulnerabilidade agravada das crianças (explicitada, por exemplo, nas reações que manifestam quando se veem diante de anúncios elaborados para seduzi-las) configura-se motivo suficiente para o Direito brasileiro considerar que devam ser especialmente protegidas, integral e prioritariamente, por meio de tutela a ser garantida por todos, família, sociedade e estado.

Se é possível afirmar que o Direito evidencia intenção de protegê-las de forma prioritária, também se apresenta factível afirmar que o Mercado não se mostra disposto a abrir mão das estratégias das quais faz uso para atrair este público, evidenciando insistente resistência por meio de discurso que, por vezes, vê-se reverberar em decisões judiciais – como o mencionado desprezo direcionado à Resolução n.163/2014, do CONANDA.

A efetividade da proteção, portanto, teria de ser o cerne da preocupação, considerando-se os efeitos danosos atribuídos ao consumismo infantil e a vulnerabilidade própria dessa parcela da população, sob pena de a reconhecida necessidade de atenção à tutela das crianças em face da publicidade ver-se reduzida à mera retórica, frágil demais quando se vê diante dos interesses do Mercado.

Referências

ASSOCIAÇÃO BRASILEIRA DE AGÊNCIAS DE PUBLICIDADE. *As leis, a publicidade e as crianças.* O que é preciso saber. O que dá para fazer. Ago.2013. Disponível em: <http://www.somostodosresponsaveis.com.br/media/2013/08/03-LEIS.pdf>. Acesso em 18 jun. 2017.

AZAMBUJA, Maria Regina Fay de. A publicidade e seus reflexos no desenvolvimento da criança: o papel da família e da educação. In: PASQUALOTTO, Adalberto; ALVAREZ, Ana Maria Blanco Montiel (Orgs.). *Publicidade e proteção da infância.* Porto Alegre: Livraria do Advogado, 2014, p.68-89.

BARBER, Benjamin. *Consumidor:* como o mercado corrompe crianças, infantiliza adultos e engole cidadãos. Trad. Bruno Casoti. Rio de Janeiro: Record, 2009.

BARROS FILHO, Clóvis de; MEUCCI, Arthur. A defesa liberal da restrição publicitária ao público infantil: ética e educação. In: FONTENELLE, Lais (Org.). *Criança e Consumo:* 10 anos de transformação. São Paulo: Alana, 2016. p. 146-161.

BAUDRILLARD, Jean. *O sistema dos objetos.* Trad. Zulmira Ribeiro Tavares. São Paulo: Perspectiva, 2006.

BAUMAN, Zygmunt. *Vida para o consumo:* a transformação das pessoas em mercadorias. Trad. Carlos Alberto Medeiros. Rio de Janeiro: Zahar, 2008.

CALVERT, Sandra. Children as consumers: advertising and marketing. the future of children. *Children and Electronic Media*, v.18, n.1, p.205-234, 2008. Disponível em: <http://database.cmch.tv/SearchDetail2.aspx?rtrn=advnce&cid=7356>. Acesso em: 01 set. 2017.

CATALAN, Marcos. *A morte da culpa na responsabilidade contratual*. 2011. 347 f. Tese (Doutorado em Direito) – Faculdade de Direito, Universidade de São Paulo. São Paulo, 2011.

——. O crédito consignado no Brasil: decifra-me ou te devoro. In: MEDEIROS, Fernanda Luiza Fontoura de; SCHWARTZ, Germano André Doederlein. *O direito da sociedade*: anuário, v.2. Canoas: Ed. Unilasalle, p. 111-134, 2015.

——. Um sucinto inventário de 25 anos de vigência do Código de defesa do consumidor no Brasil. *Revista de Direito do Consumidor*, v.103, p.23-53, jan./fev.2016.

CATALAN, Marcos; PITOL, Yasmine Uequed. Primeiras linhas acerca do tratamento jurídico do assédio de consumo no Brasil. *Revista Luso-Brasileira de Direito do Consumo*, v.7, n.25, p. 137-160, mar.2016.

CONSELHO FEDERAL DE PSICOLOGIA. *Contribuição da Psicologia para o fim da publicidade dirigida à criança*. Brasília, out. 2008. Disponível em: <http://site.cfp.org.br/wp-content/uploads/2008/10/cartilha_publicidade_infantil.pdf>. Acesso em: 11 jun 2017.

CONSELHO NACIONAL DE AUTORREGULAMENTAÇÃO PUBLICITÁRIA (CONAR), *Cidadãos responsáveis e consumidores conscientes dependem de informação (e não da falta dela):* as normas éticas e a ação do Conar na publicidade de produtos e serviços destinados a crianças e adolescentes, ago. 2012. Disponível em: http://www.conar.org.br/conar-criancas-e-adolecentes.pdf Acesso em 15 jun. 2017.

CONSELHO NACIONAL DE AUTORREGULAMENTAÇÃO PUBLICITÁRIA (CONAR). *Cidadãos responsáveis e consumidores conscientes dependem de informação*. As normas éticas e a ação do CONAR na publicidade de produtos e serviços destinados a crianças e adolescentes, jun./2015, p.11. Disponível em: < http://www.conar.org.br/pdf/conar-criancas.pdf >. Acesso em 23 jun. 2017.

COSTA, Jaderson Costa da. A publicidade e o cérebro da criança. In: PASQUALOTTO, Adalberto; ALVAREZ, Ana Maria Blanco Montiel (Org.). *Publicidade e proteção da infância*. Porto Alegre: Livraria do Advogado, p. 17-25, 2014.

D'AQUINO, Lúcia Souza. *Criança e publicidade:* hipervulnerabilidade? Rio de Janeiro: Lumen Juris, 2017

DIAS, Lucia Ancona Lopez de Magalhães. *Publicidade e Direito*. 2 ed. rev. atual. e ampl. São Paulo: Editora Revista dos Tribunais, 2013.

FERREIRA, Marici. *A publicidade e sua relação com o público infanto-juvenil*. Conjur, 20 fev. 2018.

GOMES, Neusa Demartini; CASTRO, Maria Lília Dias de. Publicidade: um olhar metodológico. In: PEREZ, Clotilde; BARBOSA, Ivan Santo (org.) *Hiperpublicidade:* fundamentos e interfaces. São Paulo: Cengage learning, 2007.

GUIMARÃES JUNIOR, João Lopes. O Estado do Bem Estar Social e a regulação da Publicidade Infantil. In: FONTENELLE, Lais (Org.). *Criança e consumo:* 10 anos de transformação. São Paulo: Alana, p. 276-297, 2016.

HENRIQUES, Isabella Vieira Machado. O capitalismo, a sociedade de consumo e a importância da restrição da publicidade e da comunicação mercadológica voltadas ao público infantil. In: PASQUALOTTO, Adalberto; ALVAREZ, Ana Maria Blanco Montiel (Orgs.). *Publicidade e proteção da infância*. Porto Alegre: Livraria do Advogado, 2014, p. 112-127.

HENRIQUES, Isabella. *Publicidade abusiva dirigida à criança*. Curitiba: Juruá, 2006

INSTITUTO BRASILEIRO DE DEFESA DO CONSUMIDOR. Infância acima do peso. *Revista do Idec*, ago./2015, p. 14-17.

——. Sem pedir licença. *Revista do IDEC*, mai./2014, p.24-27.

INSTITUTO BRASILEIRO GEOGRAFIA E ESTATÍSTICA. Pesquisa de Orçamentos Familiares 2008-2009: *Antropometria e estado nutricional de crianças, adolescentes e adultos no Brasil*. Rio de Janeiro: IBGE, 2010. Disponível em: <http://biblioteca.ibge.gov.br/visualizacao/livros/liv45419.pdf>. Acesso em: 15 jun. 2017.

KOTLER, Philip; ARMSTRONG, Gary. *Fundamentos de Marketing*. Mexico: Pearson Educación, 2013.

KURTZ, David L.; BOONE, Louis E. *Contemporary Business*. New Jersey: John Wiley & Sons, 2011.

LATOUCHE, Serge. *Salir de la sociedade de consumo:* voces y vías del decrecimiento. Trad. Magalí Sirera Manchado. Barcelona: Octaedro, 2012.

LINDSTROM, Martin. *Brandwashed*: O lado oculto do *marketing*. Trad. Rosemarie Ziegelmaier. São Paulo: HSM Editora, 2012.

LINN, Susan. Entrevista: Uma causa pela qual lutar. Entrevistadora: Julia Magalhães. In: FONTENELLE, Lais (Org.). *Criança e Consumo*: 10 anos de transformação. São Paulo: Alana, 2016.

LIPOVETISKY, Gilles. *A felicidade paradoxal*: ensaio sobre a sociedade de hiperconsumo. Trad. Maria Lúcia Machado. São Paulo: Companhia das Letras, 2007.

——. *A era do vazio:* ensaios sobre o individualismo contemporâneo. Trad. Therezinha Monteiro Deutsch: Barueri: Manole, 2005.

——. *A sociedade da decepção*. Trad. Armando Braio Ara. Barueri: Manole, 2007.

——. *O Império de Efêmero*: a moda e seu destino nas sociedades modernas. Trad. Maria Lúcia Machado. São Paulo: Companhia das Letras, 2009.

MACHADO, Martha de Toledo. *A proteção constitucional de crianças e adolescentes e os direitos humanos*. Barueri: Manole, 2003

MARTINS, Guilherme Magalhães. A regulamentação da publicidade infantil no Brasil. A proteção do consumidor e da infância. In MIRAGEM, Bruno; MARQUES, Cláudia Lima; OLIVEIRA, Amanda Flávio de (Coord.). *25 anos do Código de Defesa do Consumidor*: trajetória e perspectivas. São Paulo: Revista dos Tribunais, 2016. p. 683-705.

MCNEAL, James. *The Kids Market*: Myths and reality. New York: Paramount Market Publishing, 1999.

MESTRINER, Fabio. *Gestão estratégica de embalagem*: uma ferramenta de competitividade para a sua empresa. São Paulo: Pearson Prentice Hall, 2002.

MIRAGEM, Bruno. Proteção da criança e do adolescente consumidores: possibilidade de explicitação de critérios de interpretação do conceito legal de publicidade abusiva e prática abusiva em razão de ofensa a direitos da criança e do adolescente por Resolução do Conselho Nacional da Criança e do Adolescente – CONANDA. *Revista de Direito do Consumidor*, v.95, p. 459-495, set./out. 2014.

NEGRÃO, Celso; CAMARGO, Eleida. *Design de embalagem*: do marketing à produção. São Paulo: Novatec Editora, 2008.

NUNES JR., Vidal Serrano. A publicidade comercial dirigida ao público infantil. In: MARTINS, IVES GANDRA e REZEK, Francisco (coord). *Constituição Federal*: avanços, contribuições e modificações no processo democrático brasileiro. São Paulo: RT e CEU, 2008. p. 842-845.

OLMOS, Ana. Vergonha de si: a violência invisível da publicidade infantil. In: FONTENELLE, Lais (Org.). *Criança e Consumo*: 10 anos de transformação. São Paulo: Alana, 2016. p. 164-171.

ORGANIZAÇÃO MUNDIAL DE SAÚDE (OMS). *Commission on Ending Childhood Obesity*: Facts and figures on childhood obesity, 2014. Disponível em: < http://www.who.int/end-childhood-obesity/facts/en/>. Acesso em 14.out.216.

——. *Consideration of the evidence on childhood obesity for the Commission on Ending Childhood Obesity*: report of the Ad hoc Working Group on Science and Evidence for Ending Childhood Obesity. Genebra, 2016. Disponível em: <http://apps.who.int/iris/bitstream/10665/206549/1/9789241565332_eng.pdf?ua=1>. Acesso em: 05 out.2016.

PASQUALOTTO, Adalberto. Apresentação. In: PASQUALOTTO, Adalberto; ALVAREZ, Ana Maria Blanco Montiel (Org.). *Publicidade e proteção da infância*. Porto Alegre: Livraria do Advogado, p.7-14, 2014.

——. Direito e publicidade em ritmo de descompasso. *Revista de Direito do Consumidor*, v.100, p.501-527, jul./ago.2015

——. Os efeitos obrigacionais da publicidade no Código de Defesa do Consumidor. São Paulo: Revista dos Tribunais, 1997.

PECORA, Norma. *The Business of Children's Entertainment*, New York: The Guildford Presso, 1998.

PITOL, Yasmine Uequed. *A publicidade infantil na sociedade de consumo: uma análise empírica da publicidade e de sua (in)conformidade com o direito brasileiro*. 2017. 160 f. Dissertação (mestrado em Direito) – Universidade La Salle, Canoas, 2017.

SANT'ANNA, Armando. *Propaganda*: teoria, técnica e prática. 8.ed. rev. e ampl. São Paulo: Cengage Learning, 2009.

SCHMITT, Cristiano Heineck. *Publicidade Infantil*: proibição definitiva? Atualização CDC, mar.2016. Disponível em: <http://www.atualizacaocdc.com/2016/03/publicidade-infantil-proibicao.html#nota3>. Acesso em: 08 out. 2016.

SCHOR, Juliet B. *Nascidos para comprar*: uma leitura essencial para orientarmos nossas crianças na era do consumismo. Trad. Eloisa Helena de Souza Cabral. São Paulo: Editora Gente, 2009.

SILVA, Ana Beatriz Barbosa. *Mentes consumistas*: do consumismo à compulsão por compras, São Paulo: Globo, 2014.

SILVA, Virgílio Afonso da. Publicidade. *Revista dos Tribunais*, v. 961, p. 319 – 350, nov.2015.

TOSCANI, Oliviero. *A publicidade é um cadáver que nos sorri*. Trad. Luiz Cavalcanti de M. Guerra. Rio de Janeiro: Ediouro, 1996.

— VIII —

A regulamentação da publicidade comercial destinada às crianças no direito quebequense[1]

THIERRY BOURGOIGNIE

Professor Titular, J. S. D. (Universidade Católica de Louvains, Louvain-la-Neuve, Bélgica), LL. M (Yale Law School, Estados Unidos); Diretor do GREDICC (Groupe de recherche em droit international et comparé de la consommation); Departamento de Ciências Jurídicas, Universidade do Québec em Montréal (UQÀM), Québec, Canadá.
E-mail: Bourgoignie.thierry@uqam.ca

Adalberto Pasqualotto
Tradutor

Sumário: 1. A confirmação de uma regulamentação específica e mais severa; 2. Uma regulamentação legítima; 3. Um largo campo de aplicação; 4. Critérios de determinação da destinação da mensagem publicitária; 5. Exceções à proibição; 5.1. Exceções previstas; 5.2. Exigências gerais que devem respeitar as mensagens permitidas com base nos artigos 88 a 90 do regulamento; Referências.

1. A confirmação de uma regulamentação específica e mais severa

A necessidade de proteger os consumidores em face à "arma de persuasão massiva"[2] representada pela publicidade é considerável e permanente. Todas as esferas da vida econômica e social dos cidadãos são invadidas pelas mensagens publicitárias. A publicidade se aproveita das novas oportunidades oferecidas pelas mídias digitais e da multiplicidade de redes sociais. Cada vez mais presente, ela é crescentemente personalizada, mirando nos consumidores em função dos seus perfis pessoais, frequentemente obtidos mediante práticas comerciais desleais e clandestinas.

Apesar da adoção, de longa data, de leis visando a enquadrar as práticas publicitárias, o arsenal normativo disponível acaba sendo, nos mercados contemporâneos, frequentemente incompleto, atrasado em relação às práticas criadas pelas estratégias publicitárias, e ineficaz em razão da fragilidade e dos

---
[1] Texto da conferência apresentada na Escola de Direito da Pontifícia Universidade Católica do Rio Grande do Sul (PUCRS), em Porto Alegre, em 23 de maio de 2017.
[2] A expressão é de Pierre-Claude Lafond, em Pierre-Claude Lafond (Org.), *A publicidade, arma de persuasão massiva : os desafios do enquadramento legislativo*. Cowansville, Éditions Yvon Blais, 2012.

limites dos sistemas atuais de controle e vigilância do mercado.[3] Se, por um lado, a publicidade não tem nada de censurável em si mesma e decorre das liberdades fundamentais de expressão e de comércio, certos limites não podem ser ultrapassados: as mensagens endereçadas ao consumidor não podem ser enganosas ou confusas, dissimular informações, agredir a privacidade do consumidor, incitá-lo a comportamentos perigosos ou repreensíveis e abusar da fragilidade ou ignorância dos consumidores particularmente vulneráveis.

Entre as pessoas vulneráveis, as crianças constituem uma categoria de consumidores cuja proteção tem sempre atraído e continua a atrair a atenção privilegiada do legislador e dos tribunais encarregados de aplicar as leis em vigor. Regras mais estritas são adotadas pelo legislador ou pelos organismos de autorregulamentação atuantes no setor da publicidade, com a finalidade de regulamentar as mensagens publicitárias destinadas às crianças.

Este é o caso do Quebec, onde a legislação em vigor compreende, além das disposições comuns aplicáveis às mensagens publicitárias, uma disposição específica aplicável à publicidade destinada às crianças. A Lei sobre a Proteção dos Consumidores[4] (LPC) proíbe, de maneira geral, a publicidade falsa ou enganosa (art. 219). Além disso, a exploração, em uma mensagem publicitária, da fraqueza ou da inexperiência do consumidor pode ser sancionada com base nos artigos 8 e 9 da lei sobre lesão.[5]

Além dessas normas comuns a todas as mensagens publicitárias, a Lei sobre a Proteção do Consumidor contém duas disposições que se aplicam exclusivamente à publicidade destinada às crianças.

> Art. 248. Salvo norma em contrário do previsto neste Regulamento, não se pode fazer publicidade destinada a pessoas menores de treze anos.
>
> Art. 249. Para determinar se uma publicidade é ou não destinada a pessoas menores de treze anos, deve-se levar em conta o contexto da sua apresentação e, especialmente:
>
> a) a natureza e a destinação do bem anunciado;
>
> b) a maneira de apresentar a mensagem publicitária;
>
> c) o momento e o lugar em que ela aparece.

Esses textos foram objeto de medidas de execução reunidas nos artigos 87 a 91 do Regulamento de Aplicação da Lei sobre a Proteção do Consumidor.[6]

A regra enunciada no art. 248 constitui uma proibição de qualquer publicidade destinada a pessoas com menos de 13 anos. O art. 87 do Regulamento de Aplicação da lei define que a palavra "criança" designa uma pessoa com menos de 13 anos de idade.

---

[3] Sobre os problemas postos pela vigilância da publicidade no Quebec, ver Louis Borgeat, Apresentação geral do tema, em Pierre-Claude Lafond (Org.), *A publicidade, arma de persuasão massiva: os desafios do enquadramento legislativo*. Cowansville, Éditions Yvon Blais, 2012.

[4] RLRQ, c. P-40.1.

[5] Élise Charpentier, L'article 8 de la *Loi sur la protection du consommateur* comme symbole de la transformation de la lésion, em Pierre-Claude Lafond (Org.), *Mélanges Claude Masse*, Cowansville, Éditions Yvon Blais, 2003, p. 509.

[6] RLRQ, c. P-40.1, r.3.

A disposição é peculiar, no sentido de que, em vez de restringir, ela estabelece uma proibição *a priori* da publicidade destinada a crianças. No direito quebequense, a publicidade destinada às crianças não é regulamentada, ela é proibida.

O princípio dessa proibição foi introduzido por ocasião da adoção da Lei de Proteção do Consumidor, de 1971. Chegou-se a um consenso na sociedade no sentido de proteger as crianças contra a influência da publicidade em razão da sua maior vulnerabilidade.

Em 1975, a Corte Superior do Quebec, chamada a interpretar os artigos 248 e 249, excluiu da interdição a publicidade dita familiar, ou seja, aquela destinada tanto às crianças quanto aos adultos, tal como um anúncio veiculado durante um programa ou para uma audiência em que todos os membros da família possam estar expostos.[7]

Por ocasião da revisão da Lei de Proteção do Consumidor e sua substituição, em 1978, pela Lei sobre a Proteção do Consumidor, o estatuto da publicidade familiar foi definido e reconduzido ao contexto de proibição do art. 248. Este é o sentido da presunção acrescentada em 1978 ao art. 249, redigido nos seguintes termos:

> Art. 249, § 2º. A presença de uma mensagem publicitária em um impresso destinado a pessoas maiores de treze anos ou destinado ao mesmo tempo a pessoas menores de treze anos e maiores de treze anos, ou que seja divulgada para uma audiência destinada a pessoas maiores de treze anos ou destinada ao mesmo tempo a pessoas menores de treze anos e maiores de treze anos, não autoriza a presunção de que a mensagem publicitária não seja destinada a pessoas menores de treze anos.

Como se percebe, o texto desse novo parágrafo não é dos mais claros, em razão da dupla negação que utiliza. A regra, contudo, é simples: o fato de que uma mensagem publicitária seja endereçada ao mesmo tempo a crianças e a adultos não torna essa mensagem lícita; a mensagem será submetida, como qualquer outra mensagem, aos critérios fornecidos pelo art. 249, para o efeito de determinar se a mensagem é ou não é destinada a pessoas menores de treze anos.

2. Uma regulamentação legítima

Nos anos seguintes à sua adoção, o art. 248 foi objeto de questionamentos a respeito de sua legitimidade. Sempre a fundamentação da proibição foi confirmada.

Em 1978, a Corte Suprema do Canadá confirmou que a província de Quebec podia regulamentar a publicidade na televisão, embora o setor de telecomunicações seja da competência federal.[8]

Em 1989, chamada a avaliar o impacto da proibição *a priori* da publicidade destinada às crianças sobre as liberdades fundamentais, a Suprema Corte do

---

[7] Procureur Général du Quebec c. Société Radio-Canada, 1975 *Cour Supérieure* 532.
[8] Procureur Général du Quebec c. Kellog's Co. of Canada, 2 *Cour Suprême du Canada* 211.

Canadá proclamou que a proibição não constitui um atentado injustificado à liberdade de expressão assegurada pela Carta Canadense dos Direitos e Liberdades e pela Carta Quebequense dos Direitos e Liberdades da Pessoa.[9]

É interessante observar que, apesar do seu caráter radical, o art. 248 da LPC já não é mais objeto de contestação ou de emendas legislativas quase 40 anos depois de sua promulgação. Parece haver se desenvolvido um consenso social acerca da sua adequada fundamentação. A proibição da publicidade destinada às crianças é percebida de maneira positiva pela população.

A luta contra o sobrepeso e a obesidade, bem como a promoção de uma alimentação saudável, reforçaram, nos últimos dez anos, o interesse dos atores da sociedade civil e das autoridades sanitárias pelo art. 248 da LPC. O artigo é visto como um instrumento pertinente na luta contra a comercialização dos alimentos com altos teores de gorduras saturadas, ácidos graxos, açúcar livre e sal. A proibição da publicidade inscreve-se, assim, na linha das recomendações das instituições internacionais e nacionais em favor da prevenção de doenças crônicas, da luta contra a obesidade e da promoção de hábitos alimentares saudáveis por parte das crianças.[10] A questão é percebida como prioritária pelo fato da superexposição midiática das crianças e a proporção significativa de alimentos não recomendados e de serviços de refeições rápidas promovidos na mídia.[11]

3. Um largo campo de aplicação

O campo de aplicação da proibição estipulado no art. 248 é vasto.

I. Todos os intervenientes na criação e distribuição da mensagem publicitária são atingidos: o art. 252 da LPC definiu da maneira mais ampla o conceito de *"fazer publicidade"* como *"o fato de preparar, utilizar, distribuir, publicar ou fazer publicar, difundir ou fazer difundir uma mensagem publicitária"*. O fabricante, o varejista, o anunciante, o criador, a agência de publicidade, o difusor (seja rádio, imprensa, televisão, Internet ou plataforma eletrônica), todos estão compreendidos.

II. Todas as mensagens publicitárias são abrangidas, compreendendo-se toda mensagem *"destinada a promover um bem,*[12] *um serviço ou uma entidade"* (LPC, art. 1º, *h*). São visadas somente as mensagens com fins comerciais, excluídas, portanto, as educativas, tais como as do tipo *"Alimente-se saudavelmente"*, *"Beba leite"*, *"Pratique esporte"*.

---

[9] Irwin Toy Ltd c. Procureur Général du Québec, 1989, 1 Cour Suprême du Canada 927.

[10] Sobre esses trabalhos e recomendações, ver Suzie Pellerin, Le marketing destiné aux enfants : forces et faiblesses du modèle québécois, in Pierre-Claude Lafond (Org.), cit., p. 78, e as referências mencionadas. Ainda: Yves Jalbert, Lyne Mongeau, *Prévenir l'obésité: un aperçu des programmes, plans d'action, stratégies et politiques sur l'alimentation et la nutrition*, Institut National de Santé Publique du Québec, Québec, 2006, p. 27.

[11] *Ibid.* p. 79 a 81. A exposição à *junk food* será ainda superior para o jovens quebequenses que assistem os canais de televisão em língua inglesa: Monique Potvin Kent, Lise Dubois et Alissa Wanless, Food marketing on children's television in two different policy environments, *International Journal of Pediatric Obesity*, 2010, 1-9; J.P. Laperrière, L. Renaud et C. Des Rivières-Pigeon, Les stratégies publicitaires qui plaisent aux jeunes: une présence accrue sur les chaînes jeunesses, <http://grms.uqam>.

[12] Os bens visados pela LPC são apenas os bens móveis, conforme a definição do termo "bem" no art. 1, *d*.

III. A definição de mensagem publicitária (LPC, art. 1º, h) incluiu a publicidade visando à promoção de serviços concernentes a produtos.

IV. Todos os suportes são abrangidos, pois o art. 219 da LCP sanciona as apresentações feitas "por qualquer que seja o meio": jornais, revistas, brochuras, catálogos, caixas, cartazes e painéis, etiquetas, embalagens, telefones, rádio, televisão, audiovisual, web, telefones celulares, meios de transporte, objetos promocionais, etc. Essa interpretação ampla permite incluir todos os novos suportes e mídias que aparecem em função do desenvolvimento do ambiente digital.

V. Todas as apresentações estão incluídas pela definição do termo *"apresentação"* como *"uma afirmação, um comportamento ou uma omissão"*: pode tratar-se, portanto, de uma mensagem escrita, verbal ou visual; pode ser clandestina, oculta ou subliminar. O caráter falso ou enganoso pode também derivar da omissão de um fato importante.

4. Critérios de determinação da destinação da mensagem publicitária

Para que seja proibida, a mensagem publicitária deve ser destinada a pessoas menores de treze anos, ou seja, a crianças.

O art. 249 da LCP fixa os critérios que devem ser utilizados a fim de determinar se uma publicidade é ou não destinada às crianças.

Esses critérios são três.

Critério A. A natureza e a destinação do produto anunciado

A questão a ser colocada é a seguinte: o produto é destinado exclusivamente às crianças ou não?

Três tipos de produtos podem ser distinguidos:

Os produtos ou serviços exclusivamente ou essencialmente destinados às crianças; por exemplo, a maior parte dos brinquedos, certos *videogames*, imagens, figuras, guloseimas mais especificamente destinadas às crianças (especialmente em razão de sua forma ou cor), oficinas criativas e educativas, pracinhas.

Os produtos ou serviços não exclusivamente ou não essencialmente destinados às crianças, mas que representam para elas uma atração significativa; por exemplo, as guloseimas em geral, os cereais açucarados, as sobremesas, as refeições tipo *fast food*, os parques de diversões, certos espetáculos, histórias em quadrinhos, bicicletas, *videogames*.

Os produtos e serviços preferencialmente destinados aos adultos; por exemplo, os automóveis, os produtos e serviços financeiros, os produtos de limpeza, desodorizantes domésticos e outros odorizadores ambientais, assadoras e produtos associados, certas roupas, aparelhos eletrodomésticos, aparelhos *Hi-Fi*, alimentação em geral, bebidas alcoólicas, viagens, hotéis, restaurantes e lugares de férias.

Critério B. A maneira de apresentar a mensagem publicitária

A questão a ser colocada é a seguinte: a mensagem é apresentada, criada ou difundida procurando atrair a atenção das crianças?

Pode tornar uma mensagem atraente para as crianças o recurso a cores vivas, imagens de jogos, música ou canções infantis, concurso com prêmios atraentes para as crianças, a presença ou o aparecimento de crianças na mensagem, o uso de linguagem infantil, a encenação de figuras de personagens ou de animais conhecidos das crianças, o recurso a temas ligados à fantasia, à magia ou à aventura, o uso de técnicas visuais espetaculares ou efeitos especiais.

Critério C. O momento ou o lugar em que a mensagem aparece

A questão a ser colocada é a seguinte: as crianças estão presentes no momento ou no lugar de difusão da mensagem? As crianças são expostas à mensagem?

A resposta será positiva em diversos lugares, tais como escolas, creches, teatros infantis, festivais infantis, lugar de permanência de crianças, um programa de rádio ou de televisão para jovens. Nessas hipóteses, pode-se admitir que as pessoas expostas à mensagem serão, em sua maioria, crianças.

Em seguida, deverá avaliar-se, valendo-se dos dados estatísticos disponíveis, tais como relatórios de audiência dos programas de rádio e televisão, a proporção de crianças expostas à mensagem no conjunto de espectadores, usuários ou público presente no momento da difusão da mensagem.

Não se exige, note-se, que uma maioria de crianças seja exposta. A Agência de Proteção do Consumidor do Quebec[13] fixou em 15% a proporção a partir da qual as crianças são consideradas presentes no momento ou no lugar da difusão da mensagem.[14]

Para que se conclua pela aplicação ou não do art. 248, é preciso, em cada caso concreto, analisar esses três critérios. Todos devem ser necessariamente considerados.

Assim, uma mensagem sobre um bem ou serviço que não representa atração específica para as crianças não é necessariamente permitida; os dois outros critérios devem igualmente ser tomados em consideração.[15] Do mesmo modo, o fato de que uma mensagem publicitária aparente visar aos adultos conforme o seu conteúdo verbal ou escrito não significa que a mensagem seja exclusiva para eles; à vista da análise dos dois outros critérios, a mensagem poderia ser considerada como dirigida às crianças; seria esse o caso, sem dúvida, se o produto anunciado fosse do interesse das crianças.[16] Por fim, uma mensagem divulgada em um lugar onde se encontrassem tanto adultos quanto crianças

---

[13] O *Office de la protection du consommateur* [Agência de Proteção do Consumidor] é o organismo público encarregado da proteção do consumidor no Quebec. Ela foi instituída pelo art. 291 da LPC de 1978. Suas funções e competências são definidas pelos artigos 292 e 305 e seguintes daquela lei.

[14] Agência de Proteção do Consumidor, *Publicidade destinada a crianças menores de treze anos. Guia de aplicação dos artigos 248 e 249 da Lei sobre a Proteção do Consumidor*. Quebec, setembro 2012, p. 26. O total de 15% corresponde aproximadamente à proteção das crianças no seio da população total do Quebec.

[15] *Guide OPC*, p. 5

[16] *Ibid.*, p. 6.

pode, da mesma forma, ser considerada como mensagem destinada às crianças, se a análise dos dois outros critérios permite concluir que os destinatários da mensagem também são as crianças.[17]

Em conclusão, uma publicidade pode vir a ser considerada como destinada às crianças: se o produto interessa às crianças, se a concepção da mensagem é infantil, quanto mais a mensagem for difundida em lugar ou momento que atinja crianças.[18]

A tabela a seguir esquematiza os passos a serem observados.[19]

Critério 1	Critério 2
Produto essencialmente destinado às crianças	A publicidade é *proibida* se: • for concebida ou apresentada de forma atrativa para as crianças (o que geralmente é o caso) • for concebida em lugar e/ou momento (um dos dois critérios é suficiente) que atinja maioria de crianças
Produto que apresenta uma atração sensível para as crianças, sem ser a elas exclusivamente destinado	A publicidade é *proibida* se: • for concebida ou apresentada de modo a ser atrativa para as crianças • for difundida em lugar *e/ou* momento (*um dos dois critérios é suficiente*) que atinja crianças
Produto que não apresenta atratividade particular para as crianças	A publicidade é *permitida*, a menos que seja atrativa para as crianças, e difundida em lugar *e* momento (*os dois critérios são exigidos*) em que crianças estejam majoritariamente presentes

Exemplo de uma publicidade veiculada em um programa de televisão.[20]

	Produto essencialmente destinado às crianças (*por exemplo: brinquedos*)	Produto atrativo para as crianças (*por exemplo: fast food*)	Produto não atrativo para as crianças (*por exemplo: automóveis novos*)
Programa com audiência composta por mais de 15% de crianças (*programa matutino; das 17 às 19h; em fim de semana; programas para jovens; canais infantis, etc.*)	Publicidade proibida	Publicidade proibida, desde que a mensagem seja concebida de forma a despertar o interesse das crianças. (*Por exemplo: oferta de bonequinhos, sorteios, oferta de brindes, mensagens vinculadas aos cardápios infantis*)	Publicidade permitida, sob a condição de que a mensagem não seja concebida de forma a despertar o interesse das crianças. (*Por exemplo: apresentação de acessórios destinados às crianças, tais como telas de vídeo*).
Programa com audiência de até 15% de crianças (*horários de aulas, horários vespertino, etc.*)	Publicidade proibida, desde que a mensagem seja concebida de forma a suscitar o interesse das crianças. (*Por exemplo: animação, participação de crianças, músicas infantis = publicidade proibida; imagem inanimada de brinquedo com o respectivo preço = publicidade permitida*).	Publicidade permitida, sob condição de que a mensagem não seja de forma a suscitar o interesse das crianças. (*Por exemplo: reprodução apenas do logotipo da rede de lojas; cardápio igualmente para adultos e para crianças*).	Publicidade permitida.

---

[17] *Guide OPC*, p. 7.
[18] *Guide OPC*, p. 9.
[19] *Guide OPC*, p. 9
[20] *Guide OPC*, p. 26, acrescido de comentários do autor.

5. Exceções à proibição

Em que pese a proibição geral posta pelo art. 248, algumas formas de publicidade comercial destinada às crianças são permitidas. Os artigos 88 a 90 do Regulamento de Aplicação da LPC autorizam certas mensagens publicitárias destinadas às crianças (5.1). Todavia, as mensagens não serão permitidas a menos que concorra uma série de condições específicas, cujos requisitos gerais estão dispostos no art. 91 do Regulamento (5.2).

5.1. Exceções previstas

São três:

1) Mensagens publicitárias inseridas em revistas ou encartes destinados às crianças (Regulamento, art. 88).

> Art. 88. Não se aplica o art. 248 da Lei às mensagens publicitárias destinadas às crianças sob as seguintes condições:
> a) A mensagem deve estar inserida em revista ou encarte destinado às crianças;
> b) A revista ou o encarte deve estar à venda ou encontrar-se inserido em uma publicação à venda;
> c) A revista ou o encarte deve ser publicado em intervalos que não excedam a três meses;
> d) A mensagem publicitária deve se conformar às exigências do art. 91.

A intenção é de não privar as revistas infantis de uma fonte de financiamento que frequentemente lhes é essencial.

Condições estritas são estabelecidas:

A revista deve ser *oferecida à venda* ou o encarte inserido em uma publicação posta à venda; isso exclui as revistas de distribuição gratuita.

A revista ou o encarte deve ser *publicado em intervalos que não ultrapassem três meses;* assim se evitam as revistas publicadas exclusivamente por ocasião das festas de fim de ano ou de férias, bem com as revistas distribuídas por ocasião de um evento pontual (festival, dia das crianças, espetáculos, etc.).

A revista ou o encarte deve-se conformar às *exigências gerais do art. 91 do Regulamento* (ver abaixo).

2) Anúncios de espetáculos para crianças (Regulamento, art. 89).

> Art. 89. Não se aplica o art. 248 da Lei às mensagens publicitárias destinadas às crianças cujo objetivo é anunciar um espetáculo infantil, desde que a mensagem esteja de acordo com as exigências do art. 91.

Pode tratar-se de eventos de qualquer natureza: esportes, teatro, cinema, oficina criativa, sorteios ou programa etc.

Para ser admitido, o anúncio deve conformar-se às exigências gerais do art. 91 do Regulamento. *Ele não pode conter uma mensagem publicitária que incite a compra de outros produtos além do espetáculo anunciado*: por exemplo, colocação de um logotipo de outro patrocinador cujos produtos são ou possam ser destinados a crianças; ilustração de produtos derivados ou promocionais que serão oferecidos à venda por ocasião do espetáculo (por exemplo, camisetas, CDs, livros, lembranças).

3) Mensagens que aparecem em vitrine, expositor, recipiente, embalagem ou etiqueta (Regulamento, art. 90).

> Art. 90. Não se aplica o art. 248 da Lei às mensagens publicitárias destinadas às crianças exibidas em vitrine, expositor, recipiente, embalagem ou etiqueta e assemelhadas, desde que atendidas as exigências dos parágrafos "a" a "g", "j", "k", "o" e "p" do art. 91.

Quanto às *vitrines* e *outras formas de exposição de mercadorias*, a exceção é compreensível pelo receio, por exemplo, de não mais se permitir a colocação de logotipos comerciais ou a exposição de brinquedos nas vitrines das lojas.

Cuida-se apenas de vitrines e expositores; a exceção não se estende às mensagens, mesmo idênticas ou assemelhadas, difundidas ou colocadas dentro do ponto de venda.

O mesmo receio de dificultar a visibilidade do comércio explica a exceção em favor de *recipientes, embalagens e etiquetas*. Esta última exceção é comumente utilizada, por exemplo, para mensagens reproduzidas nas caixas de jogos, brinquedos, *videogames*, pacotes de bolachas, garrafas ou latas de refrigerantes.

5.2. Exigências gerais que devem respeitar as mensagens permitidas com base nos artigos 88 a 90 do regulamento

Embora permitidas, as mensagens favorecidas pelas exceções previstas nos artigos 88 a 90 do Regulamento de Aplicação da Lei sobre a Proteção do Consumidor devem ser submetidas a uma análise complementar. Com efeito, elas devem se conformar às exigências especificadas no art. 91 do Regulamento.

> Art. 91. Para fins de aplicação dos artigos 88, 89 e 90, uma mensagem publicitária destinada às crianças não pode:
>
> a) exagerar a natureza, as características, o desempenho ou a durabilidade de um bem ou serviço;
>
> b) minimizar o grau de habilidade, de força, a destinação ou a idade exigidos para o uso adequado do bem ou do serviço;
>
> c) empregar superlativos para descrever as características de um bem ou serviço ou diminutivos para indicar o seu preço;
>
> d) empregar comparativos para estabelecer comparações relativas ao bem ou serviço objeto da mensagem publicitária;
>
> e) incitar diretamente uma criança a comprar ou a convidar outra pessoa a comprar um bem ou serviço ou a se informar a seu respeito;
>
> f) representar hábitos de vida social ou familiar repreensíveis;
>
> g) anunciar um bem ou serviço que, por sua natureza, qualidade ou seu uso ordinário, não deveria ser usado por uma criança;
>
> h) anunciar um medicamento ou uma especialidade farmacêutica;
>
> i) anunciar uma vitamina apresentada em forma líquida, em pó ou em comprimido;
>
> j) apresentar um personagem agindo de modo imprudente;
>
> k) apresentar um bem ou um serviço de modo a sugerir um uso impróprio ou perigoso;
>
> l) apresentar uma pessoa ou um personagem conhecido das crianças de modo a promover um bem ou um serviço, salvo:

I. Se se tratar de um artista, de um ator ou de um apresentador profissional que não tenha em publicação ou programa destinado às crianças;

II. No caso previsto no art. 89, a título de ilustração de sua participação em um espetáculo destinado às crianças.

Para fins do presente parágrafo, não se considera um personagem conhecido das crianças aquele criado com a finalidade de anunciar um produto ou serviço, enquanto ele seja utilizado somente com essa finalidade;

m) empregar um processo de animação cinematográfica, exceto para anunciar um espetáculo de animação cinematográfica que lhes seja destinado;

n) empregar quadrinhos, exceto para anunciar uma publicação em quadrinhos que lhes seja destinado;

o) sugerir que o fato de possuir ou de fazer uso de um bem pode conferir a uma criança vantagem física, social ou psicológica frente a outras crianças da sua idade, ou que a privação do mesmo produto causará um efeito contrário;

p) anunciar um produto de modo tal que uma criança seja falsamente levada a crer que, pelo preço ordinário desse bem, ela adquirirá outros bens além daquele anunciado.

1) Não conter incitações exageradas a comprar, compreendido o emprego de superlativos, diminutivos ou comparativos (Regulamento, art. 91, "a" a "d").

Por exemplo: brinquedo "indestrutível", "montagem fácil para todos", "o mais bonito do mercado", "o mais barato", "somente 15 euros", "o mais vendido", "o preferido das crianças", "o eleito pelas crianças".

2) Não incitar diretamente a criança a comprar ou convidar a criança a incitar outra pessoa (por exemplo, seus pais) a comprar ou a se infirmar sobre o produto (Regulamento, art. 91, "e").

Por exemplo: "visite nosso *site* para adquirir os produtos da nossa coleção", "colecione pontos para comprar outros personagens da coleção", "peça aos seus pais para se informarem" ou "peça o produto como presente de aniversário".

3) Não apresentar ou colocar em evidência produtos ou comportamentos repreensíveis de um ponto de vista social ou familiar (Regulamento, art. 91, "f" a "k").

Por exemplo: anunciar um medicamento, vitaminas, bebidas energizantes; apresentar um personagem agindo de forma imprudente ou violenta (por exemplo, armas, jogos violentos); sugerir um uso impróprio ou perigoso do produto (por exemplo, velocidade excessiva, acrobacias).

Pode questionar-se se essa exigência tornaria proibidas todas as mensagens, mesmo aquelas admitidas à luz dos artigos 88, 89 e 90, tendo por objeto produtos ou serviços que contribuam para a epidemia de obesidade (*fast food*, produtos com elevado teor de açúcares, gorduras ou sal, refrigerantes), assim como produtos nocivos ao meio ambiente ou não duráveis. Uma interpretação extensiva do art. 91, "f", levaria a isso, mas a jurisprudência ainda não deu esse passo.

4) Não apresentar um personagem ou uma pessoa conhecida das crianças ou utilizá-la como referência do bem (Regulamento, art. 91, "l").

Por exemplo: Batman, Mickey, o Rei Leão, a Pequena Sereia, a Frozen, Harry Potter, os heróis de um filme, de uma estória em quadrinhos ou de uma série de televisão, o vencedor ou vencedora de um programa popular de televisão ou de um concurso de beleza, um comediante, um artista, um cantor, um político ou política.

Ficam, todavia, autorizadas as mensagens:

Apresentando um ator, um artista ou um apresentador profissional que não tenha atuação em uma publicação ou programa destinado às crianças;

Anunciando a participação da pessoa conhecida nos espetáculos permitidos pelo art. 89 do Regulamento;

Utilizando um personagem criado com a finalidade de anunciar um produto e utilizado apenas com esse fim: um urso polar, um mascote, um personagem de ficção científica, objeto ou animal apresentado de forma humanizada, etc.

Importante: a condição do art. 91, "l", não se aplica as vitrines, expositores, recipientes, embalagens e etiquetas permitidas pelo art. 90. O uso de personagens ou pessoas conhecidas das crianças nesses casos é permitido. Isso explica, por exemplo, o uso intenso que é feito de personagens sobre as caixas de cereais açucarados.

5) Não recorrer a procedimentos desleais em relação à criança (Regulamento, art. 91, "m" a "p").

Por exemplo:

– utilizar um filme, um vídeo ou histórias em quadrinhos;

– enfatizar que seja anormal o fato de não possuir o produto anunciado;

– apresentar o produto como capaz de conferir à criança uma vantagem física, social ou psicológica frente às demais crianças da mesma idade;

– incentivar um efeito de modismo;

– fazer crer à criança que, pelo preço ordinário do bem anunciado, ela pode ganhar outros produtos em acréscimo: com o cupom/código que você encontrará dentro da caixa, passe na nossa loja/no nosso site e ganhe muitos presentes.

6) Poder de investigação e sanções.

As sanções aplicáveis são as comuns às infrações ao disposto na Lei sobre a Proteção do Consumidor.

O dispositivo é deveras completo.

Por iniciativa do Presidente do *Office de protection du consommateur* (Agência de Proteção do Consumidor)

Provocado pelo serviço interno, pelas organizações de consumidores ou por outras associações da sociedade civil (especialmente as de defesa da saúde pública e de combate ao sobrepeso e á obesidade), o presidente da Agência dispõe de um amplo poder de investigação, que o autoriza especialmente a exigir do meio publicitário que informe o conteúdo das mensagens publicitárias (art. 311), que demonstrem a sua veracidade (art. 312) e, acrescentemos de nossa parte, a legalidade (art. 312).

Em um primeiro momento, o presidente da Agência emitirá um comunicado ao infrator, lembrando-o das disposições legislativas e regulamentares em vigor e indicando a infração cometida.

Se se considerar oportuno, o Presidente da Agência pode aceitar do infrator um compromisso de respeito à Lei. Essa possibilidade está prevista no art. 314 da LPC. O Presidente da Agência negocia e fixa os termos do compromisso, o qual pode incluir de modo particular a publicação do compromisso assumido, a indenização aos consumidores, o reembolso das custas do inquérito e outras despesas ou a obrigação de prestar uma caução ou outra forma de garantia com a finalidade de assegurar a indenização aos consumidores (art. 315).

O presidente pode decidir arquivar o inquérito ou propor uma ação penal. O prazo de prescrição é de dois anos (art. 290.1).

Ele pode demandar ao tribunal uma injunção ordenando ao infrator que interrompa a campanha publicitária em curso (art. 316). Uma organização de defesa dos consumidores é também legitimada a agir para fazer cessar a prática (art. 316, § 2).

Medidas penais

É prevista multa de 2.000 a 10.000 dólares canadenses (arts. 277 e 278). Convenhamos que os montantes previstos são irrisórios em relação aos ganhos que possam ser relacionados à infração cometida. Os valores previstos são dobrados em caso de reincidência (art. 279, § 2).

O representante de uma pessoa jurídica (administrador, presidente ou diretor) é considerado responsável pela infração e pode ser multado de 600 a 15.000 dólares (art. 282), montantes ainda mais irrisórios.

O juiz ou tribunal pode determinar ao infrator que divulgue, pelos meios considerados aptos a assegurar a comunicação pronta e adequada aos consumidores, a decisão judicial, bem como as medidas tomadas para o efeito de restabelecer a conformidade à lei (art. 288).

Pretensões civis

Se um consumidor sofreu um prejuízo decorrente da conclusão de um contrato subsequente a uma publicidade proibida, o art. 272 da LPC concede-lhe a alternativa de demandar a resolução do contrato ou a redução das suas obrigações (redução do preço pago), sem prejuízo de requerer perdas e danos.

O consumidor pode igualmente demandar por perdas e danos punitivos, que são concedidos conforme o art. 1.621 do Código Civil do Quebec como forma de desestimular a violação intencional da lei ou para sancionar o comportamento maldoso, negligente ou leviano do responsável.

O processo da ação coletiva – nova denominação do processo de classe coletivo, em vigor no Quebec desde 1979 e regularmente utilizado no campo do direito do consumidor[21] – pode igualmente ser proposto por um ou por

---

[21] Logo após a adoção, em 2014, do novo Código de Processo Civil, entrou em vigor em 1º de janeiro de 2016.

vários consumidores ou organizações de consumidores.[22] Uma ação desse tipo foi proposta em março de 2017 contra a rede de *fast food* McDonald´s em razão de publicidade que tinha por objeto brindes distribuídos nas caixas do *McLanche Feliz*.

Referências

BORGEAT, Louis. Présentation générale du thème, dans Pierre-Claude Lafond (dir.), *La publicité, arme de persuasion massive : les défis de l'encadrement législatif*, Cowansville, Éditions Yvon Blais, 2012.

CHARPENTIER, Élise. L'article 8 de la Loi sur la protection du consommateur comme symbole de la transformation de la lésion. In LAFOND, Pierre-Claude. (Org.), *Mélanges Claude Masse*. Cowansville : Éditions Yvon Blais, 2003.

JALBERT, Yves; MONGEAU, Lyne. Prévenir l'obésité: un aperçu des programmes, plans d'action, stratégies et politiques sur l'alimentation et la nutrition. Institut National de Santé Publique du Québec, Québec, 2006.

KENT, Monique Potvin; DUBOIS, Lise et WANLESS, Alissa. Food marketing on children's television in two different policy environments. *International Journal of Pediatric Obesity*, 2010.

LAFOND, Pierre-Claude. (Org.). A publicidade, arma de persuasão massiva : os desafios do enquadramento legislativo. Cowansville : Éditions Yvon Blais, 2012.

LAPERRIÈRE, J. P; RENAUD L. et DES RIVIÈRES-PIGEON, C. Les stratégies publicitaires qui plaisent aux jeunes : une présence accrue sur les chaînes jeunesse. Disponível na internet: http://grms.uqam

PELLERIN, Suzie. Le marketing destiné aux enfants: forces et faiblesses du modèle québécois. LAFOND, Pierre-Claude. (Org.). *A publicidade, arma de persuasão massiva: os desafios do enquadramento legislativo*. Cowansville : Éditions Yvon Blais, 2012.

QUEBEC. Office de la protection du consommateur. Publicité destinée aux enfants de moins de treize ans. Guide d'application des articles 248 et 249 de la Loi sur la protection du consommateur, Quebec, septembre 2012.

---

[22] Código de Processo Civil, artigos 571 a 604.

— IX —

A corregulação como limite razoável à veiculação da publicidade direcionada às crianças

MARCIA LUNARDI FLORES
Mestre em Direito pela PUCRS, especialista em
Direito Processual Civil, advogada.

Sumário: Introdução; 1. Da autorregulamentação à corregulação: a construção do diálogo entre o público e o privado; 2. A publicidade para crianças no Brasil: o abismo entre a autorregulamentação do CONAR e a regulamentação estatal; 3. A corregulação como alternativa à proibição total: um diálogo possível entre o mercado e o Estado; Considerações finais; Referências bibliográficas.

Introdução

A publicidade voltada para crianças tornou-se alvo de debates no mundo contemporâneo. E isso não ocorreu ao acaso. Em tempos hipermodernos,[1] o hiperconsumo encontra vazão nos apelos publicitários que conferem "alma" aos objetos, fazendo deles ícones de desejo. Os anúncios publicitários, na era do capitalismo artista, ganharam contornos de espetáculo, tornando-se uma espécie de arte que compõe a cultura mundial.[2] No centro da discussão está a criança e a forma como ela reage a esses intensos apelos midiáticos. No Brasil, as discussões acerca do tema traçam caminhos polarizados entre aqueles que defendem

---

[1] Gilles Lipovetskyrefere que a sociedade superou a pós-modernidade, adentrando na era do *hiper*. Na hipermodernidade, a comercialização dos modos de vida não encontra resistências estruturais, culturais ou ideológicas, uma vez que as esferas da vida social ou individual se reorganizam em razão da lógica do consumo. (Os tempos hipermodernos, 2004).

[2] Sobre a estetização do mundo capitalista, os autores citados referem que as estratégias mercantis do capitalismo criativo transestético não poupam nenhuma esfera. Os objetos usuais são perpetrados por estilo e *look*, muitos deles se tornam acessórios de moda. Os *designers*, os artistas plásticos, os criadores de moda são convidados a redesenhar a aparência dos produtos industriais básicos e dos templos do consumo. As marcas de moda para o grande público copiam códigos do luxo. As grandes lojas, hotéis, restaurantes investem num trabalho de imagem, de decoração, de personalização de seus espaços. O patrimônio é reabilitado e montado à maneira de cenários cinematográficos. O centro de cidades é figurinizado, cenografado, *disneyficado* para o consumo turístico. A publicidade se pretende criativa. Em meio a concorrência econômica, o capitalismo trabalha para construir e difundir a imagem de artista dos seus atores para *artealizar*as atividades econômicas. A arte se tornou instrumento de legitimação das marcas, das empresas do capitalismo. O capitalismo artista impulsionou o reinado do hiperconsumo estético no sentido de consumo abundante de estilos. O consumo com componente estético adquiriu uma relevância tal que constitui um vetor importante para a afirmação da identidade dos indivíduos. O consumo é ato cotidiano, presente em todos os momentos da vida social e individual. Num mundo fabricado pelo capitalismo transestético convivem hedonismo dos costumes e miséria cotidiana, singularidade e banalidade sedução e monotonia (LIPOVETSKY; SERROY, 2015).

a proibição total da publicidade voltada a crianças e outros que veem tal medida como forma de censura à liberdade de expressão e à livre iniciativa.

Os argumentos em favor da proibição total da publicidade voltada para crianças se assentam nos impactos negativos que esta causa. As crianças são conduzidas a um consumismo desmedido que distorce valores éticos, sociais e culturais. Por outro lado, a família é desafiada pelos apelos insistentes de crianças, estimuladas ao consumo, levando, por vezes, ao superendividamento e ao conflito.

Para os que defendem a liberdade de expressão comercial, a relação da criança com o consumo se insere na seara privada, devendo ser mediada, exclusivamente, pela família. Nesse cenário, qualquer interferência estatal se mostra desmedida, pois a Constituição Federal de 1988 tem como fundamento a livre iniciativa, baseada numa economia de mercado, garantindo às empresas e ao empresário a liberdade de comunicação com sua clientela, sendo repudiada qualquer forma de censura.

Pensar a relação entre a publicidade, o consumo e a criança requer que se parta de duas premissas importantes: quem é a criança contemporânea e em qual sociedade ela está inserida. Essa contextualização é fundamental para que se fuja de paradigmas anacrônicos. Numa concepção de infância compreendida como construção histórica e social, não há como pensar na criança apartada da sociedade de consumo. Não se pode perder de vista que a mesma criança que é hipervulnerável frente aos apelos da publicidade é decisiva nas escolhas de consumo da família.

As crianças, mesmo antes de nascerem, já estão sob a influência do consumo, pois suas famílias já se preocupam em criar um ambiente rodeado de brinquedos, roupas e outros objetos. Desde muito cedo, essa criança hipermoderna estará em contato com a tecnologia e, muito em breve, saberá mexer em *tablets*, computadores e *smartphones* com uma surpreendente competência. Esse precoce contato com a tecnologia abre as portas para o mundo dos personagens que são os seus primeiros "amigos" e que passam das telas para o convívio diário, em casa, na forma de brinquedos, nas embalagens dos alimentos, nos produtos de higiene, nos utensílios do dia a dia. Posteriormente, essa criança se conectará às redes sociais, e seu "amigo" não será mais o personagem do desenho animado, mas um par, uma criança assim como ela, com um canal no *YouTube*. Desse contexto de consumo hiperbólico, iniciado na família e consolidado pela mídia, não há como tornar a criança contemporânea imune.

A proibição total da publicidade não impediria a criança de continuar em contato com o consumo e tampouco a protegeria de seus impactos. As técnicas publicitárias se sofisticaram e hoje têm como aliada a tecnologia. Impedir ações publicitárias identificadas como tal certamente abriria caminho para uma publicidade ilícita, disfarçada e que fere o princípio da identificação. Nessa linha, a proibição poderia se mostrar mais danosa do que protetiva.

A Constituição Federal, no artigo 6º, garantiu proteção à infância como um direito social, e o artigo 227 dispõe ser dever da família, da sociedade e do Estado assegurar, com absoluta prioridade, os direitos fundamentais à criança. Há, portanto, um dever de solidariedade de toda a sociedade na efetivação da proteção integral à criança, representando cuidado com as gerações futuras. Se a proibição total da publicidade não se mostra o melhor caminho a ser trilhado e o arcabouço jurídico e deontológico que hoje há, não se mostra efetivo, qual seria a alternativa?

Nesse contexto, necessário que se encontre um meio de minimizar os efeitos nocivos da exposição da criança à comunicação mercadológica ou, ao menos, encontrar formas de exclusão de determinados tipos de oferta de produtos que comprovadamente comprometem seu desenvolvimento físico e psíquico. Deixar que apenas o próprio mercado regule suas práticas – autorregulamentação – não tem se mostrado suficiente à proteção que carece a criança, como ser em desenvolvimento.

1. Da autorregulamentação à corregulação: a construção do diálogo entre o público e o privado

Na Europa, a corregulação vem sendo objeto de discussão há quase duas décadas. Os conceitos de corregulação e autorregulamentação ocuparam o centro dos debates político e acadêmico acerca de formas alternativas do controle exercido pelo Estado.[3] Em 2001, a Comissão Europeia tratou do tema como forma de melhorar aspectos envolvendo governança. A corregulação, por combinar ação legislativa e regulamentar vinculativa com ações tomadas pelos setores da economia, pode ser uma maneira mais eficaz de atuação em razão de incluir os interessados na elaboração e aplicação de medidas. Contudo, os contornos da corregulação devem ser definidos de modo conjunto, pois seus instrumentos legais resultam de combinações variáveis de setor para setor.

Compreender a corregulação como limite razoável entre a atividade do Estado e a autonomia privada, requer algumas considerações sobre o sistema autorregulamentar. Na autorregulamentação, os envolvidos elaboram os seus próprios regulamentos, visando a determinados objetivos, assumindo o controle e a responsabilidade pelo seu cumprimento. Esses regulamentos podem se assentar em padrões técnicos ou de qualidade ou ainda em códigos de conduta que definem boas práticas de mercado. O ponto nodal da autorregulamentação é a participação dos próprios sujeitos do mercado que se submetem voluntariamente às regras. Os códigos de conduta devem ser projetados em conformidade com as necessidades desses agentes do mercado.[4]

Bernier[5] refere que a autorregulamentação tem boa aceitação nas sociedades livres e democráticas, exatamente por ser uma iniciativa que parte dos principais interessados, numa espécie de prestação de contas à sociedade. Contudo, salienta que os conceitos de autorregulamentação e de prestação de

---

[3] PALZER, Carmen. European Provisions for the Establishment of Co-Regulation Frameworks. In. *IRIS Special: Co-Regulation of the Media in Europe. European Audiovisual Observatory*: Strasbourg, 2003

[4] PALZER, Carmen. Self-Monitoring v. Self-Regulation v. Co-Regulation. In. *IRIS Special: Co-Regulation of the Media in Europe. European Audiovisual Observatory*: Strasbourg, 2003.

[5] BERNIER, Marc-François. *Au-delàdesmythes et limites de l'autorégulation* :lacorégulationdémocratique. Communication au colloque international Déontologie de l'Informationdans un monde arabeen mutation. Tunis, 23 et 24 avril 2009

contas merecem distinção, na medida em que a autorregulamentação guarda relação com padrões de conduta profissional que estabelecem responsabilidades aos agentes de mercado; ao passo que a prestação de contas tem relação com a avaliação crítica do setor. No entanto, a crítica ao sistema autorregulatório repousa no corporativismo, que pode ceder às pressões do próprio mercado, comprometendo a sua eficiência. McGonagle[6] entende como desvantagem da autorregulamentação sua limitação a normas e mecanismos internos, havendo uma ausência de responsabilização externa.

O modelo corregulatório baseia-se numa estrutura de autorregulamentação em seu sentido mais amplo, ancorado em regras provenientes do ente estatal. E isso pode ocorrer de duas maneiras distintas: o Estado pode estabelecer a base jurídica para o funcionamento do quadro de autorregulamentação; ou o Estado passa a integrar uma base existente no sistema de autorregulamentação.[7] Na primeira hipótese, o Estado define o marco regulatório, conforme seus objetivos e métodos de controle, e a implementação é encargo dos setores do mercado que, por sua vez, podem atuar sozinhos ou em conjunto com grupos representativos da sociedade civil. Nesse caso, as regras não vinculativas preexistem e partem da seara privada que, para lhes conferir caráter vinculativo, necessariamente precisam ser apreciadas e validadas pelo ente estatal. Portanto, a corregulação permite diferentes combinações de elementos que se articulam entre o Estado e o setor privado. A escolha dos fundamentos de uma estrutura de corregulação depende da tarefa a ser cumprida, ou seja, do objetivo pretendido e da delimitação da extensão do envolvimento da entidade estatal.

A adoção de sistemas de corregulação implica significativas mudanças para todos os envolvidos. Isso se deve ao fato de que legislar e aplicar as normas jurídicas não seria tarefa de competência exclusiva das autoridades públicas: os profissionais seriam inseridos num novo cenário regulamentar, definindo seus parâmetros a partir do conhecimento que detêm do mercado para a realização de objetivos comuns.[8]

As principais diferenças entre os sistemas de corregulação e os de autorregulamentação, segundo Palzer[9] se encontram na responsabilidade de estabelecer as regras. Contudo, nem sempre é possível delimitar as fronteiras exatas entre os dois sistemas porque há uma transição suave, uma espécie de continuidade entre um e outro. A autora assevera que outro critério de distinção é o grau de autonomia do sistema corregulatório com relação à influência estatal, verificando-se em que medida há espaço para a tomada de decisões de seus representantes.

---

[6] MCGONAGLE, Tarlach. Protection of Human Dignity, Distribution of Racist Content (Hate Speech). In. *IRIS Special: Co-Regulation of the Media in Europe. European Audiovisual Observatory*: Strasbourg, 2003.

[7] PALZER, Carmen. Self-Monitoring v. Self-Regulation v. Co-Regulation. In. *IRIS Special: Co-Regulation of the Media in Europe. European Audiovisual Observatory*: Strasbourg, 2003.

[8] MCGONAGLE, Tarlach. Protection of Human Dignity, Distribution of Racist Content (Hate Speech). In. *IRIS Special: Co-Regulation of the Media in Europe. European Audiovisual Observatory*: Strasbourg, 2003.

[9] PALZER, Carmen. Self-Monitoring v. Self-Regulation v. Co-Regulation. In. *IRIS Special: Co-Regulation of the Media in Europe. European Audiovisual Observatory*: Strasbourg, 2003.

No caso da proteção da criança frente à publicidade, o ente estatal poderia editar normas que deleguem o controle ao setor privado. Todavia, o Estado detém os meios para assegurar que tal tarefa seja executada de modo eficaz. Ou ainda, o setor publicitário pode definir o regulamento (autorregulamentação), sendo que o ajustado no âmbito privado pode ser convertido ou adicionado às disposições normativas, com natureza vinculativa, podendo ser aplicado a todos os agentes do mercado, independentemente de comporem ou não o quadro do organismo autorregulamentador, a exemplo do que ocorre no modelo italiano.[10]

Outro modelo corregulatório exitoso é o francês, pois a entidade responsável pela autorregulamentação da publicidade, a *Autorité de Régulation Professionnelle de la Publicité* (ARPP), funciona como mediadora entre os poderes públicos, autoridades administrativas e sociedade civil.[11] A entidade de autorregulamentação francesa tem entre os seus organismos o Conselho Paritário da Publicidade (CPP), que possibilita a participação efetiva de membros da sociedade civil na revisão das normas deontológicas.[12]

A eficácia de um sistema corregulatório depende da existência de representatividade dos mais diversos grupos de interesses setoriais e sociais. Deve haver envolvimento e responsabilização coletiva, principalmente quanto às temáticas que envolvam a proteção de crianças e adolescentes. A participação de diversos atores no processo de corregulação deve, contudo, assegurar que o sistema fique a salvo de interferências indevidas por parte de forças políticas e econômicas. Esta autonomia pode ser garantida por um financiamento adequado a partir de fontes independentes ou de uma forma incondicional a partir do Estado ou do setor privado. Não se pode olvidar que o termo corregulação traz consigo forte ressonância política. "O quociente emocional do termo é decididamente influenciado pela situação política e cultural que prevalece em um determinado Estado. Grande cuidado deve ser tomado para permitir o crescimento orgânico das normas de corregulação, em harmonia com as especificidades de cada Estado".[13]

---

[10] O Comitê para a aplicação do Código de mídia nascido como órgão que implementou o Código de Autorregulamentação agiu, inicialmente, exclusivamente como órgão de controle para a verificação do cumprimento das normas de autorregulação, sendo posteriormente transformado em um ponto de encontro necessário e apropriado entre o setor empresarial e a sociedade. O Comitê é um dos poucos exemplos de controle de comunicação de massa originário de um sistema de autorregulação, apoiado em uma corregulação legislativa. O princípio orientador pauta-se no equilíbrio necessário entre os direitos fundamentais à liberdade de expressão e à informação com os interesses das crianças, referidos na Convenção das Nações Unidas sobre os Direitos da Criança e consagrados na legislação da União Europeia. (BERALDI, Patrizia. La tutela dei minorineiservizidi media audiovisivi. La disciplina comunitaria dopo lariformadelladirettiva 97/36/CE e il suo impattosullenormativenazionali: Italia e Germania. *CENTRO ALTIERO SPINELLI WorkingPapers*, n° 1, Roma, 2010. Disponível em: <http://www.centrospinelli.eu/Working_papers/working_papers-P.Beraldi-La_tutela_dei_minori_nei_servizi_di_media_audiovisivi.pdf>, acesso em 10 de fevereiro de 2018).

[11] PASQUALOTTO, Adalberto. Autorregulamentação da publicidade: um estudo de modelos europeus e norte-americano. *Revista de Direito do Consumidor*, v. 112, p. 115-148, jul-ago / 2017.

[12] JALADE, Magali. L'impact de la publicité sur les enfants, les adolescents et les personnesâgées : L'Ethiquepublicitaire et la réglementation pour une plus grande protection d'un public vulnérable. *Revue Sciences Humaines*, [S.l.], p. 59-67, dec. 2015. ISSN 111-505 X. Disponible à l'adresse: <http://revue.umc.edu.dz/index.php/h/article/view/2192/2335>. Acessoem 09 dez. 2017.

[13] MCGONAGLE, Tarlach. Protection of Human Dignity, Distribution of Racist Content (Hate Speech). In. *IRIS Special: Co-Regulation of the Media in Europe. European Audiovisual Observatory*: Strasbourg, 2003, p. 19.

O sistema de corregulamenção precisa gozar, portanto, da confiança de todas as partes envolvidas: os profissionais, os representantes do Estado e da sociedade civil. E para alcançar credibilidade, o modelo corregulatório precisa se apoiar em profissionais experientes e capacitados que contribuam para a formulação de códigos, a partir dos interesses da sociedade civil, com o objetivo de melhorar seus padrões. Especificamente com relação à publicidade, deve haver mecanismos aptos à participação do público, com espaço para informações e reclamações, com respostas ágeis e acesso facilitado, garantindo a transparência necessária.

A busca por uma integração maior entre o setor privado e o Estado, visando ao implemento de regras de corregulamentação, evidencia que as empresas estão no centro das preocupações contemporâneas em relação ao respeito aos direitos humanos, sociais e do meio ambiente. O momento atual da responsabilidade social corporativa deve ser compreendido como o desenvolvimento de um modelo de regulamento legal global, cujas preocupações atingem a uma coletividade, chamado de sistema de corregulação. Este sistema é o resultado da interação entre diferentes instrumentos regulatórios que possibilitam a integração de muitos atores, privados ou públicos.[14] No mesmo sentido, Albareda[15] aponta que a corregulação reforça a visão da responsabilidade social empresarial como uma abordagem política e de governança, baseado em mecanismos democráticos dentro das organizações empresariais. A legitimidade de empresas como atores políticos deriva de sua capacidade em manter o diálogo e de prestar contas à sociedade. Sob esse ponto de vista, a corregulação está ligada ao conceito de cidadania corporativa e aos mecanismos que permitem participar e controlar as corporações para assegurar que os direitos humanos e sociais sejam devidamente protegidos.[16]

2. A publicidade para crianças no Brasil: o abismo entre a autorregulamentação do CONAR e a regulamentação estatal

No caso da publicidade brasileira, o Conselho Nacional de Autorregulamentação Publicitária (CONAR) é o organismo de autorregulamentação que estabeleceu suas regras deontológicas a partir dos interesses do setor publicitário e de entidades de comunicação, monitorando o cumprimento das regras e impondo as sanções previstas pela própria organização. Piedras[17] tece críticas à eficiência da autorregulamentação brasileira no controle da publicidade destinada às crianças, em razão da sociedade brasileira se mostrar pouco engajada, conduzindo a um número escasso de denúncias, sendo pouco representativos

---

[14] LEWKOWICZ, Gregory; HENNEBEL, Ludovic. Corégulation et responsabilitésocialedesentreprises. In. *Responsabilitésdesentreprises et corégulation*. BERNS, Tomas et. al. Bruylant: Bruxelles, 2007.

[15] ALBAREDA, Laura. Corporate responsibility, governance and accountability: From self-regulation to co-regulation. *Corporate Governance International Journal of Business in Society*, s.l. v. 8, n. 4, p. 430 – 439, Aug. 2008.

[16] MATTEN, D.; CRANE, A. Corporate citizenship: towards an extended theoretical conceptualization, *Academy of Management Review*, s.l. v. 30, p. 166-79, 2005.

[17] PIEDRAS, Elisa Reinhardt. Recepção midiática e consumo no cotidiano infantil: a produção de sentido sobre o fluxo publicitário no "Dia da Criança". *Revista Líbero*, São Paulo, v. 19, n. 37, p. 129-142, jan./jun.2016.

os julgamentos que repercutem em punições capazes de promover um ajuste de conduta. No controle privado, o Estado não é responsável pela regulamentação, não havendo como impor sanções. Assim, o CONAR detém apenas poder no âmbito deontológico, limitando sua atuação a recomendações, pareceres, opiniões, sem maiores consequências jurídicas.[18] Portanto, diante de uma temática tão sensível como a publicidade voltada para crianças, o controle privado não se mostra suficientemente aparelhado para coibir distorções que se aproveitem da vulnerabilidade exacerbada desse público.

No âmbito da regulação estatal, o artigo 37, § 2º, do Código de Defesa do Consumidor[19] faz expressa alusão à criança e expõe sua condição de hipervulnerável frente à oferta de produtos e serviços. A referência legal denota a suscetibilidade desse público frente aos apelos tão estrategicamente engendrados pelas campanhas publicitárias. Nesse sentido, a publicidade voltada para o público infantil merece um olhar atento da sociedade. O Estado pode e deve intervir quando restar constatada a abusividade da demanda publicitária sobre a criança. O artigo 227 da Constituição Federal e o artigo 71 do Estatuto da Criança e do Adolescente garantem respeito à condição peculiar do indivíduo em desenvolvimento, quanto às informações, serviços e produtos que lhes são destinados.

O art. 71 do Estatuto da Criança e do Adolescente informa acerca do respeito à condição peculiar da pessoa em desenvolvimento, quanto às informações, produtos e serviços dirigidos ao público infanto-juvenil. Em que pese não haver qualquer disposição pontual sobre a publicidade, visível a preocupação da norma com a proteção quanto ao conteúdo da programação e seus efeitos. Numa interpretação sistemática do disposto no artigo 37, § 2º, do Código de Defesa do Consumidor e no artigo 71 do Estatuto da Criança e do Adolescente, é possível concluir-se que a publicidade infantil deve observar a idade do destinatário e respeitar sua condição de vulnerabilidade.[20]

Há, ainda, o artigo 39, IV, do Código de Defesa do Consumidor, que também prevê a proteção das crianças, vedando ao fornecedor "prevalecer-se da fraqueza ou ignorância do consumidor, tendo em vista sua idade, saúde, conhecimento ou condição social, para impingir-lhe seus produtos ou serviços".

Nery Junior[21] refere que o § 2º do artigo 37 do Código de Defesa do Consumidor permite a publicidade dirigida ao público infantil, à exceção daquela

---

[18] CARVALHO, Diógenes Faria de; OLIVEIRA, Thaynara de Souza. A proteção do consumidor-criança frente à publicidade no Brasil. *Revista de Direito do Consumidor*. São Paulo, v. 94, p. 181-211, jul-ago/2014.

[19] O Código de Defesa do Consumidor brasileiro ao sentido já presente no art. 16 da Diretiva da 89/552/CE, que em relação à publicidade televisiva dispôs: 1) "A publicidade televisiva não deve causar qualquer prejuízo moral ou físico aos menores, pelo que terá de respeitar os seguintes critérios para a proteção desses mesmos menores: a) Não deve incitar directamente os menores, explorando a sua inexperiência ou credulidade, à compra de um determinado produto ou serviço; b) Não deve incitar directamente os menores a persuadir os seus pais ou terceiros a comprar os produtos ou serviços em questão; c) Não deve explorar a confiança especial que os menores depositam nos seus pais, professores ou noutras pessoas; d) Não deve, sem motivo, apresentar menores em situação de perigo" (CONSLEG: 1989L0552 - 30/07/1997).

[20] CARVALHO, Diógenes Faria de; OLIVEIRA, Thaynara de Souza. A proteção do consumidor-criança frente à publicidade no Brasil. *Revista de Direito do Consumidor*. São Paulo, v. 94, p. 181-211, jul-ago/2014.

[21] NERY JÚNIOR, Nelson. Limites para a publicidade infantil – direito fundamental à comunicação e liberdade de expressão da iniciativa privada. *Soluções Práticas de Direito*. v. 1, p. 427- 465, set /2014.

que se aproveite da deficiência de julgamento e experiência da criança. Com efeito, Miragem[22] aponta que a vulnerabilidade da criança é muito maior do que a do consumidor médio, partindo-se da premissa de que, por questões inerentes ao seu desenvolvimento, a criança já contaria com uma deficiência de julgamento[23] e experiência com relação à oferta publicitária de um modo geral.

Essa maior vulnerabilidade se deve ao fato de que nos primeiros anos de vida o meio exerce maior influência na estruturação cerebral e em sua organização funcional, em razão da plasticidade das estruturas neurológicas. Assim, o cérebro das crianças tem maior plasticidade e maior fragilidade à exposição de agentes externos. A exposição precoce da criança à publicidade pode influenciar no desenvolvimento de seu cérebro, sendo mais facilmente persuadidas pela técnica publicitária. Apenas a partir dos 12 anos de idade a criança teria uma maior capacidade de avaliação crítica.[24] As crianças são mais facilmente influenciadas pelas ações publicitárias, isto porque, dependendo da faixa etária em que se encontrem, sequer distinguem o caráter publicitário da mensagem, não compreendendo os seus efeitos persuasivos.[25]

Exatamente pelo reconhecimento de uma vulnerabilidade mais exacerbada do que aquela do consumidor padrão, os sistemas de autorregulamentação publicitária, em regra, dedicam disposições especiais quando se trata de publicidade voltada para o público infantil. No caso brasileiro, o artigo 37 do Código Brasileiro de Autorregulamentação Publicitária, do Conselho Nacional de Autorregulamentação Publicitária (CONAR), reconheceu a necessidade de proteção da criança, inserindo disposições semelhantes àquelas presentes no Código de Defesa do Consumidor. Contudo, a definição do que se mostra abusivo ou qual a forma de publicidade que se aproveita da inexperiência da criança tem espectro amplo e aberto, carecendo de uma regulamentação que defina as situações concretas em que configurada a ilegalidade ou a extrapolação dos limites da lei. Herman Benjamin[26] refere que a publicidade deve ser analisada sob dois pontos de vista e segundo dois critérios: a natureza da mensagem publicitária (critério objetivo) e a vulnerabilidade do consumidor (critério subjetivo), posto que uma mensagem pode não ser abusiva para determinado público e sê-lo com relação a outro.

Nessa linha, o Conselho Nacional dos Direitos da Criança e Adolescente (CONANDA), órgão que integra a Secretaria de Direitos Humanos da Pre-

---

[22] MIRAGEM, Bruno. *Curso de direito do consumidor*. 6. ed. São Paulo: Revista dos Tribunais, 2016.

[23] Yves La Taille afirma que a publicidade cria desejos não só nas crianças e adolescentes, mas também nos adultos. A criança, ainda que não seja um ser passivo, é influenciável. (LA TAILLE, Yves de. A publicidade dirigida ao público infantil: considerações psicológicas. In: *Criança e Consumo*: 10 anos de transformação. São Paulo: Alana, 2016)

[24] COSTA, Jaderson Costa da. A publicidade e o cérebro da criança. In: PASQUALOTTO, Adalberto; ALVAREZ, Ana Maria Blanco Montiel (Orgs.). *Publicidade e Proteção da Infância*: Porto Alegre: Livraria do Advogado, 2014.

[25] DIAS, Lúcia Ancona Lopez de Magalhães. Publicidade e hipervulneráveis: limitar, proibir ou regular? *Revista de Direito do Consumidor*, São Paulo, Revista dos Tribunais, n.99, mai/jun. 2015.

[26] In: Ada Pellegrini Grinover [*et al.*]. *Código Brasileiro de Defesa do Consumidor*: comentado pelos autores do anteprojeto. Rio de Janeiro: Forense, 2001.

sidência da República e cuja criação foi prevista pelo art. 88[27] do Estatuto da Criança e do Adolescente (ECA), editou, em 04 de abril de 2014, a Resolução 163. O objetivo da resolução foi a regulamentação e definição do conceito de publicidade infantil abusiva, presente no artigo 37, § 2°, do Código de Defesa do Consumidor. A norma do Código de Defesa do Consumidor possui conceito vago e aberto, carecendo de parâmetros definidores que permitam identificar quando a abusividade se faz presente na comunicação mercadológica voltada ao público infantil.

A análise da Resolução 163/2014 do CONANDA pressupõe o enfrentamento da competência do órgão para edição normativa de caráter regulamentar. O CONANDA foi criado pela Lei Federal n° 8.242/1991, que definiu sua competência normativa para elaboração de normas gerais da política nacional de atendimento dos direitos da criança e do adolescente, fiscalizando as ações de execução, observadas as linhas de ação e as diretrizes estabelecidas nos arts. 87 e 88 da Lei n° 8.069/90. A Resolução CONANDA n° 105/2005 dispôs que as decisões do órgão, dentro da seara de sua atribuição e competência, vinculam as ações governamentais e da sociedade civil organizada em respeito aos princípios constitucionais da participação popular e da prioridade absoluta à criança e ao adolescente. O CONANDA, portanto, tem competência e legitimidade para deliberar por meio de resoluções.

Nesse sentido, Bruno Miragem[28] refere que o CONANDA é órgão deliberativo (artigo 88, II, do ECA) e com competência normativa (artigo 2°, I, da Lei 8.242/1991), vinculando-se à política de atendimento aos direitos da criança e do adolescente, envolvendo prestações materiais do Estado, em especial para acolhimento, educação e formação de crianças e adolescentes, gestão dos respectivos fundos públicos de promoção dos direitos, bem como ações visando a prevenir sua violação.

A Resolução 163/2014, em seu artigo 1°, revela seu intento em dispor acerca da abusividade da publicidade e da comunicação mercadológica a crianças e adolescentes, conforme assegurado pela política nacional de atendimento da criança e do adolescente prevista nos artigos 86 e 87, incisos I, III, V, do Estatuto da Criança e do Adolescente. No § 1° deste mesmo artigo há a preocupação em conceituar o termo "comunicação mercadológica" como toda e qualquer atividade de comunicação comercial, inclusive publicidade, para a divulgação de produtos, serviços, marcas e empresas independentemente do suporte, da mídia ou do meio utilizado. O § 2° define a abrangência da comunicação mercadológica.

O artigo 2° da Resolução 163/2014 traz a definição da abusividade quando a publicidade e a comunicação mercadológica à criança tiverem a intenção

---

[27] "Art. 88. São diretrizes da política de atendimento: (...) II – criação de conselhos municipais, estaduais e nacional dos direitos da criança e do adolescente, órgãos deliberativos e controladores das ações em todos os níveis, assegurada a participação popular paritária por meio de organizações representativas, segundo leis federal, estaduais e municipais; (...)".

[28] Proteção da criança e do adolescente consumidores. Possibilidade de explicitação de critérios de interpretação do conceito legal de publicidade abusiva e prática abusiva em razão de ofensa a direitos da criança e do adolescente por resolução do Conselho Nacional da Criança e do Adolescente – Conanda. Parecer. *Revista de Direito do Consumidor*. São Paulo, v. 95, p. 459-495, set-out. 2014.

de persuadi-la ao consumo de qualquer produto ou serviço com a utilização de estratégias do universo infantil tais como linguagem infantil, trilha sonora, excesso de cores, representação da criança, personagens ou celebridades com apelo infantil, promoções de brindes, prêmios e jogos com apelo infantil. Os §§ 1º e 2º dedicam-se a definir os meios e os locais de veiculação da comunicação mercadológica que são, presumidamente, abusivas, incluindo eventos, espaços públicos, páginas de Internet, canais televisivos, os espaços de ensino, como creches e escolas e o material didático. Já o § 3º refere como não abusivas estratégias publicitárias que se destinem a campanhas de utilidade pública, bem como aquelas informativas sobre boa alimentação, segurança, saúde e que colaborem para o desenvolvimento da criança.

O artigo 3º da Resolução 163/2014 trata dos princípios que devem nortear as ações publicitárias e a comunicação mercadológica como respeito à dignidade da pessoa humana; à intimidade; ao interesse social; às instituições e símbolos nacionais; atenção às características psicológicas do adolescente e sua condição de pessoa em desenvolvimento; respeito à autoridade dos adultos e dos pais; não favorecer ou estimular qualquer espécie de ofensa ou discriminação; não induzir a sentimento de inferioridade social; não induzir, favorecer, enaltecer ou estimular de atividades ilegais, violentas ou que degradem o meio ambiente; primar por uma apresentação verdadeira do produto ou serviço oferecido, informando sobre suas características e funcionamento, considerando as peculiaridades do público-alvo a que se destina.

As restrições quanto à publicidade e comunicação mercadológica, no entender de Miragem,[29] não impedem a existência de ações publicitárias destinadas ao público infantil, apenas definem os critérios para interpretação do artigos 37, § 2º, e 39, IV, do Código de Defesa do Consumidor. Forçoso reconhecer, entretanto, que o artigo 2º da Resolução 163/2014 do CONANDA impõe restrições que, na prática, inviabilizam qualquer ação publicitária direcionada às crianças, na medida em que impede uma comunicação persuasiva que conduza ao consumo, extrapolando os limites do ato regulamentar.

A natureza da publicidade comercial e, por conseguinte, as ações mercadológicas, envolvem a persuasão ao consumo. Pasqualotto[30] refere ser a publicidade técnica persuasiva que deve reservar seu poder de convencimento à mensagem, apresentando-se de forma ostensiva. Del Masso[31] aponta que a comunicação publicitária tem como finalidade a persuasão do consumidor para a aquisição de produtos e serviços, contudo, não pode tal persuasão exceder aos limites de respeito ao consumidor. Portanto, inexiste publicidade ou comunicação mercadológica sem intenção persuasiva, razão pela qual o disposto no

---

[29] MIRAGEM, Bruno. Proteção da criança e do adolescente consumidores. Possibilidade de explicitação de critérios de interpretação do conceito legal de publicidade abusiva e prática abusiva em razão de ofensa a direitos da criança e do adolescente por resolução do Conselho Nacional da Criança e do Adolescente – Conanda. Parecer. *Revista de Direito do Consumidor*. São Paulo, v. 95, p. 459-495, set-out. 2014.

[30] PASQUALOTTO, Adalberto. *Os efeitos Obrigacionais da Publicidade no Código de Defesa do Consumidor*. São Paulo: Revista dos Tribunais, 1997.

[31] MIRAGEM, Bruno. *Direito do consumidor e a publicidade clandestina*: uma análise jurídica da linguagem publicitária, Rio de Janeiro: Elsevier, 2009.

art. 2º da Resolução em comento ultrapassa a regulação, adentrando no âmbito da proibição de qualquer ação de *marketing* voltada para o público infantil.

Ainda na seara do artigo 2º da Resolução 163/2014, o § 3º, ao considerar como abusiva a comunicação mercadológica ou ações publicitárias veiculadas em espaços destinados à educação e ao ensino, se mostra adequada, na medida em que, de fato, regula uma determinada prática que extrapola os limites éticos. Os lugares destinados à educação não se prestam à atividade mercadológica que visa ao consumo de produtos e serviços. Nesse sentido, cabe referir a Nota Técnica nº 3/2016,[32] da Secretaria Nacional do Consumidor – SENACON –, Departamento de Proteção e Defesa do Consumidor – DPDC – e Coordenação Geral de Estudos e Monitoramento de Mercado – CGEMM –, tratando como abusiva toda a publicidade infantil em ambientes escolares, incluída a oferta de alimentos ultraprocessados. A Nota Técnica foi elaborada a partir de estudo realizado em parceria pela SENACON com a Universidade Federal do Ceará, por meio do Grupo de Pesquisa da Relação de Infância, Juventude e Mídia (GRIM). A finalidade da recomendação se coaduna com a proteção das crianças no ambiente escolar, em conformidade com o *International Obesity Task Force* que, quando da elaboração dos Princípios de Sydney, incluiu a proteção das crianças em ambientes escolares e educacionais.

A publicidade de produtos e serviços para crianças no ambiente escolar aproveita-se da confiança depositada por esse público e seus responsáveis na instituição escolar e nos seus educadores, configura, por isso, prática abusiva prevista no artigo 39, IV, do Código de Defesa do Consumidor, porque se aproveita da fraqueza ou ignorância da criança, tendo em vista sua idade e conhecimento. No mesmo sentido, caracteriza a publicidade abusiva exemplificada no artigo 37, § 2º, do CDC, já que se aproveita da deficiência de julgamento e experiência da criança.

Na mesma linha, louvável o conjunto de princípios que se encontram delineados no artigo 3º da Resolução 163/2014, estabelecendo parâmetros éticos pelos quais a comunicação mercadológica e a publicidade voltada para crianças e adolescentes devem se pautar. Há, inclusive, aproximação entre tais princípios e aqueles trazidos na sessão 11 do artigo 37 do Código Brasileiro de Autorregulamentação Publicitária.

O problema da Resolução 163/2014 do CONANDA, está no artigo 2º *caput*, ao apresentar restrição à própria natureza da atividade publicitária e da comunicação mercadológica, o que se configura como uma proibição. Segundo Miragem,[33] a resolução atenderia à exigência de proporcionalidade na medida em que demarca o uso técnicas publicitárias dirigidas às crianças com cunho mais persuasivo e apelativo, representando proteção à vulnerabilidade intrínseca da

---

[32] Ministério da Justiça. Nota Técnica nº 3/2016/CGEMM/DPDC/SENACON. Disponível em: <http://www.justica.gov.br/seus-direitos/consumidor/notas-tecnicas/anexos/nt-003-2016.pdf>. Acesso em 22 de dez. 2017.

[33] MIRAGEM, Bruno. Proteção da criança e do adolescente consumidores. Possibilidade de explicitação de critérios de interpretação do conceito legal de publicidade abusiva e prática abusiva em razão de ofensa a direitos da criança e do adolescente por resolução do Conselho Nacional da Criança e do Adolescente – Conanda. Parecer. *Revista de Direito do Consumidor*. São Paulo, v. 95, p. 459 – 495, set – out. 2014.

criança. Já Nery[34] assevera que as restrições à atividade publicitária são exceções e "[...] a edição de restrição regulamentar ou mesmo de linha interpretativa que leve à *supressão* do direito à publicidade, seja para determinado produto ou público-alvo, afronta e não se coaduna com a nossa Constituição Federal".

Streck *et al.*[35] apontam que as resoluções têm caráter regulamentar e, por isso, não podem criar direitos e obrigações e tampouco adentrar na esfera dos direitos e garantias individuais. Os autores aduzem que o poder regulamentar dos Conselhos tem dois limitadores: um, *stricto sensu*, pela qual não podem expedir regulamentos com caráter geral e abstrato, em face da reserva de lei; outro, *lato sensu*, relacionado à impossibilidade de ingerência nos direitos e garantias fundamentais dos cidadãos. O artigo 2º, *caput*, da Resolução 163/2014 do CONANDA extrapolou o poder regulamentar ao interferir de modo desproporcional na atividade publicitária que, por ser protegida constitucionalmente pelo princípio da livre iniciativa e pela liberdade de expressão, só pode sofrer limitações oriundas de lei federal, conforme disposição expressa no artigo 220, § 4º, da Constituição Federal. Há cláusula de proibição de restrição a direitos e garantias fundamentais ancorado na reserva de lei, sendo esta, também, uma garantia constitucional.

As resoluções, em razão de darem corpo ao poder regulamentar do Estado, não podem trazer qualquer inovação. E, caso isso aconteça, será a norma administrativa inconstitucional. Isso porque, como esclarecem Streck *et al.*,[36] regulamentar é diferente de restringir. O artigo 2º da Resolução 163/2014 do CONANDA, ao partir da premissa de que toda a publicidade dirigida ao público infantil é abusiva, e aqui cabe lembrar que inexiste publicidade sem caráter persuasivo, transforma em regra geral aquilo que o próprio Código de Defesa do Consumidor trouxe como exceção.

Todavia, princípio da proteção integral, presente na norma do art. 227 da Constituição Federal, assegurou à criança absoluta prioridade para promoção de seu desenvolvimento saudável. O direito fundamental da proteção integral elevou a criança à condição de sujeito de direito, impactando na sua relação com a família, com a sociedade e com o Poder Público. A ideia da criança como responsabilidade, quase que exclusiva, da seara privada/familiar foi sepultada. Nesse sentido, a temática da publicidade voltada para crianças carece de uma maior precisão regulatória, principalmente quando há elementos aptos a demonstrar sua influência na saúde física e psíquica desse grupo de consumidores. A ausência de articulação entre a regulação legal (*hard law*) e a regulação privada (*soft law*) conduz à premissa de que no Brasil não vigora um modelo misto de controle da publicidade.[37] No Brasil há dois regramentos paralelos e

---

[34] NERY JÚNIOR, Nelson. Limites para a publicidade infantil – direito fundamental à comunicação e liberdade de expressão da iniciativa privada. *Soluções Práticas de Direito*. v. 1, p. 427- 465, set /2014, p.440.

[35] STRECK, Lenio Luiz; SARLET, Ingo Wolfang; CLÈVE, Clemerson Merlin. *Os limites constitucionais das resoluções do Conselho Nacional de Justiça (CNJ) e Conselho Nacional do Ministério Público* (CNMP). Disponível em <http://www.egov.ufsc.br/portal/sites/default/files/anexos/15653-15654-1-PB.pdf>.

[36] Idem.

[37] A doutrina majoritária, incluindo-se Valéria Falcão Chaise, Antônio Herman de Vasconcellos e Benjamin, Sérgio Rodrigues Martinez, entende que no Brasil vigora o controle misto da publicidade, pois haveria um controle corporativo exercido pelo CONAR e um controle exercido pelo Estado, através de normas legais.

desconectados: a lei e o Código de Ética do CONAR, inexistindo qualquer diálogo ou complementação entre os sistemas.[38]

A eficiência do modelo autorregulatório depende da interlocução estabelecida entre o ente responsável pela autorregulamentação, a sociedade civil e o Poder Público. No caso do CONAR, não há órgãos com autonomia e atuação independente, com membros oriundos de setores diversos da sociedade, contribuindo para o aprimoramento do sistema de autorregulação, conferindo-lhe transparência, eficiência e confiabilidade. Piedras,[39] ao questionar a legitimidade da autorregulamentação exercida pelo CONAR, refere que a entidade se mostra muito mais preocupada com a defesa de seus interesses corporativos do que com a busca de parâmetros éticos para a publicidade, limitando-se a bradar a defesa da "liberdade de escolha do consumidor" e da "liberdade de expressão".

O CONAR se constitui tão somente de representantes ligados à indústria da publicidade, os poucos membros da sociedade civil que atuam no Conselho de Ética são convidados pelo Presidente da entidade. Não há qualquer exposição dos critérios que conduzam ao convite daquelas pessoas em especial ou informação sobre a sua representatividade na sociedade. Isso torna a autorregulamentação brasileira insuficiente no controle da publicidade, principalmente, quando se trata daquela voltada às crianças, cuja vulnerabilidade é inerente. O modelo brasileiro se encontra defasado, distanciando-se dos sistemas de autodisciplina que foram se aperfeiçoando e se alinhando aos novos anseios da sociedade. O setor midiático foi um dos mais impactados pelas novas tecnologias, carecendo de revisão sistemática dos parâmetros éticos.

3. A corregulação como alternativa à proibição total: um diálogo possível entre o mercado e o Estado

O Relatório sobre Impacto do *Marketing* na Fruição de Direitos Culturais da ONU[40] recomendou que os Estados devem empreender esforços para a revisão dos códigos de autorregulamentação, fomentando a participação de organizações da sociedade civil, objetivando dar maior representatividade e eficácia a tal modalidade de regulamentação. Virgílio Afonso da Silva[41] aponta que a autorregulamentação poderia ser pensada como forma alternativa à regulamentação estatal, tendo em vista que apenas os mecanismos autorregula-

---

[38] PASQUALOTTO, Adalberto. Autorregulamentação da publicidade: um estudo de modelos europeus e norte-americano. *Revista de Direito do Consumidor*, v. 112, p. 115-148, jul-ago / 2017.

[39] PIEDRAS, Elisa Reinhardt. Vulnerabilidade ou resistência? Um panorama da questão do consumo infantil de alimentos permeado pelo marketing e a mídia. *Revista ESPM comunicação mídia e consumo*. v. 10 n. 29 p. 143-159 set-dez. 2013.

[40] ORGANIZAÇÃO DAS NAÇÕES UNIDAS – ONU. Relatório sobre o direito de todos à fruição dos mais elevados padrões de saúde física e mental, apresentado na 26ª sessão da Assembleia Geral do Conselho de Direitos Humanos da ONU, abr de 2014. Disponível em: <criancaeconsumo.org.br/wp-content/uploads/2014/.../01A-HRC-26-31_en-PORT.doc>. Acesso em: 03 de mar. 2017.

[41] SILVA, Virgílio Afonso da. *A constitucionalidade da restrição da publicidade de alimentos e de bebidas não alcoólicas voltada ao público infantil*. São Paulo: Instituto Alana, 2012. Disponível em: <http://criancaeconsumo.org.br/wp-content/uploads/2017/02/Parecer_Virgilio_Afonso_.pdf>, acesso em 20 de dezembro de 2017.

tórios não se mostram suficientes na proteção das crianças, conforme previsão do artigo 227 da Constituição Federal.

Importa recordar que o artigo 227 impõe a tarefa de proteção da criança e a salvaguarda de seu melhor interesse de forma compartilhada entre a família, o Estado e a sociedade. Uma regulação da publicidade de modo conjunto e complementar, envolvendo o Estado, o setor empresarial e a sociedade civil, pode ser uma saída para dar efetividade à norma do artigo 227 da Constituição Federal.

A construção desse diálogo entre o mercado publicitário, a sociedade e o Estado para a proteção dos interesses da criança mostra-se uma via democrática. Se a ordem constitucional brasileira tem como fundamento a livre iniciativa, por um lado esta se encontra limitada por interesses que ultrapassam a esfera individual, visando à promoção de direitos sociais, dentre os quais a proteção da infância. A corregulação da publicidade pode significar este ponto de equilíbrio entre uma atuação estatal eficiente na proteção integral da criança e na preservação da liberdade de expressão comercial e da liberdade de mercado, permitindo às entidades empresariais o regramento de sua atuação dentro de parâmetros deontológicos atentos às expectativas da sociedade civil.

A limitação de determinadas práticas mercadológicas que impactam diretamente na saúde física e psíquica das crianças mostra-se uma saída proporcional e viável. Nesse contexto, a regulação da publicidade de alimentos não saudáveis às crianças se mostra um meio de atuação estatal capaz de garantir uma maior eficácia ao princípio da proteção integral da criança. Segundo Juarez Freitas,[42] o Estado regulador deve ser compreendido para além das agências reguladoras, tendo como objetivo corrigir as falhas do mercado, por meio de intervenções estatais aptas a gerar benefícios de longo prazo.

A corregulação pode ser uma forma eficiente de enfrentamento do tema, na medida em que possibilita a construção de um modelo baseado no consenso. Pasqualotto[43] afirma que: "Consensos permitem avançar sobre pontos divergentes e construir uma obra de interesse comum". Na corregulação, há a cooperação de formas de regulamentação destinadas a atingir os objetivos relevantes para toda a sociedade. Assim, presentes elementos oriundos da autorregulamentação e das normas estatais, constituindo-se num necessário alinhamento entre a autorregulamentação publicitária, promovida pelo CONAR, e um conjunto normativo estatal.

Conforme, relatório *Os impactos da proibição da publicidade dirigida às crianças no Brasil*, realizado pelo The Economist,[44] as crianças expostas à publicidade tendem a ser mais *consumistas* e, por isso, assediam seus pais para que comprem os produtos anunciados, sendo esta, muitas vezes, a razão do superendividamento das famílias e causa de tensões familiares. Consoante dados do

---

[42] FREITAS, Juarez. *Direito fundamental à boa administração pública*. 3. ed. São Paulo: Malheiros, 2014.

[43] PASQUALOTTO, Adalberto. Autorregulamentação da publicidade: um estudo de modelos europeus e norte-americano. *Revista de Direito do Consumidor*, v. 112, p. 115 – 148, jul – ago / 2017, p. 2.

[44] THE ECONOMIST INTELLIGENCE UNIT. *Os impactos da proibição da publicidade dirigida às crianças no Brasil*. Ago. 2017. Disponível em: <http://criancaeconsumo.org.br/wp-content/uploads/2014/02/Relatorio_TheEconomist_.pdf>. Acesso em: 07 set. 2017.

relatório, chega a 60% a porcentagem de pais brasileiros que acham que todos os tipos de mensagens destinadas aos menores de 12 anos deveriam ser proibidos. O relatório aponta, também, que a publicidade está ligada ao *materialismo*. Estudos realizados nos últimos dez anos encontraram vínculos entre os níveis de materialismo dos jovens e a sua exposição à publicidade, o hábito de assistir à televisão e o uso da Internet. O *materialismo* contribui para uma baixa autoestima, a infelicidade e insatisfação e à exclusão social.

Conforme Lessa,[45] tanto a *obesidade infantil* como os *transtornos alimentares* (anorexia e bulimia) surgem com a banalização do consumo prejudicial à criança e adolescente. A publicidade voltada às crianças nos meios de comunicação acessíveis a elas são de alimentos, sendo que predominam os anúncios de *fastfoods*, estimulando a criança ao consumo de alimentos pobres em nutrientes e que, em demasia, são nocivos à saúde. De acordo com o relatório sobre impactos da publicidade, a taxa de mortalidade anual por transtornos alimentares (anorexia, bulimia e o transtorno da compulsão alimentar) no Brasil aumentou 5,4% entre 1990 e 2013. Esse aumento da mortalidade decorrente de transtornos alimentares guarda relação com um crescimento notável da percepção da publicidade entre a população, o que exacerbou o foco na imagem do corpo, sobretudo nas mulheres.

Numa análise dos impactos do aumento vertiginoso da obesidade em crianças, além dos danos relacionados à saúde das gerações futuras, o Poder Público precisa mensurar os custos com a saúde pública. Conforme estimativa financeira da Força Tarefa Latino-Americana de Obesidade, no Brasil os gastos com internação de indivíduos com doenças associadas à obesidade, chega a ser de 5%.[46] Entre os anos de 2008 e 2011, o gasto médio do Sistema Único de Saúde (SUS) com o tratamento da obesidade foi de R$ 25.404.454,87, sendo constatado um aumento de R$ 16.260.197,86 nesse período.[47]

O crescente número de casos de obesidade configura, no longo prazo, uma ameaça à sustentabilidade do tratamento dessas pessoas, tanto na seara da saúde pública quanto no âmbito privado. No caso da população brasileira, é sabido que a maior parcela depende exclusivamente do Sistema Único de Saúde (SUS), e o financiamento do sistema é complexo, e os recursos, limitados. Urge, portanto, uma atuação do Estado regulador para prevenir o agravamento da obesidade infantil e a insustentabilidade do sistema de saúde.

Neste sentido, o debate público e científico deve ir além da questão de saber se o *marketing* de alimentos afeta negativamente a saúde, deslocando-se o foco para a discussão sobre como proteger as crianças de sua influência óbvia. Assim, a pergunta a ser feita é como regular a publicidade de alimentos

---

[45] LESSA, João Marcos Gomes. A regulação da publicidade dirigida a crianças e adolescentes. In: *Projeto Criança e Consumo*. Instituto Alana (Org.). Infância e Consumo, estudos no campo da comunicação. Brasília: Instituto Alana, 2011.

[46] PIMENTA T.A.M.; ROCHA R., MARCONDES N.A..V. Políticas Públicas de intervenção na obesidade infantil no Brasil: uma breve análise da Política Nacional de Alimentação e Nutrição e Política Nacional de Promoção da Saúde. *UNOPAR Científica Ciências Biológicas e da Saúde*, Ponta Grossa, v. 17. p. 139-146, 2015.

[47] MAZZOCANTE R.P.; MORAES J.F.V.N.; CAMPBELL C.S. Gastos públicos diretos com a obesidade e doenças associadas no Brasil. *Revista de Ciências Médicas*, Campinas, v. 21, p. 25-34, 2012.

não saudáveis de modo sustentável e eficaz? Um sistema regulatório[48] precisa de uma análise de impactos em longo prazo, de um planejamento criterioso e eficiente para que de fato tenha efeitos num cenário real.

A responsabilidade social empresarial parte do pressuposto de que as empresas têm responsabilidades perante a sociedade que vão além da geração de lucro, devendo alinhar atividades sociais e ambientais da empresa com seus objetivos comerciais. Nesse sentido, vale destacar o exemplo da Mercur, empresa brasileira de material escolar que, em 2008, adotou novas estratégias de desenvolvimento e *marketing* de produtos. A empresa remodelou sua estratégia e comunicação, concentrando-se em ações com propósito de "educação para a vida", abandonando os produtos licenciados e investindo em materiais sustentáveis, respeitando o meio ambiente para atender as necessidades de todos os alunos, inclusive aqueles com necessidades especiais.[49] Dentro da dinâmica proposta pela corregulação como concretização da responsabilidade social empresarial, é possível desenhar alguns parâmetros que compatibilizem a relação da criança com o consumo e a mídia, sem privá-la dessa experiência. Importa repensar a publicidade infantil naquilo em que se mostra mais urgente e notório, como é o caso da preservação da saúde física e psíquica da criança.

No Brasil, o CONAR é responsável pela autorregulamentação, contudo, se não existirem consequências financeiras e jurídicas, a adesão das empresas às normas da autorregulamentação do setor continuará fraca.[50] Para uma ação corregulatória efetiva e transparente, ao órgão autorregulamentador brasileiro (CONAR) precisa ser agregada uma comissão independente com representantes de ONGs, comunidade acadêmica e científica, órgãos de defesa do consumidor, setores da indústria da comunicação, a exemplo do que ocorre no Reino Unido, através do *Committee of Advertising Practice* (CAP),[51] ou na França, por intermédio do Conselho Paritário da Publicidade (CPP)[52] para trazer ao debate temas sensíveis a respeito da publicidade infantil, analisando-os à luz da melhor forma de proteção das crianças frente às relações entre mídia e consumo.

O *copyadvice*, que é a submissão prévia do projeto de campanha ou anúncio publicitário, devendo ter garantido o sigilo e a confidencialidade da peça

---

[48] Acerca da regulação da publicidade de alimentos não saudáveis no Brasil, cabe referir a resolução RDC nº 24 da Agência Nacional de Vigilância Sanitária (ANVISA, 2010). Tal resolução tratou de regulamentar a promoção comercial de alimentos com quantidades elevadas de açúcar, de gordura saturada, de sódio e de bebidas com baixo teor nutricional, instituindo que a divulgação e a promoção comercial desses produtos deveriam ser acompanhadas de advertências em forma de frases, contendo informações sobre o excesso desses componentes e sobre os riscos à saúde.Ocorre que a referida resolução não operou efeitos no plano fático, restando suspensa por medida judicial.

[49] THE ECONOMIST INTELLIGENCE UNIT.*Os impactos da proibição da publicidade dirigida às crianças no Brasil*. Ago. 2017. Disponível em: <http://criancaeconsumo.org.br/wp-content/uploads/2014/02/Relatorio_TheEconomist_.pdf>. Acesso em: 07 set. 2017.

[50] Idem.

[51] ADVERTISING STANDARDS AUTHORITY – ASA. *About regulation*. Disponível em: <https://www.asa.org.uk/about-asa-and-cap/about-regulation.html>. Acesso em 08 de set. 2017.

[52] AUTORITÉ DE RÉGULATION PROFESSIONNELLE DE LA PUBLICITÉ (ARPP). *Rôles et missions*. Disponível em: <https://www.arpp.org/qui-sommes-nous/roles-et-missions/>. Acesso em 08 de set. 2017.

para o exame quanto à sua adequação aos parâmetros éticos e legais,[53] poderia ser uma medida padrão adotada pelo órgão autorregulamentador, quando for o caso de publicidade destinada às crianças. Essa providência, que vem sendo tomada por diversos modelos autorregulatórios,[54] não tem qualquer relação com censura prévia ou violação à liberdade de expressão. Trata-se de uma maior diligência, um dever de cuidado, uma responsabilização maior da iniciativa privada, um compromisso do setor publicitário com o seu próprio código deontológico.

No caso do Brasil, o sistema de *copyadvice* estaria em conformidade com os parâmetros do artigo 227 da Constituição Federal, no qual a proteção dos interesses da criança é responsabilidade de todos: família, Estado e sociedade civil. O *copyadvice* permitiria o alinhamento dos anúncios publicitários aos parâmetros do próprio Código de Ética do CONAR, evitando-se a veiculação inadequada de publicidade às crianças. Para tanto, necessário que o ente autorregulamentador repense as sanções por violações ao código de conduta por parte de seus associados, principalmente, em casos de reincidência. A previsão de sanções pecuniárias especificamente com relação aos anúncios inadequados dirigidos ao público infantil poderia servir de estímulo para que o anunciante fosse mais atento aos termos do Código de Ética.

De outro lado, o Estado precisa tomar posição no que diz respeito à necessidade de normatizar de forma mais clara e precisa, por meio de legislação federal, consoante determinado pelo artigo 220, § 3º, da Constituição Federal, restrições à publicidade direcionada às crianças, podendo valer-se dos critérios existentes no Código de Ética do CONAR, dos critérios adotados no § 3º do artigo 2º e no artigo 3º da Resolução 163/2014 do CONANDA.

Pode representar um bom começo na restrição à publicidade abusiva direcionada às crianças, a vedação total da publicidade de alimentos e bebidas não saudáveis; a proibição do uso de personagens do universo infantil em produtos com alto teor de gordura, sódio e açúcar; a proibição da venda desses produtos alimentícios associados a brinquedos e brindes; a normatização dos rótulos de alimentos com informações e alertas sobre efeitos nocivos do produto à saúde e a proibição de personagens e elementos do universo infantil nas embalagens; a restrição de horários da publicidade de alimentos potencialmente nocivos, respeitando o critério da possível audiência de menores de 12 anos.[55]

---

[53] ALEJANDRE, Sandra Vilajoana. *Lasleyes de la publicidad*: limites jurídicos de laactividad publicitaria. Barcelona: Editorial UOC, 2011.

[54] Citam-se como exemplos França, Espanha, Portugal, Itália, Reino Unido, Uruguai e México.

[55] Nessa esteira, cabe trazer o exemplo do Chile no enfrentamento da relação obesidade/publicidade. Em junho de 2016, o Chile tratou de adotar medidas restritivas à publicidade de alimentos, proibindo práticas comerciais como a venda de alimentos associadas a brinquedos, como o Kinder Ovo e o McLanche Feliz. A lei foi concebida para combater a obesidade e os problemas de saúde decorrentes do sobrepeso. Conforme informações do Ministério da Saúde do Chile, uma em cada três crianças menores de seis anos está acima do peso, enquanto uma pessoa morre a cada hora no Chile devido a doenças relacionadas à alimentação. Construída com o apoio de entidades sociais, a lei chilena incorpora o princípio do "direito de saber" que significa que o cidadão tem o direito de conhecer o exato conteúdo dos produtos que pretende adquirir. Assim, todos os produtos alimentícios que apresentem quantidades de gordura, sal e açúcar além do permitido devem conter informações claras na embalagem. A informação nutricional é inscrita em selos, em fundo preto com a frase "RICO EM", antes da menção ao nome da substância com alto teor.Além de proibir qualquer publicidade que induza crianças a consumir *junkfood*, a lei impede a distribuição gratuita desse tipo

O número de inserções publicitárias direcionadas às crianças na televisão, durante a programação infantil, também deveria ser regulamentado por lei. Essa medida diminuiria a exposição das crianças à publicidade e, por conseguinte, minimizaria os impactos negativos desta principalmente quanto ao estímulo ao consumismo e ao assédio parental.

Muito além de normas e regulações, o Estado precisa empreender ações de educação para o consumo e para a mídia, incluindo nos currículos escolares tratamento adequado ao tema. A criança hipermoderna, nascida na cultura do consumo, precisa desenvolver um olhar crítico sobre o tema. É necessário que haja uma política educacional que auxilie educadores e crianças a compreenderem a dinâmica mercadológica, os objetivos da publicidade e a distância entre o mundo real e o mundo perfeito dos anúncios.

As medidas propostas não esgotam a análise da complexidade dos efeitos da publicidade para crianças, mas representam um marco inicial para que se repense o tema de forma mais ponderada e de acordo com uma infância nascida numa sociedade hipermoderna e que tem pleno domínio da tecnologia. A corregulação se mostra como o caminho do diálogo entre entidades públicas e privadas, ONGs e sociedade civil na busca de soluções não proibitivas, mas capazes de salvaguardar o melhor interesse da criança.

---

de alimento a pessoas com menos de 14 anos. O texto também restringe a venda desses alimentos nas cantinas das escolas, bem como a publicidade deles em canais dirigidos ao público com menos de 14 anos. Nos demais canais, as mensagens publicitárias só podem ser exibidas entre 22h e 6h. Os produtos com a nova rotulagem também não poderão utilizar em sua publicidade – incluindo o rótulo e a embalagem – elementos do universo infantil, o que se aplica a fotos e desenhos de personagens ou super-heróis) ou a vinculação a brindes (CRIANÇA E CONSUMO, 2015). O Chile é o segundo país com o maior número de obesos da América Latina e apresenta uma das taxas mais altas de obesidade infantil, de acordo com dados da Organização das Nações Unidas para a Agricultura e Alimentação (FAO). Nos Estados Unidos, a cidade de Nova Iorque também demonstra preocupação com o crescimento da obesidade infantil. Há um projeto de lei para restringir a venda de lanches com brinquedos. Conforme a proposta legislativa, as refeições que vêm com brinquedos teriam de conter menos de 500 calorias e 600 miligramas de sódio. A lei também exige que as refeições incluam, pelo menos, meia xícara de frutas ou vegetais ou uma porção de grãos integrais. Isso está forçando os restaurantes de *fast-food* a reverem suas receitas para se ajustarem às mudanças que estão por vir (LUPO, 2015). O Reino Unido, em junho de 2013, promoveu ação corregulatória ao ajustar com grandes empresas do setor alimentício a adoção de sistema único de rotulagem nutricional codificado com cores na parte frontal das embalagens de alimentos com o objetivo de unificar os diversos tipos de informação nutricional utilizados no país, facilitando às pessoas a tarefa de fazer escolhas mais saudáveis. O sistema combina as cores do semáforo nutricional com a informação do quanto de gordura total, gordura saturada, sal, açúcar e calorias os produtos alimentícios contêm. A regulação das embalagens foi resultado da discussão entre o governo do Reino Unido, as indústrias de alimentos, as ONGs ligadas à saúde e outros parceiros para acordar o sistema proposto e o uso de uma única etiqueta por todas as marcas. A obesidade e alimentação inadequada custam bilhões de libras ao sistema público de saúde do Reino Unido a cada ano. São muitas as evidências de que mudanças na alimentação podem ter um grande impacto para a saúde e para prevenção de doenças crônicas. As pessoas poderão usar as cores para entender os níveis de nutrientes dos alimentos, pautando melhor as suas escolhas As empresas que se inscreveram para usar o novo rótulo hoje já representam mais de 60% de todos alimentos que são vendidos no Reino Unido. O Reino Unido, em julho de 2017, implantou regras de proibição de publicidade de alimentos e bebidas com alto teor de gordura, sal e açúcar dirigidos aos menores de 16 anos. Os anúncios não podem utilizar promoções, personagens licenciados e celebridades populares entre crianças Em mais um exemplo bem-sucedido de corregulação, a norma proibitiva adveio de uma consulta pública realizada em 2016 pelo *CommitteeofAdvertisingPractice*(CAP), reconhecendo que as restrições a esse tipo de comunicação mercadológica têm impacto na saúde de crianças e adolescentes. (ASA, 2016). De notar que a preocupação com a redução da obesidade infantil é mundial. Várias ações restritivas à comunicação mercadológica de produtos alimentícios vêm sendo adotadas. Algumas de modo mais rigoroso, como no Chile e Reino Unido, outros de modo mais ameno, como em Nova Iorque, Estados Unidos. Contudo, há a presença do Estado, implementando meios de prevenir problemas futuros, com vistas a conter a epidemia que se alastra.

Considerações finais

A construção do diálogo entre os atores sociais mencionados no artigo 227 da Constituição Federal se mostra uma trilha democrática e, por isso, mais eficiente. A família não pode se demitir de seu papel e responsabilidade pela educação dos filhos, assim como não se pode culpar a publicidade como única responsável pelo consumismo infantil e pela deterioração de valores sociais e familiares. Por outro lado, cabe à sociedade civil, em especial às entidades representativas dos interesses dos consumidores e da criança, discutir o tema e exigir que o Estado e a entidade responsável pela autorregulamentação da publicidade exerça maior controle para coibir os abusos.

O Estado não deve substituir a família, mas deve servir como mediador na busca do equilíbrio entre a salvaguarda do melhor interesse da criança e os interesses do mercado, definindo legalmente os contornos da publicidade abusiva, adotando como critério os impactos negativos na saúde física e psíquica das crianças, a exemplo do que já ocorre nos modelos internacionais analisados nesse trabalho. Nesse sentido, o Marco Legal da Primeira Infância já representou um avanço na discussão do tema ao abordar que as crianças precisam estar a salvo das pressões consumistas. A implementação de políticas públicas de educação para o consumo se mostra medida essencial para coibir o consumismo desenfreado e todo seu impacto negativo. Num contexto de hipermodernidade, a criança precisa ser preparada para lidar com os apelos da mídia, desenvolvendo um olhar crítico a respeito da própria sociedade em que está inserida.

O sistema de autorregulamentação brasileiro carece de aperfeiçoamento, devendo abrir espaço para o *copyadvice*, sem que isso seja entendido como censura prévia ou limitação da liberdade de expressão. Ainda, é necessário que a autorregulamentação brasileira dialogue com a sociedade, permitindo a sua participação, através da escolha de autoridades no assunto, de modo transparente e independente dos profissionais do setor de comunicação. Imprescindível, também, maior efetividade no controle da publicidade abusiva dirigida às crianças.

O equilíbrio entre a vulnerabilidade da criança, característica de seu estágio de desenvolvimento físico e psíquico, com a sua própria capacidade de releitura daquilo que recebe da mídia, permite não privá-la dessa experiência, tão presente no cotidiano hipermoderno. A regulação estatal, alinhada aos instrumentos de autorregulamentação, apresenta-se como uma alternativa à proibição total da publicidade dirigida às crianças. Algumas medidas de corregulação aqui sugeridas não têm a pretensão de esgotamento da discussão, mas almejam contribuir com esse debate, visando à busca de soluções mais ajustadas à democracia e à liberdade, sem perder de vista a proteção das crianças nascidas na era da hipermodernidade e do hiperconsumo.

Referências bibliográficas

ADVERTISING STANDARDS AUTHORITY – ASA. *About regulation*. Disponível em: <https://www.asa.org.uk/about-asa-and-cap/about-regulation.html>. Acessoem 08 de set. 2017.

ADVERTISING STANDARDS AUTHORITY – ASA; COMMITTEES OF ADVERTISING PRACTICE – CAP. *New rules ban the advertising of high fat, salt and sugar food and drink products in children's media*.08 Dec 2016. Disponível em: <https://www.asa.org.uk/news/new-rules-ban-the-advertising-of-high-fat-salt-and-sugar-food-and-drink-products-in-childrens-media.html>. Acesso em: 15 de jan. 2017.

ALBAREDA, Laura. Corporate responsibility, governance and accountability: From self-regulation to co-regulation. *Corporate Governance International Journal of Business in Society, s.l*.v. 8, n. 4, p. 430 – 439, Aug. 2008.

ALEJANDRE, Sandra Vilajoana. *Lasleyes de la publicidad: limites jurídicos de laactividad publicitaria*. Barcelona: Editorial UOC, 2011.

AUTORITÉ DE RÉGULATION PROFESSIONNELLE DE LA PUBLICITÉ (ARPP). Rôles et missions. Disponível em: https://www.arpp.org/qui-sommes-nous/roles-et-missions/. Acesso em 08 de set. 2017.

BENJAMIN, Antônio Herman de Vasconcelos.. In: Ada Pellegrini Grinover [et al.].*Código Brasileiro de Defesa do Consumidor*: comentado pelos autores do anteprojeto. Rio de Janeiro: Forense, 2001.

BERALDI, Patrizia. *La tutela dei minorineiservizidi media audiovisivi*. La disciplina comunitaria dopo lariformadelladirettiva 97/36/CE e il suo impattosullenormativenazionali: Italia e Germania.

SPINELLI WorkingPapers, nº1, Roma, 2010. Disponível em: <http://www.centrospinelli.eu/Working_papers/working_papers-P.Beraldi-La_tutela_dei_minori_nei_servizi_di_media_audiovisivi.pdf>, acesso em 10 de fevereiro de 2018.

BERNIER, Marc-François. Au-delà des mythes et limites de l'autorégulation: la corégulation démocratique. Communication au colloque international *Déontologie de l'Information dans un monde arabe en mutation*. Tunis, 23 et 24 avril 2009.

CARVALHO, Diógenes Faria de; OLIVEIRA, Thaynara de Souza. A proteção do consumidor-criança frente à publicidade no Brasil. *Revista de Direito do Consumidor*. São Paulo, v. 94, p. 181 – 211, jul – ago/2014.

CONSELHO NACIONAL DE AUTORREGULAMENTAÇAO PUBLICITÁRIA – CONAR. *Sobre o Conar*. Disponível em: <http://www.conar.org.br/>. Acessoem 02 de nov. 2017.

COSTA, Jaderson Costa da. A publicidade e o cérebro da criança. In: PASQUALOTTO, Adalberto; ALVAREZ, Ana Maria Blanco Montiel (Orgs.). *Publicidade e Proteção da Infância:* Porto Alegre: Livraria do Advogado, 2014.

CRIANÇA E CONSUMO. *Chile aprova fim da publicidade de alimentos dirigida às crianças*.27 de out. de 2015.Disponível em: <http://criancaeconsumo.org.br/noticias/chile-aprova-fim-da-publicidade-de-alimentos-dirigida-as-criancas/>. Acesso em: 06 de nov. 2016.

DEL MASSO, Fabiano. *Direito do consumidor e a publicidade clandestina*: uma análise jurídica da linguagem publicitária, Rio de Janeiro: Elsevier, 2009.

DIAS, Lúcia Ancona Lopez de Magalhães. Publicidade e hipervulneráveis: limitar, proibir ou regular? *Revista de Direito do Consumidor*, São Paulo, Revista dos Tribunais, n.99, mai/jun. 2015.

FREITAS, Juarez. *Direito fundamental à boa administração pública*. 3. ed. São Paulo: Malheiros, 2014.

JALADE, Magali. L'impact de la publicité sur les enfants, les adolescents et les personnes âgées :L'Ethique publicitaire et la réglementation pour une plus grande protection d'un public vulnérable. *Revue Sciences Humaines*, [S.l.], p. 59-67, dec. 2015. ISSN 111-505 X. Disponible à l'adresse: <http://revue.umc.edu.dz/index.php/h/article/view/2192/2335>. Acesso em 09 dez. 2017.

LA TAILLE, Yves de. A publicidade dirigida ao público infantil: considerações psicológicas. In. *Criança e Consumo*: 10 anos de transformação. São Paulo: Alana, 2016.

LESSA, João Marcos Gomes. A regulação da publicidade dirigida a crianças e adolescentes. In: *Projeto Criança e Consumo*. Instituto Alana (Org.). Infância e Consumo, estudos no campo da comunicação. Brasília: Instituto Alana, 2011.

LEWKOWICZ, Gregory; HENNEBEL, Ludovic. Corégulation et responsabilité sociale des entreprises. In. *Responsabilités des entreprises et corégulation*. BERNS, Tomas et. al. Bruylant: Bruxelles, 2007.

LIPOVETSKY, Gilles; SERROY, Jean. *A estetização do mundo*: viver na era do capitalismo artista. São Paulo: Companhia das Letras, 2013.

──. *Os tempos hipermodernos*. São Paulo: Barcarolla, 2004.

LUPO, Brandi. NYC Bill Would Have Kids Trade Calories for Toys. *The Regulatory Review*. Sep 14, 2015. Disponívelem: https://www.theregreview.org/2015/09/14/lupo-fast-food-toys/. Acesso em: 06 de nov. 2016.

MATTEN, D.; CRANE, A. Corporate citizenship: towards an extended theoretical conceptualization, *Academy of Management Review*, s.l. v. 30, p. 166-79, 2005.

MAZZOCANTE R.P, MORAES J.F.V.N., CAMPBELL C.S. Gastos públicos diretos com a obesidade e doenças associadas no Brasil. *Revista de CiênciasMédicas*, Campinas, v. 21, p. 25-34, 2012.

MCGONAGLE, Tarlach. Protection of Human Dignity, Distribution of Racist Content (Hate Speech). In. *IRIS Special: Co-Regulation of the Media in Europe*. European Audiovisual Observatory: Strasbourg, 2003.

MIRAGEM, Bruno. Proteção da criança e do adolescente consumidores. Possibilidade de explicitação de critérios de interpretação do conceito legal de publicidade abusiva e prática abusiva em razão de ofensa a direitos da criança e do adolescente por resolução do Conselho Nacional da Criança e do Adolescente – Conanda. Parecer. *Revista de Direito do Consumidor*. São Paulo, v. 95, p. 459-495, set-out. 2014.

──. *Curso de direito do consumidor*. 6. ed. São Paulo: Revista dos Tribunais, 2016.

NERY JUNIOR, Nelson. Limites para a publicidade infantil – direito fundamental à comunicação e liberdade de expressão da iniciativa privada. *Soluções Práticas de Direito*. v. 1, p. 427 – 465, set / 2014.

ORGANIZAÇÃO DAS NAÇÕES UNIDAS – ONU. Relatório sobre o direito de todos à fruição dos mais elevados padrões de saúde física e mental, apresentado na 26ª sessão da Assembleia Geral do Conselho de Direitos Humanos da ONU, abr de 2014. Disponível em: <criancaeconsumo.org.br/wp-content/uploads/2014/.../01A-HRC-26-31_en-PORT.doc>. Acesso em: 03 de mar. 2017.

PALZER, Carmen. European Provisions for the Establishment of Co-Regulation Frameworks. In. *IRIS Special: Co-Regulation of the Media in Europe.*European Audiovisual Observatory: Strasbourg, 2003.

——. Self-Monitoring v. Self-Regulation v. Co-Regulation. In. *IRIS Special: Co-Regulation of the Media in Europe.*European Audiovisual Observatory: Strasbourg, 2003.

PASQUALOTTO, Adalberto. Os efeitos Obrigacionais da Publicidade no Código de Defesa do Consumidor. São Paulo: Revista dos Tribunais, 1997.

——. Autorregulamentação da publicidade: um estudo de modelos europeus e norte-americano. *Revista de Direito do Consumidor*, v. 112, p. 115-148, jul-ago / 2017.

PIEDRAS, Elisa Reinhardt. Recepção midiática e consumo no cotidiano infantil: a produção de sentido sobre o fluxo publicitário no "Dia da Criança". *Revista Líbero*, São Paulo, v. 19, n. 37, p. 129-142, jan./jun.2016.

——. Vulnerabilidade ou resistência? Um panorama da questão do consumo infantil de alimentos permeado pelo marketing e a mídia. *Revista ESPM comunicação mídia e consumo.* v.10 n. 29 p. 143-159 set. – dez. 2013.

PIMENTA T.A.M.; ROCHA R.; MARCONDES N.A..V. Políticas Públicas de intervenção na obesidade infantil no Brasil: uma breve análise da Política Nacional de Alimentação e Nutrição e Política Nacional de Promoção da Saúde. *UNOPAR Científica Ciências Biológicas e da Saúde,* Ponta Grossa, v. 17. p. 139-146, 2015.

SILVA, Virgílio Afonso da. *A constitucionalidade da restrição da publicidade de alimentos e de bebidas não alcoólicas voltada ao público infantil.* São Paulo: Instituto Alana, 2012. Disponível em: <http://criancaeconsumo.org.br/wp-content/uploads/2017/02/Parecer_Virgilio_Afonso_.pdf>, acesso em 20 de dezembro de 2017.

STRECK, Lenio Luiz; SARLET, Ingo Wolfang; CLÈVE, Clemerson Merlin. Os limites constitucionais das resoluções do Conselho Nacional de Justiça (CNJ) e Conselho Nacional do Ministério Público (CNMP). Disponível em <http://www.egov.ufsc.br/portal/sites/default/files/anexos/15653-15654-1-PB.pdf>.

THE ECONOMIST INTELLIGENCE UNIT. *Os impactos da proibição da publicidade dirigida às crianças no Brasil.*Ago. 2017. Disponível em: <http://criancaeconsumo.org.br/wp-content/uploads/2014/02/Relatorio_TheEconomist_.pdf>. Acesso em: 07 set. 2017.

— Parte 4 —

A PUBLICIDADE NAS ESCOLAS E A PUBLICIDADE DE ALIMENTOS DIRIGIDA ÀS CRIANÇAS

— X —

A publicidade direcionada à criança nas escolas: o discurso do consumo sustentável *versus* o estímulo ao consumismo infantil

LIVIA CATTARUZZI GERASIMCZUK

Advogada do programa Criança e Consumo, do Instituto Alana, graduada pela Faculdade de Direito da Pontifícia Universidade Católica de São Paulo (PUC-SP).

EKATERINE KARAGEORGIADIS

Advogada e coordenadora do programa Criança e Consumo, do Instituto Alana, é mestranda em Saúde Pública na Universidade de São Paulo (USP) e especialista em Direito do Consumidor e em Infância, Educação e Desenvolvimento Social.

Sumário: Introdução; 1. A relação de interdependência entre a sociedade de consumo e as estratégias de *marketing*; 2. A criança como público-alvo das estratégias de *marketing*: a vulnerabilidade infantil frente aos apelos do mercado; 3. O consumo sustentável e sua apropriação pelas empresas para fins mercadológicos; 4. A publicidade direcionada à criança nas escolas: o discurso do consumo sustentável *versus* o estímulo ao consumismo infantil; 5. Abusividade e ilegalidade do direcionamento de publicidade à criança dentro do ambiente escolar; Considerações finais; Referências bibliográficas.

Introdução

Este artigo tem o intuito de abordar, especificamente, a apropriação do tema "consumo sustentável" pelas marcas para fins publicitários por meio do desenvolvimento de ações de comunicação mercadológica[1] dirigidas às crianças dentro do ambiente escolar.

Para tanto, antes de iniciar a abordagem do objeto propriamente dito, será apresentada uma breve análise sobre (i) o nascimento do *marketing* e sua relação de interdependência com a sociedade de consumo pós-moderna; (ii) a criança como um nicho de mercado diante da necessidade das marcas de sustentar a lógica do sistema político econômico vigente; e (iii) o surgimento do

---

[1] Para os fins do presente artigo, o termo "comunicação mercadológica" deve ser entendido como toda e qualquer atividade de comunicação comercial para a divulgação de produtos e serviços independentemente do suporte ou do meio utilizado. Além de anúncios impressos, comerciais televisivos, spots de rádio e banners na internet, podem ser citados como exemplos: embalagens, promoções, *merchandising*, disposição de produtos nos pontos de venda, etc.

chamado "consumo verde" e como as empresas têm-se apropriado da pauta para fins mercadológicos.

1. A relação de interdependência entre a sociedade de consumo e as estratégias de *marketing*

O *marketing* pode ser definido como o meio de divulgação que tem por objetivo fomentar a comercialização dos bens e serviços disponíveis no mercado de consumo com a finalidade de aumentar a lucratividade de seus produtores e prestadores.

A necessidade das fábricas de administrar o desequilíbrio entre oferta e demanda, em razão da enorme profusão de bens no contexto da realidade oriunda da Revolução Industrial, teria marcado o nascimento e o desenvolvimento de estratégias de *marketing*, assim como as facilidades de crédito à população em geral com o objetivo de ampliar o consumo.[2]

A psicóloga Isleide Arruda Fontenelle corrobora esse entendimento[3] e destaca, também, que o *marketing* foi fundamental no início do século XX, quando a maioria das pessoas ainda consumia produtos artesanais:[4]

> Pois se no início do século XX a maioria dos americanos ainda consumia produtos fabricados em casa, era necessário transformá-los em consumidores de produtos fabricados industrialmente. Para isso, os anúncios comerciais tiveram um papel central, ao denegrirem os produtos caseiros e exaltarem os produtos feitos a máquina, através de anúncios que enfocavam um estilo de vida urbano, moderno, que demandava a comodidade que os produtos industriais poderiam fornecer.

O aparecimento da chamada "sociedade de consumo" está intimamente ligado a esse desenvolvimento industrial capitalista, no qual, diante das elevadas produção e oferta de bens, tornou-se mais difícil vender os produtos e serviços do que fabricá-los ou disponibilizá-los.[5] Nesse contexto, deixamos de ser uma sociedade de produtores para nos transformamos em uma de consumidores.

O sociólogo Zygmund Bauman,[6] ao comparar esses dois tipos de sociedade, destaca que a sociedade de produtores "apostava na prudência e circunspeção a longo prazo, na durabilidade e na segurança, e sobretudo na segurança durável de longo prazo", asseverando que "o desejo humano de segurança e os sonhos de um 'Estado estável' definitivo não se ajustam a uma sociedade de consumidores", pela qual a felicidade está associada "a um *volume e uma intensidade de desejos sempre crescentes*, o que por sua vez implica o uso imediato e a rápida substituição dos objetos destinados a satisfazê-la" (grifos originais).

---

[2] ALVAREZ, Ana Maria B. M. [et al.]. *Publicidade e proteção da infância*. Porto Alegre: Livraria do Advogado, 2014, p. 115.

[3] FONTENELLE, Isleide Arruda. *Cultura do consumo: fundamentos e formas contemporâneas*. Rio de Janeiro: Editora FGV, 2017, p. 44.

[4] FONTENELLE, op. cit., p. 51.

[5] ALVAREZ, op. cit., p. 115.

[6] BAUMAN, Zygmunt. *Vida para consumo: a transformação das pessoas em mercadoria*. Rio de Janeiro: Zahar, 2008, p. 44.

Não é à toa que um dos aspectos mais criticados por Bauman[7] e organizações de defesa do consumidor,[8] no contexto da sociedade de consumo, é a "obsolescência programada",[9] pela qual as mercadorias são planejadamente produzidas para serem rapidamente descartadas, fazendo com que o consumidor adquira algo novo em um curto lapso de tempo, aumentando-se, assim, o consumo e, como consequência, a indústria do lixo.

É justamente nessa sociedade de consumo que o mercado, inclusive o publicitário, tem explorado o sentimento perpétuo de insatisfação dos consumidores, criando falsas necessidades e estimulando emoções consumistas. Segundo a médica psiquiatra Ana Beatriz Barbosa Silva, "de modo alienante, consumimos impulsivamente, sem nenhuma reflexão prévia, e compramos aquilo de que não necessitamos, que usaremos poucas vezes ou por muito pouco tempo, a fim de nos exibir para quem não conhecemos".[10]

E essa lógica de consumo, pela qual se compra impulsiva e irrefletidamente, segundo Zygmund Bauman,[11] depende da insatisfação perpétua de seus consumidores, que se esforçam para satisfazer necessidades e buscam aliviar dores e ansiedades por meio do consumo:

> A sociedade de consumo prospera enquanto consegue tornar *perpétua* a *não-satisfação* de seus membros (e assim, em seus próprios termos, a infelicidade deles). O método explícito de atingir tal efeito é depreciar e desvalorizar os produtos de consumo logo depois de terem sido promovidos no universo dos desejos dos consumidores. (...) O que começa como um esforço para satisfazer uma necessidade deve se transformar em compulsão ou vício. E assim ocorre, desde que o impulso para buscar soluções de problemas e alívio para dores e ansiedades nas lojas, e apenas nelas, continue sendo um aspecto do comportamento não apenas destinado, mas encorajado com avidez, a se condensar num hábito ou estratégia sem alternativa aparente (grifos originais).

Ana Beatriz Barbosa Silva[12] também apresenta uma lúcida reflexão sobre a sociedade de consumo e esse método de alimentação utilizado pelo *marketing* sob o viés de que o consumo traz uma sensação de pertencimento:

> Somos tomados por uma sensação desagradável de exclusão, de não pertencimento. Ironicamente, quando não compramos coisas que são validadas pelo *marketing* como necessárias à felicidade, nos sentimos excluídos e até mesmo fracassados e deprimidos. Em casos extremos, o que um indivíduo consome passa a ser sentido como uma demonstração de sua identidade e da sua capacidade frente a seu grupo social. Algo ao estilo: "Sou o que consumo, e o que consumo estampa aos outros o que sou".

Por fim, mas não menos importante, as críticas a respeito da sociedade de consumo direcionam-se a outro efeito do consumismo, enquanto gerador de impacto ambiental diante da exploração dos finitos recursos naturais para

---

[7] BAUMAN, op. cit., p. 45.
[8] PRINTES, Christian. *Um mal a ser combatido: a obsolescência programada*. Idec – Instituto Brasileiro de Defesa do Consumidor, 2012. Disponível em: <https://www.idec.org.br/em-acao/artigo/um-mal-a-ser-combatido-a-obsolescencia-programada>. Acesso em 7.8.2017.
[9] *Obsolescência Programada*. Disponível em: <https://www.youtube.com/watch?v=24CM4g8V6w8>. Acesso em 7.8.2017.
[10] SILVA, op. cit., p. 43.
[11] BAUMAN, op. cit., p. 64.
[12] SILVA, Ana Beatriz B. *Mentes consumistas:* do consumismo à compulsão por compras. São Paulo: Globo, 2014, p. 35.

a produção de mais e mais bens de consumo. Ana Beatriz Barbosa Silva[13] trata bem dessa problemática do consumismo como causador de potencial risco à sustentabilidade do planeta:

> A sociedade consumista implica sempre uma produção excessiva, de desperdício, de irracionalidade e de manipulação dos nossos desejos. Somente através dessas características, absolutamente nocivas e irresponsáveis com a natureza, é que o sistema econômico, baseado no lucro sem limites, pode manter seus motores sempre aquecidos e autossustentáveis. Todavia, o que alimenta e sustenta o consumismo é exatamente o que destrói as fontes naturais de matérias-primas (grifos nossos).

Nota-se, assim, que a sociedade de consumo resultou em uma cultura marcada pelo excesso de produção e disponibilização de bens e serviços no mercado – em que se produz mais do que o necessário, mais do que se pode consumir e mais do que comporta a capacidade da Terra – e que depende, inteiramente, da publicidade e do desenvolvimento de estratégias de comunicação mercadológica para manutenção, e porque não dizer, sobrevivência, do *status quo*.

2. A criança como público-alvo das estratégias de *marketing*: a vulnerabilidade infantil frente aos apelos do mercado

Diante desse cenário de contínua necessidade do mercado de atrair mais e mais consumidores com o objetivo de manter a lógica do sistema político-econômico vigente, a infância não passou imune ao processo de mercantilização da sociedade.

A partir da segunda metade do século XX, com a inserção maciça da mulher no mercado de trabalho, os filhos passaram, como consequência, a ficar mais tempo em casa sem supervisão e boa parte desse período em frente ao televisor. As marcas, cientes dessa mudança na organização familiar e do fato de que a programação infantil ganhou espaço na mídia televisiva brasileira na década de 80, passaram a enxergar as crianças como um novo e fantástico nicho de mercado.[14]

E o mercado enxerga as crianças sob três perspectivas: (i) como consumidoras hoje; (ii) como consumidoras adultas no futuro e (iii) como promotoras de vendas dentro do círculo familiar. Estima-se que as crianças influenciem em até 80% as compras da casa,[15] o que inclui não apenas produtos infantis, mas também móveis, utensílios domésticos, carros, comida, produtos de limpeza, etc.

As estratégias de comunicação mercadológicas direcionadas ao público infantil passaram a ser um empreendimento enorme e altamente rentável, e

---

[13] SILVA, op. cit., p. 43.

[14] SOUZA JÚNIOR, J. E. G.; FORTALEZA, C. H. G.; MACIEL, J. C. Publicidade infantil: o estímulo à cultura de consumo e outras questões. In: *Infância e Consumo: estudos no campo da comunicação*. Brasília, 2009. p. 22-35.

[15] INTERSCIENCE – Informação e Tecnologia Aplicada. *Como atrair o Consumidor Infantil, atender expectativas dos pais e ainda, ampliar as vendas*. 2003. Disponível em: <http://criancaeconsumo.org.br/wp-content/uploads/2014/02/Doc-09-Interscience.pdf>. Acesso em 7.8.2017.

não há dúvidas de que funcionam, como bem pontua Susan Linn[16] ao afirmar que "o *marketing* é bem-sucedido por aproveitar-se deliberadamente da vulnerabilidade das crianças".

Por meio da publicidade, o mercado busca fidelizar a criança desde cedo e manipular seu potencial de influência e decisão dentro do ambiente familiar com o intuito de garantir seus interesses. A comunicação mercadológica direcionada à criança anuncia a esse público o consumismo como valor e comportamento a ser abraçado não só no momento atual, enquanto criança, mas também pelo adulto que ela virá a ser.

Ocorre que as crianças – assim consideradas as pessoas de até 12 anos de idade, nos termos da legislação vigente[17] – não devem ser destinatárias de mensagens publicitárias, pois se encontram em um processo peculiar de formação física, cognitiva e psíquica, de modo que não possuem ainda condições de reconhecer e compreender os estímulos ao consumo materializados nos anúncios publicitários.

Além disso, pesquisas[18] apontam que a criança até os 6-8 anos de idade não distingue publicidade de conteúdo de programação e até por volta dos 8-12 anos não compreende o caráter persuasivo da mensagem publicitária. Nesse sentido, concluiu o parecer elaborado pelo professor Yves de La Taille, apresentado pelo Conselho Federal de Psicologia em 2008:[19]

> Não tendo as crianças de até 12 anos construído ainda todas as ferramentas intelectuais que lhes permitiriam compreender o real, notadamente quando esse é apresentado por meio de representações simbólicas (fala, imagens), a publicidade tem maior possibilidade de induzir ao erro e à ilusão.

Contudo, o contexto peculiar de desenvolvimento em que se encontra a criança é negligenciado pelas marcas, que insistem em direcionar sua comunicação publicitária, de forma antiética, irresponsável e, como será visto adiante, ilegal, ao público infantil, com o intuito de serem conhecidas, venderem mais e, consequentemente, alcançarem lucros mais altos.

O mercado publicitário, por meio de estratégias de comunicação mercadológica repletas de elementos próprios que são atraentes ao público infantil, "de maneira precisa, refinada por métodos científicos e lapidada por psicólogos infantis",[20] utiliza as crianças para apresentar marcas, produtos e serviços em seu entorno familiar e com o intuito de que elas se lembrem daquilo que

---

[16] LINN, Susan. *Crianças do consumo: a infância roubada*. Tradução Cristina Tognelli. São Paulo: Instituto Alana, 2006, p. 29-30.

[17] Estatuto da Criança e do Adolescente, Lei nº 8.069/1990 – "Art. 2º Considera-se criança, para os efeitos desta Lei, a pessoa até doze anos de idade incompletos, e adolescentes aquela entre doze e dezoito anos de idade"

[18] BJURSTRÖM, Erling. *Children and Television Advertising*. Swedish Consumer Agency, 1994. Disponível em: <http://criancaeconsumo.org.br/wp-content/uploads/1994/02/A-crianca-e-a-propaganda-na-TV.pdf>. Acesso em: 7.8.2017.

[19] CONSELHO FEDERAL DE PSICOLOGIA. *Contribuição da Psicologia para o fim da publicidade dirigida à criança*. 2008. Disponível em: <http://criancaeconsumo.org.br/wp-content/uploads/2017/02/Contribui%C3%A7%C3%A3o-da-Psicologia-para-o-fim-da-publicidade.pdf>. Acesso em 7.8.2017.

[20] LINN, op. cit., p. 25.

foi anunciado, estabelecendo "um vínculo de lealdade que vá do 'berço ao túmulo'".[21]

A publicidade, pode-se afirmar, é verdadeiramente democrática, pois "pode ser vista e acessada pela maioria absoluta da população mundial, independentemente de seus recursos financeiros",[22] levando à formação de valores consumistas e materialistas e "educando" as crianças, desde muito novas, dentro da mesma lógica que os adultos: consumidores infelizes, insatisfeitos, impulsivos e sempre à procura de um novo lançamento.

Como as crianças são ainda incapazes, em razão de sua idade, de compreender o caráter persuasivo da publicidade a elas dirigida, necessitam da mediação dos adultos para que possam desenvolver plenamente sua autonomia e senso crítico. Assim, o fato de serem bombardeadas, em qualquer meio de comunicação ou espaço de sua convivência, com mensagens publicitárias diversas convidando-as a desejarem e consumirem cada vez mais, não as fará ingressar no universo adulto, mas, sim, prejudicará seu sadio desenvolvimento.

Isso porque as crianças não sabem que a publicidade tem, na verdade, função persuasiva, e não informativa, nem compreendem a complexidade das relações de consumo, bem como não entendem que o mercado tentará sempre lhes convencer a consumir o produto do momento, até que novos bens sejam lançados, visando à rápida desvalorização e substituição dos anteriores.

Nesse contexto, não são poucos os impactos negativos decorrentes da publicidade e da comunicação mercadológica voltadas ao público infantil, os quais são sentidos, atualmente, por toda nossa sociedade: hábitos consumistas, estresse familiar, erotização precoce, segregação de gênero, obesidade e sobrepeso, valores materialistas, diminuição de brincadeiras livres e criativas, consumo precoce de álcool e tabaco, violência pela busca de produtos caros, distúrbios alimentares (bulimia e anorexia), distância da criança com a natureza, enfraquecimento dos valores culturais e democráticos[23] e encorajamento do egoísmo, da passividade e do conformismo.

Diante de tais considerações, evidente que a criança é hipervulnerável nas relações de consumo, além de juridicamente incapaz de celebrar contratos, de modo que não deve, portanto, ser tratada como fonte de lucro das empresas, público-alvo de seus anúncios ou promotora de vendas de seus produtos. Deveriam ser os adultos responsáveis pelas crianças, detentores de capacidade jurídica e de poder de compra, o público-alvo da mensagem publicitária.

---

[21] LINN, op. cit., p. 21.

[22] SILVA, op. cit., p. 36.

[23] "A longo prazo, essa imersão de nossos filhos na cultura comercial traz consequências que vão muito além do que eles compram ou não. O marketing é formulado para influenciar mais do que preferências por comida ou escolhas de roupas. Ele procura afetar os valores essenciais como as escolhas de vida: como definimos a felicidade e como medimos nosso valor próprio. Nesse meio-tempo, essas mesmas características que o *marketing* atual encoraja – materialismo, impulsividade, autonomia e lealdade desmedida à marca – são antiéticas àquelas qualidades necessárias a uma cidadania democrática saudável. Em vez de ser uma base da vida americana, a publicidade intensa voltada para as crianças pode estar corroendo seus alicerces". LINN, op. cit., p. 29.

3. O consumo sustentável e sua apropriação pelas empresas para fins mercadológicos

As críticas aos padrões de consumo nas sociedades de capitalismo avançado levaram a questionamentos a respeito do consumismo desenfreado instaurado. A sociedade de hiperconsumo ameaça a natureza como um todo e a própria sobrevivência da humanidade, ao mesmo passo em que, paradoxalmente, depende dos recursos naturais finitos para se manter viva e em pleno exercício.

Diante disso, no final do século XX, "'ser responsável' pelo meio ambiente torna-se uma questão, de fato, para a cultura do consumo, na medida em que o que era restrito ao domínio de cientistas e ambientalistas começou a impregnar o imaginário popular por meio de filmes e documentários relacionados a catástrofes ambientais".[24]

Fatima Portilho afirma que, até a década de 70, a crise ambiental era atribuída ao crescimento demográfico, especialmente nos países em desenvolvimento, mas que, com a realização da Conferência de Estocolmo, "os países em desenvolvimento tornaram explícito o argumento de que, na realidade, os principais responsáveis pela crise ambiental eram as nações industrializadas".[25]

Com isso, iniciou-se um processo de inserção gradual da pauta ambiental no processo de produção, de modo que não se fazia qualquer menção ou questionamento em relação aos impactos do consumo na natureza.

Isleide Arruda Fontenelle pontua que o evento histórico que marcou a mudança no discurso, cujo foco passou dos problemas ambientais causados pela produção para os impactos gerados pelo excesso de consumo, foi a ECO-92, a Conferência das Nações Unidas sobre o Meio Ambiente e o Desenvolvimento, realizada no Rio de Janeiro, em 1992.[26]

Foi quando surgiu a noção de "consumo verde", também chamado de "consumo sustentável". Fátima Portilho sustenta que, a partir da idealização de um consumo verde, "especialistas, autoridades, políticos e organizações ambientalistas começaram a considerar o papel e a corresponsabilidade dos indivíduos comuns, em suas tarefas cotidianas, para a crise ambiental".[27]

O consumidor verde seria aquele que, preocupado com questões ambientais, além de considerar, na hora da compra, as variáveis de preço e qualidade do bem, inclui em sua escolha a variável ambiental, optando por produtos que não agridam o meio ambiente ou que reduzam o impacto ambiental.

Com esse movimento, os consumidores foram tidos como os principais agentes de transformação e responsáveis pelo meio ambiente através de suas demandas e escolhas cotidianas e passaram, dentro de sua própria individua-

---

[24] FONTENELLE, op. cit., p. 146.
[25] PORTILHO, Fátima. *Consumo sustentável: limites e possibilidades de ambientalização e politização das práticas de consumo*. Cadernos EBAPE.BR – Edição Temática 2005, p. 2. Disponível em: <http://www.scielo.br/pdf/cebape/v3n3/v3n3a05>. Acesso em 7.8.2017.
[26] FONTENELLE, op. cit., p. 145.
[27] PORTILHO, op. cit., p. 3.

lidade, a agir no coletivo, por exemplo, por meio da troca de uma marca por outra, não utilizando sacolas plásticas, deixando o automóvel na garagem e separando e reciclando os resíduos. Nota-se, assim, que a transformação proposta pelo consumo verde está relacionada a um comportamento de compra e escolha individual:

> A estratégia de consumo verde pode ser analisada, ainda, como uma espécie de transferência da atividade regulatória em dois aspectos: do Estado para o mercado, através de mecanismos de autorregulação; e do Estado e do mercado para o cidadão, através de suas escolhas de consumo. Assim, *ambos – governos e empresas – encorajariam a responsabilidade individual, implícita ou explicitamente, através de referências ao poder do consumidor, ao "bom cidadão" ou à valorização da contribuição pessoal de cada um, transferindo a responsabilidade para um único lado da equação: o indivíduo*[28] (grifos nosso).

Ocorre que o consumo verde ataca apenas uma pequena parcela do problema, qual seja a responsabilização do indivíduo enquanto consumidor, sem adentrar nos processos de produção e distribuição, os quais acabam não sendo contestados, assim como não se questiona a obsolescência programada e os valores consumistas. Sob esse enfoque, os consumidores são levados a trocar uma marca por outra, mas não a repensar o consumo, a necessidade de aquisição de um produto antes de adquiri-lo ou o que acontece com a embalagem após ser descartada:

> (...) *a ideia de consumo sustentável não se resume a mudanças no comportamento do indivíduo*. Também não se limita a mudanças no *design* de produtos ou na forma de prestação de um serviço para atender a esse novo nicho de mercado[29] (grifos nosso).
>
> Os consumidores acreditam que a escolha de produtos verdes e aumento da reciclagem sejam sua contribuição, sendo que o atual nível de consumo não é identificado como um problema. *A presença massiva de produtos verdes não é garantia de uma sociedade sustentável se os padrões de consumo e estilo de vida não mudarem*. A discussão sobre o consumo verde tem girado em torno da escolha de marcas e pouco se avançou no debate entre consumir e não consumir.[30]

Além da individualização da questão da sustentabilidade, uma reflexão que se faz necessária diz respeito à apropriação da concepção atual de consumo verde pelas empresas para fins mercadológicos, que passaram a levantar a bandeira desse movimento para construir seu discurso e criar marcas com valor de responsabilidade ambiental.

Justamente porque a responsabilidade pelo consumo verde recaiu sobre o consumidor, as empresas viram o movimento como uma oportunidade e passaram a adotar o conceito em suas marcas e ações de comunicação mercadológica. Os meios de produção e os padrões de consumo, contudo, como já dito, continuam não sendo questionados nem alterados.

Hoje, as marcas voltam seus esforços, produtos e estratégias de *marketing* para bens de consumo que possam ser enquadradas no conceito de "amigo da

---

[28] PORTILHO, op. cit., p. 3.

[29] Ibidem, p. 4.

[30] CRUZ, Lucia S. *Utopias em Consumo*. V ENEC – Encontro Nacional de Estudos do Consumo – Tendências e ideologias do consumo no mundo contemporâneo. Rio de Janeiro, p. 7. Disponível em: <http://www.estudosdoconsumo.com.br/artigosdoenec/1.1.3-Santa_Cruz_-_Utopias_em_Consumo.pdf>. Acesso em 7.8.2017.

natureza", como as *ecobags*, o sabão em pó biodegradável, a mochila de couro vegetal e as roupas de fibras de bambu. Assim, a despeito das campanhas publicitárias que procurem divulgar a pauta da sustentabilidade, o mercado "ainda recua quando se trata de questionar a essência do que move a sociedade do descartável",[31] de modo que a lógica continua a mesma: consuma!

4. A publicidade direcionada à criança nas escolas: o discurso do consumo sustentável *versus* o estímulo ao consumismo infantil

Atualmente, é possível encontrar diversas ações de comunicação mercadológica desenvolvidas por empresas dentro do ambiente escolar, sendo que algumas delas foram endereçadas a órgãos de defesa do direito de crianças e consumidores, como Procons estaduais e municipais, Ministérios Públicos estaduais e federais, Defensorias Públicas, Senacon/MJ, entre outros.

Muitas dessas ações foram e são realizadas por empresas do ramo alimentício, as quais desenvolvem conteúdos e atividades com viés publicitário, maquiadas de ações de educação ambiental e consumo sustentável, para conversar com as crianças e apresentar a esse público suas marcas e os produtos por elas fabricados.

Em outras palavras, utilizam o discurso do consumo verde como ferramenta velada para fazer publicidade à criança e estimular o consumismo infantil.

Como exemplo, a empresa de laticínios que, em parceria com a de embalagens cartonadas, desenvolve concurso cultural[32] voltado a crianças dos 2º e 3º anos do ensino fundamental, convocando os alunos participantes a criar um brinquedo com materiais recicláveis e embalagens cartonadas vazias.[33] Os finalistas ganhariam uma bicicleta e uma mochila contendo produtos da linha infantil da marca, e a criança criadora do brinquedo vencedor teria, ainda, a transformação de um dos espaços de sua escola, no valor de 18 mil reais.

Como forma de ampliar a divulgação do concurso, a empresa realizou visitas em escolas, com apresentação de peça de teatro infantil sobre coleta seletiva, oficina com embalagens e materiais recicláveis, presença da mascote da marca e distribuição de produtos às crianças.

Há, também, os *shows* do palhaço símbolo de uma rede de lanchonetes[34] em instituições de ensino infantil e fundamental, públicas e privadas, em diversas cidades do país. A personagem, conhecida das crianças, fala, entre outros temas, sobre coleta seletiva e preservação do meio ambiente.

---

[31] CRUZ, op. cit., p. 13.

[32] Lacticínios Tirol Ltda. – Linha Tirol Carrossel (fevereiro/2016). Disponível em: <http://criancaeconsumo.org.br/acoes/lacticinios-tirol-ltda-linha-tirol-carrossel/>. Acesso em 7.8.2017.

[33] Em vídeo disponível no *site* do concurso, a embalagem do achocolatado da linha infantil Tirolzinho é apontada como "um exemplo de embalagem cartonada que pode ser utilizado na construção do seu brinquedo". Disponível em: <http://www.tirolzinhotransforma.com.br/>. Acesso em 7.8.2017.

[34] Arcos Dourados Comércio de Alimentos Ltda. (Mc Donald's) – Show do Ronald (agosto/2013). Disponível em: <http://criancaeconsumo.org.br/acoes/arcos-dourados-comercio-de-alimentos-ltda-show-do-ronald-mcdonald/>. Acesso em 7.8.2017.

E, por fim, a empresa de refrescos em pó que incentivava o recolhimento e envio de embalagens dos produtos da marca para a produção de instrumentos musicais e outros objetos, como estojos e mochilas, que comporiam a loja virtual e poderiam ser resgatados pelas crianças participantes da ação. Além disso, a marca desenvolveu competição fundamentada no tema da reciclagem entre instituições de ensino públicas de determinada comunidade, pela qual as escolas deveriam somar pontos por meio da coleta de material reciclável, dos Jogos Olímpicos que ocorreriam nas comunidades com os alunos e da contribuição no *site* da marca por meio de atividades propostas pela marca. A escola vencedora de cada comunidade ganharia a reforma na quadra poliesportiva da escola.[35]

Para divulgar o impacto dessa competição entre escolas, a marca disponibilizou vídeo na plataforma YouTube,[36] no qual apresentava, em números aproximados, que foram recolhidas 310 toneladas de materiais recicláveis, sendo 1,5 milhão de embalagens de refresco em pó, e que 500 mil crianças participaram da ação de algum modo.

Nota-se que se trata de verdadeiras ações publicitárias dirigidas ao público infantil dentro do ambiente escolar, geralmente realizadas sem a ciência e concordância dos responsáveis, as quais são camufladas de ações de educação ambiental e coleta seletiva, ou projetos de responsabilidade ambiental.

Ora, qual é o incentivo à sustentabilidade quando se propõe a uma criança participar de uma competição de quem recolhe mais o mesmo tipo de material, ou uma brincadeira de reciclagem de embalagens na qual ela precisaria, primeiro, comprar o produto para, depois, usar a embalagem dele?

Assim, como ensinar às crianças noções sobre coleta seletiva e reciclagem se elas são, desde o berço e dentro das próprias escolas, incentivadas a consumir? Nesse tipo de ações como as citadas, há um claro estímulo ao consumo dos produtos fabricados pelas marcas, e não à formação de cidadãos conscientes e preocupados com o meio ambiente.

É evidente que a questão ambiental deve ser enfrentada como um problema que afeta o presente e o futuro da humanidade. Contudo, para que haja uma mudança concreta nesse sentido, é preciso superar a noção de responsabilidade individual do consumidor. A transformação, portanto, depende de uma mobilização interdisciplinar entre o poder público, as corporações, a sociedade civil e a população em geral, incluindo as crianças.

As atividades citadas sobre consumo sustentável, promovidas por marcas dentro das escolas, além de serem ações de *marketing* direcionadas ao público infantil, limitam-se às noções de reciclagem e coleta seletiva, mas nada falam sobre os outros "Rs": reduzir, repensar, reaproveitar e recusar.

---

[35] Kraft Foods Brasil S.A. (Mondelez Brasil Ltda.) – Olimpíadas de Reciclagem e Esquadrão Verde Tang (janeiro/2014). Disponível em: <http://criancaeconsumo.org.br/acoes/kraft-foods-olimpiadas-de-reciclagem-e-esquadrao-verde-tang/>. Acesso em 7.8.2017.

[36] *Esquadrão Verde Tang – Olimpíadas de Reciclagem*. Disponível em: <https://www.youtube.com/watch?v=tKtG8cYqRgs>. Acesso em 7.8.2017.

Dessa forma, as crianças não estão sendo ensinadas a repensar o consumo e os impactos de suas escolhas no meio ambiente, mas, sim, são levadas a aderir à lógica de que é delas, enquanto futura geração, a responsabilidade de salvar o planeta por meio da escolha de uma marca em detrimento de outra.

Além disso, convém ressaltar que, quando produtos são anunciados dentro de instituições de ensino, há uma mensagem implícita a essas crianças de que os professores e a escola aprovam aquele produto e que, dentro dessa concepção de consumo verde, a marca que está dentro do ambiente escolar, realizando uma atividade sobre coleta seletiva e reciclagem de resíduos, seria ambientalmente mais responsável que outras.

Sob esse enfoque, as crianças são levadas a preferir a marca "ambientalmente responsável" com que tiveram contato na escola por meio de uma brincadeira, competição ou atividade educativa, mas não a avaliar a necessidade de um produto antes de adquiri-lo, repensar o consumo ou ponderar sobre de onde as coisas vêm, quem as produz, do que são feitas, o que acontece quando são descartadas e qual o impacto disso no meio ambiente, tampouco a noção de que os recursos do planeta são finitos e interdependentes.

5. Abusividade e ilegalidade do direcionamento de publicidade à criança dentro do ambiente escolar

A escola deve ser compreendida como um espaço privilegiado para a formação de valores, a conformação de aspectos mais ou menos permanentes da personalidade que individualizam as crianças em desenvolvimento, a criação de desejos, entre outros. Sendo assim, a escola deveria ser isenta de apelos do mercado, pois a entrada de empresas comerciais externas ao cotidiano das crianças pela via da publicidade, prejudica a autonomia político-pedagógica dos estabelecimentos de ensino e impede que elas sejam capazes de diferenciar o momento de aprendizagem da comunicação mercadológica realizada.

Nesse sentido, a psicóloga Rosely Sayão pontua que o papel da escola deveria ser o de permitir aos alunos o desenvolvimento do senso crítico, e não a transmissão de valores consumistas:

> Cabe à escola, na formação cidadã de seus alunos, usar o conhecimento para que eles, em meio a tantas ofertas e pressão para o consumo desenfreado, possam fazer escolhas conscientes, bem informadas e críticas.
>
> E é bom saber que as escolas, quer queiram ou não, formam cidadãos, principalmente no "currículo oculto", ou seja, aquilo que é ensinado pelas atitudes tomadas, como essas de nossos exemplos.
>
> Os mais novos não vão a escola para satisfazer os pais, deixá-los orgulhosos ou para aprender a consumir. O mundo já se encarrega desse último item, muito bem por sinal.
>
> Eles vão a escola para, por meio do conhecimento, entender melhor o mundo, desenvolver senso crítico e ser capazes de pensar de modo diferente de seus pais. É justamente isso que possibilita que o mundo mude, não é verdade? Ou queremos que eles vivam como seus pais?
>
> Se, no entanto, a escola não pensar minuciosamente naquilo que ensina de todas as formas, ficará submetida a várias ideologias, principalmente a do consumo. É isso que queremos para os mais novos? (grifos nossos).

Por meio de ações de comunicação mercadológica mascaradas de atividades de educação ambiental, por exemplo, constrói-se na criança um sentimento positivo com relação à marca, que será reencontrada muitas outras vezes por ela em outros espaços e meios de comunicação, gerando impactos em suas memórias, escolha, fidelidade e preferências.

As crianças, como já demonstrado, são pessoas em peculiar fase de desenvolvimento físico, cognitivo e psíquico, o que as torna hipervulneráveis nas relações de consumo e frente às mensagens publicitárias. Diante disso, a legislação brasileira é bastante rigorosa e protetiva contra as ações de comunicação mercadológica voltadas ao público infantil ao definir como abusiva e, portanto, ilegal a publicidade direcionada à criança, por abusar da deficiência de seu julgamento e experiência.

Essa proibição da publicidade direcionada à criança, ainda que as marcas insistam nessa prática antiética e irresponsável, abrange todos os produtos e serviços ofertados, assim como todos os espaços e meios de comunicação que atinjam a criança, inclusive a escola. Tal proibição decorre da interpretação sistemática da Constituição Federal (CF), do Estatuto da Criança e do Adolescente (ECA), da Convenção das Nações Unidas sobre os Direitos das Crianças, do Código de Defesa do Consumidor (CDC) e da Resolução nº 163 de 2014 do Conselho Nacional dos Direitos da Criança e do Adolescente (Conanda).

O artigo 227 da Constituição Federal estabelece ser dever da família, da sociedade e do Estado assegurar, com absoluta prioridade, à criança, os direitos à vida, à saúde, à alimentação, à educação, ao lazer, à profissionalização, à cultura, à dignidade, ao respeito, à liberdade e à convivência familiar e comunitária.

A Convenção sobre os Direitos das Crianças, internalizada no Brasil por meio do Decreto nº 99.710/1989, determina que o tratamento jurídico dispensado a crianças seja definido pelos parâmetros de direitos humanos e da proteção integral. No mesmo sentido, o ECA garante a prioridade absoluta dos direitos das crianças, seu melhor interesse e proteção integral.

A regulamentação da publicidade no ordenamento jurídico brasileiro é feita pelo CDC e pela Resolução nº 163 do Conanda. O código consumerista, no tocante ao público infantil, em seu artigo 37, § 2º, define como abusiva e, portanto, ilegal toda publicidade que se aproveita da deficiência de julgamento e experiência da criança. O artigo 36 determina que toda publicidade deve ser facilmente identificável, e o artigo 39, inciso IV, proíbe práticas de fornecedores que buscam convencer o consumidor valendo-se de suas fraquezas ou ignorância em razão de sua idade.

Por fim, a Resolução nº 163 do Conanda, com o objetivo de complementar o Código de Defesa do Consumidor e reforçar o caráter de ilegalidade da publicidade direcionada ao público infantil, definiu critérios para a identificação das estratégias de publicidade e comunicação mercadológica direcionadas a crianças diante de um caso concreto a partir da fixação de elementos típicos, como linguagem infantil, excesso de cores, personagens infantis, animações, campeonatos, promoções e ofertas de brindes colecionáveis, entre outros.

A Resolução ainda dispõe, especificamente, a respeito da publicidade desenvolvida no ambiente escolar, reforçando que é "abusiva a publicidade e comunicação mercadológica no interior de creches e das instituições escolares da educação infantil e fundamental".

Não é por outra razão que as ações publicitárias desenvolvidas dentro do ambiente escolar vêm chamando a atenção de diversos órgãos e instituições nos planos internacional e nacional, os quais recomendam a proibição por completo da comunicação mercadológica dirigida à criança dentro do ambiente escolar.

No âmbito internacional, destaca-se o relatório[37] da Organização das Nações Unidas (ONU), produzido pela Relatora Especial no campo dos Direitos Culturais Farida Shaheed e aprovado na Sexagésima-Nona Sessão da Assembleia Geral das Nações Unidas em outubro de 2014, que aborda o tema do impacto das práticas de publicidade e de *marketing* comercial no gozo dos direitos culturais, com foco especial sobre a liberdade de pensamento, de opinião e de expressão, a diversidade cultural, os direitos das crianças, educação e lazer, liberdade artística e acadêmica e o direito de participar da vida cultural e de desfrutar das artes.

O texto recomenda que legislação, regulamentações e políticas adotadas pelos Estados e autoridades locais "proíbam toda a publicidade comercial em escolas públicas e privadas, garantindo que os currículos sejam independentes de interesses comerciais", "identifiquem outros espaços que devam ser completamente, ou especialmente, protegidos, tais como (...) creches, (...) parques infantis (...)", "proíbam todas as formas de publicidade para crianças com menos de 12 anos de idade, independentemente do meio, suporte ou instrumento utilizado (...), e proíbam a prática de embaixadores de marcas infantis".

No Brasil, também são claras as atuações de diversos órgãos do Poder Público contrários à apropriação do espaço escolar pelas marcas, que, em linhas gerais, produziram documentos que reforçam a legislação vigente e demonstram a ilegalidade do desenvolvimento de ações com marcas e comunicação mercadológica dirigidas a crianças dentro das escolas: (i) Ministério da Educação (Nota Técnica 21/2014/CGDH/DPEDHC/SECADI/MEC);[38] (ii) Ministério Público Federal (Recomendações 66/2014[39] e 67/2014[40]); (iii) Ministério Público do Estado de São Paulo (Nota Técnica – Publicidade em Escolas[41]); e

---

[37] SHAHEED, Farida. *Relatório sobre o impacto do marketing na fruição dos direitos culturais*. Organização das Nações Unidas, 2014. Disponível em: <http://criancaeconsumo.org.br/wp-content/uploads/2014/02/RELATORIO_FARIDA_ONU.pdf>. Acesso em 7.8.2017.

[38] Nota Técnica nº 21/2014/CGDH do Ministério da Educação, 2014. Disponível em: <http://criancaeconsumo.org.br/wp-content/uploads/2013/08/Nota-T%C3%A9cnica-MEC.pdf>. Acesso em 7.8.2017.

[39] Recomendação nº 66/2017, do Ministério Público Federal. Disponível em: <http://criancaeconsumo.org.br/wp-content/uploads/2013/08/ArcosDourados_Recomenda%C3%A7%C3%A3o66_2014.pdf>. Acesso em 7.8.2017.

[40] Recomendação nº 67/2017, do Ministério Público Federal Disponível em: <http://criancaeconsumo.org.br/wp-content/uploads/2013/08/ArcosDourados_Recomenda%C3%A7%C3%A3o67_2014.pdf>. Acesso em 27.9.2016.

[41] Nota Técnica sobre Publicidade em Escolas, do CAO Consumidor – Centro de Apoio Operacional Cível e de Tutela Coletiva, do Ministério Público do Estado de São Paulo, 2015. Disponível em: <http://criancaeconsumo.org.br/wp-content/uploads/2014/02/Nota-tecnica_publi-em-escolas.pdf>. Acesso em 7.8.2017.

(iv) Secretaria Nacional do Consumidor do Ministério da Justiça (Nota Técnica nº 3/2016/CGEMM/DPDC/ SENACON[42]).

Por fim, convém destacar que, no âmbito legislativo municipal e estadual, existem normas que reforçam a proibição da publicidade infantil, inclusive no ambiente escolar. Em Sorocaba, interior de São Paulo, a Lei Municipal nº 10.922/2014 proíbe "toda a comunicação mercadológica dirigida ao público infantil no interior de instituições escolares da rede pública municipal de ensino".[43] No Distrito Federal, o Decreto nº 36900/2015 estabelece diretrizes para a promoção da alimentação saudável nas escolas públicas e privadas. No artigo 4º, a norma estabelece a proibição da exposição, no ambiente escolar, "de qualquer tipo de material publicitário sobre alimentos não saudáveis",[44] como balas, refrigerantes, biscoitos recheados, refrescos artificiais e salgadinhos industrializados. Por fim, em 2016, foi aprovada, no Estado da Bahia, a Lei Estadual nº 13.582, proibindo a publicidade dirigida a crianças "de alimentos e bebidas pobres em nutrientes e com alto teor de açúcar, gorduras saturadas ou sódio", no rádio e na televisão, no período compreendido entre 6 e 21 horas, "e em qualquer horário nas escolas públicas e privadas".[45]

Considerações finais

A despeito de a legislação vigente no país ser suficiente para proteger o público infantil dos abusos do mercado publicitário, abrangendo todos os produtos e serviços ofertados, assim como todos os meios de comunicação e espaços de convivência, as crianças, atualmente, estão expostas a uma enorme quantidade de publicidade e ações de comunicação mercadológica a elas dirigidas, inclusive no ambiente escolar.

No entanto, é evidente que empresas têm utilizado as crianças para manter a lógica do sistema econômico vigente e, assim, vender mais e, como consequência, aumentar os lucros. Nesse sentido, desenvolvem ações de comunicação mercadológica dentro do ambiente escolar, camufladas de ações educativas, com o intuito de atrair e conquistar esse público, transformando-os em consumidores fiéis.

Para tanto, diante do surgimento do chamado "consumo verde" e da consequente responsabilização do indivíduo de salvar o planeta a partir de suas escolhas de consumo, as marcas enxergaram uma oportunidade para, baseadas na bandeira da sustentabilidade, direcionar publicidade abusiva à criança dentro do ambiente escolar.

---

[42] Nota Técnica nº 3/2016/CGEMM/DPDC/SENACON da Secretaria Nacional do Consumidor, 2016. Disponível em: <http://www.justica.gov.br/seus-direitos/consumidor/notas-tecnicas/anexos/nt-003-2016.pdf>. Acesso em 7.8.2017.

[43] Disponível em: <http://criancaeconsumo.org.br/lei10922-2014/>. Acesso em 7.8.2017.

[44] Disponível em: <http://criancaeconsumo.org.br/noticias/df-reforca-proibicao-de-publicidade-nas-escolas/>. Acesso em 7.8.2017.

[45] Disponível em: <http://criancaeconsumo.org.br/noticias/bahia-regulamenta-publicidade-de-alimentos-para-criancas/>. Acesso em 7.8.2017.

Nesse cenário, é de suma importância a sensibilização da sociedade sobre o tema, o que inclui as empresas e a população em geral, para garantir eficácia à legislação existente que protege as crianças da publicidade a ela dirigida.

Além disso, é imprescindível a adoção de políticas públicas que visem a debater o tema do consumo verde com profundidade, e não apenas sob a ótica individual, de modo a estimular não só a formação de cidadãos que consumam de maneira mais consciente e ponderem sobre a necessidade de consumir ou não, ao invés de se debruçarem sobre a escolha da marca que melhor represente a imagem do consumo sustentável, mas, principalmente, de forma a compelir as empresas a repensarem seus meios de produção e distribuição e a própria obsolescência programada.

Afinal, a sociedade de hiperconsumo vigente e a lógica do crescimento incessante dos lucros são evidentemente não sustentáveis para as empresas, tendo em vista a finitude dos recursos naturais que sustentam o sistema.

Referências bibliográficas

ALVAREZ, Ana Maria B. M. [et al.]. *Publicidade e proteção da infância*. Porto Alegre: Livraria do Advogado, 2014.

ARCOS Dourados Comércio de Alimentos Ltda. (Mc Donald's) – Show do Ronald (agosto/2013). Disponível em: <http://criancaeconsumo.org.br/acoes/arcos-dourados-comercio-de-alimentos-ltda-show-do-ronald-mcdonald/>. Acesso em 7.8.2017.

BAUMAN, Zygmunt. *Vida para consumo*: a transformação das pessoas em mercadoria. Rio de Janeiro: Zahar, 2008.

BJURSTRÖM, Erling. Children and Television Advertising. SwedishConsumerAgency, 1994. Disponível em: <http://criancaeconsumo.org.br/wp-content/uploads/1994/02/A-crianca-e-a-propaganda-na-TV.pdf>. Acesso em 7.8.2017.

CONSELHO FEDERAL DE PSICOLOGIA. *Contribuição da Psicologia para o fim da publicidade dirigida à criança*. 2008. Disponível em: <http://criancaeconsumo.org.br/wp-content/uploads/2017/02/Contribui%C3%A7%C3%A3o-da-Psicologia-para-o-fim-da-publicidade.pdf>. Acesso em 7.8.2017.

CRUZ, Lucia S. Utopias em Consumo. V ENEC – Encontro Nacional de Estudos do Consumo – Tendências e ideologias do consumo no mundo contemporâneo. Rio de Janeiro. Disponível em: <http://www.estudosdoconsumo.com.br/artigosdoenec/1.1.3-Santa_Cruz_-_Utopias_em_Consumo.pdf>. Acesso em 7.8.2017.

ESQUADRÃO Verde Tang – Olimpíadas de Reciclagem. Disponível em: <https://www.youtube.com/watch?v=tKtG8cYqRgs>. Acesso em 7.8.2017.

FONTENELLE, Isleide Arruda. *Cultura do consumo: fundamentos e formas contemporâneas*. Rio de Janeiro: Editora FGV, 2017.

INTERSCIENCE – Informação e Tecnologia Aplicada. *Como atrair o Consumidor Infantil, atender expectativas dos pais e ainda, ampliar as vendas*.2003. Disponível em: <http://criancaeconsumo.org.br/wp-content/uploads/2014/02/Doc-09-Interscience.pdf>. Acesso em 7.8.2017.

KRAFT Foods Brasil S.A. (Mondelez Brasil Ltda.) – Olimpíadas de Reciclagem e Esquadrão Verde Tang (janeiro/2014). Disponível em: <http://criancaeconsumo.org.br/acoes/kraft-foods-olimpiadas-de-reciclagem-e-esquadrao-verde-tang/>. Acesso em 7.8.2017.

LACTICÍNIOS Tirol Ltda. – Linha Tirol Carrossel (fevereiro/2016). Disponível em: http://criancaeconsumo.org.br/acoes/lacticinios-tirol-ltda-linha-tirol-carrossel/. Acesso em 7.8.2017.

LINN, Susan. *Crianças do consumo*: a infância roubada. Tradução Cristina Tognelli. São Paulo: Instituto Alana, 2006.

NOTA TÉCNICA sobre Publicidade em Escolas, do CAO Consumidor – Centro de Apoio Operacional Cível e de Tutela Coletiva, do Ministério Público do Estado de São Paulo, 2015. Disponível em: <http://criancaeconsumo.org.br/wp-content/uploads/2014/02/Nota-tecnica_publi-em-escolas.pdf>. Acesso em 7.8.2017.

NOTA TÉCNICA nº 3/2016/CGEMM/DPDC/SENACON da Secretaria Nacional do Consumidor, 2016. Disponível em: <http://www.justica.gov.br/seus-direitos/consumidor/notas-tecnicas/anexos/nt-003-2016.pdf>. Acesso em 7.8.2017.

NOTA TÉCNICA nº 21/2014/CGDH do Ministério da Educação, 2014. Disponível em: <http://criancaeconsumo.org.br/wp-content/uploads/2013/08/Nota-T%C3%A9cnica-MEC.pdf>. Acesso em 7.8.2017.

OBSOLESCÊNCIA Programada. Disponível em: <https://www.youtube.com/watch?v=24CM4g8V6w8>. Acesso em 7.8.2017.

PORTILHO, Fátima. Consumo sustentável: limites e possibilidades de ambientalização e politização das práticas de consumo. Cadernos EBAPE.BR – Edição Temática 2005. Disponível em: <http://www.scielo.br/pdf/cebape/v3n3/v3n3a05>. Acesso em 7.8.2017.

PRINTES, Christian. Um mal a ser combatido: a obsolescência programada. Idec – Instituto Brasileiro de Defesa do Consumidor, 2012. Disponível em: https://www.idec.org.br/em-acao/artigo/um-mal-a-ser-combatido-a-obsolescencia-programada. Acesso em 7.8.2017.

RECOMENDAÇÃO nº 66/2017, do Ministério Público Federal. Disponível em: <http://criancaeconsumo.org.br/wp-content/uploads/2013/08/ArcosDourados_Recomenda%C3%A7%C3%A3o66_2014.pdf>. Acesso em 7.8.2017.

RECOMENDAÇÃO nº 67/2017, do Ministério Público Federal Disponível em: <http://criancaeconsumo.org.br/wp-content/uploads/2013/08/ArcosDourados_Recomenda%C3%A7%C3%A3o67_2014.pdf>. Acesso em 27.9.2016.

SHAHEED, Farida. *Relatório sobre o impacto do marketing na fruição dos direitos culturais*. Organização das Nações Unidas, 2014. Disponível em: <http://criancaeconsumo.org.br/wp-content/uploads/2014/02/RELATORIO_FARIDA_ONU.pdf>. Acesso em 7.8.2017.

SILVA, Ana Beatriz B. *Mentes consumistas: do consumismo à compulsão por compras*. São Paulo:Globo, 2014.

SOUZA JÚNIOR, J. E. G.; FORTALEZA, C. H. G.; MACIEL, J. C. Publicidade infantil: o estímulo à cultura de consumo e outras questões. In: Infância e Consumo: estudos no campo da comunicação. Brasília, 2009.

— XI —

Publicidad de alimentos dirigida a niños y niñas en Argentina: protección de consumidores e implicancias de las obligaciones de derechos humanos

JUAN CARBALLO

Abogado, Universidad Nacional de Córdoba. Máster en Derecho, Georgetown University.
juanmcarballo@gmail.com.

GIANELLA SEVERINI

Abogada, Universidad Nacional de Córdoba.
gianeseverini@gmail.com

Sumario: Introducción; 1. Regulación de la publicidad en general; 2. Regulación de la publicidad dirigida a niños y niñas; 2.1. La publicidad dirigida a niñas y niños y la autorregulación; 3. La regulación de la publicidad de alimentos en Argentina; 4. Prácticas en publicidad de alimentos dirigida a niños y niñas; 5. Obligaciones vinculadas al derecho humano a la salud y a la alimentación adecuada y las recomendaciones de organismos internacionales; Reflexiones finales.

Introducción

En América Latina y el Caribe se observa un rápido incremento en la prevalencia del sobrepeso y la obesidad que afecta a la población más allá de su país de origen, condición económica y origen étnico.[1] Según la Organización Mundial de la Salud (OMS) el sobrepeso y la obesidad en niños y niñas constituye uno de los principales problemas de salud pública del siglo XXI. La obesidad infantil es una problemática con graves consecuencias sanitarias y económicas que perjudica cada vez más a los países de bajos y medianos ingresos.[2] Los niños y niñas con sobrepeso u obesidad tienen alta probabilidad de seguir siendo obesos cuando alcancen la edad adulta y mayor riesgo de padecer enfermedades crónicas no transmisibles.

---

[1] Organización de las Naciones Unidas para la Alimentación y la Agricultura; Organización Mundial de la Salud; Organización Panamericana de la Salud (2017): *América Latina y el Caribe, PANORAMA DE LA SEGURIDAD ALIMENTARIA Y NUTRICIONAL. Sistemas alimentarios sostenibles para poner fin al hambre y la malnutrición*, Santiago (http://www.fao.org/3/a-i6747s.pdf) (Fecha de consulta: 1 de diciembre de 2017).

[2] Organización Mundial de la Salud (2016): *Información de la Comisión para acabar con la obesidad infantil* (http://apps.who.int/iris/bitstream/10665/206450/1/9789243510064_spa.pdf) (Fecha de consulta: 1 de diciembre de 2017).

En la actualidad existen alrededor de 42 millones de niños y niñas con sobrepeso, de los cuales más del 80% viven en países en desarrollo. La región de América Latina tiene una de las prevalencias más altas con un 20 y 25% de niños y adolescentes.[3] En los niños de 6 a 11 años las tasas varían desde el 15% en Perú[4] hasta 34,4% en México[5] y en adolescentes de 17% en Colombia[6] a 35% en México.

Según datos de 2010 de la Base de Datos Global sobre Crecimiento Infantil y Malnutrición de la OMS, Argentina presenta el mayor porcentaje de obesidad infantil en niños y niñas menores de cinco años en la región de América Latina con un 7,3% de prevalencia. A su vez, en la Encuesta Mundial de Salud Escolar realizada en el año 2012,[7] el sobrepeso y obesidad fueron de 28,6% y 5,9%, registrándose un crecimiento en ambos indicadores respecto de la misma encuesta efectuada en el 2007 (sobrepeso 24,5% y obesidad 4,4%). La encuesta también evidenció que en Argentina los niños y las niñas de menor nivel socioeconómico tienen un 30% mayor chance de tener sobrepeso, lo cual corrobora la tendencia mundial que muestra que la obesidad es un problema de la pobreza, y que son precisamente estos sectores sociales los que enfrentan la doble carga de la enfermedad: desnutrición y obesidad.

Las causas que subyacen al sobrepeso y la obesidad son multidimensionales: la alimentación es producto de un conjunto de factores sociales, económicos y culturales que se ven influidos por la disponibilidad, el costo y la variedad de alimentos, junto con la costumbre, las creencias y la información a la que se accede sobre hábitos alimentarios, entre otros. Los sistemas alimentarios actuales, en los cuales predomina la producción y la elaboración industrial junto con estrategias de mercadotecnia, fomentan hábitos alimentarios poco saludables y crean dependencia de alimentos elaborados y poco nutritivos.[8]

La publicidad de alimentos influye directamente en los patrones de consumo y pedidos de compra de los niños y niñas y a su vez naturaliza el consumo de ciertos productos que son perjudiciales para la salud. Por esta razón, la regulación de la publicidad y en especial aquella dirigida a niños y niñas cum-

---

[3] Rivera JA; González de Cossio T; Pedraza LS; Aburto TC;Sánchez TG; Martorell Reynaldo (2014): Childhood and adolescent overweight and obesity in Latin America: a systematic review, *The Lancet Diabetes-Endocrinology*; Volume 2, Issue 4, P. 321-332 (http://dx.doi.org/10.1016/S2213-8587(13)70173-6) (Fecha de consulta: 1 de diciembre de 2017).

[4] Instituto Nacional de Estadística e Informática (2008): *Encuesta Nacional de Hogares 2008*, Perú (http://www.inei.gob.pe/biblioteca-virtual/boletines/condiciones-de-vida/3/) (Fecha de consulta: 1 de diciembre de 2017)

[5] Instituto Nacional de Salud Pública (2012): *Encuesta nacional de salud y nutrición. Cuernavaca*, México. (http://ensanut.insp.mx) (Fecha de consulta: 1 de diciembre de 2017).

[6] Instituto Colombiano de Bienestar Familiar (2010): *ENSIN – Encuesta nacional de situación nutricional en Colombia*, Colombia. (http://www.icbf.gov.co/portal/page/portal/PortalICBF/bienestar/nutricion/ensin) (Feha de consulta: 1 de diciembre de 2017).

[7] Ministerio de Salud de la Nación (2012): *Encuesta Mundial de Salud Escolar*, Argentina (http://www.msal.gob.ar/ent/images/stories/vigilancia/pdf/2014-09_informe-EMSE-2012.pdf) (Fecha de consulta: 1 de diciembre de 2017).

[8] Relatora Especial sobre el Derecho a la Alimentación de Naciones Unidas (2016): *Informe provisional de la Relatora Especial sobre el Derecho a la Alimentación, Sra. Hilal Elver*, Ginebra (http://www.ohchr.org/EN/Issues/Food/Pages/Annual.aspx)(Fecha de consulta: 1 de diciembre de 2017).

ple un rol esencial en la protección del derecho a la salud y en particular para garantizar el derecho a una alimentación adecuada.[9]

A continuación se analizará el marco normativo argentino respecto a la publicidad de alimentos dirigida a niños y niñas siguiendo cuatro pasos principales. En primer lugar se presentará la regulación de la publicidad en general. Luego, se analizará la regulación específica para la publicidad dirigida a niños y niñas. Seguidamente, se presentará la regulación de la publicidad de alimentos. En tercer lugar, las prácticas en publicidad de alimentos dirigida a niños y niñas. Por último, se presentarán las obligaciones vinculadas al derecho humano a la salud y a la alimentación adecuada junto con las recomendaciones de organismos internacionales. Siguiendo esa línea, las reflexiones finales incluyen recomendaciones tendientes a promover una política de restricción de la publicidad de alimentos no saludables dirigida a niños y niñas en Argentina.

1. Regulación de la publicidad en general

La publicidad de productos y servicios influye directamente en los patrones de consumo en una sociedad. En ciertas ocasiones la publicidad induce al consumo de ciertos productos y servicios a través de la exageración de las virtudes y/o de características inexistentes. Por esta razón, el Código Civil y Comercial Argentino[10] regula de manera específica la información y la publicidad dirigida a los consumidores y establece determinadas reglas de alcance general para cualquier regulación que involucre aspectos relativos a la publicidad para el consumo.

Según ese código, el proveedor se encuentra obligado a proporcionar información clara y detallada de los bienes y servicios que ofrece, de modo que el consumidor forme razonablemente un juicio de valor sobre éstos (artículo 1100). En este sentido, la Ley de Defensa del Consumidor n° 24240[11] también establece la necesidad de suministrar información cierta, clara y detallada.[12]

A su vez, el consumidor se encuentra protegido de aquellas publicidades carentes de veracidad que inducen a celebrar contratos que, de contar con información veraz, no habría concluido. De este modo, el artículo 1101 prohíbe la publicidad engañosa:

ARTÍCULO 1101. Publicidad. Está prohibida toda publicidad que:

a) contenga indicaciones falsas o de tal naturaleza que induzcan o puedan inducir a error al consumidor, cuando recaigan sobre elementos esenciales del producto o servicio;

---

[9] Organización Mundial de la Salud (2010): *Conjunto de de recomendaciones sobre la promoción de alimentos y bebidas no alcohólicas dirigidas a los niños*, Ginebra (http://apps.who.int/iris/bitstream/10665/44422/1/9789243500218_spa.pdf) (Fecha de consulta: 1 de diciembre de 2017).

[10] Código Civil y Comercial Argentino (http://servicios.infoleg.gob.ar/infolegInternet/anexos/235000-239999/235975/norma.htm) (Fecha de consulta: 1 de diciembre de 2017).

[11] Ley de Defensa del Consumidor N° 24.240 (http://servicios.infoleg.gob.ar/infolegInternet/anexos/0-4999/638/texact.htm) (Fecha de consulta: 1 de diciembre de 2017).

[12] Artículo 4 de la ley de defensa del consumidor n° 24.240.

b) efectúe comparaciones de bienes o servicios cuando sean de naturaleza tal que conduzcan a error al consumidor;

c) sea abusiva, discriminatoria o induzca al consumidor a comportarse de forma perjudicial o peligrosa para su salud o seguridad.

El artículo establece la prohibición en tres supuestos. En primer lugar, prohíbe aquella publicidad que contenga falsedades que induzcan o puedan inducir a error al consumidor cuando recaigan sobre elementos esenciales del producto o del servicio. Se trata del caso en el que se exageran algunas virtudes reales o supuestas de un producto o se silencian otras. Por ejemplo, el supuesto de alimentos que contengan información nutricional complementaria en su etiquetado que no sea certera ("alto contenido de fibra y bajo de grasa" y no lo es). Por otro lado, se prohíbe la publicidad que formule comparaciones que conduzcan al consumidor a obrar con error, de modo que identifique al producto o servicio de manera inexacta. En último lugar, alude a la publicidad abusiva que incluye aquella que induce al consumidor a comportarse de modo perjudicial o peligroso para su salud o seguridad personal.

La Ley de Lealtad Comercial n° 22802[13] también regula la publicidad engañosa y lo hace en los siguientes términos:

ARTICULO 9º Queda prohibida la realización de cualquier clase de presentación, de publicidad o propaganda que mediante inexactitudes u ocultamientos pueda inducir a error, engaño o confusión respecto de las características o propiedades, naturaleza, origen, calidad, pureza, mezcla, cantidad, uso, precio, condiciones de comercialización o técnicas de producción de bienes muebles, inmuebles o servicios.

Asimismo, la Ley de Servicios de Comunicación Audiovisual n° 26.522[14] contiene una definición de publicidad específicamente aplicable a esos medios. De acuerdo a esa ley, publicidad es "toda forma de mensaje que se emite en un servicio de comunicación audiovisual a cambio de una remuneración o contraprestación similar, o bien con fines de autopromoción, por parte de una empresa pública o privada o de una persona física en relación con una actividad comercial industrial, artesanal o profesional con objeto de promocionar, a cambio de una remuneración, el suministro de bienes o prestación de servicios, incluidos bienes, inmuebles, derechos y obligaciones". A su vez, define la publicidad no tradicional como "toda forma de comunicación comercial audiovisual consistente en incluir o referirse a un producto, servicio o marca comercial de manera que figure en un programa, a cambio de una remuneración o contraprestación similar."

A modo genérico, respecto a la emisión de publicidad de productos y servicios, esta Ley establece reglas, marca principios y fija autoridades. El artículo 3 establece los principios de "la defensa de la persona humana y el respeto a los derechos personalísimos" y "la actuación de los medios de comunicación en base a principios éticos".

---

[13] Ley de Lealtad Comercial n° 22.802 (http://servicios.infoleg.gob.ar/infolegInternet/anexos/15000-19999/19946/texact.htm) (Fecha de consulta: 1 de diciembre de 2017).

[14] Ley de Servicios de Comunicación Audiovisual n° 26.522 (http://servicios.infoleg.gob.ar/infolegInternet/anexos/155000-159999/158649/norma.htm) (Fecha de consulta: 1 de diciembre de 2017).

2. Regulación de la publicidad dirigida a niños y niñas

La regulación de la publicidad en general es complementada por aquella que establece principios de protección específicos para niños y niñas. La normativa argentina presenta algunas restricciones en la Ley de Servicios de Comunicación Audiovisual nº 26.522.

En primer lugar la ley establece un horario de protección al menor desde las 6.00 y hasta las 22.00 durante el cual los contenidos de la programación, sus avances y publicidad deben ajustarse a ciertas condiciones establecidas por la ley en pos de la protección de la niñez y evitando la emisión de contenidos delicados.

Asimismo, la ley establece algunas previsiones para la emisión de publicidad que incluyen que los avisos publicitarios "no importarán discriminaciones de raza, etnia, género, orientación sexual, ideológicos, socio-económicos o nacionalidad, entre otros; no menoscabarán la dignidad humana, no ofenderán convicciones morales o religiosas, no inducirán a comportamientos perjudiciales para el ambiente o la salud física y moral de los niños, niñas y adolescentes".[15] También especifica que la publicidad que "estimule el consumo de bebidas alcohólicas o tabaco o sus fabricantes sólo podrá ser realizada de acuerdo con las restricciones legales que afectan a esos productos".[16] Más allá de la limitación específica para bebidas alcohólicas o tabaco, la limitación respecto del perjuicio de la salud moral o física podría abrir la puerta a restricciones a prácticas publicitarias que están afectando la salud de niños y niñas, punto que se desarrollará en una sección específica de este trabajo.

A su vez establece que "la publicidad destinada a niñas y niños no debe incitar a la compra de productos explotando su inexperiencia y credulidad." Este punto podría interpretarse de manera amplia respecto de la manera en que niños y niñas reciben el mensaje publicitario. Cualquier publicidad que aproveche la falta de desarrollo de niños, niñas y adolescencias y/o de su capacidad para distinguir lenguaje informativo de persuasivo, debería ser considerada abusiva, y por ende prohibida.

En términos de marco institucional, es importante destacar que la Ley crea el Consejo Asesor de la Comunicación Audiovisual y la Infancia encargado de "establecer criterios y diagnósticos de contenidos recomendados o prioritarios y, asimismo, señalar los contenidos inconvenientes o dañinos para los niños, niñas y adolescentes, con el aval de argumentos teóricos y análisis empíricos". A su vez, debe establecer y concertar criterios básicos para los "contenidos de los mensajes publicitarios, de modo de evitar que estos tengan un impacto negativo en la infancia y la juventud, teniendo en cuenta que una de las principales formas de aprendizaje de los niños es imitar lo que ven".[17] Como se observa, aunque este organismo no tiene un enfoque específico en publicidad, es claro que el mandato de establecer criterios para contenidos inconvenientes para

---

[15] Artículo 81 de la Ley de Servicios de Comunicación Audiovisual nº 26.522.
[16] Artículo 81 de la Ley de Servicios de Comunicación Audiovisual nº 26.522.
[17] Artículo 17 de la Ley de Servicios de Comunicación Audiovisual nº 26.522.

niños y niñas podría permitir que sugiriera como limitar las prácticas publicitarias de productos alimenticios que afectan la salud de niños y niñas.

Por otro lado, se crea la Defensoría del Público de Servicios de Comunicación Audiovisual,[18] cuya función principal es recibir y canalizar las consultas, reclamos y denuncias del público de la radio y la televisión y demás servicios regulados por la ley. Como se verá más adelante, desde ese mandato institucional, este organismos ha realizado un monitoreo de publicidad de alimentos con foco en niños y niñas.

2.1. La publicidad dirigida a niñas y niños y la autorregulación

En cuanto a la publicidad dirigida a niñas y niños es importante destacar que también se encuentran referencias en el ámbito de la normativa no vinculante. Esta normativa, se apoya en la responsabilidad empresarial y en su capacidad para autorregularse. La autorregulación se estructura en torno a códigos voluntarios y mecanismos de solución de controversias con estándares similares en distintos países y que, de hecho, se nuclean a nivel regional en la Red Latinoamericana de Organismos de Autorregulación Publicitaria (CONARED). En Argentina, este sistema está llevado adelante por el Consejo de Autorregulación Publicitaria (CONARP). El CONARP se autodefine como "una asociación civil, sin fines de lucro y con personería jurídica, que promueve la práctica de la autorregulación publicitaria para auspiciar el ejercicio responsable de la libertad de expresión comercial".[19]

La autorregulación que establece el CONARP se basa en un Código de Conducta[20] que precisa que la publicidad dirigida a niños *"debe evitar inducirlos a realizar actos que resulten física, mental o moralmente perjudicial a los mismos"*. Sin embargo, ha sido demostrado que la autorregulación no funciona dado que incluye pautas de restricción débiles, su participación es voluntaria y no existen mecanismos de vigilancia y penalización o fiscalización.[21] [22]

Desde una perspectiva de derechos humanos respecto de la protección de la salud, y en particular respecto de niños y niñas, el Estado tiene un rol esencial de protección. Si ese rol sólo se lleva a cabo aceptando los beneficios declarados de un sistema desarrollado e implementado por terceras personas, los riesgos de incumplimiento crecen.

En el ámbito de la alimentación, es célebre el caso del "Código de comercialización de sucedáneos de leche materna" que fue adoptado por la

---

[18] Artículo 19 de la Ley de Servicios de Comunicación Audiovisual n° 26.522.

[19] Consejo de Autorregulación Publicitaria (http://www.conarp.org.ar/conarp.htm) (Fecha de consulta: 1 de diciembre de 2017).

[20] Consejo de Autorregulación Publicitaria: Código de ética y autorregulación publicitaria (http://www.conarp.org.ar/docs/conarp-codigoeticaautorregulacionpublicitaria.pdf) (Fecha de consulta: 1 de diciembre de 2017).

[21] Lumley J; Martin J; Antonopoulos N (2012): Exposing the Charade. The failure to protect children from unhealthy food advertising, Obesity Policy Coalition, Melbourne.

[22] United Nations Human Rights Council (2014): Unhealthy foods, non-communicable diseases and the right to health, report presented at the 26th session, A/HRC/26/31, at para. 25.

34º Asamblea Mundial de la Salud en 1981 como *"un requerimiento mínimo"* para proteger adecuadamente la salud.[23] Este documento, además de su aprobación por la Asamblea Mundial de la Salud, fue motivo de un compromiso internacional por parte de la International Association of Infant Food Manufacturers (IFM), asociación que nuclea a numerosas compañías del sector. A pesar de ese antecedente, son múltiples los reportes de violaciones del mismo. La International Baby Food Action Network (IBFAN) afirma, por ejemplo, que la implementación del Código es irregular, aun cuando 67 de 197 países relevados han convertido el Código en ley.[24] En su informe de 2010, IBFAN describía la complejización de las prácticas de marketing de la industria, que incluyen el patrocinio de eventos académicos vinculados a la nutrición infantil, la promoción a través de los sistemas de salud, de profesionales de la salud y de asociaciones médicas o la utilización de etiquetas engañosas, todas prácticas que vulneran el Código. Asimismo, afirma que sólo legislación efectiva adecuadamente implementada puede evitar que una competencia desleal de las fórmulas infantiles contra la leche materna.[25]

En esa línea, el anterior relator de Naciones Unidas para el derecho a la alimentación tiene una posición claramente contraria a la autorregulación. En su informe de 2011, luego de abogar por la aplicación legal del Código Internacional de Comercialización de Sucedáneos de la Leche Materna y de las resoluciones posteriores de la Asamblea Mundial de la Salud exige "medidas más audaces" en contra de "las prácticas de comercialización de la industria alimentaria", afirmando que "se ha demostrado la ineficacia de la autorregulación de la industria agroalimentaria".[26] La actual Relatora Especial de Naciones Unidas del Derecho a la Alimentación Adecuada, mantiene una línea similar. Destacó que "si bien el derecho internacional de los derechos humanos sienta las bases del comportamiento empresarial responsable, las empresas alimentarias se han opuesto tajantemente a los llamamientos a regular la mercadotecnia y, en su lugar, muchas han promovido los compromisos voluntarios sobre el etiquetado y la publicidad o han patrocinado programas de educación nutricional y sanitaria como parte de su responsabilidad social empresarial. Esos programas son particularmente preocupantes, ya que desdibujan la línea que separa la educación y la mercadotecnia y podrían permitir que las empresas difundan información engañosa".[27]

Como se verá en la sección específica, en Argentina, la publicidad de alimentos de bajo contenido nutricional y de bebidas azucaradas mantiene en niveles muy altos de exposición a los niños y las niñas. De esta forma y más

---

[23] I Organización Mundial de la Salud (1981): Código Internacional de Comercialización de Sucedáneos de la Leche Materna, Resolución WHA 34.22,1 (http://apps.who.int/iris/bitstream/10665/42533/1/9243541609_spa.pdf) (Fecha de consulta: 1 de diciembre de 2017).

[24] International Baby Food Action Network – IBFAN (2012): *Complying with the International Code of Marketing of Breastmilk Substitutes and subsequent WHA resolutions. A Guide for Regulators and Compliance Staff.*

[25] IBFAN (2012): "Breaking de rules, stretching de rules".

[26] Relator Especial sobre el Derecho a la Alimentación de Naciones Unidas (2011): Informe provisional del Relator Especial sobre el Derecho a la Alimentación, Sr. Olivier De Schutter, Ginebra (http://www.ohchr.org/Documents/Issues/Food/A.HRC.19.59.Add.5_SP.pdf) (Fecha de consulta: 1 de diciembre de 2017).

[27] Relatora Especial sobre el Derecho a la Alimentación de Naciones Unidas (2016): Op. cit. p..22.

allá de los compromisos establecidos en los Códigos de Conducta, está claro que a través de la publicidad sí se está induciendo a que niños y niñas realicen actos perjudiciales para sí mismos.

3. La regulación de la publicidad de alimentos en Argentina

Respecto a la publicidad de alimentos, el Código Alimentario Argentino[28] establece en su artículo 221 que "en la publicidad que se realice por cualquier medio deberá respetarse la definición, composición y denominación del producto establecidas por el presente Código". A su vez, el artículo 222 explicita: "Queda prohibida la rotulación y publicidad de los productos contemplados en el presente Código cuando desde el punto de vista sanitario-bromatológico las mismas sean capaces de suscitar error, engaño o confusión en el consumidor".

La resolución 20/2005 del entonces Ministerio de Salud y Ambiente[29] estableció la competencia de la Administración Nacional de Medicamentos, Alimentos y Tecnología Médica (ANMAT)[30] para regular la publicidad de alimentos.[31] Haciendo uso de esas atribuciones, la ANMAT dictó la Disposición 4980/2005[32] que regula "toda publicidad o propaganda dirigida al público, cuyo objeto sea promocionar especialidades medicinales de venta libre, productos alimenticios, cosméticos, para la higiene personal y perfumes, domisanitarios, odontológicos, para diagnóstico de uso in vitro, suplementos dietarios y dispositivos de tecnología médica".

La disposición 4980/2005 de la ANMAT establece los siguientes principios rectores de la publicidad:

1. Deberá propender a la utilización adecuada del producto, presentando sus propiedades objetivamente sin engaños o equívocos, brindando información veraz, precisa y clara.

2. No deberá vulnerar los intereses de la salud pública.

3. No deberá ser encubierta, engañosa, indirecta, subliminal o desleal.

4. No deberá emplear mensajes que provoquen temor o angustia, sugiriendo que la salud de un sujeto se verá afectada en el supuesto de no usar el producto.

---

[28] Código Alimentario Argentino Ley N° 18284 (http://www.anmat.gov.ar/alimentos/normativas_alimentos_caa.asp) (Fecha de consulta: 1 de diciembre).

[29] Resolución 20/2005 del Ministerio de Salud y Ambiente (http://servicios.infoleg.gob.ar/infolegInternet/anexos/100000-104999/103157/norma.htm) (Fecha de consulta: 1 de diciembre)

[30] La ANMAT es un organismo descentralizado de la Administración Pública Nacional, creado mediante decreto 1490/92, que depende técnica y científicamente de las normas y directivas que le imparte la Secretaría de Políticas, Regulación e Institutos del Ministerio de Salud.

[31] Resolución 20/205 Ministerio de Salud y Ambiente. Artículo 1° — Toda publicidad o propaganda dirigida al público de especialidades medicinales de venta libre y suplementos dietarios, como así también la de los productos odontológicos, reactivos de diagnóstico, productos cosméticos, dispositivos de tecnología médica, productos domisanitarios y productos alimenticios que la autoridad de aplicación determine, cualquiera sea el medio que se emplee para su difusión, deberá cumplir con los criterios éticos establecidos por la ADMINISTRACIÓN NACIONAL DE MEDICAMENTOS, ALIMENTOS Y TECNOLOGIA MÉDICA (ANMAT).

[32] Disposición ANMAT 4980/2005 (http://www.anmat.gov.ar/webanmat/Legislacion/NormasGenerales/Disposicion_ANMAT_4980-2005.pdf) (Fecha de consulta: 1 de diciembre).

5. No deberá atribuir al producto acciones o propiedades terapéuticas, nutricionales, cosméticas, diagnósticas, preventivas o de cualquier otra naturaleza que no hayan sido expresamente reconocidas o autorizadas por la autoridad sanitaria.

6. No deberán publicitarse productos que requieran autorización de la autoridad sanitaria para su comercialización, sin contar con ella.

7. No deberá sugerirse que un producto medicinal es un alimento o cosmético u otro producto de consumo. De la misma manera, no deberá sugerirse que un alimento o cosmético u otro producto de consumo no medicinal posee acción terapéutica.

8. La información científica que se incluya o a la que se haga referencia en cualquier publicidad o propaganda deberá estar a disposición de esta Administración Nacional a fin de poder llevar a cabo el proceso de fiscalización posterior de las publicidades previsto en la Resolución M.S. y A. nº 20/2005 (el resaltado nos pertenece).

Asimismo, esta disposición avanza en los requisitos y límites para la publicidad de alimentos:

Toda publicidad o propaganda de productos alimenticios no deberá:

1. **Incluir frases y/o mensajes que**

a) Atribuyan al producto acciones y/o propiedades terapéuticas, o sugieran que el alimento es un producto medicinal o mencionen que un alimento diagnostica, cura, calma, mitiga, alivia, previene o protege de una determinada enfermedad. Sólo podrán incluirse declaraciones de propiedades saludables. La información científica que se incluya o a la que se haga referencia en cualquier publicidad o propaganda deberá estar a disposición de esta Administración Nacional a fin de poder llevar a cabo el proceso de fiscalización posterior de las publicidades previsto en la Resolución M.S. y A. nº 20/2005.

e) Tiendan **a enmascarar las propiedades específicas del producto**.

f) **Estén dirigidos exclusiva o principalmente a niños menores de 12 años, sin el consejo de un adulto**.

h) **Modifiquen en cualquier medida la declaración de propiedades nutricionales contenidas en el rótulo aprobado**.

3. En la publicidad o propaganda de productos alimenticios sólo podrá incluirse **la información nutricional complementaria (CLAIMs) relacionada con el contenido de nutrientes y/o valor energético que contenga el producto y/o proceso de elaboración autorizado de acuerdo al C.A.A. y la relacionada con la declaración de propiedades saludables que se autoricen en el marco de la normativa vigente**, pero no podrá hacerse ninguna referencia o mención a condiciones anormales o patológicas cuando no esté prevista en las citadas normas.

4. Toda vez que los nutrientes se mencionen en relación con la ingesta diaria necesaria, se deberá consignar la Ingesta Diaria Recomendada (IDR) de dicho/s nutriente/s y la proporción que de la referida IDR aporta el alimento cuya publicidad se realiza, acorde al consumo sugerido en el rótulo. (El resaltado nos pertenece)

Como se observa, incluso respecto de la publicidad de alimentos en particular, existen referencias que podrían usarse para limitar prácticas publicitarias que no presentan la información objetivamente sin engaños o equívocos y que de hecho vulneran los intereses de la salud pública (principios rectores 1 y 2 de la resolución 4980/2005 de ANMAT). Asimismo, esa resolución permitiría evitar prácticas destinadas a enmascarar las propiedades específicas del producto o que por su contenido, formas, colores o modalidades están dirigidas exclusiva o principalmente a niños menores de 12 años. Sin embargo, y como se verá en la siguiente sección, esta normativa no parece tener impacto en las prácticas publicitarias en Argentina.

Por otro lado, la Ley de Trastornos Alimentarios n° 26.396[33] también tiene referencias normativas a la publicidad de alimentos, en especial de aquellos de elevado contenido calórico. En este sentido, el artículo 11 establece que "la publicidad y/o promoción, a través de cualquier medio de difusión, de alimentos con elevado contenido calórico y pobres en nutrientes esenciales, deberá contener la leyenda "El consumo excesivo es perjudicial para la salud". A su vez la ley prohíbe la publicación o difusión en medios de comunicación de dietas o métodos para adelgazar que no conlleven el aval de un médico y/o licenciado en nutrición.[34] También, en línea con lo establecido por el Código Alimentario Argentino, faculta al Ministerio de Salud a requerir al responsable del producto alimentario publicitado o promocionado, la comprobación técnica de las aseveraciones que realice en el mismo, sobre la calidad, origen, pureza, conservación, propiedades nutritivas y beneficio de empleo de los productos publicitados.[35] Por último establece que "los anuncios publicitarios en medios masivos de comunicación de productos para bajar de peso, deberán dirigirse, exclusivamente a mayores de VEINTIUN (21) años de edad, debiendo ser protagonizados también por personas mayores de edad".[36] Sin embargo, esta ley no ha sido aún reglamentada por lo cual tanto la aplicación como su cumplimiento son parciales.

Por último, cabe destacar que en el marco del Ministerio de Salud de la Nación se creó en 2016 el *Programa Nacional de Alimentación Saludable y Prevención de la Obesidad*,[37] cuyas acciones están estipuladas a integrar, articular y complementar "las llevadas a cabo en relación a la alimentación y prevención de la obesidad"[38] por el Ministerio de Salud. El Programa comprende un conjunto de componentes que operan sobre los determinantes principales de la obesidad y sobrepeso que incluyen la promoción de dieta saludable, regulación de alimentos procesados saludables, prevención y control y servicios de salud, entre otros.[39] La Resolución 732/2016 que creó el Programa constituyó la *Comisión Nacional de Alimentación Saludable y prevención de la Obesidad*, que tiene como objetivo "contribuir en la planificación, seguimiento y evaluación del programa".[40] Esta comisión está formada por representantes de distintas universidades, entidades científicas, académicas, organismos no gubernamentales

---

[33] Ley de Trastornos Alimentarios N° 26.396 (http://servicios.infoleg.gob.ar/infolegInternet/anexos/140000-144999/144033/norma.htm) (Fecha de consulta: 1 de diciembre de 2017).

[34] Artículo 12 de la Ley de Trastornos Alimentarios n° 26.396.

[35] Artículo 13 de la Ley de Trastornos Alimentarios n° 26.396.

[36] Artículo 14 de la Ley de Trastornos Alimentarios N° 26.396.

[37] Resolucion 732/2016 del Ministerio de Salud (http://www.msal.gob.ar/ent/images/stories/programas/pdf/2016-09_resolucion-732-programa-nacional-alimentacion-saludable.pdf) (Fecha de consulta: 1 de diciembre de 2017).

[38] Artículo 6 de la Resolución 732/2016.

[39] Programa Nacional de Alimentación Saludable (http://www.msal.gob.ar/ent/index.php/programas/programa-nacional-de-alimentacion-saludable) (Fecha de consulta: 1 de diciembre de 2017).

[40] Artículo 3 de la Resolución 732/2016.

e instituciones, programas ministeriales y actores vinculados con la problemática de alimentación y obesidad. En el marco de esta Comisión se han realizado reuniones con el objetivo de discutir nuevas políticas públicas tendientes a fomentar una alimentación saludable, las cuáles incluyeron discusiones sobre técnicas para análisis de *marketing* y publicidad de alimentos. A la fecha no existe normativa vinculante sobre publicidad de alimentos que haya surgido en este contexto, sin embargo, se espera que de estas reuniones surjan medidas en este aspecto.

4. Prácticas en publicidad de alimentos dirigida a niños y niñas

En Argentina, la exposición de niños y niñas a publicidades de alimentos de bajo contenido nutricional es elevada. Según un estudio de la Dirección de Análisis, Monitoreo e Investigación de la Defensoría del Público de Servicios de Comunicación Audiovisual,[41] las publicidades de alimentos representan una tercera parte del total de publicidades analizadas (29,2%) y el 73% de esas publicidades interpelan directamente a los niños. El estudio señala además la prevalencia de las galletitas en las publicidades, junto a otras categorías de alimentos ricos en azúcares y grasas saturadas.

Desde la Fundación Interamericana del Corazón Argentina también se realizó un estudio[42] con el objetivo de dar cuenta del contenido de las publicidades dirigidas a niños y niñas. El estudio de investigación analizó y cuantificó las publicidades de alimentos que se emiten durante los cortes comerciales de los programas dirigidos a niños y niñas en televisión. Además, se analizaron las técnicas promocionales utilizadas en dichas publicidades y la calidad nutricional de los alimentos publicitados. El estudio demostró que si los niños de 4 a 12 años miran en promedio 3 horas de televisión por día y si estas horas corresponden al horario y al canal de mayor audiencia infantil,[43] están expuestos por semana a un total de 61 publicidades de alimentos de bajo valor nutritivo. Estos datos están en línea con estudios realizados en otros países.[44] El estudio demostró que 1 de cada 4 publicidades de alimentos emitidas durante las tandas de los programas infantiles utilizan personajes animados y famosos y 1 de cada 3 de estas publicidades recurren a las promociones para publicitar los alimentos. A su vez, el estudio reveló que más de la mitad de las publicidades relacionan al producto con un sabor más rico y/o una textura atractiva. Como

---

[41] El estudio analizó un total de 718 publicidades distribuidas en 35 horas de programación e incluyó las tandas publicitarias emitidas durante la programación dirigida a niños y niñas de los cinco canales de televisión abierta y las emitidas entre las 14 y las 18 en señales de cable infantiles de distintos días de la semana.

[42] La Fundación Interamericana del Corazón – Argentina (FIC Argentina) es una organización sin fines de lucro creada en 2008 con la misión de promover políticas públicas y cambios sociales que garanticen la protección del derecho a la salud a través de la reducción de las enfermedades crónicas no transmisibles, especialmente las cardiovasculares y cerebrovasculares. Este tipo de enfermedades son prevenibles con hábitos saludables y la manera más eficaz de promoverlos es a través de políticas públicas.

[43] Datos de IBOPE Media para CABA, GBA, Córdoba, Rosario y Mendoza (2014).

[44] Kelly Bridget, et al (2007): "Television food advertising to children: the extent and nature of exposure", Public Health Nutrition 10.11: 1234-1240.

ha sido documentado en otros estudios, estas estrategias se encuentran entre las más utilizadas para publicitar alimentos a los niños y niñas en la TV.

Asimismo, el análisis de la calidad nutricional realizada en los alimentos publicitados evidenció que la gran mayoría de las publicidades de alimentos analizadas (89%) no cumplen con los requisitos nutricionales necesarios para ser publicitados según el sistema de perfil de nutrientes diseñado por la Organización Panamericana de Salud (OPS).[45] El bajo valor nutritivo de la mayoría de las publicidades que demostró el estudio coincide con la evidencia científica existente que muestra que los alimentos y las bebidas que se publicitan con mayor frecuencia a los niños y niñas no son saludables y difieren radicalmente de las recomendaciones actuales sobre hábitos alimentarios saludables.[46]

5. Obligaciones vinculadas al derecho humano a la salud y a la alimentación adecuada y las recomendaciones de organismos internacionales

Los instrumentos de derecho internacional constituyen una base normativa esencial en esta temática. No sólo la Constitución Nacional Argentina[47] establece la protección del derecho a la salud enmarcada en una relación de consumo,[48] sino que también fue incorporado de manera expresa a través de la jerarquización de los instrumentos internacionales de derechos humanos (artículo 75, inc. 22). La Constitución Nacional enumera diversos instrumentos internacionales que tienen referencias al derecho a la salud.[49] De esas normas, destaca por su especificidad el artículo 12 del Pacto Internacional sobre Derechos Económicos, Sociales y Culturales que establece: *"Los Estados partes en el presente Pacto reconocen el derecho de toda persona al disfrute del más alto nivel posible de salud física y mental".*

El derecho a la alimentación se presenta como un derecho humano íntimamente vinculado al derecho a la salud y reconocido por numerosos tratados internacionales suscriptos por Argentina. El artículo 25 de la Declaración Universal de Derechos Humanos y el artículo 11 del Pacto Internacional de Derechos Económicos, Sociales y Culturales reconocen el derecho a una alimen-

---

[45] Organización Panamericana de la Salud (2016): Modelo de perfil de nutrientes (http://iris.paho.org/xmlui/handle/123456789/18622) (Fecha de consulta: 1 de diciembre de 2017).

[46] Organización Panamericana de la Salud (2011): *Recomendaciones de la Consulta de Expertos de la Organización Panamericana de la Salud sobre la promoción y publicidad de alimentos y bebidas no alcohólicas dirigida a los niños en la Región de las Américas* (http://www.paho.org/hq/index.php?option=com_docman&task=doc_view&gid=18285&Itemid=270&lang=en) (Fecha de consulta: 1 de diciembre 2017).

[47] Constitución Nacional Argentina (http://servicios.infoleg.gob.ar/infolegInternet/anexos/0-4999/804/norma.htm) (Fecha de consulta: 1 de diciembre de 2017).

[48] Comité de Derechos Económicos, Sociales y Culturales (2000): *Comentario General No. 14.*, Ginebra, 2000, E/C.12/2000/4 (22° período de sesiones), P 4.

[49] Existen referencias normativas vinculadas al derecho a la salud en la Declaración Americana de los Derechos y Deberes del Hombre, arts. VII y XI; en la Declaración Universal de Derechos Humanos, arts. 3, 8 y 25; en el Pacto Internacional sobre Derechos Económicos, Sociales y Culturales, art. 12; en el Pacto Internacional de Derechos Civiles y Políticos, arts. 6, 7 y 24; en la Convención Americana de Derechos Humanos, arts. 4 inc. 1. 5 incs. 1 y 2, 19 y 25 y en la Convención sobre los derechos del Niño, arts. 3, 6, 23, 24 y 25.

tación adecuada y el derecho fundamental de toda persona a estar protegida contra el hambre.

El derecho a la alimentación adecuada no consiste únicamente en la satisfacción de las necesidades mínimas para sobrevivir, sino que conlleva también el acceso a alimentos adecuados desde el punto de vista nutricional. La inclusión clara de la dimensión de la nutrición en el derecho a la alimentación confirma la relación de éste último con el derecho a la salud. De hecho, se considera que la nutrición es el vínculo más importante que existe entre el derecho a la salud y el derecho a la alimentación.[50]

En este sentido, en su observación general número 14, el Comité de Derechos Económicos, Sociales y Culturales afirmó que "el historial de la elaboración y la redacción expresa del párrafo 2 del artículo 12 reconoce que el derecho a la salud abarca una amplia gama de factores socioeconómicos que promueven las condiciones merced a las cuales las personas pueden llevar una vida sana, y hace ese derecho extensivo a los factores determinantes básicos de la salud, como *la alimentación y la nutrición*, la vivienda, el acceso a agua limpia potable y a condiciones sanitarias adecuadas, condiciones de trabajo seguras y sanas y un medio ambiente sano" *(el resaltado nos pertenece).*[51] De esta manera, para garantizar la mejor salud física y mental posible, los Estados tienen la obligación de asegurar el acceso a una alimentación esencial mínima que sea nutritiva, adecuada y segura.[52]

Asimismo, según la Convención sobre los Derechos del Niño, los niños y niñas merecen una protección aún mayor. En este sentido, la Convención confirma en sus artículos 24 y 27 que, para asegurar que se respete íntegramente el derecho de los niños al disfrute del más alto nivel posible de salud, los Estados deben adoptar medidas adecuadas para combatir las enfermedades y la malnutrición mediante *"alimentos nutritivos adecuados"* y que, en caso necesario, proporcionar asistencia material y programas de apoyo, particularmente con respecto a la nutrición. A su vez, El artículo 17 apartado "e" de la Convención establece que los "Estados Parte promoverán la elaboración de directrices apropiadas para proteger al niño contra toda información y material perjudicial para su bienestar".

Además, esta convención reconoce en su artículo 17 la relevancia de los medios de comunicación y obliga a los Estados a velar por el acceso a la información y material procedente de diversas fuentes nacionales e internacionales, en especial la información y el material que tengan como fin promover su bienestar social, espiritual y moral, y su salud física y mental. Los Estados partes están obligados a "promover la elaboración de directrices apropiadas para proteger al niño contra toda información y material perjudicial para su bienestar (...)".

---

[50] Emilie K. Aguirre (2015): "The importance of the right to food for achieving global health", *Global Health Governance*, vol. IX, núm. 1.

[51] Comité de Derechos Económicos, Sociales y Culturales (2000): Comentario General No. 14., Ginebra, 2000, E/C.12/2000/4 (22º período de sesiones), p. 4.

[52] Anna K. Sims (2015): "Obesity prevention: assessing the role of State and non-State actors under international law", *Chicago Journal of International Law*, vol. 16, núm. 1.

Estas provisiones permitieron que el Comité para los Derechos del Niño en su Observación General N° 15 sobre el derecho del niño al disfrute del más alto nivel posible de salud (artículo 24) se refiriera explícitamente a la publicidad de alimentos. El Comité recomendó que "debe limitarse la publicidad de los alimentos energéticos con bajo contenido en micronutrientes y de las bebidas con alto contenido en cafeína u otras sustancias de posibles efectos nocivos para el niño".[53]

La publicidad influye en las preferencias y hábitos alimentarios de la población. Tal como fue analizado en el apartado anterior, los alimentos promocionados presentan en general, bajo contenido nutricional.[54] Existe contundente evidencia sobre la influencia de la publicidad de estos alimentos en el tipo de alimentos que prefieren, piden y consumen los niños y niñas y por ende en sus patrones de consumo y pedidos de compra.[55] En este sentido, en palabras de la Relatora Especial sobre el Derecho a la Alimentación, "la cuantía y el efecto de la inversión de la industria alimentaria en la mercadotecnia de productos alimentarios poco saludables son alarmantes. A fin de aumentar la demanda se utilizan técnicas como campañas publicitarias persistentes, ofertas, contratos de exclusividad con puntos de venta de alimentos y estrategias de fijación de precios y empaquetado. Las empresas de comida chatarra tienden a usar tácticas similares a las empleadas por las tabacaleras en la década de 1980, cuando la ciencia comenzó a vincular el tabaco con problemas graves de salud. Algunas empresas incluso financian investigaciones científicas y manipulan los resultados para que sean favorables a sus productos o les añaden una cantidad mínima de ingredientes saludables para poder presentarlos como saludables".[56]

Por ello, en el ámbito de la OMS y la OPS existen publicaciones que establecen recomendaciones directas y concretas con el objetivo de reducir el impacto de enfermedades crónicas no transmisibles y más precisamente se plantean estrategias para la prevención de la obesidad infantil que incluyen la restricción del marketing de alimentos de bajo contenido nutricional con un enfoque en la protección de niños y niñas.

En 2011, OPS publicó el informe titulado *Recomendaciones de la Consulta de Expertos de la Organización Panamericana de la Salud sobre la promoción y publicidad de alimentos y bebidas no alcohólicas dirigida a los niños en la Región de las Américas*.[57] Este documento es análogo al publicado por la OMS en 2010 titula-

---

[53] Comité para los Derechos del Niño (2013): *Observación general N° 15 sobre el derecho del niño al disfrute del más alto nivel posible de salud* (artículo 24).

[54] Outley CW; Taddese A (2006): "A content analysis of health and physical activity messages marketed to African American children during after-school television programming". Archives of pediatrics & adolescent medicine 2006;160(4):432-5.

[55] Magnus A; Haby MM; Carter R; Swinburn B (2009): "The cost-effectiveness of removing television advertising of high-fat and/or high-sugar food and beverages to Australian children", International Journal of Obesity.

[56] Relatora Especial sobre el Derecho a la Alimentación de Naciones Unidas (2016): Op. cit., p. 13.

[57] Organización Panamericana de la Salud (2011): *Recomendaciones de la Consulta de Expertos de la Organización Panamericana de la Salud sobre la promoción y publicidad de alimentos y bebidas no alcohólicas dirigida a los niños en la Región de las Américas*.

do Conjunto de recomendaciones sobre la promoción de alimentos y bebidas no alcohólicas dirigida a los niños.[58] Estos documentos establecen recomendaciones directas y concretas que implican un esfuerzo de sistematización de las discusiones de expertos en nutrición pensando en estrategias para reducir el impacto de enfermedades crónicas no transmisibles, especialmente en niños y niñas.

En esa línea, OPS aprobó el Plan de acción para la prevención de la obesidad en la niñez y la adolescencia[59] que establece medidas regulatorias destinadas a evitar el consumo excesivo y no equilibrado de alimentos que puede conducir a la malnutrición, a la obesidad y a enfermedades crónicas no transmisibles. Estas medidas incluyen la regulación del etiquetado y rotulado frontal de los alimentos, la regulación de entornos escolares, la aplicación de medidas económicas y las restricciones publicitarias de alimentos no saludables. El Plan propuesto para 2014-2019 tiene como objetivo general "detener el aumento acelerado de la epidemia de la obesidad en la niñez y la adolescencia, de manera de que no se registre aumento alguno en las tasas de prevalencia actuales en cada país".[60]

Una de las líneas estratégicas del Plan refiere a la reglamentación de la publicidad y etiquetado de alimentos. El Plan resalta en este aspecto la importancia de estas medidas para reducir el consumo de tabaco, de alcohol, de bebidas azucaradas y de alimentos no saludables. El Plan resalta las recomendaciones anteriores publicadas por OPS y OMS, mencionadas en los párrafos anteriores, para limitar el efecto negativo de la publicidad y promoción de los alimentos dirigidas a la niñez y la adolescencia con miras a reducir el consumo de comida rápida, las bebidas azucaradas y los productos de alto contenido calórico y bajo valor nutricional y destaca que "los niños son más vulnerables al poder persuasivo de los mensajes comerciales (por ejemplo, los anuncios en la televisión o por internet, el respaldo de las celebridades, la publicidad en los negocios y las marcas comerciales combinadas en los juguetes)".[61]

A fin de promover la salud infantil el Plan insta a los gobiernos *"a que contemplen la posibilidad de establecer políticas fiscales y mecanismos regulatorios entre los instrumentos de política a fin de reducir la obesidad infantil, dado que los enfoques voluntarios aún no han tenido éxito en reducir la obesidad en la niñez* (El resaltado nos pertenece)".[62] De esta forma, la OPS se suma a las opiniones que apoyan el

---

[58] Organización Mundial de la Salud (2010): *Conjunto de de recomendaciones sobre la promoción de alimentos y bebidas no alcohólicas dirigidas a los niños*, Ginebra.

[59] Organización Panamericana de la Salud (2014): *Plan de acción para la prevención de la obesidad en la niñez y la adolescencia*, 53º Consejo Directivo de la OPS 66ª Sesión del Comité Regional de la OMS (http://www.paho.org/hq/index.php?option=com_content&view=article&id=11373%3Aplan-of-action-prevention-obesity-children-adolescents&catid=8358%3Aobesity&Itemid=4256&lang=es) (Fecha de consulta: 1 de diciembre de 2017).

[60] Organización Panamericana de la Salud (2014): *Plan de acción para la prevención de la obesidad en la niñez y la adolescencia*, 53º Consejo Directivo de la OPS 66ª Sesión del Comité Regional de la OMS, p. 17.

[61] Organización Panamericana de la Salud (2014): *Plan de acción para la prevención de la obesidad en la niñez y la adolescencia*, 53º Consejo Directivo de la OPS 66ª Sesión del Comité Regional de la OMS, p. 22.

[62] Organización Panamericana de la Salud (2014): *Plan de acción para la prevención de la obesidad en la niñez y la adolescencia*, 53º Consejo Directivo de la OPS 66ª Sesión del Comité Regional de la OMS, p. 22.

avance de regulaciones que limiten las prácticas de mercadeo de la industria y se opone a la autorregulación ("enfoques voluntarios").

Reflexiones finales

Argentina cuenta con un marco normativo general sobre publicidad pero no contiene una legislación que la aborde de manera específica desde la óptica de la obesidad infantil. Como se fue marcando al momento de desarrollar el marco normativo en Argentina, existen numerosas referencias generales que podrían servir de base para el desarrollo más específico enfocado en prácticas publicitarias dirigidas a niños y niñas. A su vez, en el ámbito del Programa Nacional de Alimentación Saludable y la Comisión conformada en este ámbito podría surgir legislación en este sentido.

En las regulaciones existentes, prima una perspectiva de defensa del consumidor, con foco en la decisión de consumo concreto. Profundizar en este enfoque permitiría limitar algunas de las prácticas de comercialización que se aprovecha de la credulidad de niños y niñas o que no facilita el acceso a la información sobre los productos a consumir. Sin embargo, esta óptica no es suficiente para hacer frente a un problema grave de salud pública, como fue descripto en la primera sección de este trabajo. Para ello, la perspectiva de regulación debería asegurar una mirada colectiva sobre el problema, en particular en vistas a la obligación de protección de un grupo vulnerable como lo son niños y niñas.

En la línea con las obligaciones de derechos humanos, interpretadas de acuerdo a las recomendaciones de los organismos oficiales de monitoreo, este vacío normativo implica una obligación de proteger adecuadamente el derecho a la salud y el derecho a la alimentación adecuada. Esta óptica exige un marco que limite las prácticas promocionales que están impactando directamente en la posibilidad de que niños y niñas gocen de estos derechos.

Impressão:
Evangraf
Rua Waldomiro Schapke, 77 - POA/RS
Fone: (51) 3336.2466 - (51) 3336.0422
E-mail: evangraf.adm@terra.com.br